La puissance économique en droit de la concurrence

Logiques Juridiques
Fondée par Gérard Marcou
Dirigée par Jean-Claude Némery et Thomas Perroud

Le droit n'est pas seulement un savoir, il est d'abord un ensemble de rapports et pratiques que l'on rencontre dans presque toutes les formes de sociétés. C'est pourquoi il a toujours donné lieu à la fois à une littérature de juristes professionnels, produisant le savoir juridique, et à une littérature sur le droit, produite par des philosophes, des sociologues ou des économistes notamment.

Parce que le domaine du droit s'étend sans cesse et rend de plus en plus souvent nécessaire le recours au savoir juridique spécialisé, même dans des matières où il n'avait jadis qu'une importance secondaire, les ouvrages juridiques à caractère professionnel ou pédagogique dominent l'édition, et ils tendent à réduire la recherche en droit à sa seule dimension positive. À l'inverse de cette tendance, la collection « Logiques juridiques » des éditions L'Harmattan est ouverte à toutes les approches du droit. Tout en publiant aussi des ouvrages à vocation professionnelle ou pédagogique, elle se fixe avant tout pour but de contribuer à la publication et à la diffusion des recherches en droit, ainsi qu'au dialogue scientifique sur le droit. Comme son nom l'indique, elle se veut plurielle.

Dernières parutions

Aziz EN NEFKHAOUI, *Procédure pénale marocaine*, 2024.
Jérémy BOUSQUET, *Le précédent judiciaire dans les conclusions des rapporteurs publics. Étude à partir du droit des contrats administratifs,* 2024.
Cătălin-Silviu SARARU et Cristina Elena Popa TACHE (dir.), *Le droit international en transition, Contributions à la 4e Conférence sur le droit comparé et international, Conférence internationale, 14 juin 2024, Bucarest*, 2024.
Laurence WARIN, *La santé dans toutes les politiques, État des lieux et réflexion sur son entrée et sa circulation dans différents ordres juridiques*, 2024.

Youssef Oubejja

La puissance économique en droit de la concurrence

Regards sur le Maroc et l'Union Européenne

Préface de Marie-Anne Frison Roche

L'Harmattan

5-7, rue de l'École-Polytechnique – 75005 Paris
www.editions-harmattan.fr
ISBN : 978-2-336-46696-5
EAN : 9782336466965

A la mémoire de mon père Saïd Oubejja.

REMERCIEMENTS

A travers la publication de cet ouvrage, je tiens à rendre un hommage particulier à mon Professeur Noureddine Toujgani qui a veillé de près à mon enseignement du droit, et éveillé en moi la curiosité de la recherche, par son encadrement de ma thèse de doctorat dont les résultats s'inscrivent dans la thématique traitée dans le livre.

De même, qu'il est en effet incontestable que rien n'advient par hasard, c'est pourquoi il est de mon devoir de rendre pareillement un hommage au Professeur Ahmed Gourari, qui m'a réorienté vers le droit après un passage par des études de médecine et de science politique à Paris.

Enfin, il n'est pas sans rappeler l'emprunte marquée par le Professeur Marie Anne Frison Roche, à travers sa préface qui dote indéniablement l'ouvrage d'un intérêt notoire. Je l'en remercie infiniment pour le temps qu'elle y a consacré pour la lecture et pour la réflexion.

Youssef Oubejja

LISTE DES ABRÉVIATIONS

A.A.I : Autorité Administrative Indépendante.
Aff. : Affaire.
A.M.M.C : Autorité Marocaine du Marché des Capitaux.
A.N.R.T : Autorité Nationale de Réglementation des Télécommunications.
A. R. T : Autorité de Réglementation des Télécommunications.
B. O : Bulletin officiel
B.A.M. Banque Al Maghreb
C.A : Cour d'Appel.
Cass. Civ : Chambre civile de la Cour de Cassation.
Cass. Com : Chambre commerciale de la Cour de Cassation.
C.Com : Code de Commerce
C. D.V.M : Centre Déontologique des Valeurs Mobilières.
Cf : Consulter
C. E : Commission Européenne
C.J.C.E : Cour de Justice des Communautés Européennes.
C.N.U.C.E.D : Conférence des Nations Unis sur le Commerce et le Développement.
Coll : Collection.
Concurrence : Revue de droit de la concurrence
Cons. const. fr. : Conseil constitutionnel de France
Cons. conc. : Conseil de la concurrence
Const. : Constitution
Conv. : Convention
D. C. P. : Direction de la Concurrence et des Prix.
DG. Concurrence : Direction Générale de la Concurrence.
DGCCRF : Direction Générale de la Concurrence, de la Consommation et de la répression des Fraudes.
D. O.J : Departement of Justice.
D.O. C : Droit des Obligations et des Contrats
Gaz. Pal : Gazette du Palais.
HACA : Haute Autorité de la Communication Audiovisuelle.
IDE : Investissements Directs Etrangers.
J.O.U.E : Journal officiel de l'Union Européenne.
JCP : Juris-Classeur périodique
L. G.D.J : Librairie Générale de Droit et de Jurisprudence.
L. P.A : Les Petites Affiches
L.M.E : Loi sur la Modernisation de l'Economie.

N.R.E : Nouvelles Régulations Economiques
O.C.D.E : Organisation de Coopération et de Développement Economique
PED : Pays En Développement.
P.U.F : Press Universitaire de France.
R. D.C : Revue du Droit des Contrats
R.E.M.A.L.D : Revue Marocaine d'Administration Locale et de développement
R.M. D. E : Revue Marocaine de Droit Economique.
R. D.C : Revue du Droit Commercial
Rev. Cons. Consom : Revue Concurrence et Consommation
R.I.D.E : Revue Internationale de Droit Economique
S.G.G : Secrétariat Générale du Gouvernement.
S.I.M.T : Système Interbancaire Marocain de Télé-compensation.
T.P.I.C.E : Tribunal de Première Instance des Communautés Européennes.
V. : Voir

Préface

Marie-Anne Frison-Roche
Professeur d'Université
Directrice du *Journal of Regulation & Compliance (JoRc),* Paris

Le Droit a toujours eu un rapport intime et difficile avec la puissance. L'on trouve ce terme partout, la puissance publique pour commencer. Mais ceux qui n'aiment pas le Droit ne voient en ces instruments, violents, et en ses personnages, bourgeois, que les moyens par lesquels des organisations auxquelles les faits ont donné la puissance, une « classe sociale » par exemple, redoublent celle-ci. Si cette première puissance était illégitime, le Droit l'est par transitivité tout autant et il est alors un adversaire, à démasquer. De quoi remplir des bibliothèques et des séminaires où l'on apprend à des fonctionnaires qu'ils ne seraient que des marquis servant un mauvais maître, la poudre couvrant leurs joues devant être pulvérisée et la dentelle à leurs poignets déchirée par des analyses sociologues prétendant par la critique révéler la seule vérité : la puissance de la domination.

Ceux qui pensent la concurrence à travers le Droit qui s'y applique sont moins hostiles, ne voyant pas dans toute règle et toute organisation la trace d'une domination à combattre. Ils y sont d'autant moins enclins que le Droit de la concurrence emprunte au principe même de la concurrence, laquelle postule précisément le désir de dominer, vice si bien partagé par tous qu'en sortiraient les vertus générales de la rencontre des offres et des demandes, des prix ajustés, de l'innovation, de l'élimination des produits et des offreurs inadéquats.

Mais pour ceux qui pensent le Droit de la concurrence, s'il existe en chacun des désirs de domination que chacun a la liberté de concrétiser dans cet espace toujours disponible et ouvert qu'est le marché grâce à l'instrument juridique du contrat, cette masse renouvelée et infinie de désirs étant le moteur de ce système ainsi autorégulé, cela ne peut fonctionner que si à cette première loi naturelle qui est au fond de l'âme humaine s'assoie une seconde loi naturelle, propre à l'espace dans lequel l'entrepreneur agit : ce que le Droit des marchés financiers désigne comme la « liquidité », c'est-à-dire la mobilité permanente de tous et de tout. En effet, si tout change et peut changer, alors ce désir de domination produit son bénéfice, en donnant énergie et mouvement à l'économie, sans engendrer son poison, car la domination ainsi permise ne dure qu'un instant. Demain c'est un autre entrepreneur, offrant un bien plus adéquat ou/et moins cher, qui dominera à son tour avant d'être détrôné à son tour. Le miracle de la concurrence se nourrit de perpétuel désir de domination qui n'engendrerait jamais de dominant et de dominé, sauf un instant. Dans ce jeu de massacre concurrentiel, le désir de domination est à la fois si puissant et si partagé que son libre cours interdit toute domination structurelle des uns sur les autres.

C'est pour cela que le Droit de la concurrence classique considère qu'une entreprise si elle parvient à se hisser pendant un moment dans une situation dominante sur un moment ne saurait se voir reprocher un tel apanage car cette domination économique n'est que la preuve de ses mérites.

Pour que la « dominance » devienne un objet juridique autonome, parce qu'à une entreprise serait attachée une qualité substantielle, celle d'être en surplomb des autres et cela dans la durée, il faut être en Droit de la régulation. C'est le cas des entreprises qui gèrent des monopoles économiquement monopolistiques, comme des réseaux de transport non duplicables, qui relèvent du Droit de la Régulation et non du seul Droit commun de la concurrence.

En effet, parce que la « dominance » caractérise un opérateur et puisse constituer une situation juridique méritant un traitement particulier, le Législateur estime qu'un secteur particulier justifie des règles particulières pour les opérateurs dominants, qu'il faut alors à la fois réguler et superviser, soit d'une façon transitoire parce qu'il faut, à la suite d'une dérégulation, construire une concurrence qui ne peut s'établir par ses seules forces au regard de la puissance des opérateurs historiques, par exemple dans les activités de télécommunications, soit d'une façon définitive parce qu'il faut établir et maintenir un équilibre durable bien qu'instable entre le principe de concurrence et d'autres principes. Ces régulations sectorielles par nature intègrent une supervision des opérateurs dominants, comme le rappelle l'ouvrage qui montre à quel point les différents systèmes juridiques ont procédé de la même façon, secteur après secteur, autorité de régulation après autorité de régulation, car c'est avant la technicité des activités qui implique l'adoption des règles.

Mais le Droit de la concurrence comprend lui-même sa part de régulation, qu'illustre le contrôle des concentrations, longuement étudié dans l'ouvrage. D'une façon moins décentrée, car, droit des structures, le contrôle de concentrations a pris aujourd'hui quasiment son autonomie par rapport au droit des pratiques, c'est dans son fonctionnement plus ordinaire et du coup d'une façon plus novatrice que le Droit de la concurrence illustre l'autonomie que prend aujourd'hui la notion de « puissance économique » en son soin, puisque désormais un régime juridique propre est attaché à celle-ci, ce qui paraît contraire aux présupposés qui ont été rappelés.

L'objet de ce livre et tout son intérêt est ainsi de montrer que désormais le Droit de la concurrence se soucie de la puissance économique en tant que telle non seulement en dehors des hypothèses où il s'agit d'incursion dans le Droit de la régulation mais encore lorsqu'il ne s'agit que d'anticipation probatoire. En effet, le Droit a dépassé la dernière hypothèse dans laquelle la situation de domination attire le regard des Autorités, regard souvent attiré par un concurrent captif, lorsqu'elle ne constitue la vraisemblance d'un abus, dimension probatoire parfaitement expliquée par l'auteur, la présomption d'abus que constitue la puissance économique demeurant encore dans le giron du Droit classique de la concurrence qui lie règles juridiques et hypothèses d'abus.

Mais quand bien même il ne s'agit pas de repérer des indices d'abus, ni de réguler une activité relevant structurellement d'un secteur, la puissance économique peut engendrer des situations qui ne conviennent pas en tant que telles, cessant ainsi d'avoir des effets heureux lorsqu'elle n'est plus attachée à ce qui fonde l'ensemble du système : la mobilité de chacun. La puissance économique peut être telle que le marché se fige, ce à quoi le Droit de la concurrence doit réagir, soit en *Ex Ante* soit en *Ex Post.* Cela peut se retrouver dans n'importe quelle situation, hors de tout secteur régulé, indépendamment de ce temps si particulier qu'est le contrôle des concentrations, dès l'instant qu'à la puissance de l'un est associée la « dépendance » de l'autre, c'est-à-dire la perte de ce qui est au cœur de tout : la liberté. En effet, comme le montre cet ouvrage, si la puissance économique s'appuie ou engendre une dépendance, alors le système se fige. Si la liquidité est atteinte, le marché est attaqué et la puissance économique produit des effets négatifs.

Si l'on parvenait à mieux penser la situation de dépendance économique, mélange de fait et de droit car le contrat y est au cœur, cela permettrait notamment d'avoir une vision d'ensemble de ce que doit être le Droit de la distribution, qui n'est jamais qu'un mixte de Droit de la concurrence et du Droit des contrats, distribution à propos de laquelle le Législateur intervient si souvent pour, à l'entendre, rééquilibrer une domination économique par des dispositions aussi multiples qu'infimes dont les opérateurs s'échappent immédiatement par des pratiques licites. Cela conduit à se demander d'une façon plus générale comment le Droit peut-il en *Ex Ante* réguler les situations de domination économique….

Mais à tout le moins le Droit de la concurrence a relevé le gant en élevant la domination économique, notamment à travers le Droit des pratiques restrictives, au rang de catégorie juridique autonome. Il y est parvenu sans se dénier lui-même. En effet, c'est toujours en puisant dans le même principe libéral que le Droit va réguler en *Ex Ante* les situations propices à la domination économique pour qu'elles n'y donnent pas prises, notamment dans ces rapports précités de distribution qui se construisent dans un inter-maillage de Droit des contrats et de Droit de la concurrence, ou sanctionner en *Ex Post* ceux qui exploitent une situation de domination économique qu'ils ont réussi à structurer dans le moyen ou long terme.

A la lecture de cet ouvrage, l'on apprend beaucoup, notamment sur les ambitions du Droit de la concurrence, dont presque toutes les règles y sont étudiées puisque la domination y est présente dans chacune, soit comme point d'appui, soit comme souci, soit comme objet de méfiance, soit comme ce qu'il faut d'ores et déjà contrer, le Droit positif exposé étant aussi bien celui de l'Union européenne que celui du Maroc. En refermant l'ouvrage, l'on se demande aussi que la domination n'est pas avant tout affaire humaine, les auteurs des normes qui veulent encadrer celle-ci, notamment par sa détection ou sa prévention, mesurant l'extrême difficulté à le faire. Pour y parvenir, c'est alors sur le terrain de l'information et de la transparence que les règles doivent se renforcer. Le Droit de la concurrence dans sa conception classique supposant que les entreprises et les contrats sont des boîtes noires, cette logique régulatoire est sans doute difficile à admettre. Mais c'est bien à celle-ci que ce livre encourage.

Introduction

Le nouveau mode de production, de distribution, et d'échange a débouché sur la prolifération de situations de dominations et de dépendances économiques tantôt abusives, tantôt porteuses de bien être pour les sociétés. L'outil qui permet d'étudier ces situations, ainsi que les comportements des acteurs, notamment les entreprises qui en sont les précurseurs, est le droit de la concurrence. Ce droit est né aux Etats Unis à travers l'adoption par le gouvernement américain du Sherman Anti-Trust Act du 2 juillet 1890, qui constitue la première tentative de limiter les comportements anticoncurrentiels des entreprises : il signe ainsi, la naissance du droit de la concurrence moderne, qui constitue un instrument pour la régulation concurrentielle de la puissance économique au sein du marché, lequel, s'est révélé incapable de se réguler par ses seuls mécanismes naturels de fonctionnement. Ce droit a été par la suite adopté en Europe après la fin de la deuxième guerre mondiale. Cette fin de guerre a marqué ainsi le début du phénomène de la mondialisation et de la globalisation.

Certes, ce phénomène est longtemps apparu comme une réalité inévitable, issue de l'interconnexion croissante de l'économie, des sociétés, et des individus. Cependant, l'actualité récente marque un recul vérifié de la mondialisation. Preuve en est, le ralentissement du commerce comparé à la production internationale, phénomène qui ne semble pas être conjoncturel, mais résulterait d'un recul structurel de la mondialisation des échanges commerciaux. Avec la mondialisation, le commerce s'est développé à un rythme plus important que le PIB mondial ; mais on assiste à une remise en cause de cette tendance. Entre 1980 et 2022, le commerce mondial a été multiplié par 7,8, tandis que le PIB mondial a été multiplié par 4,1, mais la comparaison de leurs rythmes de croissance au fil du temps est révélatrice. Depuis le milieu des années 1980 jusqu'à la crise financière de 2008, le taux de croissance du commerce mondial est en moyenne équivalent au double du taux de croissance du PIB mondial. En revanche, de 2012 à la pandémie de covid-19 qui a débuté en 2020, les taux de croissance du commerce mondial et du PIB mondial sont quasiment identiques.

Les derniers développements du commerce dans le contexte de guerre Russo-Ukrainienne et des répercussions de la crise pandémique exhibent des difficultés additionnelles liées à la mondialisation, notamment en relation avec les ruptures d'approvisionnements y compris de produits et de composants essentiels.

La montée du protectionnisme et une tendance à la relocalisation et à la régionalisation dans les pays du Nord ont été des conséquences directes liées au recul de la mondialisation, et à la reconfiguration des intérêts stratégiques des nations. Cette nouvelle reconfiguration est due en majeure partie à la fragmentation de l'économie internationale, qui a engendré des répercussions négatives sur les économies des pays du Sud où les stratégies de développement et d'industrialisation restent en partie tributaires de la capacité de captation et de l'attraction des IDE. Or, l'attractivité des IDE autres que dans l'exploitation des matières premières, devient difficile pour les pays en développement.

Les rapports de la CNUCED sur l'investissement dans le monde de 2021 et 2022 analysent l'évolution de la production internationale, laquelle va dans le sens d'un raccourcissement des chaînes de valeur, d'une concentration accrue de la valeur ajoutée qui devient plus difficile à capter pour les PED, et d'une diminution des investissements internationaux dans les actifs productifs physiques. Les effets de ce constat restent toutefois variables selon les pays notamment ceux du Sud dans la mesure où d'autres facteurs fondamentaux conditionnent le pouvoir d'attraction des IDE. Il en est ainsi des changements en matière de technologies, de politiques et de durabilité qui diffèrent selon les industries et les régions. Cela dit, il est incontestable dans ce contexte postpandémique et de guerre, que la transformation de la production internationale va générer des défis en matière d'investissement et de développement. Les principaux défis à l'ère de la nouvelle configuration de la production internationale sont susceptibles d'inclure plus de désinvestissements, des délocalisations, un détournement des investissements, et une diminution du réservoir d'investissements à la recherche d'efficacité, ce qui impliquera une concurrence plus forte pour les investissements directs étrangers.

D'une manière générale, les perspectives économiques dans leur ensemble deviennent très incertaines, et dépendent, certes de l'efficacité des interventions politiques, mais pour beaucoup des évolutions géopolitiques.

Dans ce contexte international d'incertitude, l'OMC tient à relancer le débat autour des possibilités pour une re-mondialisation, mais il nous semble que cela reste tributaire actuellement du devenir du conflit armé entre la Russie et l'Ukraine, et des tensions Sino-Américaines.

Cela dit, en dépit de la crise internationale actuelle et ses conséquences économiques négatives, le Maroc se maintient comme destination privilégiée des IDE dans la région MENA et en Afrique. Étant donné son positionnement géographique en tant que carrefour entre l'Europe et l'Afrique, sa neutralité concernant les conflits armés, ainsi que les efforts constants pour le maintien de la paix, et la lutte contre le terrorisme, notre pays bénéficie d'une crédibilité certaine sur la scène internationale. Cette crédibilité multiforme est couplée à une économie nationale ouverte et propice à la captation des IDE. La stabilité et la sécurité juridique qu'offre le cadre législatif et réglementaire qui a connu des réformes notables, constituent des avantages pour les entreprises étrangères désireuses de trouver de nouvelles opportunités d'affaires, et créer de la richesse. De même, la libre concurrence, principe consubstantiel à l'économie de marché marocaine, est garantie constitutionnellement.

Compte tenu de cet environnement économique national ouvert, les pouvoirs publics sont confrontés à plusieurs défis pour réglementer et légiférer en fonction de choix de nature économique et sociale.

La politique de la concurrence qui est une composante fondamentale de la politique économique, est au cœur des préoccupations des pouvoirs publics qui veillent, tant que faire se peut, à préserver le processus concurrentiel en s'attachant à assainir l'économie, à travers l'encouragement de la performance et la compétitivité des entreprises.

Instrument important de politique économique, la politique de la concurrence qui a en autre pour fonction d'interpréter les règles de droit, n'est pas uniforme dans tous les pays. Elle évolue en fonction du contexte économique. Le droit de la concurrence constitue, de ce fait, un outil flexible de la politique économique et l'interprétation des règles de droit de la concurrence est tributaire des objectifs de celle-ci.

Il est intéressant de faire un rappel historique de l'évolution de l'encadrement juridique de la concurrence au Maroc. Le droit de la concurrence y est né avec la promulgation de la loi 06-99 entrée en vigueur en 2000, modifiée quatorze ans plus tard par la loi 104-12 sur la liberté des prix et de la concurrence, en raison de plusieurs insuffisances, et qui connaitra à son tour une réforme en décembre 2022. Par ailleurs, c'est dans le sens d'un renforcement du droit de la concurrence et de l'institution chargée de son application, le Conseil de la concurrence, ainsi que pour favoriser l'adhésion à une économie de marché où la concurrence est libre, que la nouvelle constitution du

Maroc de 2011 consacre la libre concurrence et la liberté d'entreprendre, qu'elle hisse, aux côtés du droit de propriété, au rang des principes fondamentaux de l'Etat de droit économique. La régulation de la concurrence est également valorisée par le texte constitutionnel puisque le Conseil de la concurrence, qualifié d'autorité administrative indépendante a vu sa mission expressément consacrée. Cette constitutionnalisation a ouvert la voie à une évolution du cadre légal encadrant la concurrence. Le nouveau dispositif juridique dont l'essentiel a été adopté en 2014 et fin 2022, a en effet complété et modernisé le droit de la concurrence, allant dans le sens de l'effectivité de sa régulation.

Il est ainsi indéniable que l'évolution apportée par le nouveau cadre légal va dans le sens d'une meilleure adéquation avec la pratique internationale, tant au niveau du design institutionnel, que de l'encadrement de la concurrence. Il est de même incontestable qu'au sein de cet environnement international en pleine mutation, l'économie libérale marocaine se métamorphose en permanence, s'adaptant aux nouveaux changements engendrés par la reconfiguration des enjeux économiques stratégiques et environnementaux. Le besoin de régulation de la puissance économique des firmes confrontées à une concurrence acharnée, et/ou déployant des stratégies commerciales agressives et de sanction des abus sur le marché de ces dernières, devient une nécessité impérieuse pour les pouvoirs publics. C'est particulièrement cette puissance économique des firmes, ses conséquences sur le marché, et les éventuels abus de ses détenteurs qu'on entend étudier dans cet ouvrage dans une optique comparative des droits de la concurrence.

Indéniablement, cette puissance économique est en effet un fait essentiel pour l'application du droit de la concurrence. C'est bien à l'aune de cette puissance aux larges contours, que ce droit caractérise et qualifie les infractions, et apprécie les structures de marché. L'entreprise dominante dont on surveille l'abus est « soumise à une responsabilité particulière », l'entente entre entreprises n'est illicite, en principe, qu'en raison du pouvoir de marché réuni entre les mains de ses participants, et les seuils de déclenchement du contrôle des concentrations d'entreprises traduisent le potentiel de puissance de l'entité en projet[1]. Le sujet du droit de la concurrence est ainsi tout en

[1]. M. s. Payet, « Puissance économique, droit de la concurrence et droit des contrats », in Contrat et marché, RDC 2006/4, page 2.

force et faiblesse, dominant ou dépendant. Ce sujet se présente en droit civil comme un être théoriquement autonome et libre.

Dénué toutefois de toute dimension subjective, le droit de la concurrence est un droit objectif par essence. En effet, la faute, dans le droit de la concurrence, est un comportement objectivement néfaste pour la concurrence.

Le pouvoir de marché de l'entreprise, son indépendance de comportement, traduit une aptitude à porter atteinte au fonctionnement d'un marché. Dès lors que cette aptitude est établie, certains comportements sont interdits. L'abus d'une position dominante ne suppose donc pas nécessairement l'utilisation intentionnelle par l'entreprise de sa position de force. La définition de l'abus se traduit par un renforcement de la responsabilité de l'entreprise en raison de sa position de force. Une double conséquence en résulte. D'une part, l'illicite est défini à l'aune des risques concurrentiels d'un comportement. Une « clause abusive », au sens du droit de la concurrence, est une clause dont l'effet anticoncurrentiel est retenu. La question du déséquilibre contractuel est accessoire. En règle générale, la stipulation contractuelle en droit de la concurrence peut être mise en cause alors même que les contractants ont parfaitement consenti, au sens du droit des obligations.

En théorie, le constat de prise en compte de la puissance économique en droit de la concurrence, s'attachant à qualifier les faits et les abus en fonction de cette dernière, est vérifiable à plusieurs égards. Ainsi en matière d'entente, par exemple, lorsque plusieurs entreprises concurrentes coopèrent, elles substituent leur accord aux contraintes de la concurrence : c'est là une entente horizontale qui permet alors aux participants de se comporter comme s'ils disposaient ensemble d'un pouvoir de monopole ; il s'agit d'une pratique visant à consolider la puissance économique des entités à l'entente. Dans cette mesure, lorsque les facteurs de coordination entre les entreprises sont suffisamment stables et contraignants, une entité collective pourra être mise en évidence, une position dominante collective manifestant une indépendance de comportement sur le marché de référence. C'est là où le droit des ententes et le droit des abus de domination se rencontrent[1]. Certes ce constat est évident, mais il ne répond pas à la question de savoir lesquelles ou laquelle parmi les entreprises participantes à

---

[1]. M. s. Payet, « Puissance économique, droit de la concurrence et droit des contrats », in Contrat et marché, RDC 2006/4, *Ibid*

l'entente est, ou sont à l'origine de l'accord ou autrement dit son auteur et son instigateur. Laquelle de ces dernières dispose d'un pouvoir économique effectif s'étendant en dehors et au-delà du marché pertinent pour entrainer les autres dans un comportement contraire aux règles de déontologie concurrentielle. Les instruments juridiques du droit de la concurrence ne permettent de répondre à cette problématique que partiellement, et c'est dans cette mesure que l'on dit qu'il est dénué de toute dimension subjective s'attachant au mobile et à l'élément psychologique des plaideurs.

Autrement dit, le mobile des participants à une infraction concurrentielle touchant le marché ne peut en aucun cas constituer un fait justificatif, ou une condition d'allègement de la responsabilité, pouvant entrainer une réduction de l'amende administrative prononcée par le régulateur. Ce n'est que dans le cadre du droit pénal permettant le prononcé de sanctions pénales que ce mobile est pris en compte.

Droit objectif par son essence, le droit de la concurrence parait en réalité présenter plusieurs limites pour l'appréhension du phénomène de puissance économique, en raison du déni de la dimension subjective dans la qualification des infractions.

Bien avant le droit de la concurrence, la prise en compte de la puissance économique en droit positif dans les rapports contractuels s'est faite très tôt, quoique de manière catégorielle. Cela est vérifiable dans le cadre de la protection contre les vices de consentement, ou contre les clauses abusives et certaines infractions au droit de la consommation, ou encore en ayant recours aux principes qui gouvernent les règles de bonne foi. En France, la prise en compte de la contrainte économique, comme facteur viciant le consentement, a été intégrée dans le code civil en 2016 dans le cadre de la violence économique. Néanmoins, il est admis que ce n'est qu'avec l'avènement des droits de la concurrence que le phénomène de puissance économique a pris une importance capitale dans les rapports extracontractuels touchant un secteur ou un marché dans son intégralité. Ce phénomène parait être l'essence même de ces droits à l'aune duquel les régulateurs limitent ou encouragent les pouvoirs privés de fait qui s'exercent dans un espace géographique déterminé. Toutefois, dans la mesure où ces pouvoirs de fait sont multiformes, il est incertain pour les autorités de régulation de les cerner dans leur globalité en dehors de cet espace limité en raison du principe de territorialité. C'est bien là l'une des limites majeures, celle de l'incapacité relative du droit de la concurrence dans l'appréhension du phénomène de puissance économique qui nous parait être un phénomène extra territorial qu'on ne peut limiter au seul marché pertinent qu'il soit délimité de manière restrictive ou encore extensive. Ainsi, selon les critères établis par le droit de la concurrence, une firme peut paraitre moins puissante sur un marché pertinent bien qu'elle dispose d'un important pouvoir économique au niveau international, c'est pourquoi nous prétendons que la notion de marché pertinent est une notion relative. En effet, dans une économie mondialisée où les rapports financiers dépassant les frontières étatiques, cette notion du droit de la concurrence ne permet pas de rendre compte d'une manière précise de la puissance économique effective des entités qui peuvent être autrices des pratiques anticoncurrentielles.

Cette puissance économique effective tient à plusieurs éléments que le droit de la concurrence à lui seul ne peut cerner. Une association du droit des groupes de sociétés, et de la fiscalité internationale, et un appel au renouveau du droit civil, couplée au droit de la concurrence nous parait permettre de cerner dans une assez large mesure la puissance économique effective des firmes en question. Etant une entreprise difficile, nous n'envisageons pas à travers cet ouvrage qui traite exclusivement de la puissance économique en droit de la concurrence, d'analyser les apports de ces disciplines et les réponses qu'elles offrent pour combler les lacunes et les limites de ce droit.

Il convient avant d'analyser la nature des rapports qu'entretient le droit avec la puissance économique et leurs retentissements réciproques, de déterminer précisément ce que l'on entend par le terme « puissance ».

Il est à préciser que malgré une apparence constatée dans leur acception courante entre les notions de pouvoir et de puissance, ces dernières s'opposent en ce que malgré une racine étymologique commune[1], la notion dite de pouvoir a une connotation plus politique qu'économique. D'une manière générale, on peut définir le pouvoir comme *« la capacité de faire triompher une volonté »*[2], ce qui s'applique parfaitement au politique. Le pouvoir a dans ce sens pour objet de faire primer l'intérêt public et général, tout en assurant l'égalité entre les gouvernés. En d'autres termes, le pouvoir politique,

---

[1]. Podeir, Dictionnaire Historique de la Langue Française, Le Robert.

[2]. J. Russ, *Les théories du pouvoir*, Livre de Poche, p.27.

ainsi défini, a pour but d'empêcher que de puissants intérêts particuliers imposent leur volonté au plus grand nombre. La puissance, au contraire, implique les idées de hiérarchie et de dissymétrie. *« La notion de puissance, impliquant une dissymétrie, présente l'intérêt de nous faire prendre en compte l'échange inégal entre les personnes ».*[1] La puissance se distingue en conséquence du pouvoir en ce qu'elle s'applique à faire prévaloir les intérêts de ceux qui la détiennent et qui en usent et revêt plusieurs manifestations. Ces manifestations de la puissance économique peuvent être de nature patrimoniale, commerciale ou informationnelle, chacune de ces formes pouvant produire des effets de domination et de dépendance. De même, la puissance économique peut être synonyme de puissance de vente détenue par un producteur, ou de puissance d'achat d'un distributeur.

Face à ces effets, le droit peut entretenir avec la puissance économique des rapports tantôt de défiance tantôt de confiance. Dans le premier cas le droit de la concurrence redoute et sanctionne les abus pouvant résulter de l'utilisation manifeste et excessive de la puissance économique par son détenteur. Dans le deuxième cas, le droit peut entretenir avec la puissance économique des rapports de confiance. Il ne s'agit plus alors de redouter les abus qu'elle peut engendrer, mais de s'attacher aux richesses qu'elle est susceptible de créer. Quesnay a eu le mérite d'avoir, pour la première fois, mis en évidence le rôle du capital dans l'accroissement du revenu national[2]. En effet, la concentration capitalistique joue un rôle de multiplicateur dans la création de richesses favorisant le dynamisme économique. Par conséquent, le droit se doit de favoriser et de protéger la puissance économique, en ce qu'elle engendre la croissance et le développement. Ceci dit, il existe en effet des degrés optimaux de concentration qu'il ne faudrait pas dépasser faute de quoi cette dernière devient nocive pour le marché, et produit l'effet inverse. C'est ainsi qu'en dépit des rapports de confiance que le droit entretient avec la puissance économique, celui-ci réglemente les opérations de concentration économique en interdisant celles qui restreignent la concurrence, et impose aux acteurs qui disposent d'un seuil de puissance économique exprimé en chiffre d'affaires, de soumettre au conseil de la concurrence leur projet de concentration.

---

[1]. J. Russ, *Les théories du pouvoir*, Livre de Poche, op.cit. p.36

[2]. F. Quesnay, *Oeuvres*, A. ed. Oncken, Paris, 1988, p.243 et suiv.

Notre attention a porté par ailleurs, sur l'étude des effets de la puissance économique qui résident dans l'effet de dépendance et l'effet de domination. En effet, la dépendance peut résulter du pouvoir de marché conférant à son détenteur la faculté de commettre des pratiques restrictives de concurrence à l'encontre de ses partenaires ; c'est sa puissance économique résultant de son pouvoir de marché même non révélateur d'une position dominante qui permet à une entreprise d'user de pratiques commerciales déloyales à l'égard de ses partenaires contractants. Par ailleurs, le pouvoir de marché notamment lorsqu'il est accru par des parts de marché considérables détenues, et l'inexistence de barrières à l'entrée peut amener une entreprise dite en position dominante à mettre ses partenaires, clients, fournisseurs et consommateurs sous sa domination, et l'expose au risque d'abus. L'effet de domination est plus exacerbé que celui de la dépendance, et s'exerce à l'égard du marché dans son ensemble, aussi bien sur les contractants que sur les concurrents tiers à la relation contractuelle. En outre, la loi prévoit une pratique anticoncurrentielle, notamment l'abus de dépendance économique, qui résulte de la détention d'un pouvoir de marché substantiel de son auteur. Elle est qualifiée par la doctrine de domination dite relative, se déployant dans la quasi-totalité des cas dans des rapports contractuels. La dépendance économique est appréhendée par le droit de la concurrence de manière pragmatique. Il n'est pas précisé si le titulaire de la puissance contractuelle exerce une puissance de vente ou une puissance d'achat caractérisant son pouvoir de marché. Ainsi ont pu être sanctionnées tant la dépendance du distributeur à l'égard de son fournisseur que celle du fournisseur à l'égard du distributeur. Le contexte du recul de la mondialisation et le déséquilibre des chaines de valeur que connaissent les échanges commerciaux au niveau mondial, nous parait à l'évidence propice à l'émergence de plus en plus marquée des abus de dépendance économique.

En définitive, la dépendance économique vise la situation dans laquelle se trouve une entreprise dans sa relation avec une autre, cliente ou fournisseur, caractérisée par une position de puissance telle à son égard qu'elle ne peut s'y soustraire[1].

---

[1] Le vocabulaire juridique publié sous la direction du Professeur Cornu définit la dépendance comme l'absence d'autonomie de comportement d'une personne par rapport à une autre. G. Cornu « Vocabulaire juridique », *op. cit,* p 257 ; Cette notion est connue du droit positif. Après avoir manqué

Dans ce cas, la continuité d'exploitation, au sens économique, de la première qui se trouve en situation de dépendance n'est plus assurée dès lors que les relations commerciales qu'elle entretient avec la seconde viendraient à cesser. Selon la définition donnée par le conseil de la concurrence français[1], le concept de dépendance économique désigne une relation commerciale dans laquelle l'un des partenaires n'a pas de solution alternative, s'il souhaite refuser de contracter dans les conditions que lui impose son client ou son fournisseur.

Enfin un autre aspect du sujet traite des modalités d'acquisition de la puissance économique en droit de la concurrence. Les modalités de cette acquisition, sont nombreuses. Seules les concentrations et les ententes entre entreprises seront étudiées compte tenu de la nature de la discipline de recherche.

En effet s'il est envisagé lors des opérations de concentration d'additionner les pouvoirs de marchés des entreprises concernées par l'opération, un contrôle de la part du conseil de la concurrence s'impose pour analyser l'ampleur de la puissance économique des entités concentrées, et son effet sur la structure du marché et sur la concurrence.

Concernant les ententes, celles-ci sont par principe interdites sous réserve de certaines exceptions, qui justifient leur autorisation. Ces exceptions sont désignées sous le vocable « exemptions » en droit de la concurrence, et restent soumises à plusieurs conditions pour en bénéficier.

Il est à préciser toutefois que si ce rapport de défiance du droit en général vis-à-vis de la puissance économique est patent, lorsqu'il s'agit d'en sanctionner les abus, l'acquisition de cette puissance et sa concentration n'est en revanche pas condamnable en soi, mais doit être interdite strictement en fonction des effets restrictifs de

---

un rendez-vous avec le droit de travail, elle a été consacrée avec le droit de la concurrence ; « Traditionnellement, à la dépendance juridique du salarié, on oppose l'indépendance juridique de l'entrepreneur, du commerçant, de l'agriculteur. Toutefois cette opposition est relative car à côté de la dépendance juridique à laquelle ils échappent, il peut arriver que ces « indépendants » soient placés en situation de dépendance économique vis-à-vis d'un partenaire contractuel. C'est le cas notamment, dans le secteur de la distribution qui procède à l'intégration d'un contractant dans un réseau ». L. Bruneau, Contribution à l'étude des fondements de la protection du contractant th. Toulouse 2005, p 346, n° 393.

[1] Cons. Conc, avis n°97-A-04, 21/01/1997, BOCCRF 17 fév, p 37.

concurrence qu'elle est susceptible de générer. De même, hormis le cas d'acquisition de la puissance économique à travers l'entente entre entreprises interdite par son objet qui est systématiquement condamnable, l'entente n'est prohibée qu'en raison des effets restrictifs de concurrence qu'elle engendre, analysés sur la base d'un bilan économique.

La deuxième partie de notre travail s'articule autour de la régulation de la puissance économique. En effet, cette régulation n'est pas exclusivement l'œuvre du juge et du conseil de la concurrence mais aussi de certains acteurs sectoriels.

C'est dans ce sens que la régulation de la puissance économique présente un double aspect à la fois administratif et juridictionnel.

Nous passerons en revue les procédures devant les autorités administratives de régulation, qui se subdivisent en procédures contentieuses et en procédures négociées. Plusieurs aspects de ces procédures notamment le droit de saisine, les différentes actions offertes aux plaideurs, et les recours, ont retenu notre attention au cours de la rédaction de cet ouvrage. Les vertus des procédures négociées nouvellement introduites en droit de la concurrence au Maroc, se distinguent des procédures ordinaires de régulation, en ce qu'elles permettent de parer à la lourdeur des procédures contentieuses, pour pallier les difficultés de preuve pour la démonstration des pratiques anticoncurrentielles. Contrairement aux procédures contentieuses, dans lesquelles l'autorité de la concurrence est chargée de prouver les pratiques anticoncurrentielles imputables aux entreprises, selon une instruction respectant les règles du contradictoire, les procédures négociées, consistent en l'amnistie, voire l'exemption de sanction pénale ou du moins sa réduction, lorsque les entreprises coopèrent ou dénoncent les pratiques d'entente et d'abus de position dominante dont elles étaient parties. Il s'agit de dépénaliser le droit de la concurrence, largement mais pas complètement, pour atteindre l'efficacité de celui-ci.

La régulation judiciaire de la puissance économique se démarque de la régulation opérée par les autorités administratives indépendantes à plusieurs niveaux. Primo, les actions civiles ouvertes aux victimes des abus de puissance économique devant les juridictions, présentent la spécificité d'une ouverture restreinte conformément aux principes du code de procédure civile ; secundo, le contentieux civil se traduit par le système accusatoire, contrairement aux systèmes inquisitoires qui prévaut dans la procédure devant les autorités administratives de régulation.

Il existe des sanctions à la suite des actions ouvertes aux victimes des abus de puissance économique, que ce soit des abus dans le contrat, ou bien des abus sur le marché. Ces sanctions peuvent être de nature pénale ou administrative comme elles peuvent être des sanctions accessoires. La jurisprudence comparée montre une certaine influence du droit de la concurrence sur le droit des contrats, par l'emprunt par celui-ci de certaines sanctions notamment civiles comme la réfaction[1] et l'amputation du contrat.

Les développements introductifs du sujet ainsi décrits donnent lieu à une problématique centrale à laquelle nous essayerons de répondre tout au long de cet ouvrage compte tenu de l'environnement économique mondial en pleine métamorphose et de l'actualité économique dans notre pays. Il s'agit de savoir dans quelle mesure le droit et la politique de la concurrence assurent une régulation concurrentielle effective de la puissance économique sur le marché, tout en s'attachant à la captation des investissements et à la dynamisation du tissu économique national, en préservant le processus concurrentiel et en veillant à la protection des droits des consommateurs. D'ailleurs dans le cadre de sa politique d'attractivité, et de son positionnement sur l'échiquier concurrentiel continental et international, le Maroc a veillé à œuvrer pour une intégration régionale, que cela soit avec les pays du voisinage européen dans le cadre de l'Union pour la Méditerranée, ou encore dans un cadre continental, aussi bien le continent africain dans son ensemble que les pays d'Afrique de l'Ouest, et enfin tout récemment s'est ouvert sur la façade de l'Atlantique.

Les sous problématiques s'attachent à analyser plusieurs aspects importants. Dans quelles proportions le droit de la concurrence permet de cerner l'intégralité du phénomène de puissance économique sur le marché pour assurer une protection effective du marché et des acteurs,

---

[1] « Les abus de domination, essai en droit des contrats et en droit de la concurrence » Thèse de doctorat de Anne-Sophie Choné LGDJ, édition 2010, p. 236.

et quelles sont ses limites ? Quelle réponse peut-on apporter pour combler ces limites ? De même, quelle politique de la concurrence mettre en œuvre dans notre pays, pour compléter les insuffisances de ce droit. Autrement dit, les instruments formels prévus par le droit de la concurrence parviennent-ils à atténuer les effets de la puissance économiques, et à en sanctionner les abus les plus manifestes ? Dans cette perspective est ce que les outils classiques de mesure de la puissance économiques, prévus par le droit de la concurrence, sont adaptés actuellement à la réalité mouvante des marchés, ou bien doit-on en intégrer de nouveaux issus de l'analyse économique qui s'attache à analyser cette puissance, eu égard à la structure du marché, aux barrières à l'entrée et bien d'autres critères ?

Pour cerner la somme de ces problématiques nous analyserons en première partie la notion et des modalités d'acquisition de la puissance économique en droit de la concurrence. En deuxième partie nous mettrons le point sur la régulation de la puissance économique en droit de la concurrence.

Pour ce faire nous passerons en revue tout au long des développements, le contexte européen où l'interprétation des règles du droit de la concurrence s'est faite graduellement en fonction de choix de nature politique dans l'objectif de l'intégration du marché commun tout en priorisant les intérêts en jeu. Nous essayerons dans une certaine mesure, de tirer les enseignements apportés par cette expérience, tout en évaluant leur adaptabilité au contexte marocain.

Cet ouvrage qui constitue une synthèse scindée bien concise de notre thèse de doctorat intitulé « la puissance économique en droit du marché » soutenu à la faculté de droit de Fes au Maroc sous la direction du Professeur Noureddine Toujgani, est un essai à travers lequel nous avons tenté d'adapter une partie des résultats jadis obtenus de manière académique abstraite, au contexte tumultueux post pandémique marqué par la crise. En effet, le déploiement par les Etats aussi bien du Nord que du Sud de nouvelles politiques économiques compte tenu de ce contexte de crise, appelle une analyse des comportements et des stratégies des acteurs du marché, ainsi que du rôle de la régulation de la concurrence pour la mise en équilibre des intérêts en présence. Nous nous sommes assignés pour mission de procéder à cette analyse à travers la rédaction de cet ouvrage.

PARTIE 1: NOTION ET MODALITÉS D'ACQUISITION DE LA PUISSANCE ÉCONOMIQUE EN DROIT DE LA CONCURRENCE

Il s'agit d'analyser dans cette partie, comment le droit appréhende la notion de puissance économique (titre I), ainsi que certaines modalités de son acquisition. Pour ce faire, il faut avoir de la puissance économique une vision suffisamment globale pour en cerner l'intégralité des effets. Certains auteurs, notamment Jean Pascal Chazal, résume les effets de la puissance économique, dans l'effet de dépendance et l'effet de domination[1]. On peut définir l'effet de dépendance comme « le fait pour une personne de dépendre d'une autre, de telle sorte qu'un lien d'asservissement économique en découle »[2]. Quant à l'effet de domination, celui-ci est défini comme « le résultat de la puissance d'une entreprise qui imprime au marché et à ses concurrents sa propre volonté, en parvenant à se détacher des contraintes habituelles auxquelles sont soumis les autres agents. L'entreprise dominatrice, sur un marché, peut vouloir se servir de sa puissance économique pour imposer un rôle directeur, s'extraire du jeu concurrentiel, et obtenir ainsi un avantage excessif au détriment des agents économiquement plus faibles[3] ». L'effet de dépendance produit par la puissance économique est moins vaste que celui de domination. Il est, en revanche, plus rigoureux à l'égard du contractant économiquement dépendant[4].

Il est à souligner que plus le pouvoir du marché est important c'est-à-dire la capacité pour une entreprise de relever ses prix ou de les baisser sans tenir compte des comportements des autres partenaires ou concurrents est grande, plus les effets de la puissance économique, sont accrus. Ainsi, c'est le pouvoir de marché de l'entreprise en position dominante qui lui permet de se soustraire des contraintes du marché, et de mettre ses concurrents et ses contractants sous sa dépendance et sa domination ; il s'agit comme le préconise A.S. Choné de domination absolue, qui s'exerce sur les concurrents. La domination relative, quant à elle, qui correspond à la notion d'abus de dépendance économique, se déploie le plus souvent dans le cadre d'un rapport contractuel, quoiqu'elle puisse intervenir exceptionnellement hors de ce cercle. D'une autre manière, qu'elles soient en situation de

---

[1]. J.P.Chazal, De la puissance économique en droit des obligations, Thèse pour l'obtention du Doctorat en Droit Présentée et soutenue publiquement le 27 mars 1996, p. 457.

[2]. Du latin *dependere*, être suspendu à, être sous l'autorité de quelqu'un.

[3]. F. Perroux, *L'économie du XXème siècle*, P.U.G., 3ème éd., 1969, p.69 et suiv.

[4]. G. Virassamy, *Les contrats de dépendance*, thèse Paris, L.G.D.J., 1986.

domination absolue ou relative, les entreprises concernées disposent d'un pouvoir de marché dit substantiel[1] . La dépendance économique ou la domination est dans ce cas le résultat de la détention de ce pouvoir de marché ; elle en est déduite. C'est ainsi le cas lorsque l'entreprise exerce à l'égard de ces partenaires un abus de position dominante, ou de dépendance économique, ou bien use de certaines pratiques commerciales déloyales ou pratiques restrictives de concurrence.

Face à ces effets de la puissance économique, les législations ne sont pas restées indifférentes aux inégalités économiques qui causent tant d'injustices et d'excès dans la société libérale et individualiste. Ainsi le législateur a instauré une protection du consommateur dépendant en raison de sa faiblesse présumée, face à un professionnel disposant d'une certaine puissance économique. Dans ce cas, la puissance économique est déduite des partenaires en rapport ; consommateurs, et professionnels. Il suffit que la relation contractuelle intervienne entre ce binôme, pour présumer la puissance économique et informationnelle conférant un pouvoir de fait au professionnel.

En définitive, on constate en dépit de certaines différences formelles entre les pays que la règle de droit a évolué en théorie, pour acquérir comme finalité principale de se dresser contre la puissance économique afin d'en limiter les effets préjudiciables aux partenaires économiques et par ricochet à la collectivité. C'est ainsi le cas lorsque la jurisprudence utilise la notion de puissance économique comme outil de lutte contre les abus de puissance économique et/ou comme critère utilisé, pour caractériser la domination d'un marché. Une illustration pionnière fut l'arrêt Hoffman la Roche où la Cour de justice des communautés européennes définit la position dominante comme, une *"situation de puissance économique détenue par une entreprise qui lui donne le pouvoir de faire obstacle au maintien d'une concurrence effective sur le marché en cause (...)"*[2]. Dès lors qu'une entreprise est en position dominante, et qu'elle commet certaines pratiques, son comportement peut être qualifié d'abusif. La

---

[1]. Le pouvoir de marché substantiel dépend de la taille de l'entreprise par rapport à son marché, et non de sa taille dans l'absolu.

[2]. C.J.C.E., 17 décembre 1975, arrêt "Chiquita United Brands", J.O.C.E., 9 avril 1976, n°l-95; C.J.C.E., 13 février 1979, arrêt "Hoffman-La Roche" Rec. C.J.C.E., p.461; C.J.C.E., 11 décembre 1980, arrêt "L'Oréal", Rec. C.J.C.E., p.3775.

jurisprudence fait ainsi peser sur l'entreprise en position dominante une responsabilité particulière, consistant à s'abstenir de commettre certaines pratiques, sous peine de se voir reprocher un abus.

Il est à nuancer toutefois que des entreprises peuvent abuser de leur puissance économique sans toutefois exercer une domination. La domination est l'effet le plus exacerbé de la concentration de puissance économique, puisqu'elle s'exerce sur l'ensemble du marché.

Tout abus de domination constitue un abus de puissance économique, mais tout abus de puissance économique n'est pas forcément un abus de domination. La qualification de ce dernier suppose une condition *sine qua non* de domination, qui se mesure à l'aide de plusieurs critères dont le pouvoir de marché est l'élément capital. La domination qu'elle soit absolue ou relative révèle un degré de puissance économique significatif.

Cette analyse des effets de la puissance économique appelle-t-elle une condamnation systématique de cette dernière ou l'adoption d'une attitude mesurée à l'égard de celle-ci ? La réponse est nuancée car la puissance économique peut produire soit le bien-être et l'utilité sociale, soit l'injustice et l'abus. On peut toutefois affirmer le postulat que les ordres juridiques sont unanimes sur la possibilité pour les entreprises d'acquérir une certaine puissance économique tout en condamnant cette acquisition en cas d'abus ou en cas de modification de la structure du marché par création ou renforcement d'une position dominante induisant des effets restrictifs de concurrence.

C'est pourquoi la position dominante, tout comme la concentration de puissance économique, n'est pas condamnée en soi, mais seulement si elle dégénère en abus. Admettre le contraire reviendrait à entraver de façon significative le progrès technique et la dynamique économique. *« Des innovations techniques importantes sont souvent génératrices de position dominante, voire de monopole, et s'accompagnent nécessairement d'un déplacement de la demande qui affecte les intérêts des entreprises concurrentes »*[1]. Cependant, malgré

---

[1]. R. Roubault, *Les positions dominantes et le droit positif français*, Rev. Conc. et consom., 1979, n°973; Sur la notion d'abus de position dominante en général, cf. Decocq et Pédamon, *L'ordonnance du 1er décembre 1986*, Juris. Class., Conc. Cons., n° spéc. 1987, n°26; J.M. Mousseron et V. Sélinsky, *Le droit français nouveau de la concurrence*, Litec, 1987, p.103; G. Cas et R. Bout, *Lamy droit économique 1995*, n°623 et suiv.; E. Müller, *L'abus de position dominante*, G.P., 1991, doct.351.

l'affectation des intérêts des concurrents, la position dominante peut avoir des effets bénéfiques pour les consommateurs ; c'est pourquoi la loi prévoit la possibilité d'un rachat de l'abus de cette position sur la base d'un bilan économique ayant un effet positif sur les consommateurs en dépit de son caractère anticoncurrentiel. Il s'agit là, d'une compensation de ce dit effet anticoncurrentiel. On recourt alors au surplus des consommateurs qui est une notion économique à distinguer du surplus global, lequel inclut des effets concurrentiels autres que ceux touchant strictement aux consommateurs, tel le maintien du processus concurrentiel.

Par ailleurs, le droit des contrats instaure certains procédés juridiques permettant de lutter contre les abus de puissance économique lors de la formation du contrat, en prévoyant la nullité des conventions pour vices de consentements, et en consacrant la notion de violence économique notamment en France. De même, lors de l'exécution du contrat, les juges français ont consacré la nullité des contrats où le prix a été fixé unilatéralement de façon abusive par l'une des parties. Enfin, lors de l'extinction des contrats, le droit commun a consacré le pouvoir modérateur du juge habilité à réviser les clauses pénales dérisoires ou excessives. En raison de plusieurs insuffisances notoires, il est à préciser toutefois que, faute d'une réforme profonde, le droit des contrats au Maroc reste incapable de cerner et lutter contre tous les abus de puissance économique pouvant intervenir entre contractants.

Quant à l'acquisition de la puissance économique par les entreprises titulaires d'un pouvoir de marché, le droit du marché prévoit des mécanismes d'encadrement de cette acquisition.

En effet, les modalités de cette acquisition (Titre II) sont multiples ; on peut citer à cet égard la détention d'un droit de propriété industrielle, les concentrations d'entreprises, ou enfin l'entente entre entreprises. On se limitera comme précédemment souligné à ces deux dernières modalités pour des raisons méthodologiques, tenant à la nature de la discipline étudiée telle que délimitée par nos soins.

Ainsi en matière de concentration, l'addition des pouvoirs de marchés des entreprises concernées par l'opération, fait l'objet d'un contrôle de la part du conseil de la concurrence qui analyse l'ampleur de la puissance économique des entités concentrées et son effet sur la structure du marché, pour juger de son adéquation avec les prescriptions légales, afin de l'autoriser ou l'interdire en cas d'effets restrictifs sensibles à la concurrence.

Pour ce qui est des ententes, les ordres juridiques posent le principe d'interdiction de ces dernières assorti de certaines exceptions, qui justifient leur autorisation. Ces exceptions sont désignées sous le vocable « exemptions » en droit de la concurrence. L'exemption est soumise à certaines conditions légales. Lorsqu'elle est dite individuelle, l'exemption permet d'exempter certaines ententes lorsque leurs auteurs ne disposent pas d'une certaine puissance économique exprimée en parts de marchés (les règles de *minimis)*, ou qu'elles contribuent au progrès économique. Lorsqu'elle est dite par catégorie l'exemption porte sur une catégorie d'accords préalablement définie par l'autorité gouvernementale. De même, la loi prévoit une classification des ententes interdites par leur objet, et les ententes interdites en raison de leur effet sensible sur la concurrence. Enfin, la règle de raison permet de blanchir une entente malgré son effet restrictif de la concurrence sur la base d'un bilan économique et/ou concurrentiel, sans que la règle ne puisse jouer pour les ententes interdites en raison de leur objet.

Titre 1 : Notion de la puissance économique

Dans une approche historique, l'intégration de la notion de puissance économique en droit positif est apparue assez tôt en occident. Cette notion de puissance est indissociable de l'idée de société ; les liens sociaux étant fondés sur la hiérarchie et sur l'inégalité. La cité idéale de Platon et l'utopie socialiste, qui prêchent pour une égalité arithmétique entre les individus, sont en réalité un mythe inaccessible dans ce bas monde ; les relations sociales ne sont pas empreintes de charité, de propriété collective et d'égalité. L'histoire de l'organisation sociale française nous révèle ce constat. Ainsi, le moyen âge se caractérisait par la puissance des seigneurs et du clergé détenant la grande partie du domaine foncier. Cette époque féodale, marquée par la confusion entre la puissance patrimoniale et la puissance économique, la première absorbant la seconde, est caractérisée dans la tenure[1] contractuelle : la censive. En effet, le tenancier (le vassal), détient le contrôle économique de l'activité, mais doit, en contrepartie, verser le cens au seigneur (le suzerain). La puissance économique dans l'ère féodale s'apparentait à la puissance

---

[1]. La tenure est le mode de concession d'une terre, en vertu duquel une personne n'en possède que la jouissance, à titre précaire.

patrimoniale des seigneurs et de l'église. Cet ordre social connut un bouleversement avec l'apparition de la bourgeoisie. En effet entre le XIIème et le XVème siècle, le dynamisme de cette classe lui permet d'accaparer le pouvoir économique, en constituant, peu à peu, une véritable puissante oligarchie financière. A partir de ce moment, son influence ne cessera de grandir, concurrençant, par la puissance commerciale et financière, la puissance patrimoniale de la noblesse et du clergé [1] . La révolution bourgeoise de 1789, va configurer l'organisation sociale, et va hisser au pouvoir la classe économiquement dominante : la bourgeoisie. Après 1789, cette classe, soucieuse d'assoir sa puissance économique, se dota des outils juridiques lui permettant de l'accroitre. La déclaration des droits de l'homme et du citoyen proclame dans son article 17, le caractère inviolable du sacro-saint principe du droit de propriété, comme elle proclame les principes d'égalité juridique et de liberté absolue. Ensuite, la promulgation du code civil napoléonien de 1804 adopta les acquis des sciences économiques fondés sur la théorie de la concurrence pure et parfaite, tels que les avaient exposés les auteurs classiques libéraux, en consacrant le principe de la liberté contractuelle duquel la doctrine du XIXème siècle tirera le dogme de l'autonomie de la volonté. En réalité, ni la théorie économique classique, ni le droit de l'époque ne pouvaient assimiler l'idée de déséquilibre de puissance économique, source de domination des faibles par les plus forts, et la conséquence fut l'ouverture au début du XIXème siècle, de l'ère libérale, entièrement dominée par la puissance patrimoniale, financière et commerciale de la bourgeoisie[2].

Dès son origine, le capitalisme libéral contenait une double contradiction. D'abord, le jeu de la libre concurrence crée mécaniquement un phénomène de concentration capitalistique des moyens de production et des entreprises. Ensuite, il existe dans ce système une tendance naturelle à l'élimination, ou la domination des faibles par les puissants. Etant une pure fiction de l'ordre napoléonien, le principe théorique de l'égalité s'est en réalité accompagné d'un accroissement réel des inégalités économiques, ce qui a rendu indispensable, l'introduction progressive de règles juridiques protectrices des économiquement faibles.

---

[1]. *OP.cit.* J. P. Chazal, De la puissance économique en droit des obligations.
[2]. G. Ripert, Aspects juridiques du capitalisme moderne, n°2.

Les mythes de la liberté absolue et de l'égalité abstraite se sont, depuis le XIXème siècle, heurtés à la réalité de l'exploitation des ouvriers et de la faiblesse chronique des consommateurs. L'influence de la puissance économique se fait alors sentir en droit positif. Prenant conscience des effets induits par un tel phénomène, les législateurs et les doctrinaires économistes ne pouvaient rester interminablement indifférents aux inégalités économiques, qui causent tant d'injustices et d'excès dans la société libérale et individualiste.

Ainsi la science économique, avec Edward. H. Chamberlin aux Etats-Unis et Joan. Robinson en Angleterre, va subir un véritable renouveau, remettant en cause les théories classiques. L'un a élaboré la notion de *« concurrence monopolistique »*, tandis que l'autre a dégagé l'idée de concurrence imparfaite, deux théories en rupture totale avec l'analyse classique et néoclassique du marché. Le renoncement à la vision mécaniste et atomistique du marché, a permis à la théorie économique d'intégrer les inégalités de puissance économique entre agents. En France, Perroux conceptualisera ces idées avec sa théorie de l'économie dominante[1], selon laquelle une entreprise économiquement puissante peut exercer sur le marché, et par voie de conséquence sur ses concurrents et ses contractants, un effet de domination qui se traduit, dans l'échange, par l'obtention d'un avantage anormal.

Sur le plan juridique, on a pris conscience à partir du début du 20ème siècle caractérisé par l'industrialisation de l'économie, que les principes qui ont présidé à l'élaboration du code napoléonien, sous-estiment les inégalités de fait, en considérant comme si tous les individus appartenant à la société étaient égaux ; ce droit ayant semé la confusion entre l'égalité des droits et l'égalité des faits. « *L'égalité consacrée par la bourgeoisie est seulement une égalité devant la loi (laissant de côté le problème de l'égalité économique)* »[2].

Le résultat de cette prise de conscience de la nécessité de la protection des faibles, s'est manifesté à travers la prise en compte du phénomène de puissance économique par le droit qui s'est faite selon deux caractéristiques : d'une part, le droit est devenu peu à peu sensible aux déséquilibres engendrés par la puissance économique, et par voie de conséquence à la faiblesse qui en est le reflet; d'autre part,

---

[1]. Sirey, Histoire des pensées économiques, les contemporains, 1988, p.75 et suiv.

[2]. J. Ellul, Histoire des institutions, t.1 et 2, p135.

le droit commun des obligations a connu historiquement une parcellisation, un morcellement, par le biais de la création de droits autonomes, ou par l'utilisation des contrats spéciaux, tels que les contrats d'adhésion, de dépendance ou de consommation. L'histoire juridique contemporaine est riche d'exemples de protection de contractants en situation de faiblesse économique : le salarié, l'assuré, le locataire, l'agent commercial, le consommateur.

L'apparition de la discipline du droit de la concurrence qui cherche à expliquer les phénomènes juridiques grâce aux méthodes et concepts de la science économique, a chamboulé les principes sur lesquels a été fondé le droit commun. Le droit de la concurrence perçoit ainsi les sujets de droit tout en force et faiblesse, dominant ou dépendant, là où le contractant du Code civil se présente comme individu théorique, autonome et libre. Certaines branches spéciales du droit se sont également organisées autour des idées de puissance économique et de dépendance, remettant en cause les principes classiques du code civil. Sans parler du droit du travail, il suffit de penser au droit de la consommation qui organise une protection du consommateur en raison de sa faiblesse présumée face à un cocontractant professionnel, et partant puissant. Sans oublier aussi le droit des pratiques restrictives de concurrence, qui organise un contrôle des relations de dépendance, un droit contractuel de l'équilibre et des abus de dépendance entre professionnels.[1]

En matière de pratiques anticoncurrentielles du droit de la concurrence, la définition des notions de « puissance » ou de « dépendance économique » est née du but des règles mises en œuvre. Le contrôle de la puissance économique est strictement dépendant des conséquences de cette domination sur un marché donné : la puissance économique traduit, pour cette raison, l'aptitude d'une entreprise à se soustraire à la contrainte d'un marché.

Dans cette perspective, on relève que la puissance économique traduit l'expression d'un état de dépendance économique (Chapitre1), ou d'un état de domination tantôt relative tantôt absolue intervenant entre concurrents.

De même, la puissance économique présumée de certains agents économique est un outil utilisé par le droit pour lutter contre les abus émanant de ces derniers (Chapitre 2). C'est ainsi en raison du pouvoir

---

[1]. M. S. Payet. Puissance économique en droit de la concurrence et le droit des contrats, Revue des contrats, 01 octobre 2006 n° 4, P. 1338 -

de marché détenu par l'entreprise en position dominante que certains de ses agissements contenus dans l'article 7 de la loi marocaine 104-12 tombent sous le coup de l'interdiction. Par ailleurs, la pratique d'abus de dépendance économique présentant également des liens étroits avec la notion de pouvoir de marché, a été prévue par la loi dans le but d'appréhender *« la simple domination d'un partenaire commercial sur l'autre, dans leur rapport bilatéral »*[1]. Le but d'une telle disposition étant de créer une prohibition qui serait libérée de la condition de la domination du marché pertinent, ou *relevant market*, et qui serait donc susceptible de sanctionner les abus de puissance économique commis par des entreprises ne se trouvant pas en situation de position dominante.

Relevons par ailleurs que ce qui caractérise cette notion d'abus de dépendance économique, c'est que le lien de dépendance existe au détriment d'une entreprise déterminée, tandis que, dans l'abus de position dominante, c'est le marché, et donc à travers lui l'ensemble des intervenants, qui subit l'abus de domination.

Le droit des contrats n'est pas resté indifférent aux déséquilibres contractuels induits par le phénomène de puissance économique. Le droit des contrats en France, a évolué en utilisant certains nouveaux concepts pour lutter contre les abus de puissance économique de certains contractants en situation de supériorité, et en reconnaissant que l'abus peut résulter de la contrainte économique à l'égard du contractant faible dans le cadre de la violence économique, ou en admettant la théorie de l'imprévision.

Chapitre 1 : Puissance économique expression d'un état de domination et de dépendance économique révélateur de suspicion d'abus

L'avènement et l'intensification des relations sociales déséquilibrées, où les contractants ne se trouvent pas dans une situation économique équivalente -entre professionnel et consommateurs d'une part, mais aussi entre professionnels eux-mêmes- a débouché sur la prolifération des contrats de dépendance. Les pratiques restrictives de concurrence entre professionnels sont l'une des manifestations des contrats de dépendance. La commission

[1]. A. S. Choné, Les abus de domination, essai en droit des contrats et en droit de la concurrence LGDJ, édition 2010, p.153

de ces pratiques est révélatrice de la détention d'un certain pouvoir de marché par leurs auteurs (section 2).

Les contrats de dépendance sont définis de manière générale, par Georges Virassamy comme ceux "régissant une activité professionnelle dans laquelle l'un des contractants, l'assujetti, se trouve tributaire pour son existence ou sa survie de sa relation régulière, privilégiée ou exclusive qu'il a établie avec son cocontractant, le partenaire privilégié, ce qui a pour effet de le placer sous sa dépendance économique et sous sa domination"[1].

Cet auteur rappelle la nécessité, pour le droit, de tenir compte des différences de puissance économique entre contractants, sources *« de déséquilibre contractuel et de domination de l'un des partenaires sur l'autre »*[2]. En effet, dans la définition qu'il donne des contrats de dépendance, l'auteur utilise les termes d'assujettissement, de dépendance, ou encore de domination. Il s'agit de protéger non seulement le salarié contre l'employeur ou le consommateur contre le professionnel, mais également tous les professionnels qui se trouvent en situation de dépendance économique[3]. Cette protection concerne notamment les franchisés et les concessionnaires qui se trouvent, sans qu'aucune protection ne leur soit accordée, dans une situation de dépendance économique comparable à celle des salariés. On peut relever dans cette optique, l'inconvénient d'instaurer une protection de l'économiquement faible par une parcellisation du droit des obligations, et la création anarchique de régimes protecteurs exorbitant du droit commun[4].

Virassamy a eu, selon nous, le tort de limiter excessivement le domaine de la protection des économiquement faibles dans la définition qu'il donne aux contrats de dépendance. En effet, si la

---

1 . La notion de contrat de dépendance a été utilisée par G. Farjat, *Droit économique,* P.U.F., 2ème éd., 1986; cité par J.P.Chazal « la puissance économique en droit des obligations », thèse de doctorat en droit privé, sous la direction de Dominique, Lefebvre, Grenoble II, Université Pierre Mendes France Faculté de droit, 1996, p175.

2. Ibid

3 G. Virassamy, Les contrats de dépendance essai sur les activités professionnelles exercées dans une dépendance économique, L.G.D.J., 1986. Cité par J.P. Chazal, *ibid,* p 176.

4 "Force est de constater que cette volonté de justice contractuelle n'a pas une portée générale", ibid.

notion de dépendance est l'un des effets les plus visibles et significatifs du phénomène de puissance économique, il serait erroné de croire qu'il n'existe, en dehors de cette hypothèse, aucun abus de puissance économique.

Il est certain que l'instauration d'une relation contractuelle est le préalable nécessaire à la création d'un lien de dépendance entre deux personnes. Mais la notion de domination et de dépendance n'est que l'une des conséquences du concept, beaucoup plus vaste, de puissance économique, qui se retrouve tant en matière contractuelle, qu'en matière extracontractuelle. Quelques exemples pourront illustrer notre propos.

En droit de la concurrence, l'abus de position dominante est sanctionné par l'article 7 de la loi 104-12 sur la liberté des prix et de la concurrence au Maroc et l'article L-420-2 du code de commerce français, qu'il y ait ou non relation contractuelle. Or, il est admis que la domination d'un marché peut se concrétiser par une concentration manifeste de puissance économique[1]. La jurisprudence de la Cour de justice des communautés européennes est, à cet égard, extrêmement intéressante, lorsqu'elle définit la position dominante d'une entreprise comme *"une situation de puissance économique détenue par une entreprise qui lui donne le pouvoir de faire obstacle au maintien d'une concurrence effective sur le marché en cause (...)"*[2]. La puissance économique, lorsqu'elle est suffisamment concentrée, est donc identifiée à une position dominante. Il est vrai qu'à partir d'un certain degré de puissance économique, le marché et donc les concurrents peuvent se trouver à la merci d'une entreprise ayant la tentation d'abuser de son pouvoir pour en tirer profit. C'est son pouvoir de marché traduisant sa puissance économique qui la délivre des contraintes du marché, et expose ainsi ses partenaires économiques, qu'ils soient co-contractants ou simplement concurrents sous sa domination, au risque d'abus. On analysera donc la domination

---

[1] G. Cas et R. Bout, *Lamy droit économique,* 1995, n°641; Decocq et Pédamon, *L'ordonnance du 1er décembre 1986*, Juris. Class. Conc. Cons., n° spécial 1987, n°27; B. Goldman, A. Lyon-Caen et L. Vogel, Droit commercial européen, n°539.
[2] C.J.C.E., 17 décembre 1975, arrêt "Chiquita United Brands", J.O.C.E., 9 avril 1976, n°l-95; C.J.C.E., 13
février 1979, arrêt "Hoffman-La Roche" Rec. C.J.C.E., p.461; C.J.C.E., 11 décembre 1980, arrêt
"L'Oréal", Rec. C.J.C.E., p.3775.

économique absolue et relative issue du pouvoir de marché (section 1).

En revanche, en dépit du fait que l'abus de dépendance économique en droit de la concurrence, considérée comme un abus de domination relative, puisse intervenir entre des partenaires qui ne sont pas contractants, cette pratique anticoncurrentielle ne se conçoit pas le plus souvent sans relation contractuelle. La qualification de cet abus suppose que le partenaire dépendant ne trouve pas de solutions alternatives ou substituables, et que le chiffre d'affaires réalisé avec le fournisseur ou le distributeur selon qu'il s'agisse d'une puissance d'achat ou de vente, soit significatif. La puissance économique dans ce cas se mesure à l'aune du rapport bilatéral entre les contractants, qui nécessite en outre l'analyse de la position des concurrents sur le marché. De même, le critère d'absence de solutions alternatives oblige à rechercher la présence éventuelle de concurrents. On qualifie alors la dépendance économique à partir d'éléments issus de l'analyse concurrentielle, mais aussi de l'analyse contractuelle.

Section 1 : Domination économique absolue et relative reflet d'un pouvoir du marché substantiel

La théorie de la concurrence pure et parfaite suppose que les acteurs n'ont aucun pouvoir sur les marchés, et que leurs actions ne peuvent avoir un impact sur le prix ou les quantités échangées. Dans la réalité, ce n'est pas fréquemment le cas : certaines entreprises détiennent un pouvoir de marché qui leur permet d'avoir un impact sur les prix, comme c'est le cas en situation de monopole ou d'oligopole.

Selon la théorie de la concurrence pure et parfaite, aucun acteur n'est capable par sa seule action d'agir sur les prix. Les producteurs sont « preneurs de prix », ils n'ont aucun pouvoir de marché.

Cette théorie fondée sur l'atomicité du marché, n'a pas été approuvée à l'unanimité par les économistes, qui préconisent que la concentration de l'offre, est toujours accompagnée d'une concentration du pouvoir du marché du côté des offreurs. Ainsi un producteur a un pouvoir de marché lorsqu'il peut influencer la détermination du prix ou des quantités d'un bien échangé sur un marché. Le producteur est alors « faiseur de prix ». Cette capacité à influencer la détermination des prix, peut engendrer l'éviction de certains concurrents. Le pouvoir de marché est dans ce cas, un moyen pour commettre des abus. C'est le cas dans des situations de monopole, où il n'y a qu'un seul offreur et de nombreux demandeurs. Le producteur unique du bien impose donc ses conditions. C'est là que le pouvoir de marché est le plus fort. Néanmoins, le producteur unique doit tenir compte de la demande et ne peut fixer n'importe quel prix, s'il souhaite vendre sa marchandise. C'est aussi le cas des situations d'oligopole, où il n'y a qu'un petit nombre de producteurs et de nombreux demandeurs. Les choix des producteurs sont interdépendants, puisque l'action des uns se répercute sur celle des autres. Les producteurs disposent d'un pouvoir de marché et sont faiseurs de prix. En effet, une structure de marché oligopolistique manifeste une situation de puissance économique des acteurs qui pourraient souvent être tentés de s'entendre sur leur politique de prix, dans le but de les hausser artificiellement au détriment des consommateurs. Dans l'instruction des dossiers d'entente émanant d'acteurs membres d'un oligopole, le conseil de la concurrence recourt à la technique du faisceau d'indices pour établir la preuve de la commission de l'infraction.

Au Maroc, certains secteurs oligopolistiques comme les hydrocarbures ont fait l'objet d'entente qui a tout récemment été jugée par le Conseil de la concurrence. L'Etat veille, dans le cadre de la libéralisation des prix qui a été réalisée a minima dans ce secteur, à assurer en douceur et de manière pérenne la sécurité d'approvisionnement ainsi qu'à garantir, difficilement, une concurrence saine et loyale au bénéfice des consommateurs, qui à notre sens, faute d'efforts conséquents de la part des acteurs peine à produire ses vertus. Taxé par le Conseil dans son dernier rapport d'excessivement concentré, et régi par une réglementation désuète, ce secteur connait plusieurs dysfonctionnements, et affiche une certaine dépendance vis-à-vis des multinationales étrangères. De même, le conseil propose dans son rapport de libéraliser davantage le secteur par la levée des barrières à l'entrée et de rompre avec le système des agréments en vigueur qu'il considère en l'occurrence comme l'une des barrières à l'entrée. Cette recommandation est fondamentale dans la mesure où elle permettra à l'évidence d'apaiser les situations de dépendance économiques qui caractérisent le secteur. L'Etat est conscient de la nécessité d'une telle mesure autant que le permet l'économie nationale, et les choix du gouvernement. Il est intéressant de rappeler, à cet égard, que le Royaume du Maroc a choisi expressément dans les accords de Marrakech en 1995 de libéraliser son économie à un rythme maitrisable, c'est-à-dire à un rythme qui ne compromettrait pas ses intérêts stratégiques et sa souveraineté.

Sans s'attarder sur l'exposé des spécificités du secteur des hydrocarbures, l'on postule que les relations entre professionnels sont caractérisées par une dépendance (paragraphe1) et une domination économique notamment lorsque l'un d'entre ces derniers dispose d'un certain pouvoir de marché qu'on étudiera dans le présent (paragraphe1).

La faculté pour un professionnel d'augmenter ou de baisser ses prix sans tenir compte des contraintes du marché, est une conséquence de sa détention d'un pouvoir du marché pouvant engendrer une situation de dépendance économique dans laquelle peuvent se trouver ses partenaires. Cette dépendance économique peut être matérielle ou juridique.

Paragraphe 1 : Pouvoir du marché expression de puissance économique engendrant des abus de positions dominantes

En raison de son pouvoir du marché traduisant sa puissance économique, une entreprise peut être tentée d'abuser de ce pouvoir, pour exclure ses concurrents, en usant de pratiques et de comportements contraires à la lettre de la loi sur la concurrence qui se veut protectrice d'un ordre public économique et concurrentiel.

Il est à noter que plusieurs critères rentrent dans l'appréciation des pratiques anticoncurrentielles selon qu'il s'agisse d'abus de position dominante, ou bien d'abus de dépendance économique. Néanmoins, ce qui permet à des entreprises de commettre ces pratiques, c'est leur détention d'un pouvoir du marché traduisant leur puissance économique.

On essayera dans un premier lieu de cerner la notion de position dominante et les éléments permettant son appréciation, ensuite on analysera les critères de la position dominante collective.

Concernant la qualification de l'abus, le juge commence par vérifier l'existence de la domination qui est un effet de la puissance économique au même titre que la dépendance. Selon Sophie Choné dans sa thèse sur les abus de domination, l'autrice distingue la domination absolue de la domination relative. La domination absolue d'une entreprise s'exerce à l'égard des concurrents. Tandis que la domination relative se déploie dans le rapport contractuel, à l'égard du partenaire contractuel, client ou fournisseur[1]. L'abus de position dominante correspond à la définition que nous avons donnée à la domination absolue.

A. Critères de la position dominante individuelle

Deux conceptions de la position dominante se sont affrontées[2]: l'une statique, selon laquelle la position dominante doit être analysée en termes de parts de marché, et l'autre dynamique selon laquelle la position dominante doit être analysée en termes de pouvoir de marché, lequel est mesuré à l'aide d'un faisceau d'indices. En droit communautaire de la concurrence, il est apparu à la suite de l'intégration de l'économie européenne et du marché commun, que le seul critère de la part de marché était insuffisant pour appréhender la réalité du pouvoir d'une entreprise. En effet, il ne prenait pas en compte la menace que peut représenter l'éventualité de l'entrée sur le marché de nouveaux concurrents. De plus, il n'est pas significatif dans le cas où le marché pertinent est délimité de manière extrêmement stricte[3]. C'est pourquoi la conception dynamique l'a emporté en

---

[1] P. Hoet, « domination du marché ou théorie du partenaire obligatoire », Revue du marché commun, n°235, mars 1989, p. 135 : « la position dominante absolue se détermine vis-à-vis des concurrents. L'entreprise en question dispose de la possibilité de se comporter indépendamment de ses concurrents, ce qui implique que le système concurrentiel sur un marché délimité est faussé. L'indépendance de se comporter peut aussi exister par rapport aux seuls clients ou fournisseurs, c'est une position dominante relative » ; M.Pédamon, « Les abus de domination », CDE 1987/1, p.15 ; Adde D. Brault, Politique et pratique du droit de la concurrence en France, LGDJ, 2004, n°849 : « l'article L.420-2 distingue désormais le cas de l'entreprise qui domine un marché du cas dans lequel elle domine un partenaire commercial » ; M.A.Frison-Roche et M.S. Payet, précis du droit de la concurrence, *OP.cit,* n°120.

[2] . R. Saint Esteben, « Une concentration d'entreprises dans la CEE », Clunet 1972. 249, 254 et s.

[3] . C'est ainsi que discussion paper de décembre 2005 relative à la modernisation de l'article 82 CE (qui préparait l'adoption de la communication du 9 février 2009) focalisait son attention autour de la question de la délimitation du marché pertinent. Pour cela l'utilisation du test SSNIP (Small but significant non- transitory increase in prices) était largement détaillée (V.A.L.Sibony, Le juge et le raisonnement économique en droit de la concurrence, LGDJ, 2008, p 291 et s). La communication du 9 févier 2009 n'aborde pas ces points. Pourtant le calcul des parts de marché continuera d'exiger la délimitation du marché. On voit que ce qui

jurisprudence. C'est donc un faisceau d'indices qui, désormais, permet de caractériser la position dominante. Néanmoins, le critère statique de la part de marché reste hautement significatif[1]. La communication du 9 février 2009 portant « orientations sur les priorités retenues par la commission pour l'application de l'article 82 du traité CE aux pratiques d'éviction abusives des entreprises dominantes » confirme l'adoption de cette conception dynamique, en prônant la méthode basée sur le faisceau d'indices. Cependant, même si le critère de la part de marché n'est pas déterminant à lui seul, la communication n'occulte pas cet élément qui constitue « une première indication utile ». Ainsi, d'après la Commission, il y'a peu de chance qu'une entreprise détenant moins de 40% d'un marché soit en position dominante ; la prise en compte de ce critère peut constituer dans certains cas, une présomption de l'existence de cette position[2]. Mais même si la communication donne un seuil chiffré, celui-ci n'a pas valeur de présomption d'absence de position dominante. C'est un simple indice qui ne modifie pas la charge de la preuve. Pour le Conseil de la concurrence français, si la part de marché peut constituer dans certains cas un indice de l'existence d'une position dominante(...), cette donnée est dans bien des cas insuffisante pour conclure à l'existence ou non d'une position dominante[3]. Ainsi d'autres éléments sont pris en compte. Il peut se produire qu'un seul

---

importe aujourd'hui n'est plus la délimitation du marché pertinent que la notion plus économique et plus concrète de « pouvoir de marché ».

[1] . CJCE, 13 février . 1979, Hoffman-La Roche c/ Commission, aff. 85/ 76, Rec. P. 461, point 39. Rappr. L. Vogel, Droit de la concurrence et concentration économique, Economica, 1988, n°105 : « Ce que l'on désigne généralement comme la définition « statique » de la position dominante ne définit pas la domination mais vise simplement l'un des moyens de celle-ci : Le pouvoir économique de l'entreprise peut être notamment et non pas exclusivement la conséquence de la situation prépondérante qu'elle occupe sur le marché ».

[2] En droit américain, d'après le récent document fourni par le département of justice, la conception dynamique de la position dominante l'a emportée. La position dominante est définie comme un pouvoir de marché et non mesurée seulement à l'aide de la part de marché. Néanmoins, le critère de la part de marché reste essentiel. Le DOJ pose même une présomption de position dominante à partir d'un seuil de 50% présomption que le défendeur doit renverser. (V. Competition and monopoly: single-firm conduct under Section é of the sherman act, 2008, disponible sur le site du Department of justice).

[3] Rapp. Cons.con, 1995, p57.

critère suffise à établir la position dominante d'une entreprise. Mais c'est généralement la combinaison de plusieurs critères, auxquels peut se joindre l'importance du marché contrôlé, qui permet d'en caractériser l'existence. Dans ces hypothèses, le conseil de la concurrence se livre à une analyse dite « multicritère »[1].

Les autres critères formant le faisceau d'indices sont plus pratiques, plus dynamiques. Parmi eux l'analyse structurelle du reste du marché joue un rôle essentiel. Il faut tenir compte tant de la structure actuelle que de la structure potentielle : parts détenues par les concurrents actuels, potentialité d'entrée sur le marché de nouveaux concurrents. Ainsi, l'émiettement du résidu de parts de marché[2], ou la présence de fortes barrières à l'entrée rendant le marché peu contestable[3] sont des indices complémentaires de la position dominante. Enfin la détention d'autres avantages concurrentiels comme l'avance technologique, la notoriété, la puissance financière, les économies d'échelle ou de gamme ou la détention de droits de propriété intellectuelle ou industrielle, complète le faisceau d'indices.

- La domination n'implique pas l'abus mais donne naissance à une responsabilité particulière :

La simple caractérisation d'une position dominante fait naitre une « particulière responsabilité ». Peut-on vraiment considérer qu'il n'y a en cela aucun changement de la situation juridique de l'entreprise ? Cette « particulière responsabilité » a en tout cas été explicitée par la Cour de justice des communautés européennes dans son arrêt Michelin du 9 novembre 1983. La simple existence d'une position dominante impose « une responsabilité particulière de ne pas porter atteinte par son comportement à une concurrence effective et non faussée »[4]. Donc cette entreprise ne peut plus se comporter comme ses concurrents non dominants. Ce qui est normal pour eux ne l'est plus pour elle. Il y a un comportement « normal » propre aux entreprises en

---

[1] *Ibid,* p58.

[2] Ce qui peut être appelé « concentration relative ». La concentration relative exprime l'asymétrie entre la taille de l'entreprise dominante et celle de ses concurrents tandis que la domination relative est le rapport de dépendance entre l'entreprise dominante et ses contractants.

[3] « Les barrières à l'entrée », Etudes thématiques. Rapport annuel du conseil de la concurrence 2006, p.136.

[4] .CJCE, 9nov.1989, Michelin c/ commission, aff. 322/81, Rec. 3461, point 57.

position dominante. Cette constatation est vérifiée en France où la discrimination dans les conditions de vente ou d'achat n'est plus une pratique restrictive de concurrence illicite en soi selon la loi LME, c'est-à-dire lorsque la pratique est commise par une entreprise ne disposant pas d'une position dominante sur le marché. En revanche, si la pratique est commise par une entreprise en position dominante, la qualification de l'abus peut être retenue contre elle. Au Maroc cette discrimination est interdite au titre des pratiques restrictives et des pratiques anticoncurrentielles.

- Les éléments structurels déterminants.

Mesurée principalement par l'étude de la structure, actuelle et potentielle, du marché, la position dominante est une notion structurelle. Une place importante est accordée à l'examen des rapports contractuels que l'entreprise entretient avec ses partenaires commerciaux, fournisseurs ou clients. D'une part, la dépendance économique dans laquelle elle tient ses contractants, est un élément d'appréciation de sa position dominante [1]. D'autre part, la communication de la Commission européenne du 9 février 2009 a ajouté un nouvel indice à prendre en compte dans la qualification de la position dominante : la puissance d'achat des clients de l'entreprise qui peut venir compenser le pouvoir de marché de celle-ci et empêcher ainsi la caractérisation de sa position dominante[2].

Toujours dans le cadre des critères structurels permettant l'appréciation de la position dominante de l'entreprise, il est tenu compte du fait que l'entreprise appartient ou non à un groupe puissant, du fait qu'elle bénéficie ou non, d'un accès préférentiel à certaines matières premières ou sources de financement ainsi que de l'existence le cas échéant, de barrières à l'entrée sur le marché[3]. Il peut s'agir, notamment, d'une supériorité naturelle dans la gestion, de l'étendue de la gamme, de l'innovation technique, de l'action commerciale, de

---

[1] CJCE, 11 nov.1986, British Leylan c/Commission, aff. 226/84, Rec. 3263, Point 9: qui évoque une "situation de dépendance économique caractéristique d'une position dominante".

[2] Communication du 9 février 2009, relative aux orientations sur les priorités retenues par la commission pour l'application de l'article 82 du traité CE aux pratiques d'éviction abusives des entreprises dominantes, JOUE, n°C.45, 24 février 2009, point 18.

[3] Rapp.cons.con, 1990, p36 et rapp 2000, p, 99.

la notoriété de la marque auprès des consommateurs au point que les distributeurs ne peuvent se passer de cette marque.

- Les éléments comportementaux accessoires

Des éléments relatifs au comportement de l'entreprise en cause sont pris en compte pour caractériser la position dominante[1]. Par exemple le maintien par une entreprise dominante de prix élevés, c'est-à-dire supérieurs aux prix qui résulteraient du jeu normal de l'offre et de la demande a été jugé révélateur d'une position dominante[2]. Il démontre que l'entreprise n'est pas soumise à la concurrence. De l'aveu de la commission européenne, « la position dominante peut résulter de pratiques d'éviction »[3]. En ce sens, M. Brault observe que « d'un point de vue moins doctrinal et plus pratique, … la domination se déduit de l'abus : on reconnait qu'il y'a domination d'un marché au fait que l'on y relève des pratiques qu'une concurrence effective empêcherait. N'abuse pas qui veut mais qui peut »[4].

L'examen d'éléments comportementaux ne dote pas la position dominante d'une dimension comportementale. Seule la structure compte. Si le comportement est pris en considération, il n'a d'autre

---

[1] Importance du critère comportemental : Rapport commission européenne pour 1978, p.12. Les auteurs définissent fréquemment la position dominante à partir de son double critère structurel et comportemental : L.Vogel, Droit français de la concurrence, Lawlex, 2006-2007, n°356 ; M.A.Frison Roche et M.S.Payet, Droit de la concurrence, op.cit, n°126 à 128. Voir surtout, C. Tournier, « La notion indéterminée d'abus de position dominante », RRJ 2002-04, p, 1883 : « La notion d'abus de position dominante va se déterminer autour d'un critère structurel et comportemental. Le critère structurel est attaché à la position dominante, et le critère comportemental à l'abus. Mais cette construction initiale n'est pas figée. Alternativement le critère structurel est intégré dans la notion d'abus, et le critère comportemental dans la notion de position dominante ».

[2] CJEC, 14 février 1978n United Brands, aff. 27/76, Rec.P. 207, point 128 : « Les clients continuent à acheter plus de marchandises à UBC qui est le vendeur le plus cher, ce qui constitue un fait caractéristique de la position dominante, fait dont la certification est déterminante en l'espèce ».

[3] Communication du 9 février 2009, relative aux orientations sur les priorités retenues par la commission pour l'article 82 du traité CE, aux pratiques d'éviction abusives des entreprises dominantes, JOUE, n° C.45, 24 février, point 11.

[4] Politique et pratiques du droit de la concurrence en France, n°883.

utilité que d'alléger le fardeau probatoire [1]. En effet certains comportements nécessiteraient la détention d'un fort pouvoir de marché [2], leur présence suffit à faire présumer l'existence d'une position dominante. La structure est le critère de la position dominante, le comportement son révélateur. Le comportement n'est qu'un outil au service de l'analyse structurelle. En définitive, c'est bien une analyse structurelle qui commande la caractérisation de la position dominante[3].

Nous avons vu que les éléments comportementaux n'étaient qu'accessoires pour la caractérisation de la position dominante, leur appréciation permettant seulement une meilleure appréhension de la

---

[1]. L'analyse comportementale permet de passer outre la phase préalable de délimitation du marché pertinent. La question n'est plus de recenser les acteurs concurrents, mais de se demander si l'entreprise en cause dispose d'une autonomie de comportement. Sur cette question, M.Malaurie.Vignal, Droit de la concurrence interne et communautaire, n°108 : « Une nouvelle approche est adoptée par les autorités communautaires consistant à délaisser les méthodes classiques de délimitation du marché, fondée sur les critères de substituabilité pour lui préférer une approche globale(...) Les autorités de la concurrence tiennent compte de ce pouvoir de marché, de la nature et des effets des pratiques litigieuses, sans définir préalablement le marché » ; P.Hoet, « Domination du marché ou théorie du partenaire obligatoire », Revue du marché commun, n°0235, mars 1989, p.135 : « Nous croyons qu'il est plus crédible et plus clair à ne pas délimiter un marché en cause mais de se référer à la théorie du partenaire obligatoire pour l'établissement d'une position dominante dans ces relations verticales. Le texte de l'article 86 n'exige d'ailleurs pas de délimitation d'un marché en cause pour établir une position dominante ».

[2] TPICE, 1é décembre 1991, HILTI AG c/Commission, aff/ T-30/89, Rec.II-1439, point 93 ; V. M-C Boutard-Labarde, G. Canivet, E. Claudel, V.Michel-Amsellem, J.Vialens. L'application en France du droit des pratiques anticoncurrentielles, LGDJ, 2008, n°178 : Les facteurs de position dominante peuvent être de nature structurelle ou de nature comportementale étant donné que certains abus sont révélateurs d'une position dominante.

[3] Voir en ce sens , J-B. Dubois, la position dominante et son abus dans l'article 86 du traité de la CEE, Librairies techniques, 1968, p.204 et s : il y'a deux manières d'établir l'existence d'une position dominante, soit par la position sur le marché, soit par le comportement sur le marché, la première doit être retenue. L'auteur justifie son choix par la méthode objective : « le fait d'agir sans considération des plans des autres est naturellement un critère sérieux de la position dominante, mais l'intensité de la réaction des concurrents à la position dominante doit être prise en considération ».

structure du marché. L'analyse de la domination absolue est donc structurelle. Cela s'explique par le fait que la notion de « position dominante » est issue des théories structuralistes en vertu desquelles la performance du marché, dont dépend le bien-être du consommateur, est directement fonction de sa structure. Cette idée défendue par l'école de Harvard[1] est connue sous le nom de « paradigme S-C-P »[2]. Elle a été à l'origine du contrôle des abus de position dominante.

Les critères d'appréciation de la position dominante étant étudiés, l'abus de cette position résulte de certains comportements commis par l'entreprise répertoriés non à titre exhaustif par l'article 7 de la loi 104-12 et qui peuvent consister en refus de vente, en ventes liées ou en conditions de vente discriminatoires ainsi que dans la rupture de relations commerciales établies, au seul motif que le partenaire refuse de se soumettre à des conditions commerciales injustifiées. Il peut consister également à imposer directement ou indirectement un caractère minimal au prix de revente d'un produit ou d'un bien, au prix d'une prestation de service ou à une marge commerciale.

B. Critères de la position dominante collective

La position dominante peut être détenue collectivement par plusieurs entreprises autonomes juridiquement mais se présentant sur le marché comme une seule entité collective. Les liens de corrélation qui unissent ces entreprises doivent être durables et contraignants. Ils peuvent être financiers[3] ou juridiques[4] ; l'existence d'une entente peut traduire ce lien de corrélation. Ils peuvent également n'être qu'économiques et résulter de la structure oligopolistique du marché. Dans ce cas, la nécessité de comportements parallèles reflète

---

[1] .Son promoteur est E.H Chamberlin, La théorie de la concurrence monopolistique, PUF, 1953.

[2] .E.Mason « Prices and production policies of large- scale entreprises », American Economic Review, 1939, vol.29, p.61-74 ; .J.Bain, « Relation of profit rate to industry concentration; American manufacturing 1936-1940", Quarterly Journal of Economics, 1951, vol.65., p.293-324. S-C-P signifie Structure-Conduct-Performance. D'après ce paradigme, la structure du marché, les comportements des agents et la performance du marché sont interdépendants.

[3] .Cons.Conc, n° 00-D-83, 13 février.2001. Coupe du monde du football. Dans cette affaire la jurisprudence française reconnait pour la première fois l'existence d'une position dominante collective.

[4] CJCE, 16 mars 2000, Compagnie maritime belge transports SA, aff. 395/96, Rec. I-1365, point 44, Europe mai 2000, n°143, comm.L.Idot.

l'interdépendance des entreprises. La jurisprudence communautaire par l'arrêt Laurent Piau[1], a affiné sa doctrine en exigeant la réunion de trois critères : la transparence du marché, une incitation au maintien durable de la situation de coordination, un fort pouvoir de marché détenu par l'oligopole, lui permettant d'adopter des comportements indépendants sur le marché.

La position dominante collective s'apprécie en tenant compte de l'existence de » :

- Liens entre entreprises et volonté de coordination de comportements :

Plusieurs entreprises présentes sur un même marché peuvent être considérées comme détenant conjointement une puissance économique collective, s'il existe entre elles une interdépendance qui les conduit à adopter une stratégie explicitement ou implicitement coordonnée[2]. De là apparaissent les deux éléments constitutifs de la domination collective du marché, à savoir des liens en tant que condition structurelle auxquels doit s'adjoindre une condition de comportement, telle que la volonté commune de pratiquer une politique commerciale ou d'approvisionnement coordonnée[3].

- L'interdépendance structurelle de comportements, condition suffisante pour la commission française de la concurrence :

Selon la Commission Française de la Concurrence, lorsque des entreprises sont très peu nombreuses sur un marché, et que chacune est assurée que les autres se comporteront comme elle le fait elle-même, qu'il y ait ou non entente expresse entre elles, il se peut qu'aucune de ces entreprises ne soit isolément en position de dominer le marché, contrairement à l'ensemble des entreprises, qui lui peut jouir d'une telle position. C'est alors que les activités de cette position dominante collective peuvent être considérées comme facilitées par une puissance économique collective détenue par lesdites entreprises[4].

---

[1] TPICE, 26 janvier 2005, Laurant Piau/Commission, aff. T-193/02, point 111.

[2] .Cons.conc, déc.n°98-D-76, 9 déc 1998, Secteur du disque ; BOCC 1999, p166 ; Contrats, conc, consom.1999, comm.n°111, m.Malaurie.Vignal ; V.Lamy, avis et décisions du conseil de la concurrence, n°775, obs.V.Sélinsky.

[3] De son côté l'article 7 de la loi 104-12 compétent et modifiant la loi 06-99 vise l'exploitation abusive d'une position dominante par « une entreprise ou un groupe d'entreprise ». D'où la conclusion que l'abus prohibé ne peut être que celui d'une position dominante détenue individuellement par une entreprise ou plusieurs entreprises, constituant éventuellement un groupe soumis à une direction unique quant au comportement sur le marché.

- Liens financiers ou structurels, condition obligatoire pour la Cour d'appel de Paris et le Conseil de la concurrence français :

Contrairement à la conception extensive de la Commission de la Concurrence, la Cour d'appel de Paris à l'instar du Conseil de la Concurrence Français [1], retient une conception plus stricte de la domination collective. Ainsi a-t-elle nié l'existence d'une puissance économique collective, dans la mesure où il n'existait entre les firmes aucun lien qui permette de les assimiler à un groupe[2], et qu'il n'était pas avéré que leur stratégie commerciale ait été en pratique coordonnée[3]. Ainsi selon la même Cour, faute d'entretenir entre elles des liens financiers ou commerciaux, les entreprises ne peuvent pas être considérées comme un groupe d'entreprises détenant une position dominante collective [4]. Il semble que la seule interdépendance oligopolistique manifestée par les comportements parallèles des entreprises, dont a pu se satisfaire la Commission de la Concurrence, ne soit plus désormais suffisante pour établir une position dominante collective. La cour d'appel adopte la solution du droit communautaire, notamment la Cour de justice des communautés européennes qui exige, pour admettre la position dominante collective, que les entreprises soient suffisamment liées entre elles en vue de l'adoption d'une même ligne d'action sur le marché.

Ainsi en l'état actuel de la jurisprudence française, on ne peut établir l'existence d'un pouvoir collectif de domination qu'à l'égard d'entreprises qui remplissent deux conditions cumulatives : une

---

[4] Rapp.Comm.conc, 1979, p37 et Rapp. 1980, p.227.

[1] Cons.conc, déc.n°98-D-76, 9déc.1998.

[2] Les liens unissant les entreprises en cause peuvent etre structurels : il peut s'agir de la prise de participation dans le capital, de la représentation au conseil d'administration, de procédures de communication entre les sociétés en cause, de l'appartenance à un groupe. Les liens peuvent encore être contractuels et résulter d'un accord entre entreprises indépendantes : par exemple, ceux noués entre deux entreprises indépendantes qui, par le jeu d'accords de licence, disposent d'une avance technologique leur fournissant la possibilité de comportements indépendants face à la concurrence. En fin les liens peuvent être d'ordre commercial : ils peuvent par exemple prendre la forme d'un engagement d'approvisionnement exclusif d'une entreprise envers l'autre, ou du financement d'opérations publicitaires.

[3] CA Paris, 27 sep 1990 : BOCC 1990, p.383 ; Contrats, conc, consm. 1991, comm. N°12.

[4] CA Paris, 6 Juil.1994 : BOCC 1994, p. 299 ; Contrats, conc, consom. 1994, comm.n°197, note L.Vogel.

condition de structure concrétisée par un lien financier, structurel ou autre, et une condition de comportement. Dans ce cas, le pouvoir de marché est le résultat du cumul des puissances économiques des entreprises en cause.

Paragraphe 2- Pouvoir du marché expression de puissance économique résultant des abus de dépendance économique

Tout abus de domination constitue un abus de puissance économique, mais tout abus de puissance économique n'est pas forcément un abus de domination. Cela est si vrai que la doctrine utilise, pour désigner l'exploitation abusive de l'état de dépendance économique, les termes d'« *abus de domination relatif* »[1] . Il est communément admis que l'auteur d'un abus de domination relative peut être titulaire d'une puissance d'achat ou de vente, selon qu'il s'agisse d'un distributeur, d'un fournisseur ou d'un client. Ces puissances se démarquent par l'existence d'un pouvoir de marché substantiel de leur détenteur. La dépendance s'apprécie par ailleurs par d'autres critères.

Mais une domination est par définition relative, en ce sens qu'elle s'exerce toujours sur quelqu'un ou quelque chose. Il aurait, peut-être, été plus pertinent de parler de domination objective, pour l'abus de position dominante, et de domination subjective, pour l'exploitation abusive d'un état de dépendance économique. En effet, ce qui caractérise cette seconde notion, c'est que le lien de dépendance existe au détriment d'une entreprise déterminée, tandis que, dans l'abus de position dominante, c'est le marché, et donc à travers lui l'ensemble des intervenants, qui subit l'abus de domination.

La dépendance économique est appréhendée par le droit de la concurrence de manière pragmatique. Il n'est pas précisé si le titulaire de la puissance contractuelle exerce une puissance de vente ou une puissance d'achat caractérisant son pouvoir de marché. Ainsi ont pu être sanctionnées tant la dépendance du distributeur à l'égard de son fournisseur que celle du fournisseur à l'égard du distributeur.

La dépendance du distributeur résulte de la notoriété de la marque du fournisseur, de l'importance de la part de marché du fournisseur, de la part du fournisseur dans le chiffre d'affaires du revendeur et de

---

[1]. G. Cas et R. Bout, op. cit., n°622; M. Pédamon, op. cit., p.15.

la difficulté du distributeur d'obtenir d'autres fournisseurs des produits équivalents[1].

Celle du fournisseur s'apprécie en tenant compte de l'importance du chiffre d'affaires qu'il réalise avec le distributeur, de l'importance de ce dernier dans la commercialisation du produit concerné, des facteurs ayant conduit le fournisseur à concentrer ses ventes auprès du distributeur, et de l'existence de solutions alternatives pour le fournisseur[2]. Abrogé par la loi NRE, le critère de l' « absence de solutions équivalentes » a été maintenu par la jurisprudence[3], car il est consubstantiel à la dépendance.

Plus récemment, la notion de « dépendance économique collective » pendant de la position dominante collective, a été invoquée par les plaideurs[4]. Bien qu'en l'espèce elle n'ait pas été retenue, le conseil de la concurrence n'a pas condamné l'idée sur le principe. Un contractant pourrait donc être placé dans une situation de dépendance économique à l'égard de plusieurs autres dont les stratégies seraient coordonnées.

Le pouvoir du marché peut être mesuré à travers l'observation du déséquilibre qui peut surgir entre deux partenaires économiques à cause de la dépendance de l'un vers l'autre. En effet, la dépendance économique, vise la situation dans laquelle se trouve une entreprise dans sa relation avec une autre, cliente ou fournisseur, caractérisée par

---

[1] Cass. Com, 12 oct. 1993, Bull.IV, n° 337.

[2] Cons.Conc, 93-D-21, 8 juin 1993, Pratiques mises en œuvre lors de l'acquisition de la Société européenne des supermarchés par la Société Grands Magasins B du groupe Cora, CCC 1993, n° 153, obs. L. Vogel.

[3] Cons. Conc. , 01-D-49, 31 aout 2001, Demande de mesures conservatoires présentée par la société Concurrence concernant la société Sony ; confirmé par Cass. Com, 3 mars 2004, Bull. IV, n° 44 ; RTD Com. 2004, p 463, obs. E. Claudel : Le critère de l'absence de « conditions techniques et économiques comparables » s'inspire du droit allemand qui requiert une double condition ; il ne doit pas exister d'alternative suffisante et supportable. L'absence de « conditions techniques comparables » renvoie à l'aspect objectif de l'alternative suffisante, tandis que celle de « conditions économiques comparables » renvoie à l'aspect subjectif de l'alternative supportable. Cette condition est régulièrement rappelée par le conseil : Cons. Conc., n° 07-D-25 juillet 2007, relative aux saisines du conseil national des professions de l'automobile à l'encontre de certains constructeurs de motocycles concernant les conditions de distribution de leurs produits.

[4] Cons.Conc, n° 08-D-31, 10 décembre 2008, Sté Concurrence c/ Sté Philips, CCC février 2009, p. 33, obs. M. Malaurie Vignal.

une position de puissance telle à son égard qu'elle ne peut s'y soustraire [1]. Dans ce cas, la continuité d'exploitation, au sens économique, de la première qui se trouve en situation de dépendance n'est plus assurée, dès lors que les relations commerciales qu'elle entretient avec la seconde viendraient à cesser. Selon la définition donnée par le Conseil de la concurrence français[2], le concept désigne une relation commerciale dans laquelle l'un des partenaires n'a pas de solution alternative, s'il souhaite refuser de contracter dans les conditions que lui impose son client ou son fournisseur[3]. L'on peut reconnaitre dans cette définition, trois des quatre types principaux de dépendance sur lesquels se greffent différents abus, distingués par la

---

[1] Le vocabulaire juridique publié sous la direction du Professeur Cornu définit la dépendance comme l'absence d'autonomie de comportements d'une personne par rapport à une autre. G. Cornu « Vocabulaire juridique », op. cité, p 257 ; Cette notion est connu du droit positif. Après avoir manqué un rendez-vous avec le droit de travail, elle a été consacrée avec le droit de la concurrence ; « Traditionnellement, à la dépendance juridique du salarié, on oppose l'indépendance juridique de l'entrepreneur, du commerçant, de l'agriculteur. Toutefois cette opposition est relative car à côté de la dépendance juridique à laquelle ils échappent, il peut arriver que ces « indépendants » soient placés en situation de dépendance économique vis-à-vis d'un partenaire contractuel. C'est le cas notamment, dans le secteur de la distribution qui procède à l'intégration d'un contractant dans un réseau ». L. Bruneau, Contribution à l'étude des fondements de la protection du contractant th. Toulouse 2005, p 346, n° 393.

[2] Cons. Conc, avis n°97-A-04, 21/01/1997, BOCCRF 17 fév, p 37.

[3] Lors des débats parlementaire auxquels donna lieu la loi n° 85-1408 du 30 décembre 1985, qui introduisit cette notion dans le droit français de la concurrence, avant que l'ordonnance n°86-1243 du & er décembre ne prenne le relais, la dépendance économique fut largement évoquée. Pour le ministre français de l4Economie et des finances, Rapp, Colon, JO doc. Sénat 1985-196, n°56, p. 24 ; il y'a solution équivalente quand l'entreprise ne situation de dépendance économique à l'égard d'un partenaire, fournisseur ou client, qui a mis en œuvre les pratiques contestées, est tout de même en mesure de poursuivre normalement son activité. De la même façon, il y'a solution équivalente lorsqu'il est établi que les pratiques dénoncées n'ont pas entrainé une baisse significative des ventes, V. Rapp. 1993, à propos de la déc. N°93-D-21, 8 juin1993 ; à l'inverse l'absence de solution équivalente peut être établie en prenant en compte, notamment la faiblesse des ressources financières de l'entreprise, la faiblesse de ses marges sur le marché et la durée, de même que l'importance de la pratique de partenariat, Contrats, conc, consom. 1997, comm. n°8, note L. Vogel.

doctrine allemande [1], et analysés par M. Pédamon [2], comme la dépendance pour cause d'assortiment[3], la dépendance pour cause de puissance d'achat [4], et la dépendance pour cause de relations d'affaires [5]. Mais il convient d'y ajouter un quatrième type, la dépendance pour cause de pénurie[6].

. Les critères d'appréciation de l'état de dépendance économique

L'entreprise dominante exerce une contrainte sur le partenaire dépendant. Pour mener à bien son expertise, le juge recourt à un faisceau d'indices, dont la réunion lui permet de présumer l'état de dépendance. Sa démonstration le conduit à appréhender la puissance économique à la fois positivement c'est-à-dire en envisageant directement la contrainte exercée sur le partenaire dépendant, et négativement en vérifiant l'inaptitude du partenaire dépendant à se soustraire à cette contrainte. Ces deux modes de démonstration lui permettent d'établir un phénomène unique : la relation de puissance entre les parties. Ainsi selon le Conseil de la concurrence français, la situation d'un état de dépendance économique, s'apprécie « en tenant compte de l'importance de la part du fournisseur dans le chiffre d'affaires du revendeur, de la notoriété de la marque du fournisseur,

---

[1] Cette doctrine est fondée sur le paragraphe 26, alinéa 2, de la loi allemande du 27 juillet 1957(modifiée en 1973 et 1980).

[2] Decocq A. et Pédamon M, « l'ordonnance du 1er décembre 1986 relative à la liberté des prix et de la concurrence », J. Cl. Conc. Consom, n°spéc. 1987, n°30.

[3] Le cas du commerçant spécialisé (mercerie, parfumerie, articles de sport, notamment) qui ne peut exercer normalement son activité sans proposer à la vente les produits d'une marque disposant d'une notoriété particulière.

[4] Le cas du producteur qui réalise auprès d'une centrale d'achat une part importante de son chiffre d'affaires, à laquelle il ne peut renoncer sans mettre en péril son activité, et qu'il ne peut reconstituer rapidement auprès d'autres clients.

[5] Le cas du sous-traitant qui ne peut facilement reconvertir son activité pour recourir à un autre donneur d'ouvrage.

[6] Cette dépendance apparait en cas de « crise dans la production et la fourniture d'une matière première pour les clients non intégrés, des firmes qui ont accès directement aux sources de cette matière première ». Ces firmes sont alors amenées, à l'occasion de cette répartition des marchandises en pénurie, à privilégier des entreprises appartenant aux mêmes groupes qu'elles au détriment d'autres entreprises, comportements qui ont été reprochés en Allemagne pendant les crises pétrolières, à quelques grandes compagnies.

de l'importance de la part du marché du fournisseur, de l'impossibilité pour le distributeur d'obtenir d'autres fournisseurs de produits équivalents, ajoutant que ces critères doivent être simultanément présents pour entrainer cette qualification[1]. Ces critères ont été adoptés par la Cour de Paris[2] et approuvés par la Cour de Cassation[3]. Cette dépendance doit s'apprécier dans le cadre de relations bilatérales entre deux entreprises, et doivent être évaluées au cas par cas, et non globalement pour l'ensemble de la profession[4].

Ainsi présentée, la dépendance économique marque un rapport de force et par là, l'existence d'un pouvoir de marché mesuré à travers le déséquilibre de puissances économiques. En la matière, ce déséquilibre de force résulte non de la domination objective d'un marché, comme c'est le cas de la domination absolue, mais du fait que la puissance relative d'une entreprise engendre la vulnérabilité de ses partenaires commerciaux. Cela peut établir l'existence d'un pouvoir de marché issu de la puissance économique susceptible d'abus. Ce pouvoir ne présente en tant que tel, rien d'illégitime parce qu'il est le résultat logique de la lutte concurrentielle. Néanmoins il peut devenir un moyen d'abus. Son exercice abusif peut prendre plusieurs manifestations à l'égard du marché sur lequel il s'exerce, ou dans les rapports de l'entreprise avec ses partenaires économiques.

A. L'entreprise tenant un partenaire sous sa dépendance économique

. Définition de la dépendance économique en droit comparé

La définition initiale de l'état de dépendance économique était posée par l'article 8, 2° de l'ordonnance du 1er décembre 1986, par la suite codifié à l'article L420 2 du code de commerce. A l'instar de la définition de l'abus de dépendance économique donnée par le code de

---

1 Cons. Conc. Déc ;n°96-D-44, 18/ 06/1996, BOCCRF 14 nov, p 564, comm. Arhel P, JCP éd. E 1998, p. 76.

2 CA Paris, 1re CH, 12/07/1990, BOCCRF 20 juillet, et CA Paris, 13/06/1991, BOCCRF 5 juill ; adde, CA Versailles, 27/01/2000, D. Aff. 2000, act. Jur., p.157, JCP éd. E 2000, p.872.

3 Cass.Com., 12 oct 1993, Rec. D. 1994, som., p. 169, obs. Gavalda Ch. Et Lucas de Leyssac C1. ; Cf. pour l'analyse économique de ces critères, Glais M, « L'état de dépendance économique au sens de l'article 8 de l'ordonnance du 1er décembre », loc.cit.

4 Cons. Conc., Déc.n° 03-D-42, 18/08/2003, Suzulli, Contrats, conc, consom. 2003, n°182.

commerce français, l'article 7 de la loi 104-12 sur la liberté des prix et de la concurrence interdit cette pratique anticoncurrentielle en disposant : «Est prohibée, lorsqu'elle a pour objet ou peut avoir pour effet d'empêcher, de restreindre ou de fausser le jeu de la concurrence, l'exploitation abusive par une entreprise ou un groupe d'entreprises: d'une situation de dépendance économique dans laquelle se trouve un client ou un fournisseur ne disposant d'aucune autre alternative équivalente ».

Pour qualifier cette infraction, il faut qu'il y ait absence de solutions équivalentes pour celui qui s'en prévaut. Il faut en outre que le comportement abusif ait pour objet ou pour effet d'empêcher, de restreindre ou de fausser le jeu de la concurrence sur le marché.

Ni au Maroc ni en France où des amendements ont été initiés pour assurer une protection souhaitable des acteurs et du marché, la disposition interdisant l'exploitation abusive de la dépendance économique n'a donné les résultats escomptés. D'une part, les conditions de l'interdiction ne sont pas souvent réunies, et les entreprises fournisseurs que le législateur entend protéger agissent rarement. D'autre part, même si la loi sur les nouvelles régulations économiques a modifié la rédaction de l'article L.420-2 du code de commerce français et que le nouveau texte prévoit que « est en outre prohibée, dès lors qu'elle est susceptible d'affecter le fonctionnement de la concurrence ou la structure de la concurrence, l'exploitation par une entreprise ou un groupe d'entreprise de l'état de dépendance économique dans lequel se trouve à son égard une entreprise cliente ou fournisseur », le critère de l'absence de solution équivalente reste maintenu par les juges pour qualifier l'abus de dépendance économique.

Malgré la suppression formelle du critère d'absence de solution équivalente, le conseil de la concurrence français estime que « la notion même de dépendance suppose l'absence de solution équivalente »[1]. Cette solution a été confirmée par la Cour d'appel de Paris [2] et par la Cour de Cassation[3].

---

[1] Cons. Conc., 18 aout 2003, Pratiques mises en œuvre par Suzuki et autres sur le marché de la distribution des motocycles, n°03-D-42, BOCC, 17 décembre 2003, point 46. Et. A. et G. Decocq, n°109, p. 160.

[2] Paris, 4 mai 2004, Pratiques mises en œuvre par la société Suzuki et autres sur le marché de la distribution des motocycles, BOCC, 8 novembre 2004, relevant que « l'état de dépendance économique au sens de l'article L. 420-2 du code de commerce, même dans sa rédaction issue de la loi du 15

L'expérience française en matière de lutte contre cette infraction montre l'impuissance du dispositif à cerner le maximum de cas où les entreprises se trouvent dans une situation de dépendance économique, tributaires pour leur existence de la relation qu'elles entretiennent avec l'auteur de l'abus. De plus, il y a des difficultés probatoires de l'atteinte sensible à la concurrence, pour qualifier cette pratique anticoncurrentielle. Si on entend protéger les entreprises de petite dimension contre la puissance économique des distributeurs, la disposition n'est jamais parvenue à la réalisation de cet objectif.

En gros, l'entreprise dépendante subit un pouvoir de marché. Mais le détenteur de ce pouvoir n'est pas nécessairement dominant sur le marché de référence comme c'est le cas de l'abus de position dominante.

Cette dernière conclusion se vérifie certainement dans le cadre d'une relation de dépendance du fournisseur à l'égard de son client. Les solutions sont plus incertaines lorsque le distributeur se dit dépendant d'un fournisseur.

B. Dépendance du client

Le distributeur, dépendant d'un fournisseur, ne peut « s'approvisionner en produits substituables dans des conditions équivalentes » [1]. Dans cette mesure, la position dominante du fournisseur et l'état de dépendance du distributeur apparaissent comme deux questions étroitement liées (B2). Il demeure que la caractérisation de la position dominante n'est pas requise pour démontrer la dépendance de l'entreprise victime. Il faut donc envisager au préalable, les critères d'appréciation de la dépendance du client (B1).

---

mai 2001, s'apprécie en tenant compte à la fois de l'importance de la part du fournisseur dans le chiffre d'affaires du revendeur, de la notoriété de la marque du fournisseur, de l'importance de la part de marché du fournisseur, de l'impossibilité pour le distributeur d'obtenir d'autres fournisseurs des produits équivalents ».

[3]. D'une manière tout aussi explicite, la Haute juridiction estime que : « l'état de dépendance économique, pour un distributeur, se définit comme la situation d'une entreprise qui ne dispose pas de la possibilité de substituer à son ou ses fournisseurs un ou plusieurs autres fournisseurs répondant à sa demande d'approvisionnement dans des conditions techniques et économiques comparables ». Com. , 3 mars 2004, préc. Et déjà, Com, 9 avril 2002, inédit, pourvoi n° 00- 13 901.

[1]. Paris, 5 juillet 1991, SA jean Chapelle, SA SEMAVEM et SA Sony France, BOCC, 20 juillet 1991.

B.1 L'appréciation de la dépendance du client

Il existe différents types de dépendance, différentes causes pouvant expliquer la dépendance du client [1]. Dans toutes les hypothèses, néanmoins, certains critères d'appréciation doivent être réunis, qui établissent l'absence de solution alternative offerte par le marché.

De manière constante, il est de principe que la dépendance économique d'un client « résulte de la notoriété de la marque du fournisseur, de l'importance de la part de marché du fournisseur, de l'importance de la part du fournisseur dans le chiffre d'affaires du revendeur, à condition que cette part ne résulte pas d'un choix délibéré de politique commerciale de l'entreprise cliente, enfin de la difficulté pour le distributeur d'obtenir d'autres fournisseurs des produits équivalents ». En outre « ces conditions doivent être simultanément vérifiées pour entrainer cette qualification »[2].

. Notoriété de la marque du fournisseur : la notoriété d'une marque ou d'un produit permet à son fournisseur de dicter ses conditions à un revendeur qui « peut difficilement se passer de cette marque dans l'assortiment qu'il propose au consommateur » [3]. La notoriété de la marque du fournisseur démontre que ses produits ne sont pas aisément substituables à d'autres. Ce critère est donc un indice du pouvoir de marché du fournisseur[4]. Lorsque ce pouvoir est

---

[1]. Sur cette typologie, dégagée à la lumière de l'expérience allemande M. Pédamon, « les abus de domination », préc. Le client peut être dépendant d'un fournisseur qui dispose d'une matière première faisant défaut sur le marché. La dépendance a alors pour cause une situation de pénurie. La dépendance peut encore naitre des contraintes d'assortiment pesant sur le distributeur. Elle peut également résulter de l'ancienneté des relations d'affaires liant l'entreprise cliente et le fournisseur, *op. cit.*

[2] . Cons. Conc., 31 Aout 2001, Demande de mesures conservatoires présentée par la société Concurrence concernant la société Sony, préc.

[3] . Conseil, 25 mars 1987 ; Sté J. Chapelle c/ Sté Sony France , 87- MC-02, Rapport 1987, p. 87.

[4] Com., 2 juin 1992, Bull., n° 224, relevant que la notoriété du jeu 'Trivial Pursuit » ne suffisait pas à créer un marché propre à ce produit et que , « dès lors », la cour d'appel a justement décidé que « le marché de référence était celui des jeux de société » sur lequel le distributeur n'était pas en état de dépendance à l'égard du fournisseur. V. aussi, l'affaire sté SEDA c/ Sté JVC : Cons., 25 mars 1987, rapport 1987, p. 88 ; Paris, 13 juin 1991, BOCC, 5 juillet 1991.

fort, le distributeur a besoin de cette marque pour la gamme de produits qu'il propose[1].

. **Part de marché du fournisseur :** Les parts de marché sont « seulement un indicateur important de l'existence d'un pouvoir de marché ». La part de marché du fournisseur est comme en matière de position dominante, un indice de son pouvoir de marché. Le marché de produits sur lequel intervient le fournisseur doit donc être délimité au préalable[2]. Il s'agit de mesurer la capacité de l'entreprise, dont la victime se prétend dépendante, à s'abstraire d'une pression concurrentielle dont la première aurait pu profiter.

. **Part de chiffre d'affaires réalisé avec le fournisseur :** l'importance de la part du fournisseur dans le chiffre d'affaires du revendeur traduit, de manière concrète, la dépendance du client. La survie de l'entreprise dépendante est conditionnée par le maintien de sa relation avec le partenaire dominant[3]. Pour autant, cette dépendance doit être imputable au pouvoir de marché du partenaire.

Ainsi d'une part, l'évolution de la part de chiffre d'affaires réalisée avec le partenaire supposément obligé est déterminante. Si cette part baisse, alors que le chiffre d'affaires de l'entreprise qui se dit dépendante se maintient, ou même progresse, cela signifie qu'elle a pu

---

[1] Le conseil observe que, pour l'activité de distributeur électronique, il existe « sur le marché des marques de notoriété équivalente à celle de Sony ». Cons.conc, 31 aout 2001, Demande de mesures conservatoires présentée par la société Concurrence concernant la société Sony, péc.

[2] L'analyse peut être approfondie. Par exemple, pour les produits de la gamme audio-vidéo de la société Sony, le conseil énonce que d'autres marques, « ont sur la plupart de ces gammes de produits, des parts de marché voisines ou supérieurs à celles de la marque Sony ». En outre, « pour les produits où la marque Sony est le mieux placé, sa part de marché a baissé sensiblement entre 1997 et 2000, cette érosion témoignant de la possibilité de substitution par des marques au départ moins bien placées et de l'impossibilité pour
Sony de s'abstraire de la concurrence des autres marques ». Cons. Conc., 31 aout 2001, Demande de mesures conservatoires présentée par la société Concurrence concernant la société Sony, préc.

[3] Aussi, une entreprise ne peut prétendre être en état de dépendance à l'égard d'une autre dès lors que, « n'ayant jamais entretenu des relations commerciales avec cette entreprise pour la diffusion de la presse nationale », elle « ne peut soutenir que la part que représenterait ce produit dans son chiffre d'affaires serait importante ». Paris, 22 janvier 1992, Philippe Boulanger, BOCC, 1er février 1992.

trouver, en réalité, des solutions de substitution[1]. Elle n'est donc pas dépendante.

D'autre part, il importe de vérifier les raisons pour lesquelles l'entreprise a réalisé un important chiffre d'affaires avec le fournisseur. S'il s'agit d'une erreur stratégique, la dépendance est en quelque sorte volontaire : elle n'existe donc pas. La démonstration des causes de la dépendance se fait de manière indirecte. Ainsi, une société distributeur électronique qui réalise 95% de son chiffre d'affaires avec la société Sony, ne souffre cependant pas d'un état de dépendance économique. Le conseil relève que : « un tel niveau est hors de proportion avec les positions respectives des produits de cette marque sur le marché » ; aussi « il ne peut résulter que d'une politique commerciale délibérée de la société Concurrence, qui pouvait librement opter pour une diversification de ses sources d'approvisionnement »[2]. Il n'y'a pas d'autre explication possible à la dépendance qu'un choix délibéré, dont le risque reste de la responsabilité de son auteur.

. Difficulté pour le distributeur d'obtenir d'autres fournisseurs des produits équivalents : ce dernier critère synthétise en réalité les autres[3]. Il pourrait arriver cependant que l'ensemble des critères précédents soient réunis sans que le dernier soit établi. Un concessionnaire exclusif réalise l'ensemble de son chiffre d'affaires avec les produits de la marque notoire du concédant, dont le pouvoir

---

[1] Relevant pour écarter la dépendance, que le chiffre d'affaires réalisé par la société supposément dépendante, avec son partenaire « a diminué progressivement au cours des années 1997 à 1999 mais que la saisissante a pu compenser, par d'autres activités, la réduction constatée » (Cons. Conc., 27 décembre 2002, Saisine de la société anonyme Daniel Grenin à l'encontre des sociétés Imphy Ugine Précision, Sprint-Métal et Usinor Achats, n° 02-D-77, BOCC, 28 février 2003). 2galement, Com., 9 avril 2002, Pourvoi formé par la Société Sintel, n° 00-13921.

[2] Cons. Conc., 31 aout 2001, Demande de mesures conservatoires présentée par la société Concurrence concernant la société Sony, préc. Également, Com., 12 janvier 1999, Bull., n°10.

[3] Cons. conc ., 31 aout 2001,Demande de mesures conservatoires présentée par la société Concurrence concernant la société Sony, préc. : « il résulte de ce qui précède, tant en ce qui concerne la notoriété comparée des marques, que les parts de marché par catégorie de produits, leur évolution, et la stratégie commerciale délibérément adoptée par la société Concurrence, qu'il n'est pas démontré qu'il était difficile à cette dernière de s'approvisionner en produits d'autres marques ». Et . L. Vogel, n0896, p. 739 : M-C. Boutard- Labarde et G. Canivet, n° 116, p.95.

de marché est important. Dans cette hypothèse, le concessionnaire n'est néanmoins pas nécessairement dépendant du premier si le marché lui offre la possibilité de changer de réseau de concession. La jurisprudence a fait montre de sévérité en estimant que la dépendance n'était pas constituée[1].

Une difficulté n'est pas en effet une impossibilité absolue. Lorsque l'alternative offerte par le marché est, en réalité insupportable, il semble justifié de conclure à la dépendance[2].

Aujourd'hui, l'appréciation stricte s'impose néanmoins. Cela s'explique par le fait que les abus dans les relations de dépendance en France sont également soumis au droit des pratiques restrictives dans des conditions plus souples. L'abus de dépendance économique a donc vocation à demeurer une interdiction exceptionnelle.

On déplore le fait que le législateur marocain n'ait pas prévu une disposition relative à l'abus de la relation de dépendance au titre des pratiques restrictives de concurrence comme l'a fait le législateur français avec la loi sur les nouvelles régulations économiques, qui a supprimé la condition d'atteinte sensible à la concurrence pour qualifier l'abus.

L'abus de dépendance économique, au titre des pratiques anticoncurrentielles, est une forme d'abus de domination. C'est pourquoi l'ensemble des critères permettant de dégager la dépendance du client sont dans le même temps des indices de la position dominante de son partenaire.

---

[1] Cons. Conc., 2 mai 1989, Sté Chaptal SA, et Sté Mercedez Benz France, n°89-D-16, Bocc, 30 mai 1989. Et, sur cette appréciation, M. Glais, « L'exploitation abusive d'un état de dépendance économique (analyse économique du droit et de la jurisprudence française de la concurrence) », préc., p.90.

[2] Ibid. observant qu'il existe rarement « une absence absolue de solutions équivalentes »et que l'appréciation de cette condition suppose de vérifier leur nature (et les parts de marché des entreprises envisagées), les raisons de la concentration des achats auprès du partenaire, « l'importance des délais dans lesquels l'entreprise présumée dépendante pourrait disposer de solutions équivalentes » et le « cout du changement du partenaire commercial », V.M. Pédamon, « Les abus de domination », préc., n° 12, p .16, distinguant l'absence d'alternative « suffisante », appréciée objectivement, et l'absence d'alternative « supportable », appréciée subjectivement. Egalement, E. Claudel, RTD com., 2004, p 463. Et v. Com, 16 décembre 1997, Prodium, Bull., n°337.

B.2 Dépendance du client et position dominante du fournisseur :

. **La domination de l'entreprise explique la dépendance du partenaire** : Il se peut que l'entreprise victime soit dépendante d'un partenaire qui dispose d'une position dominante sur le marché. La double qualification est alors retenue.

Cela est particulièrement le cas d'une entreprise qui détient une infrastructure essentielle pour l'accès à un marché. Une société Héli-Inter, dispose par l'effet d'une convention d'occupation temporaire du domaine public, du droit exclusif d'exploiter une hélistation. Une autre société, Jet Systems, a obtenu à la suite d'un appel d'offres, le marché, dont, jusqu'à présent, la première était titulaire, de fournitures de transports sanitaires héliportés pour un centre hospitalier voisin. Des conditions exorbitantes et discriminatoires pour l'utilisation de l'hélistation lui sont appliquées. Le monopole de l'exploitant établit sa position dominante sur un marché pertinent défini comme celui de l'exploitation de l'hélistation. Surtout, la société Jet Systems, « qui ne peut disposer d'installations et d'équipements substituables à l'infrastructure essentielle sur laquelle la société Héli Inter détient un monopole d'exploitation, se trouve nécessairement en situation de dépendance économique pour l'exécution du contrat public dont elle est titulaire »[1].

A priori, les distributeurs partenaires d'un fournisseur en position dominante dépendent de celui-ci. Le distributeur qui intervient sur le marché de produits fournis par l'entreprise dominante, ne peut trouver par définition de produits substituables[2].

---

[1] . Com., 25 janvier 2000, Sté HélièInter c/ Sté Jet Systèms, préc. Dans cette hypothèse, la dépendance du concurrent traduit, en réalité, la position dominante de l'auteur. Egalement, Cons.conc., 5 mars 2002, Secteur du transport aérien de passagers par hélicoptères sur l'hélistation de Cannes Palm Beach, n° 02-D-16, BOCC, 29 mars 2002 ; 12 janvier 1999, Demande de mesures conservatoires par la société NC Numéri Cable, n° 99-MC-01, BOCC, 27 avril 1999. V. dans cette dernière affaire : Paris, 15 mars 1999, BOCC, 3 juin 1999 ; Com., 18 avril 2000, Bull., n°75.

[2] Il est vrai que le Conseil de la concurrence a pu considérer qu'un fournisseur, dominant sur le marché, ne tenait cependant pas son partenaire, distributeur, sous sa dépendance. Il s'agissait d'une coopérative, préparatrice de vanille, qui « compte tenu de ses parts de marché et de sa notoriété » disposait selon le conseil de la concurrence dominante sur le marché pertinent de la vanille à la Réunion. Outre que l'abus de sa position dominante est écarté, il est également décidé qu'une société, dont la

. L'état de dépendance explique souvent la position dominante du partenaire : En réalité, la constatation de la dépendance économique d'une entreprise est alors un bon indice de la position dominante de son partenaire[1]. Prenons un exemple. Le Conseil de la concurrence français avait relevé que les sociétés d'un groupe étaient dominantes à la fois sur le marché de la distribution des films aux Antilles et celui, connexes, de l'exploitation des films en salles. Pour établir cette position dominante, le conseil se fonde essentiellement sur la quantité de films fournis par ces sociétés. Le raisonnement pourrait sembler insuffisant au regard des principes précédemment examinés. Il est corroboré implicitement par la démonstration de l'état de dépendance des exploitants « indépendants » de salles de cinéma. Le Conseil relève que « les exploitants de salles indépendantes n'ont pas de solutions alternatives ». Dans les faits « les distributeurs métropolitains contactés ont renvoyé les exploitants de salles indépendants, qui s'étaient adressés à eux pour leur demander de leur fournir des films, vers les sociétés du groupe ... ; Les exploitants indépendants n'ont aucune liberté dans le choix du distributeur, et ne peuvent pas arbitrer entre différents producteurs puisqu'il n'existe pas d'offre diversifiée ».[2]

Ici, la dépendance des entreprises établit plus surement que la part de marché du partenaire obligé, la position de force de celui-ci. La solution est particulièrement utile dans ces relations verticales et lorsque la définition du marché pertinent est difficile. Il faut en outre reconnaitre que l'hypothèse n'est pas fréquente où la dépendance économique du client sera constatée à l'égard d'une entreprise non

---

coopérative était le fournisseur, n'était pas dépendante. Le Conseil relève que si les produits de la coopérative ont « représenté jusqu'à 50% du chiffre d'affaires » du partenaire, celui-ci disposait de « la possibilité de s'approvisionner auprès des autres producteurs de l'ile ». La conclusion fait cependant douter, surtout de la réalité de la puissance économique du partenaire dominant (Cons. Conc., 26 mai 1998, SARL Parfum vanille, n° 98-D-32, BOCC, 29 janvier 1999).

[1] P et PH. Didier, n° 692n p. 562, note 4, observant que « vu les difficultés qui entourent la délimitation du marché pertinent, on peut se demander lesquels de la part de marché ou des indices de dépendance sont les indices de domination les plus convaincants ».

[2] .Cons .conc., 15 septembre 2004, Saisine présentée par le Ciné- théâtre du Lamentin dans le secteur de la distribution et de l'exploitation de films, préc., point 122. V. Paris, 29 mars 2005, BOCC, 23 juin 2005, qui réforme la décision, mais sur un autre grief.

dominante car le partenaire obligé, selon les critères légaux, dispose, pour son produit, notoire, non substituable, d'une part importante du marché.

C'est donc essentiellement dans le domaine de la dépendance des fournisseurs, des abus de pouvoir d'achat, que l'abus de dépendance économique a vocation à révéler son originalité.

. La dépendance du fournisseur :

Un grand distributeur est rarement dominant sur un marché de produit. Il propose une grande variété de produits. Pour appréhender le pouvoir de marché du distributeur, deux types d'analyse sont possibles. L'on distingue le marché aval des produits et le marché amont. Le marché de la distribution « le marché aval », est celui confrontant l'offre des produits et leur consommateur. Le distributeur est considéré comme fournisseur du client final. Ce marché étant lui-même subdivisé en sous marchés : une supérette n'est pas un hypermarché, par exemple[1]. Le pouvoir de marché des distributeurs peut également être apprécié sur le « marché amont ». Le pouvoir d'achat du distributeur client à l'égard des fournisseurs est alors directement appréhendé. Ces deux marchés sont le plus souvent interdépendants. Le renforcement du pouvoir du distributeur dans la distribution des produits a pour conséquence, l'augmentation de son pouvoir d'achat à l'égard des distributeurs[2].

Le fournisseur d'un produit peut certainement subir le pouvoir d'achat de son distributeur qui n'est pas dominant sur le marché des produits en cause. Un producteur de fraises des bois peut être tributaire d'un distributeur de produits alimentaires qui ne dispose cependant que d'une très faible part du marché de la vente de ces fruits. Dans cette hypothèse, l'état de dépendance économique n'a pas

---

[1] . Supra n° 101, M. A- Frison Roche, Précis de droit de la concurrence . Le conseil de la concurrence relève que : « en matière de distribution de produits de grande consommation, l'analyse est plus complexe que dans d'autres domaines dans la mesure où la nature des produits en cause est un critère essentiel dans la définition du marché. S'agissant du commerce du détail, c'est autant le service commercial rendu que la nature des produits dont il faut tenir compte pour délimiter les marchés ». (Cons. Conc. , 21 janvier 1997, Questions portant sur la concentration de la distribution, n°97-A-04, BOCC 17 février 1998).

[2] .L. Vogel « Droit de la concurrence et puissance d'achat : plaidoyer pour un changement », préc. V. par ex. Commission, 25 janvier 2000, Concentration Carrefour/ Promodès, JOCE n° 64 du 14 juin 2000, points 14 et s.

pour corollaire la position dominante du partenaire sur le marché des produits en cause.

. Critères d'appréciation de la dépendance du fournisseur : Les décisions du Conseil de la concurrence français en ce domaine ne sont pas légion[1]. Toutefois, les juges français ont eu l'occasion de préciser que : « l'existence d'un état de dépendance économique d'un fournisseur vis-à-vis d'un distributeur s'apprécie en tenant compte de l'importance du chiffre d'affaires réalisé par ce fournisseur avec le distributeur, de l'importance du distributeur dans la commercialisation du produit concerné, dans les facteurs ayant conduit le fournisseur à concentrer ses ventes auprès du distributeur et de l'existence et de la diversité éventuelles de solutions alternatives pour le fournisseur »[2]. Les conditions sont donc comparables à celles dégagées en présence d'une dépendance économique du client[3].

Section 2 : Pouvoir du marché expression de la puissance économique résultant des pratiques restrictives de concurrence

Au Maroc le contrôle des pratiques restrictives de concurrence constitue un prélude incontournable à la prévention de l'abus dans les contrats d'affaires entre professionnels. Cela ne compromet pas à notre sens le principe de liberté d'opérer sur le marché qui demeure acquis au sein de l'économie de marché dans notre pays. Malgré l'assignation au droit de la concurrence d'une vocation stricte de protection du marché, cette dernière est couplée à une autre qui est le contrôle des relations interindividuelles entre professionnels dans le commerce et l'industrie par le biais de l'interdiction *per se* des pratiques restrictives de concurrence, qui caractérise l'expérience marocaine. Il s'agit en somme des ventes liées, du refus de vente, des pratiques discriminatoires et des pratiques imposées de prix, entre professionnels, comme cela est rédigé dans un titre au sein de la loi 104-12.

Ces pratiques restent limitées dans l'espace, mais aussi du côté de ceux qui les commettent. Il s'agit de pratiques quotidiennes dont les

---

[1] Cons. conc., 8 juin 1993, Groupe Cora, n° 93-D-21, BOCC, 25 juillet 1993. V. aussi Paris, 25 mai 1994, BOCC, 24 juin 1994 ; Com., 10 décembre 1996, bull. n°310. Egalement, Cons.conc., 13 décembre 1994, n°-D-60, secteur des lessives, BOCC, 18 février 1995 ; 18 juin 1996, Secteur de la publicité, n°96-D-44, BOCC, 14 novembre 1996.

[2] Com., 10 décembre 1996, préc.

[3] . Supra, n°135, op. Cité. Marie. Anne Frison Rocheetm. S. Payet , précis de droit de la concurrence. 2006, Ed Dalloz.

préjudices et dommages restent moindres que ceux des pratiques anticoncurrentielles qui touchent un secteur dans sa totalité, voire l'économie dans son intégralité

On analysera les soubassements de l'interdiction des pratiques restrictives de concurrence à la lumière des législations comparées. Néanmoins, on peut affirmer que la finalité principale de l'interdiction de ces pratiques consiste à remédier aux pratiques abusives rendues possibles par les déséquilibres de puissance économique qui marquent parfois les relations entre le commerce et l'industrie.

En effet, l'interdiction des pratiques restrictives touche aussi bien les entreprises en position dominante dans la mesure où leur commission peut être un moyen de pratiques anticoncurrentielles, que celles ne disposant pas d'une telle position. La prohibition de ces pratiques est fondée sur la double constatation de l'existence d'une puissance d'achat de la part des distributeurs, et d'une puissance de vente de la part des fournisseurs constitutive de pouvoir de marché, susceptibles d'engendrer des pratiques répréhensibles des uns et des autres d'une part, et de la nécessité de protection de la partie faible dans les relations entre professionnels d'autre part. Ces pratiques restrictives de concurrence sont dites interdites *per se*, sans qu'il y ait besoin de démontrer leur effet sensible sur le marché et sur la concurrence. Les auteurs C.L. de Leyssac et G. Parleani préconisent que cette interdiction *per se* n'est pas toujours souhaitable au regard des objectifs du droit de la concurrence, et que la tendance des législations comparées est d'abandonner cette approche, au profit de l'approche par efficience économique. Il en est ainsi en France où la loi sur la modernisation de l'économie de 2008 a abandonné l'interdiction *per se* de la discrimination abusive prévue à l'ancien article L. 442-6 I 1° ainsi que l'interdiction de la vente liée, le prix imposé, et le refus de vente, libéralisant ainsi les négociations entre fournisseurs et distributeurs. Il est à noter par ailleurs, que les pratiques restrictives de concurrence peuvent être un moyen de pratiques anticoncurrentielles dont le but est d'évincer des concurrents.

Un postulat ressort de toute évidence et consiste à affirmer que nul ne peut commettre de telles pratiques s'il ne justifie pas d'une certaine puissance économique traduite par son pouvoir de marché.

Nous nous garderons de défendre temporairement, pour des raisons objectives de pragmatisme intellectuel et de sécurité juridique de manière nuancée, l'approche de l'interdiction *perse* des pratiques restrictives adoptée par la loi 104/12 dans notre pays.

A l'heure actuelle marquée par l'incertitude où les pays du Sud multiplient les efforts pour maintenir leurs équilibres macroéconomiques tout en veillant au respect de leur calendrier de libéralisation et d'ouverture économique, certains économistes ultralibéraux occidentaux les traitent d'être cloisonnés ne s'ouvrant pas davantage. Ces derniers considèrent à tort que les économies du Sud sont peu libérales ne s'appropriant qu'opportunément et partiellement les principes de l'économie de marché. Nous considérons que ces critiques ultra libérales sont erronées sur le plan des principes. Ainsi il est communément admis que lorsqu'on entend économie du marché il ne faudrait pas comprendre le concept de manière abstraire et s'en tenir au sens littéral des termes. Il serait par conséquent trompeur de penser la liberté des opérateurs d'opérer sur le marché, principe consubstantiel à toute économie du marché, comme étant un principe absolu dépourvu d'exceptions. Ainsi selon le défunt homme d'Etat portugais Antonio de Oliveira Salazar « Il ne peut y avoir de liberté contre la vérité, il ne peut y avoir de liberté contre l'intérêt commun ». La vérité et l'intérêt commun en question, liés à notre économie marocaine particulièrement, tiennent à l'arbitrage voire la conciliation entre deux impératifs. D'une part l'impératif de préservation des entreprises nationales de moyenne et de petite taille qui justifie l'interdiction *perse* des pratiques restrictives. D'autre part, la liberté des opérateurs étrangers très généralement titulaires d'une certaine puissance économique et de pouvoir de marché, implantés sur le territoire marocain, soucieux de leurs intérêts, et rejetant toute interdiction *perse,* telle qu'il résulte de leur législation et ayant à l'esprit la volonté légitime de conquête des parts de marchés.

Or, comme il est communément admis, le tissu économique marocain reste principalement dominé par les PME et PMI. Le besoin de protection contre les abus résultant de l'agressivité commerciale des entreprises aussi bien nationales qu'étrangères ayant une taille et une puissance économique plus grande, demeure très sensible.

En conséquence, le contrôle des relations de dépendance dans le commerce et l'industrie parait de ce fait fondamental en attendant d'assainir l'économie marocaine des entraves à la concurrence en vue de l'adapter convenablement aux exigences liées à la mondialisation. Pour cela, les institutions ont besoin du temps nécessaire pour parachever les réformes essentielles à l'amélioration du climat des affaires, à la levée progressive des barrières à l'entrée, et à l'émergence d'une économie nationale compétitive. Dans ce contexte, à court terme, la concurrence doit être comprise provisoirement comme un moyen pour atteindre des objectifs économiques bien supérieurs à l'impératif concurrentiel. A moyen terme, le temps que lesdites réformes législatives et réglementaires aboutissent, elle doit être comprise comme une fin, et les réformes pro concurrentielles fondée sur la prééminence de la règle de raison prônant l'efficience économique s'imposeront d'elles-mêmes.

Nous passerons en revue les arguments avancés qui militent pour l'admission de l'approche par efficience fondée sur la règle de raison tout en s'attachant à l'interdiction *perse* pour notre contexte marocain.

Paragraphe 1 : L'interdiction des ventes subordonnées ou liées

L'interdiction des ventes liées ou subordonnées est formulée par le droit de la concurrence et par le droit de la consommation. Ainsi l'article 61 alinéa 3 de la loi 104/12 dispose « Il est interdit à tout producteur, importateur, grossiste ou prestataire de services : de subordonner la vente d'un bien ou d'un produit ou la prestation d'un service pour une activité professionnelle, soit à l'achat concomitant d'autres biens ou produits, soit à l'achat d'une quantité imposée, soit à la prestation d'un autre service ».

Pour le droit de la consommation l'article 52 de la loi 31-08 dispose "Il est interdit de subordonner la prestation d'un service à celle d'un autre service ou à l'achat d'un produit ou d'un bien". Ce dernier article n'envisage la pratique que lorsqu'elle concerne le consommateur.

. Fondements de l'interdiction : Le cumul des dispositions du droit de la concurrence et du droit de la consommation conduit à constater que le droit du marché interdit les pratiques de vente liée aussi bien dans les relations professionnelles qu'à l'égard des consommateurs. Ces interdictions se fondent à la fois sur la protection de la transparence du marché et sur celle du libre jeu de la concurrence [1]. Mais il faut noter que le dosage transparence concurrence est variable. Dans les relations avec les consommateurs, la vente liée porte d'abord atteinte à la transparence le plus souvent,

---

[1] Droit du marché, Claude Lucas de Leyssac et Gilbert Parleani, Thémis Droit privé, p 510, *op. cit.*

puisque le prix de chacun des deux articles dont la vente est liée ne peut être déterminé isolément. L'annonce d'un prix global crée une opacité sur le marché de chacun des éléments. Mais le lien interdit aussi l'exercice de la concurrence puisqu'il n'est pas possible de la faire jouer produit par produit, en arbitrant produit par produit pour le meilleur rapport qualité prix.

Sur les marchés intermédiaires, les atteintes sont théoriquement les mêmes. Mais s'agissant de la transparence on peut admettre que la qualité de professionnel atténue l'impératif de transparence naturelle du marché ; le professionnel peut et doit participer lui-même à la lisibilité du marché. En revanche selon De Leyssac et Parléani, l'examen de vente liée sanctionnée par les autorités de la concurrence en France antérieurement à 2008 démontre qu'à ce stade des rapports économiques, l'atteinte recherchée ou obtenue porte très brutalement sur les mécanismes concurrentiels. Le plus souvent, la pratique de vente liée a pour effet de créer des barrières à l'accès au marché du produit secondaire dont la vente est liée à un produit principal recherché par le demandeur[1]. En somme, on tente de profiter de la pression de la demande sur un produit pour obtenir l'achat d'un autre, qui n'aurait peut-être pas été choisi tout seul.

En sens inverse, ces auteurs soulignent qu'une application mécanique de l'interdiction des ventes liées porterait une atteinte intolérable à la liberté des opérateurs de concevoir le produit mis sur le marché, c'est-à-dire une atteinte substantielle à l'innovation commerciale et donc au progrès économique. Ils ajoutent, à raison, que dans une société de consommation caractérisée par la sophistication des produits et surtout des prestations de service, il est inévitable que les opérateurs proposent des ensembles complexes composés de plusieurs éléments indissociables. De très nombreux produits ou prestations de service mis sur le marché sont aujourd'hui composites parce que telle est la direction que la satisfaction du consommateur indique aux offreurs. Il ne saurait donc être question de condamner cette évolution de l'offre lorsqu'elle répond aux attentes du consommateur, et ne fausse pas le jeu de la concurrence. Une pratique de vente liée peut offrir aux consommateurs des avantages excédant ses inconvénients. Dans l'affaire Canal-plus, l'intérêt des consommateurs au couplage est remarqué, ceux-ci profitant d'avantages pratiques (facturation et décodeur unique)[1]. Ces avantages sont aussi évidemment présents dans le domaine des services informatiques.

Nous comprenons parfaitement les arguments avancés par lesdits auteurs tout en rappelant que l'interdiction *perse* était en vigueur en France depuis l'avènement de l'emblématique ordonnance n °86-1243 du 1er décembre 1986 relative à la liberté des prix et de la concurrence et jusqu'en 2008 année d'abrogation de cette interdiction au profit de l'approche par efficience.

Rappelons les origines du droit de la concurrence en France dont des ordonnances datent de 1945. En effet, l'existence de ce droit a été l'une des conditions mises par le Sénat américain à l'octroi du bénéfice du plan Marshall aux pays dont les Etats Unis entendaient faciliter le redressement économique après la seconde guerre mondiale. Ensuite, l'ordonnance du 1er décembre 1986 a marqué le premier temps d'un libéralisme bien tempéré. Puis de privatisations en démonopolisations, généralement réalisées à minima, le droit de la concurrence tend à devenir la règle du jeu sur le marché.

Inversement, au Maroc, l'avènement du droit de la concurrence, et de la dynamique concurrentielle n'ont connu leurs débuts qu'avec la loi 06/99 promulguée par dahir n°1-00-225 du 2 Rabii 1 1421(5 juin 2000). Antérieurement à cette promulgation, le pays venait de sortir de la période des politiques d'ajustement structurels suite auxquelles, l'activité économique était pratiquement gelée. L'avènement des politiques de privatisations notamment de l'opérateur historique des télécommunications, ont accéléré la mise en place d'un cadre légal régissant la concurrence. S'en est suivie la réforme de 2014 où le conseil de la concurrence fut doté de compétences décisionnelles dans la régulation.

Il aura donc fallu plus d'un demi-siècle d'évolution et de préparation de l'économie française pour que le législateur français adopte une telle abrogation, contrairement au Maroc où la loi sur la liberté des prix et de la concurrence reste relativement récente.

---

[1] Cité par A.S. Choné, Les abus de domination, Essai en droit de la concurrence et en droit des contrats Economica 2010.

. Mise en œuvre de la règle par le droit :

Contrairement au Maroc où la vente liée est interdite *per se*, aussi bien en droit de la concurrence qu'en droit de la consommation, le droit communautaire ne l'interdit que lorsqu'elle relève d'une entente ou d'un abus de position dominante. Sa sanction suppose donc la constatation de son effet sur le marché. Ce que condamne le droit communautaire, c'est le caractère artificiel du lien créé entre les produits ou les prestations, pas le lien lui-même.

Au Maroc la vente liée peut en outre être constitutive de pratique anticoncurrentielle, d'abus de position dominante tel qu'il ressort de l'article 7 de la loi 104-12.

On peut avancer qu'en droit marocain, français et communautaire ; les solutions sont semblables pour ce qui concerne la mise en œuvre du droit des pratiques anticoncurrentielles. On ne s'en étonnera pas puisque les buts sont identiques : préserver la qualité de la concurrence au stade intermédiaire.

Quand on examine la mise en œuvre de l'interdiction au stade de la consommation finale, et au titre des pratiques restrictives de concurrence, la situation est beaucoup plus complexe parce que l'interdiction *perse* est trop brutale selon les auteurs précités : elle interdit purement et simplement la création d'un lien, et ceci au mépris des impératifs économiques. On ne dira pas des impératifs commerciaux parce que toute la question est précisément de distinguer les impératifs commerciaux des impératifs économiques. L'intérêt commercial de l'entreprise peut être de lier la fourniture d'un produit qui se vend bien avec celle d'un produit plus difficile à écouler ; le premier tirera le second. Mais tel n'est pas l'intérêt économique de la collectivité qui réside dans la meilleure allocation des ressources ; cette dernière passe peut être par le choix d'un produit autre que celui qu'entend imposer l'entreprise pratiquant la vente liée. Et en tout cas, le droit de la concurrence doit ménager la possibilité de ce choix. Les autorités marocaines restent en réalité attachées à la préservation du processus concurrentiel et à la protection du consommateur intermédiaire, dans un souci de préservation du tissu économique de base constitué des PME et PMI en maintenant l'interdiction *per se* des ventes liées.

. Proposition pour une nouvelle définition de la vente liée : La sophistication des produits et des services mis sur le marché ne permet pas en principe de présumer que la création d'un lien entre plusieurs produits ou services intrinsèquement distincts, révèle une atteinte au libre fonctionnement des mécanismes du marché. Or tel est le résultat obtenu à la lecture de l'article 61 de la loi 104-12, et l'article 52 de la loi 31-08. Il convient donc de changer de perspective, et de faire disparaitre cette présomption en nous accordant le temps nécessaire que notre économie soit aussi avancée et aussi compétitive.

Il nous semble que l'économie du marché dans notre pays et dans les pays émergents parait en conséquence à géométrie variable. Les autorités sont confrontées à plusieurs défis dans les choix à adopter et à l'arbitrage entre plusieurs impératifs.

Paragraphe 2 : Le refus de vente entre professionnels

Le refus de vente est apparu en droit français dans la loi du 21 octobre 1940 dans une économie de pénurie. Il visait à sanctionner pénalement les pratiques de certains commerçants, qui pendant la seconde guerre mondiale, choisissaient de ne pas vendre des produits disponibles pour profiter d'une inéluctable hausse des prix. La raison qui a animé les pouvoirs à maintenir cette infraction au lendemain des hostilités, ne résidait plus dans la sanction des accapareurs et des spéculateurs, mais plutôt de donner à la distribution les moyens d'obtenir librement les produits dont elle avait besoin, pour instaurer une concurrence réelle sur des marchés dominés à l'époque par les producteurs qui étaient en situation de force[1]. Dans beaucoup de secteurs, cette situation de force a disparu au cours des années 1970, pour devenir une situation de faiblesse : dans une économie d'abondance, est en situation de force celui qui vend et non celui qui produit. Le groupe d'experts chargé de réformer le droit de la concurrence en 1996 a suggéré l'abandon d'une interdiction qui ne se justifiait plus puisque, si un déséquilibre existait alors entre producteurs et distributeurs, il était plus souvent à l'avantage des distributeurs.

En France, l'interdiction *per se* du refus de vente en tant que pratique restrictive de concurrence a disparu avec la loi du 1er juillet 1996. Mais le refus de vente n'en devenait pas pour autant insusceptible de condamnation, puisqu'il le demeure au titre des pratiques anticoncurrentielles.

Au Maroc, la loi 104- 12 sur la liberté des prix et de la concurrence maintient l'interdiction du refus de vente comme pratique restrictive de concurrence. Il est interdit en tant que tel sans qu'il y ait besoin de

---

[1] *Op. cit.* C/ Lucas de Leyssac et G. Parleani. Droit du marché, 2002, p 215

démontrer si ce refus porte atteinte à la concurrence, mais peut en parallèle constituer une pratique anticoncurrentielle[1].

À la suite de nos recherches dans la jurisprudence marocaine, nous avons conclu que cette disposition reste lettre morte dans notre contexte national. Le contentieux et les productions jurisprudentielles en la matière sont quasi inexistants. Plusieurs causes expliquent cette rareté. D'une part, les professionnels ne saisissent pas la justice quand ils subissent un préjudice matériel et préfèrent semble-t-il opportunément répercuter les pertes liées aux préjudices subis sur les vulnérables consommateurs finaux. D'autre part, la justice n'est pas formée et initiée aux contentieux concurrentiels.

Nous considérons qu'il est primordial et urgent de réglementer les circuits de distribution et les rapports contractuels qui se tissent entre les différents intervenants au niveau de la chaine (grossistes détaillants, producteurs fournisseurs, fournisseurs distributeurs), afin de mieux identifier les abus, et lutter contre l'anarchie qui caractérise ces réseaux dans notre pays. Cette anarchie a été de plus en plus caractérisée avec les déséquilibres qu'ont connus les chaines de valeur en raison de la crise pandémique, et le conflit entre l'Ukraine et la Russie

A l'état actuel, nous ne pouvons pas répondre d'une manière générale et concluante, à la question de savoir lesquels parmi les intervenants dans la chaine d'approvisionnement (producteurs ou distributeurs) sont à l'origine des abus, compte tenu du désordre qui règne dans les secteurs du commerce et de l'industrie mais aussi dans le secteur de l'agriculture.

. **Le refus de vente symptôme d'une pratique anticoncurrentielle :** le lien entre les abus de domination et le refus de vente est particulièrement étroit. Le texte de l'article 7 de la loi 104-12 précise que « l'abus peut consister en refus de vente, en vente liée... ». Dans ce type d'hypothèse, le refus de vente s'analyse bien en un symptôme de la pratique anticoncurrentielle puisqu'il en est souvent la manifestation la plus évidente ; mais il ne participe en rien de la pratique elle-même qui est définie et constituée autrement. La

---

[1]. Article 61 alinéa 2 de la loi 104-12 « il est interdit à tout producteur, importateur, grossiste ou prestataire de services : de refuser de satisfaire aux demandes des acheteurs de biens ou de produits ou aux demandes de prestations de services, pour une activité professionnelle, lorsque ces demandes ne présentent aucun caractère anormal et qu'elles sont faites de bonne foi ;

qualification de la pratique, et donc la sanction de sa conséquence qui est le refus de vente, passeront par la prise en considération des éléments constitutifs propres à chaque pratique définie par l'article 7 de la loi, sans que le refus de vente puisse intervenir autrement que pour démontrer les effets de cette pratique. En somme, la constatation d'un refus de vente conduira à se demander s'il n'y'a pas derrière, un abus de domination, et le cas échéant à sanctionner cette pratique anticoncurrentielle en tant que telle, pour autant bien entendu qu'elle se trouve établie avec ce que cela suppose comme constat de ses effets sur le marché[1]. Donc il est impératif, avant de qualifier la pratique d'anticoncurrentielle en présence d'un refus de vente, de démonter la position dominante de l'auteur de la pratique à l'aune des critères mentionnés plus haut, et lorsque la position dominante est établie en présence d'un refus de vente non justifié, l'abus est donc constitué. Dans tous les cas, au Maroc, le refus de vente est sanctionné qu'il y ait position dominante ou pas de l'entreprise auteure de la pratique. Il est à la fois interdit *per se*, sans qu'il y ait à démontrer l'effet de la pratique sur le marché, c'est-à-dire même en l'absence de pouvoir de marché fort de l'entreprise qui en est à l'origine, et requérant la démonstration de l'effet de la pratique sur le marché et sur la concurrence lorsqu'il est le symptôme d'une pratique anticoncurrentielle. En France, seule subsiste la deuxième qualification, l'interdiction *per se* étant abandonnée depuis 1996.

. Le refus de vente moyen d'une pratique restrictive : le refus de vente peut s'articuler avec deux pratiques interdites *per se* par le droit des pratiques restrictives. Il s'agit des pratiques discriminatoires de l'article 61 alinéa 1, de l'interdiction des prix imposés de l'article 60.

La parenté entre les pratiques discriminatoires et le refus de vente est si étroite, que l'on s'est demandé en France si l'interdiction du refus de vente n'était pas entièrement absorbée par celle des pratiques discriminatoires. Il est certain que refuser la vente de façon illégitime à un opérateur, c'est se livrer à une discrimination dont il est victime, si d'autres opérateurs dans des situations identiques ne se sont pas vu opposer un tel refus. La Commission de la production et des échanges en France n'a pas manqué de relever que « le refus de vente peut être considéré comme une forme de discrimination pour un fournisseur ».

---

[1] R. Saint-Esteben, « L'interdiction du refus de vente : mort ou résurrection ? », Gaz. Pal, du 12-13 février 1997, p 42 et s.

La victime du refus de vente – pratique discriminatoire supporte la charge de la preuve du caractère illicite du comportement, alors que la victime d'un refus de vente pur et simple n'avait à établir que la réalité matérielle du refus ; c'était à l'auteur qu'il incombait de se justifier. Il y'a là un renversement de la charge de la preuve[1].

Dans la pratique, le refus de vente ne peut être qualifié de pratique discriminatoire, que si l'auteur prouve une discrimination par rapport à d'autres opérateurs[2]. Ceci a été l'apanage des victimes de refus de vente en France, pratique qui était annulée du dispositif relatif aux interdictions *per se* [3]. Seule subsistait celle des pratiques discriminatoires qui sera elle-même annulée du dispositif des pratiques restrictives en 2011. Les victimes de refus de vente cherchaient à prouver que le refus de vente dont ils étaient l'objet était le moyen d'une autre pratique restrictive qui est la discrimination tarifaire à la vente ou à l'achat. Ils glissaient du terrain du refus de vente vers celui de la discrimination. Evidemment, cela est concevable mais reste pour eux à prouver une discrimination par rapport à d'autres opérateurs.

La pratique des prix imposés est condamnée par l'article 60 de la loi 104-12, et il est certain qu'un refus de vente peut se présenter comme la conséquence de la violation de l'interdiction des prix imposés : l'offreur ne livre pas le demandeur car il sait que ce dernier ne respecte pas le prix irrégulièrement imposé. C'est là une technique substituable de sanction du refus de vente. En effet imposer un caractère minimal au prix de revente d'un bien ou d'un produit, ou au prix d'une prestation de service, est une forme de prix imposé.

Au Maroc il reste que ces pratiques sont interdites *per se,* et qu'a l'état actuel, les plaideurs n'ont pas besoin d'incrimination de substitution, chaque pratique restrictive étant réprimée indépendamment d'une autre sans qu'il y ait besoin d'établir un lien de corrélation entre elles. Il parait certain que l'inertie de ceux qui ont la qualité d'agir constitue un véritable obstacle à la mise en œuvre effective et à l'efficacité dissuasive de cette disposition. Les règles

---

[1] .G. Virassamy, « Les nouveaux régimes des pratiques restrictives entre professionnels », D, 1988, chron., p. 113 et s.

[2] .J.C.Serna, « Le refus de vente dans l'ordonnance du 1er décembre 1986 », Mélanges A. Breton et F. Derrida, Dalloz, 1991, p. 359 et s.

[3] . *Ibid.*

protectrices sont là, il reste à les mettre en application pour rétablir la justice.

Compte tenu de ces constats, nous nous permettons de poser la question de savoir si la mission de régulation de la concurrence au sein de ces marchés est parfaitement assurée par le conseil de la concurrence et la justice. Est-ce que la mission de ces acteurs de la régulation n'est pas entravée par le lobbying des opérateurs ? De même, la dissuasion qui constitue la finalité fondamentale du droit est-elle assez remplie efficacement ?

Le peu de jurisprudences produites en matière de contentieux concurrentiels ne permet pas de répondre par l'affirmative à ces questions. Il est primordial d'assurer au préalable une sensibilisation des acteurs du marché sur les moyens et les dispositions protectrices que la loi prévoit en leur faveur. Cette sensibilisation sur les apports des textes spéciaux dérogatoires au droit commun doit être destinée aussi aux juges et avocats.

Nous admettons que cet examen des causes de la hausse des prix dans ce contexte inflationniste, exige impérativement de lancer un appel au civisme et à la moralisation des relations commerciales au bénéfice des consommateurs. Nous appelons par ailleurs au maintien des campagnes de contrôle répétitif pour lutter contre le délit du stockage clandestin, d'accaparement et de spéculation illicite.

Par ailleurs, dans ce contexte difficile, un fort besoin de conjugaison des efforts se fait sentir. Nous préconisons qu'il y'a nécessité indispensable de complémentarité d'une politique de dissuasion effective et de sensibilisation de toutes les parties prenantes.

Paragraphe 3 : L'interdiction des prix imposés par les opérateurs :

Le fait pour un opérateur d'imposer des prix de revente à ses distributeurs interdit toute concurrence par les prix au stade suivant et constitue donc une atteinte au libre fonctionnement des mécanismes du marché. Aujourd'hui, la pratique de prix imposés est appréhendée par l'article 60 de la loi 104-12, et par le moyen du droit des pratiques anticoncurrentielles[1]. Le droit des pratiques restrictives fait donc de la

---

[1] Voir notamment l'article 60 qui dispose « Est interdit le fait par toute personne d'imposer, directement ou indirectement, un caractère minimal au prix de revente

pratique de prix imposé une infraction *per se*, et qui plus est une infraction pénale. Il convient donc d'examiner avec attention la lettre de l'incrimination pour prendre la mesure de l'interdiction.

Le prix doit être imposé, mais il peut l'être directement ou indirectement[1]. Les prix conseillés demeurent donc licites, pour autant que le conseil puisse n'être pas suivi. Il n'est pas besoin que le prix soit contractuellement imposé. Chaque fois que les juges constatent que le prix conseillé recèle en fait un prix imposé, parce que l'opérateur n'a pas le moyen de suivre le « conseil », ils en déduisent à juste titre que la pratique tombe sous le coup de la loi. En somme, le prix peut être imposé soit par une stipulation directe, soit par l'effet d'un environnement juridique ou économique pénalisant l'opérateur qui ne suivrait pas le conseil.

Le prix ou la marge imposés doit avoir un caractère minimal puisque la concurrence par les prix s'exerce à la baisse. Il n'est donc pas interdit au producteur d'imposer un prix maximal, dans le but de veiller à ce que le produit ou le service ne parvienne pas aux consommateurs à un prix jugé excessif. Toutefois, si ce prix maximal cachait en fait un prix minimal, les conditions économiques interdisant toute pratique de prix inférieur au prix maximal, il faudrait constater que le prix fixé est un prix uniforme, et le condamner comme recelant un prix minimal[2].

Le prix doit être un prix de « revente », ce qui suppose que le produit a préalablement été acheté par le « re » vendeur. La pratique de prix imposé ne peut donc viser qu'un intermédiaire auquel elle interdit de fixer librement son prix de revente sur le marché. Mais il n'est pas exigé que le marché affecté soit un marché de consommation finale ou intermédiaire.

La pratique de prix imposé peut être constitutive d'une entente ou d'un abus de domination, elle peut être le moyen d'une pratique anticoncurrentielle[3].

En France, la publication des barèmes de prix seulement indicatifs est tombée sous le coup de la qualification de l'article L.420-1 Code

---

d'un bien ou d'un produit, au prix d'une prestation de service ou à une marge commerciale.

[1] . A. Decocq et M. Pédamon, « L'ordonnance du 1er décembre 1986 relative à la liberté de prix et de la concurrence « , J- Cl. Conc.consom, numéro spécial, 1987.

[2] P. Arhel, « Les pratiques de prix imposés », étude DGCCRF, 1992.

[3] *Op. cit* p 187.

de commerce français relatif aux ententes, à raison de l'effet de l'alignement qu'ils étaient susceptibles de créer. En effet ces barèmes impliquent un tarif uniforme de sorte que la concurrence par les prix ne peut jouer. Ces condamnations sont indéniablement fondées du point de vue de l'impératif de la concurrence ; mais il n'est pas certain qu'elles aient suffisamment considéré les autres impératifs du fonctionnement du marché. Lorsque la publication de ces barèmes était de nature à contribuer à la transparence du marché, on peut se demander si l'atteinte potentielle à la concurrence n'aurait pas pu être rachetée par les effets de la pratique sur la transparence.

Lorsqu'elle est considérée comme une entente, la pratique de prix imposé doit porter atteinte à la concurrence puisque c'est la constatation de ce résultat qui la rend interdite. Dès lors, imposer des prix à des revendeurs agissant sous une enseigne commune et qui ne se trouvent pas en concurrence, ne saurait tomber sous le coup du droit des ententes. On peut craindre en revanche que l'article 60 soit applicable alors même que le jeu de la concurrence ne peut être affecté quand il n'y'a pas de situation de concurrence. Le cumul du droit des pratiques restrictives et celui des pratiques anticoncurrentielles ne simplifie pas le droit de la concurrence.

Paragraphe 4 : Les pratiques tarifaires discriminatoires :

Au Maroc, les pratiques discriminatoires sont interdites *per se* par l'article 61 alinéa premier de la loi 104-12 qui dispose « Il est interdit à tout producteur, importateur, grossiste ou prestataire de services :

- De pratiquer, à l'égard d'un partenaire économique ou d'obtenir de lui des prix, des délais de paiement, des conditions de vente ou des modalités de vente ou d'achat discriminatoires et non justifiés par des contreparties réelles en créant de ce fait, pour ce partenaire, un désavantage ou un avantage dans la concurrence ».

Par ailleurs, les pratiques discriminatoires peuvent être un symptôme de pratique anticoncurrentielle lorsqu'elles sont l'œuvre d'une entreprise en position dominante. C'est ce qui ressort de l'article 7 de la loi marocaine sur la concurrence.

. Conditions de l'incrimination : Octroi ou obtention d'un avantage :

Les pratiques discriminatoires interviennent entre professionnels, entre « partenaires économique » [1] . A l'origine, les pratiques discriminatoires sont sanctionnées en France pour faire obstacle au comportement des producteurs qui imposaient aux distributeurs des conditions discriminatoires. Dans cette hypothèse, l'auteur de la discrimination fautive est celui qui octroie l'avantage. Un fournisseur favorise certains distributeurs par rapport à d'autres[2]. Le rapport de force s'est cependant inversé. Les distributeurs par leur puissance d'achat, se sont trouvés en mesure d'obtenir des producteurs différents avantages, avantages que les petits commerces ne pouvaient, eux, obtenir, et qui fragilisent encore leur situation économique. Dans cette seconde hypothèse, l'auteur est celui qui obtient l'avantage. Un important distributeur par exemple, obtient du producteur des avantages qui ne sont pas accessibles à d'autres distributeurs[3].

. Traitement inégal et injustifié : La discrimination suppose un traitement inégal, non justifié par des contreparties réelles. En effet

---

[1] .Le partenaire économique n'est donc pas un concurrent. Versailles, 7 octobre 2004, JCP 2005, éd. E, 1004, obs. Ch. Caron et G. Decocq. V. également, Versailles, 3 avril 1997, D. aff. 1997, 794 ; Paris, 4 mai 2001, Gaz. Pal. 15-16 mai 2002, p. 31.

[2] . Nimes 13 juillet 2000, Contrats conc. Consom. 2000, n°162, note M. Malaurie-Vignal. Dans cette affaire, le groupe Bigard commercialise des produits de boucherie. Il est un fournisseur des distributeurs Leclerc et Intermarché. Un lot destiné à Leclerc est livré par erreur à Intermarché qui s'aperçoit d'une différence de prix. Sur la facture n'est pas reproduit le « tarif général », mais le tarif « Leclerc ».

[3] . Com, 5 décembre 2000, pourvoi n° 98-17705, relevant que : « entrent dans le champ d'application de l'article 36, alinéa 1.1 de l'Ordonnance du 1er décembre 1986 les discriminations pratiquées par un distributeur entre ses fournisseurs ». Par exemple encore, Com., 25 mars 2000, pourvoi n° 01-01482 ; 27 janvier 1998, pourvoi n°96-12205. Dans cette dernière affaire, une société Sodimont, qui exploite un centre Leclerc, procède à une opération promotionnelle et obtient d'un fournisseur, la société Peutin_ par ailleurs condamnée pour vente à perte_ des conditions tarifaires très avantageuses. La cour de cassation approuve la cour d'appel, qui « a constaté, après avoir comparé de façon concrète les prix obtenus par la société Sodimont à ceux demandés aux autres clients de la société Peutin, que ces prix étaient « très inférieurs », d'avoir décidé que « le fournisseur n'avait pas la possibilité d'appliquer le même prix à ces autres clients, ce qui relève la caractère discriminatoire des prix obtenus par la société Sodimont ».

lorsque la différence de traitement se justifie par des contreparties, le traitement n'est plus en réalité inégal.

La charge de la preuve du traitement inégal incombe à la victime. L'auteur devra alors démontrer que le traitement inégal est, en réalité justifié.

Le traitement inégal implique la possibilité d'une comparaison[1]. La discrimination interdite intervient entre des entreprises qui appartiennent à un même marché[2]. En d'autres termes l'entreprise défavorisée l'est nécessairement à l'égard d'un concurrent intervenant sur le même marché[3]. En dehors de cette exigence, l'inégalité de traitement peut porter sur l'ensemble des éléments de la négociation commerciale : le prix et les éléments de prix, les délais de paiement etc.

. Un avantage ou un désavantage dans la concurrence : Pour être répréhensible, la discrimination doit créer, pour le partenaire, « un désavantage ou un avantage dans la concurrence ». La condition suscite des hésitations. L'on a pu penser que cette condition s'apparentait à une exception d'alignement[4]. Un fournisseur doit pouvoir consentir, par exemple des conditions plus favorables à un revendeur implanté dans une zone d'activité pour lui permettre de s'aligner sur les concurrents de cette zone ou d'entrer dans le marché. Un revendeur d'une autre zone, qui ne subit pas la même pression concurrentielle, ne sera pas désavantagé par ce traitement inégal.

La Cour de Cassation française a cependant précisé que la qualification même de pratique discriminatoire supposait qu'une différenciation intervienne entre les entreprises qui se situent sur un même marché[5]. Les revendeurs des zones différentes peuvent donc

---

[1] . M. Malaurie-Vignal, n°174, p. 95.

[2] . A.S. Choné Les abus de domination, Op cit A propos de l'abus de position dominante, supra, n° 251 p. 177 .

[3] . Com., 3 décembre 2002, Bull., n°184, écartant la qualification de pratiques discriminatoires à défaut d'une telle situation de concurrence.

[4] . Sur cette notion, V. supra, n°449. V. dans l'hypothèse d'une pratique discriminatoire, Versailles, 24 octobre 1996, contrats conc. Consom. 1997, n°9, note L. Vogel. La cour décide que l'article 36 « impose que la preuve soit faite de la réalité et de l'existence du désavantage pour le partenaire économique ; qu'il ne suffit pas d'invoquer un avantage ou un désavantage virtuels ». L'arrêt a été censurée par la Cour de cassation. Com., 6 avril 1999, contrats conc. Consom. 1999, n°115, obs. M. Malaurie. Vignal.

[5] . Com., 3 décembre 2002, préc.

être traités différemment, semble –t-il sans qu'une exception d'alignement ait besoin d'être invoquée.

Le droit des discriminations tarifaires est au cœur d'un conflit entre l'efficience, qui devrait conduire à ne les sanctionner qu'en cas d'abus de position dominante ou d'entente, et d'équité (ou la protection de la partie faible), qui justifie leur interdiction *per se*. En France, le droit positif a évolué dans le sens de l'efficience à travers l'abrogation de l'interdiction *per se* des pratiques discriminatoires et l'affirmation du critère de l'efficience économique dans le droit des pratiques anticoncurrentielles[1].

En matière de discrimination entre entreprises, les différents systèmes juridiques se trouvent confrontés à l'arbitrage entre la recherche de l'efficience prônée par la théorie économique, et la volonté, plus juridique, d'assurer un traitement identique à tous les opérateurs placés dans la même situation pour des raisons d'équité et de protection de la partie faible[2].

La théorie de l'efficience est fondée sur l'idée que la liberté de choix des opérateurs économiques est essentielle pour un fonctionnement optimum du marché. Dans cette conception, la discrimination ne devrait être sanctionnée que pour autant qu'elle constitue un abus de position dominante ou le fruit d'une entente. Si l'on met en avant la volonté de protection de la partie faible ou le souci d'équité, tous les opérateurs économiques devraient recevoir le même traitement sauf justification objective, et la discrimination devraient être interdite *per se*, indépendamment de son effet sur le marché.

C'est bien l'influence américaine[3] qui a présidé à l'abandon d'un ensemble d'interdictions *per se* en droit de la concurrence français où la théorie égalitariste était dominante et où les discriminations étaient

---

[1]. L. Vogel, discrimination tarifaire : quelle marge de manœuvres pour les entreprises, Contrats, concurrence, consommation, revue mensuelle lexisnexis jurisclasseur, mai 2013.

[2] Ibid.

[3] Aux Etats Unis, , la commission de modernisation du droit Antitrust a demandé l'abrogation du Robinson Patman, qui sanctionne la discrimination tarifaire. V.R.M. Steuer, Crossig de streams of price and promotion under the Robinson patman act: Antitrust magazine, fall 2012, p. 64. Département of justice, Report on the Robinson Patman Act: 1977; Antitrust modernization commission, Report and recommandations 2007, 317-326.

interdites *per se* jusqu'à à une date récente avec la loi LME en 2008. Les Etats Unis sont, en effet, les premiers à avoir supprimé l'interdiction *per se* de la discrimination du *Robinson- Patman-act* , et à avoir influencé plusieurs pays européens.

Les tenants de l'interdiction *per se* pouvaient se prévaloir, auparavant, du fait que le droit de la concurrence le plus avancé, le droit américain, interdisait la discrimination *per se.*

Avec le temps, les autorités de la concurrence en France ont changé de perspective admettant qu'une interdiction *per se* de la discrimination, était un facteur de rigidité économique.

Cependant, nous considérons en réalité que le droit français a évolué dans le sens d'une maturité libérale après avoir assuré pendant des décennies une protection de son tissu économique national ce qui lui valu de concourir à atteindre des résultats de croissance pérennes. Par ricochet, les pays du Sud en général et le Maroc en particulier adhèrent au libéralisme à leur rythme, en protégeant leurs tissus économiques à travers l'interdiction *perse* des pratiques restrictives et en permettant aux entreprises de se prémunir contre l'agressivité commerciale d'agents disposant de pouvoir de marché même non révélateur de position dominante.

. Droit des pratiques anticoncurrentielles : Le droit des pratiques anticoncurrentielles ne sanctionne les discriminations tarifaires qu'à la condition qu'elles aient produit un effet anticoncurrentiel actuel ou potentiel et ne puissent pas être justifiées. La condamnation n'est donc pas absolue et une exemption est toujours possible. En matière de pratiques anticoncurrentielles, il y'a une prééminence du critère de l'efficience économique. Ainsi dans le domaine des règles de concurrence en Europe, l'efficience économique ne présente pas seulement désormais une valeur susceptible de justifier une intervention ponctuelle mais constitue un critère de décision général qui intervient dans l'application de l'ensemble des règles. En matière d'entente, l'espace de condamnation des pratiques discriminatoires s'est ainsi sensiblement réduit du fait de la consécration de seuil de contrôle qui, comme nous le verrons dans le titre relatif aux ententes, peine à voir le jour au Maroc, la discrimination n'étant éventuellement attaquable qu'au-delà de ces seuils. De même, les condamnations en soi d'abus de position dominante ont cédé la place à une approche par les effets et les entreprises ont été admises à justifier objectivement leur comportement ou à mettre en avant les gains d'efficience de nature à contrebalancer les effets anticoncurrentiels constatés sur le marché. Les autorités de concurrence françaises se montrent désormais beaucoup plus exigeantes pour condamner une pratique discriminatoire au titre du droit des ententes.

Conclusion chapitre 1 :

En ce qui concerne ce volet des pratiques restrictives tel que développé ci-dessus, nous concluons que l'essai comparatif entre le Maroc et la France s'arrête là. Néanmoins, nous considérons que le laisser-faire démesuré que connaissent les relations de dépendance dans le commerce, l'agriculture et l'industrie au Maroc et dans les pays du Sud couplé au déficit de lutte contre les abus induisant des effets néfastes sur l'économie et sur la répartition équitable des richesses, devraient être contrecarrés au préalable par un changement de culture prenant en compte la sensibilisation, l'éducation et l'éthique des affaires et du commerce. Certes, il est indéniable que ce laisser-faire, favorisant parfois une concentration capitalistique démesurée, est porteur de dynamisme économique et de croissance, mais en l'absence d'une régulation effective et une lutte contre les abus, ce dynamisme induit des inégalités flagrantes qui accentuent l'injustice sociale. Nous admettons qu'au sein même des pays développés, l'action des régulateurs se heurte fortement au lobbying des entreprises. Pour faciliter cette action, il est primordial que les composantes de la société soient mobilisées et sensibilisées autour des enjeux économiques et concurrentiels dans le but d'en faire des consommateurs avertis. De même, il est souhaitable que les entreprises disposant du pouvoir du marché qui sont à l'origine de ces abus, et qui profitent de cette situation d'impunité soient identifiées et réprimées sévèrement.

Tout récemment, une bonne partie de ces dernières ont pris pour alibi le déséquilibre des chaines de valeur profitant de la guerre en Ukraine et de la hausse des prix des matières premières comme le relève Emmanuel Combe ancien vice-président de l'Autorité de la Concurrence Française, pour augmenter inéluctablement leurs marges aggravant les taux d'inflation. En effet, il est regrettable qu'il suffise qu'une seule entreprise disposant d'un certain pouvoir de marché procède de la sorte et relève ses prix sans tenir compte des contraintes du marché et sans raison objective, pour produire un effet de cascade sur les autres entreprises qui les relèvent à leur tour, d'où la nécessité pour le régulateur et la justice d'identifier l'auteur principal de l'abus.

S'agissant particulièrement de la pratique de refus de vente qui est à la fois considérée comme pratique restrictive et infraction pénale, nous espérons, en dépit de l'inertie des commerçants pour intenter une action civile ou une action en réparation, que le ministère public mette en mouvement l'action publique, et agisse au nom de la société pour prononcer les sanctions pénales adéquates.

Par ailleurs et dans un souci de comprendre les priorités devant être précisées par les pouvoirs publics pour la promotion d'une politique de la concurrence ambitieuse, il est primordial de s'attacher à comprendre si ces derniers entendent dans le cadre de la prohibition des pratiques restrictives protéger les petites et moyennes entreprises de manière abstraite comme si celles-ci étaient faibles de manière inhérente, face aux conséquences néfastes qu'elles peuvent subir en raison du pouvoir économique. Une telle protection générale ne serait-elle pas contre-productive et limitant l'innovation et la performance. Nous nous interrogeons si une politique industrielle ciblée couplée à des aides d'Etat octroyées à ces acteurs de marché ne suffiraient-elles pas pour constituer une soupape au profit des PME pour faire face au pouvoir économique d'entreprises puissantes. Nous considérons en effet, qu'il est nécessaire que les entreprises en tant qu'acteurs fondamentaux du marché fassent preuve de performance en intégrant la logique marchande et en cherchant à être plus compétitives dans la période post Covid. La compétition étant le moteur de la croissance économique devrait guider l'action des entreprises sur le marché. Dans l'optique du droit de la concurrence, seule la performance économique des firmes, et leurs capacités concurrentielles devrait primer en se substituant à l'assistanat injustifié. A cet effet, l'Etat devrait dans le cadre de sa politique industrielle n'accorder les aides et les incitations, que lorsqu'il y'à des justifications objectives. De même, dans une économie de marché libéralisé, le principe de concurrence étant la règle, les aides d'Etat devraient rester circonscrites. Nous considérons en sens inverse du point de vue de la politique industrielle, que ces dernières ont vocation à transcender le principe de concurrence pour remplir un objectif économique qui dépasse le strict impératif concurrentiel. Ainsi, pour des raisons tenant aux particularités de l'économie marocaine, les autorités sont contraintes d'adopter des mesures incitatives au profit des entreprises pour favoriser le tissu économique national composé en grande partie des PME et PMI et permettre à notre économie d'être plus compétitive. Il n'est pas sans rappeler que la puissance économique la plus compétitive au monde, les Etats Unis, protège ses PEM/PMI. Dès 1953, le Congrès américain avait voté une loi-cadre pour les PME, le " Small Business Act ", qui proclame que " le Gouvernement doit aider, conseiller et protéger dans toute la mesure du possible les intérêts de la petite entreprise ".

Pour ce qui est des abus de position dominante, nous mettons en avant l'une des limites notoires du droit de la concurrence tenant au fait que celui-ci ne prévoit pas dans le cadre de la caractérisation de cette position, la puissance d'achat des concurrents, et ne s'attache qu'à celle des clients et des fournisseurs de l'entreprise supposée dominante. Cette situation est vérifiable dans le cadre des structures de marché oligopolistiques où il existe une entreprise nationale présumée dominante et une variété d'entreprises étrangères disposant d'une puissance économique effective se matérialisant par une puissance d'achat significative.

Enfin et toujours dans le cadre des abus de position dominante et des abus de dépendance économique, nous aurions souhaité qu'il y ait des jurisprudences du Conseil et de la justice marocaine pour nous permettre d'analyser le raisonnement et les arguments à l'aune desquels ces pratiques font l'objet de prohibition et de sanction.

Chapitre 2 : Puissance économique outil de lutte contre les abus de puissance économique en droit de la concurrence et en droit des contrats

En dépit des apports fondamentaux du droit de la concurrence, il est à reconnaître l'inadaptation de ce droit pour appréhender la globalité du phénomène de la puissance économique et assurer une protection efficace aux économiquement faibles ; Hormis le droit des pratiques restrictives de concurrence qui remplit cette mission, le droit des pratiques anticoncurrentielles quant à lui vise la protection du marché sans se soucier d'une quelconque réparation des acteurs et des victimes. Peu importe pour le droit de la concurrence si les acteurs ont consenti ou pas à commettre des pratiques attentatoires à la concurrence. De même peu importe que ces derniers soient de bonne ou de mauvaise foi. Le fait qu'une pratique puisse avoir juste pour effet de fausser, d'empêcher ou de restreindre le jeu de la concurrence, est constitutif de faute concurrentielle qui requiert l'intervention du régulateur dans le but de rétablir le jeu normal de la concurrence.

Si l'on part du fait, comme le préconisent les économistes, que le droit de la concurrence ainsi décrit est indifférent à la protection des faibles, celui-ci concourt efficacement à la protection du marché en luttant contre les abus de domination dont peuvent se rendre coupables les acteurs titulaires d'une puissance économique significative, leur permettant de se libérer des contraintes du marché. Dans l'objectif de régulation de la concurrence sur les marchés, le droit de la concurrence prévoit un ensemble de sanctions de nature concurrentielles, civiles et pénales. Le prononcé des premiers relève du régulateur les seconds de la justice.

Nous allons appréhender les abus de position dominante dans une perspective de droit comparé en soulignant la spécificité du contexte européen et marocain. D'une manière subsidiaire, nous essayerons de synthétiser les résultats de cette comparaison en les transposant au contexte africain dans la mesure où il est d'une importance capitale d'étudier le partenariat Maroc-Afrique à l'épreuve du nouvel ordre mondial caractérisé par des tensions tumultueuses et de crise sanitaire.

En ce qui concerne l'abus de dépendance économique, nous avons vu que ni la finalité du droit de la concurrence, ni les conditions de mise en œuvre de cette notion, ne permettent de satisfaire l'objectif de protection initialement fixé.

Nous réserverons de plus amples développements à la caractérisation de la pratique anticoncurrentielle d'abus de dépendance économique, qui constitue une notion aux contours mal définis, ce qui trahit sa finalité.

Nous avons souligné qu'il est artificiel et réducteur de cantonner le phénomène de puissance économique aux seuls abus sur le marché exclusivement appréhendés par le droit de la concurrence. En effet, les abus de puissance économiques intéressent aussi le droit des contrats qui prévoit certains mécanismes de lutte contre ces derniers de manière indirecte. Il en est ainsi, lorsque ce droit protège les contractants victimes de vices de consentement et de lésion. Toutefois, nous considérons que les apports de ce droit demeurent insuffisants pour englober d'autres situations d'abus se déroulant dans le contrat et combler les carences du droit de la concurrence, notamment au Maroc où nous plaidions pour un débat en faveur de l'admission de la théorie de l'imprévision et de la violence économique.

Section 1 : Les instruments juridiques utilisés par le droit de la concurrence pour lutter contre les abus de puissance économique : Synthèse comparée entre le Maroc et l'Europe

La libre concurrence et son corollaire le principe de la liberté du commerce et de l'industrie présupposent une liberté des moyens de lutte concurrentielle, sous réserve des conditions de licéité, du respect de l'ordre public et des intérêts légitimement protégés des autres opérateurs[1].

Ainsi, la liberté de concurrence ne sous-entend donc pas l'anarchie. Des règles de jeu doivent être observées, d'une part pour assurer un meilleur fonctionnement des mécanismes du marché gage de l'efficience économique, et d'autre part pour pérenniser le fonctionnement de celui-ci.

Dans cette optique, le droit de la concurrence intègre cette préoccupation de régulation du marché. Etant un droit public économique[2], il définit dans une logique de régulation concurrentielle, les règles de comportements que doivent observer les opérateurs. Il est ainsi chargé d'apprécier et d'évaluer les stratégies concurrentielles des firmes afin de déterminer, parmi les moyens de lutte concurrentielle déployés, ceux qui portent atteinte au bon fonctionnement des mécanismes de marché.

Autrement dit, le droit de la concurrence établit un éventail de règles de comportements dont la transgression tombe sous le coup de l'incrimination. Il vise ainsi des opérateurs qui jouissent d'une position dominante sur le marché et qui se trouvent assujettis à des règles de comportements particulières. Il en est de même des opérateurs qui placent leurs partenaires en situation de domination relative. Il n'est donc pas étonnant que les autorités de concurrence puissent sanctionner au titre d'abus de position dominante, ou d'abus de dépendance économique des pratiques licites au regard du droit commun au seul motif que l'entreprise qui les a mises en œuvre est en

---

[1]. M. Drisi Alami. Machichi, Concurrence : droits et obligations des entreprises au Maroc, Effitif, 2004, p. 11.

[2]. J.P. COLSON, Droit public économique, 3ème édition, Paris, LGDJ, 2001, p. 470 ; J.Y. CHEROT, Droit public économique, 2ème éd, Economica, 2007, p. 60.

position dominante absolue ou relative (refus de vente, clause de non-concurrence, rupture unilatérale de contrat…)[1].

Certes, le droit de la concurrence ne vise pas à travers l'interdiction de l'abus de position dominante et d'abus de dépendance économique à rétablir l'égalité arithmétique telle que conçue par Aristote ou à condamner toute situation de domination. Le marché est composé de petites, de moyennes et de grandes entreprises, c'est ce qui fait d'une économie « une économie solide »[2]. Mais tout en reconnaissant une supériorité de fait à travers la légitimation des situations de domination économique, il impose aux grandes entreprises un « code déontologique » qui doit conditionner leurs comportements sur le marché d'une certaine éthique[3]. De ce fait, être en position dominante fait assumer aux firmes une responsabilité, car toute déstabilisation du marché est réputée être la faute de l'entreprise en domination, même

---

[1]. Dans son avis n° 23/ 12 rendu le 15 mai 2012, sur la situation de la concurrence dans le secteur du Tabac, le Conseil de la Concurrence marocain estime que « … ces exigences (dispositions contractuelles sur l'aménagement des espaces d'Impérial Tobacco) sont susceptibles d'avoir un effet restrictif de concurrence du fait de la position dominante avérée d'Impérial Tobacco sur le marché et qui lui impose une responsabilité particulière de respect des règles de concurrence… Il en résulte que des pratiques qui sont considérées comme tout à fait licite d'un point de vue concurrentiel, peuvent être qualifiées d'anticoncurrentielles si elles émanent d'une entreprise en position dominante… » . Avis n° 23/ 12 rendu le 15 mai 2012 sur la situation de concurrence dans le secteur du Tabac, Rapport annuel du Conseil de la Concurrence, 2011, p. 100 ; Dans le même sens le TPICE a considéré dans son arrêt du 30 septembre 2003 dans l'affaire n° T-203/01 qu'il « … incombe à une entreprise en position dominante une responsabilité particulière de ne pas porter atteinte par son comportement à une concurrence effective et non faussée dans le marché commun… ». TPICE. (Troisième chambre). 30 septembre 2003 (Manufacture Française des Pneumatiques « Michelin » c. La commission des Communautés européennes, T- 203/ 01 'http : //eur-lex. Europa.eu/LexUri Serv/LexUriServ.do ?uri=CELEX : 62001TJ0203 : FR :PDF' ; Voir également sur cette question : TPICE. (Troisième chambre). 7 octobre 1999(Irish Sugar plc. C. La Commission des Communautés européennes), T-228/ 97 ' http://eur-lex.europa.eu/ smartapi/cgi/sga_doc ?smartapi !celexplus !prod !CELEXnumdoc&lg=fr& numdoc=61997TJ0228'.

[2]. Y. GUYON, Droit des affaires. Tome I, Paris, Economica, 1998, p. 940.

[3]. J. C. FOURGOUX, Un droit de la concurrence ou une éthique de la concurrence pour le troisième millénaire ? Gazette du palais, 2, et 4 janvier 2000.

s'il s'agit d'un comportement tout à fait licite s'il était accompli par une entreprise ordinaire.

Contrairement à la logique juridique basée sur un effort préalable de classification des actes et faits juridiques afin de faciliter l'identification des normes applicables à une situation de fait, le droit de la concurrence emprunte une voie incertaine, qui rend la qualification des pratiques des firmes, une entreprise subjective dans la mesure où elle reste détachable de tout préjugé juridique. La qualification juridique ne dépend plus de la construction interne des règles de droit de la concurrence, mais relève d'une appréciation d'opportunité qui varie selon chaque cas d'espèce.

L'on s'attachera à traiter strictement de l'antitrust, à savoir les mécanismes de lutte contre les abus de position dominante, et les abus de dépendance économique, en mettant l'accent sur les nouveaux enjeux posés par la qualification de ces pratiques. Ainsi, la lutte contre les abus de pouvoir de marché (paragraphe 1) en droit de la concurrence commande à ce que l'autorité de la concurrence évalue les effets de la puissance économique des entreprises sur la base de critères normatifs et qualifie l'abus pouvant éventuellement en résulter. On mettra l'accent ensuite sur un essai comparatif dans l'appréhension des abus de position dominante entre l'Europe le Maroc et l'Afrique. Enfin nous mettrons en exergue, les perspectives pouvant éclairer le juge et le régulateur pour la lutte contre les abus de position dominante au Maroc (paragraphe 3).

Paragraphe 1 : La lutte contre les abus de pouvoir de marché

Il s'agit pour l'autorité de la concurrence de sanctionner les pratiques émanant d'une ou plusieurs entreprises disposant d'un pouvoir de marché substantiel[1], et qui en abuse envers ses clients et ses concurrents. Cette catégorie englobe les abus de position dominante et les abus de dépendance économique. Ce sont là les pratiques anticoncurrentielles répertoriées par l'article 7 de la loi 104-12 sur la liberté des prix et de la concurrence. La communication

[1]. Un « pouvoir de marché substantiel », existe lorsque les contraintes concurrentielles imposées par les concurrents ont relativement peu d'effets sur l'entreprise dominante. Dans cette situation, les décisions de production et de prix de l'entreprise dominante, peuvent influer sur l'état du marché. Pouvoir de marché substantiel et concurrence, OCDE, Synthèses, oct 2008. www.oecd.org/dataoecd/14/10/41257939.pdf.

européenne de 2009, portant sur les orientations sur les priorités retenues par la Commission pour l'application de l'article 82 du traité CE aux pratiques d'éviction abusives des entreprises dominantes, fait de la notion de pouvoir de marché le premier critère de caractérisation de la position dominante d'une entreprise ou d'un groupe d'entreprise. Elle prévoit en outre un autre critère qui rentre dans cette caractérisation qui est celui des barrières à l'entrée tenant à la contestabilité du marché permettant la prise en compte de la structure concurrentielle, effective et potentielle, du marché. Ainsi l'effet Squeeze désigne le verrouillage d'un marché caractérisé par de fortes barrières à l'entrée où la présomption de l'existence de position dominante est établie. La communication prévoit également d'autres critères complémentaires tels celui des parts de marché, ou encore celui de l'éviction anticoncurrentielle préjudiciable aux consommateurs. Ainsi, en règle générale, un comportement protégeant une position dominante risque d'autant plus d'entraîner une éviction anticoncurrentielle que cette position est forte. En définitive, la commission se fonde sur une analyse multicritère pour conclure à l'existence d'une position dominante ou pas.

Or en quoi consiste le pouvoir de l'entreprise dominante au Maroc ? Si l'article 7 de la loi fait dépendre l'abus de la qualification préalable de la position dominante de leur auteur ou de l'état de dépendance de sa victime, ce texte ne donne néanmoins pas de définition à ces notions[1].

Caractérisé par la Cour de justice européenne[2] dans l'arrêt United Brands et l'arrêt Hoffman La Roche et retenue également par les

---

[1]. Voir les développements sur les deux notions premier chapitre.

[2]. CJEC, 1' févr. 1978, United Brands, aff. 27-76, Rec., p. 207; RTD eur. 1978, p. 294, note P. DELANNAY ; cah. Dr. Eur. 1978, p. 617, obs. A. CHRISTOYANNOPOULOS. Cette définition a été par la suite confirmée par la cour de justice. V. not. : CJCE, 13 févr. 1979, Hoffman-La Rochec/ Commission, aff. 85-76, Rec. P. 461. Et v. pour l'origine, Commission , 9 déc 1971, Continental Can, JOCE n° L 7, 8 janv. 1972 ; Commission, 17 déc. 1975, United Brands, JOCE n° L 95, 9 avr. 1976. La Cour de justice caractérise la position dominante comme « une position de puissance économique détenue par une entreprise qui lui donne le pouvoir de faire obstacle au maintien d'une concurrence effective, sur le marché en cause, en lui fournissant la possibilité de comportements indépendants dans une mesure appréciable vis-à-vis de ses concurrents, de ses clients et finalement, des consommateurs ».

autorités françaises[1], la définition de la position dominante conduit à l'analyser comme un pouvoir de fait. C'est un « pouvoir d'agir »[2] de l'entreprise, une puissance économique[3]. La position dominante n'est ainsi pas définie de manière statique- comme une seule conséquence d'un état de marché [4] -, mais dynamique- comme un pouvoir économique.

Ce pouvoir ne présente, en lui-même, rien d'illégitime. La position dominante n'est en effet pas prohibée en elle-même[5]. Elle est le fruit de la liberté du marché. « Obtenir une position dominante est ce vers

---

[1]. La cour d'appel de Paris énonce ainsi, par exemple, que la position dominante « s'entend comme le pouvoir de faire obstacle à une concurrence effective ». Paris 17 oct. 1990, Sté internationale de boisson, B.O.C.C.R.F., 31 oct. 1990, p. 295 ; in Droit de la concurrence. La pratique en 500 décisions, hors-série Contrats. Conc. Consom., par L. Vogel, éd. J-Cl. 1997, (L. Vogel, La pratique...) , n° 181, p. 138. Est « caractéristique d'une position dominante » la « possibilité de s'affranchir d'une concurrence effective ». Paris, 21 mars 1991, SA des Tuileries J-P. Sturm, SA des tuileries du Bas-Rhin et Sté Justin Bleger, B.O.C.C.R.F., 27 mars 1991, p. 93 ; L. Vogel, La pratique..., n° 177, p. 134. V. encore, pour une décision récente : Paris, 1 » avr. 1999, SA Dectra et autres, D. 1999, I.R., p. 140.

[2]. L. Vogel, Droit de la concurrence et concentration économique, Economica, coll. « Droit des affaires et de l'entreprise », 1998, n° 106, p. 97.

[3]. La position apparait ainsi comme « la réunion de la puissance économique et d'un pouvoir d'action dur le marché ». R. ROUBAULT, « Les positions dominantes et le droit positif français », Rev. Conc.consom. 1979, n° 8, p. 3.

[4]. La part de marché détenue par l'entreprise, si elle peut etre un indice déterminant de sa position de force, n'en est néanmoins pas un indice suffisant. V. CJCE, 1 » févr. 1979, Hoffman-La Roche c/ Commission, décision précite. D'une manière similaire, la chambre commerciale de la Cour de Cassation décide que « la détention d'une position dominante ne peut résulter de la seule comparaison du chiffre d'affaires de l'entreprise avec celui de ses concurrents ». Com., 28 janv. 1992, SNCV et a., Bull. civ., IV, n° 50 ; D. 1995, J, p. 538, note C. LUCAS de LAYSSAC ; L. Vogel, La pratique..., n° 182, p. 138. V. également, par exemple : Paris, 17 oct. 1990, décision précitée. Sur le rôle dévolu à la part de marché, V, M.S. PAYET, Droit de la concurrence et droit de la consommation, Dalloz, 2001, *infra* 94, p. 155.

[5]. M.S. PAYET, Droit de la concurrence et droit de la consommation, Dalloz, 2001, infra n° 123 p. 189, *op. cit.*

quoi tend l'activité de tous les agents économiques »[1]. Usant de sa puissance, l'entreprise ne fait ainsi qu'exercer son libre droit à la concurrence[2]. Son pouvoir est juridiquement rendu possible par le principe de libre concurrence.

L'alinéa 2 de l'article 7 de la loi 104-12, énonçant le second cas d'abus, le caractérise non plus du point de vue de son auteur, mais du point de vue de sa victime. Cette rédaction indique que la puissance économique de l'auteur de l'abus ne peut être définie en elle-même en valeur absolue- mais doit être apprécié relativement à la situation de la victime de l'abus. L'état de dépendance économique, est « une situation dans laquelle une entreprise est obligée de poursuivre des relations commerciales avec une autre »[3]. C'est donc « une situation de fait dans laquelle se trouve une entreprise dans sa relation avec une autre, cliente ou fournisseur, qui exerce sur elle un ascendant »[4]. La mesure du pouvoir de l'auteur de l'abus nécessite une appréciation de la dépendance de sa victime.

Il en ressort que, si le pouvoir de l'entreprise en position de domination absolue s'analyse objectivement, comme un pouvoir sur le

---

[1]. F. DREIFUSS-NETTER, « Droit de la concurrence et droit commun des contrats », RTD civ. 1989, p. 375.

[2]. Le « principe de licéité du dommage concurrentiel » légitime l'esprit de conquête des concurrents. Y. SERAA, Le droit français de la concurrence, Dalloz, coll. « Connaissance du droit », 1993, p. 11. « La liberté de la concurrence permet de capter la clientèle des autres compétiteurs sans que cela puisse engager la responsabilité du concurrent qui est à l'origine de ce déplacement ». Ibid. D'un point de vue économique, la concentration des pouvoirs sur le marché est un processus naturel, fruit libéral d'une juste sélection. La réfutation de la théorie de la concurrence pure et parfaite conduit à une grande tolérance vis-à-vis de ce phénomène, comme le traduisent les analyses modernes des situations de concurrence monopolistique. Ainsi le professeur L Vogel observe-t-il que « bien loin d'etre être étranger à la concurrence, l'effet de domination en constitue un élément essentiel ». L. VOGEL, Droit de la concurrence et concentration économique, op. cit., n° 113, p. 103.

[3]. Paris, 5 juill. 1991, SA Jean Chapelle, SA SEMAVEM et SA Sony France, B.O.C.C.R.F., 20 juill. 1991, p. 219 ; L. VOGEL, La pratique…, n°148, p. 110. S'agissant dans cette affaire de la caractérisation de la situation de dépendance d'un distributeur à l'égard d'un fournisseur, la cour d'appel précise la définition en ajoutant que l'état de dépendance existe lorsqu'il est « impossible », pour le distributeur, « de s'approvisionner en produits substituables dans des conditions équivalentes ». Ibid.

[4]. M. C. BOUTARD-LABARDE et G. CANIVET, Droit français de la concurrence, LGDJ., coll. « Droit des affaires », 1994, n°109, p. 88.

marché, celui de l'entreprise en position de domination relative semble se définir subjectivement. C'est un pouvoir exercé sur une autre volonté. On a pu, de ce fait, considérer que le concept de dépendance économique consacrait « officiellement la notion de contrat d'adhésion dans les relations professionnelles » [1]. Cette observation doit cependant être tempérée. En effet « la dépendance ne peut être la conséquence de la seule volonté des entreprises, mais doit être le résultat de leur situation sur le marché »[2]. Le pouvoir de l'entreprise en position de domination relative n'est pas d'une nature différente de celui de l'entreprise en position de domination absolue[3]. C'est un pouvoir sur le marché[4]. Il est à la fois inhérent à la position de l'entreprise sur le marché- qui dispose d'une certaine puissance sur le marché[5]- et relatif à sa relation avec la victime de

---

[1]. A. PIROVANO et M. SALAH, « L'abus de dépendance économique : une notion subversive ? », Petites affiches, 21 et 24 sept. 1990, n°114, p. 13.

[2]. L. VOGEL, La pratique..., n°195, p. 146.

[3]. Ainsi, une entreprise en position dominante sur un marché peut-elle tenir une entreprise sous sa dépendance. Le cumul des qualifications est possible. V. Conseil, 3 sept. 1996, SARL Héli-Inter Assistance, n°96-D-51, B.O.C.C.R.F., 8 janv. 1997, p. 3 ; Contrats Conc. Consom. 1997, n°31 ; Paris, 30 juin 1998, SARL Héli Inter Assistance, B.O.C.C.R.F, 16 juill. 1998, p. 396 ; Contrats Conc. Consom. 1998, n° 162, note M. MALAURIE-VIGNAL ; Com. 25 janv. 2000, Sté Héli Inter c/ Sté Jet Systems, Contrats Conc. Consom. 2000, n° 61, note M. MALAURIE-VIGNAL.

[4]. Comme l'observe le professeur, L. Idot, le droit des pratiques anticoncurrentielles « n'a pas pour finalité la protection de la partie faible au contrat ». L. IDOT, « La protection par la droit de la concurrence », in les clauses abusives entre professionnels, Actes du colloque du 23 mai 1997, organisé par le Centre du droit des contrats de l'université de Lille II et le Centre de recherche européen de droit des obligations de l'Université de Paris- Val- de –Marne, sous la direction de Ch. JAMIN et D. MAZEAUD, Economica, 1998, n°3, p. 56. « Il en résulte que c'est indirectement lorsqu'il y'a coïncidence entre le caractère abusif et le caractère anticoncurrentiel que le droit des pratiques anticoncurrentielles peut appréhender les clauses abusives entre professionnels ». Ibid.

[5]. Le conseil de la concurrence exige en effet que soit caractérisée une certaine puissance économique de l'auteur de l'abus. La dépendance d'un concessionnaire à l'égard de son concédant nécessite notamment l'observation « de l'importance de la part de marché du fournisseur ». Conseil 2 mai 1989, Sté Chaptal Sa et Sté Mercedes Benz France, n° 89-D-16, B.O.C.C.R.F 30 mai 1989, p. 145. De même l'état de dépendance économique d'un fournisseur vis-à-vis d'un distributeur doit s'apprécier au

l'abus[1]. L'absence de solution équivalente –pour la victime présumée- est une condition qui ne figurait pas dans l'ancien texte de la loi 06-99, et qui doit être prouvée par les demandeurs. Ce critère légal de la dépendance[2] est établi à partir d'indices économiques.

---

regard de plusieurs critères dont notamment « l'importance du distributeur dans la commercialisation des produits concernés ». Conseil, 8 juin 1993, Groupe Cora, n° 93-D-21, B.O.C.C.R.F. , 25 juill. 1993, p. 197 ; D. 1994, somm., p. 173, obs. Ch. GAVALDA et C. LUCAS de LEYSSAC ; Contrats Conc. Consom. 1992, n°229, obs. L. VOGEL ; L. VOGEL, La pratique…, n°202, p. 149. La décision gut confirmée par les magistrats parisiens : Paris 25 mai 1994, Groupe Cora, B.O.C.C.R.F., 24 juin 1994, p. 236 ; L. VOGEL, La pratique…, n°203, p. 152. L'exigence d'une certaine puissance économique de l'auteur de l'abus se trouve d'ailleurs impliquée dans la définition même de l'abus de dépendance économique, qui, pour être sanctionné, doit avoir pour objet ou pour effet de restreindre le jeu de la concurrence.

1. L'appréciation de l'état de dépendance économique conduit à analyser une relation et non pas seulement la position isolée de l'auteur de l'abus. Les critères mis en œuvre pour cette appréciation révèlent un lien de dépendance. Ainsi, l'état de dépendance d'un fournisseur vis-à vis d'un distributeur doit s'apprécier au regard notamment, « de l'importance de la part du chiffre d'affaires réalisé par ce fournisseur avec le distributeur », « des facteurs ayant conduit à la concentration des ventes du fournisseur auprès du distributeur », de « l'existence et de la diversité éventuelle de solutions alternatives pour le fournisseur ». Conseil 8 juin 1993, Groupe Cora, Décision précitée. De même, la caractérisation de l'état de dépendance de l'acheteur vis-à-vis du client suppose notamment une analyse « de l'importance de la part du fournisseur dans le chiffre d'affaires du revendeur » et « de l'impossibilité pour le distributeur d'obtenir d'autres fournisseurs des produits équivalents ». Conseil, 2 mai 1989, Sté Chaptal Sa et Sté Mercedes Benz France, décision précitée. V. également, sur ces critères : Conseil, 18 juin 1996, Secteur de la publicité, n°96-D-44, B.O.C.C.R.F., 14 nov. 1996, p. 564 ; Contrats Conc. Consom. 1997, n° 8, note L. VOGEL ; Versailles, 27 janv. 2000, D. 2000, Cah. Dr. Aff., A. J., p. 157. Ces différents critères permettent de mettre en lumière la relation de puissance liant les entreprises en cause.

2. Comme le remarque le professeur F. Pérochon, le texte vise « non pas l'existence d'un maitre », mais l'impossibilité structurelle d'en changer, c'est-à-dire de trouver ailleurs un nouveau maitre. F. PEROCHON, « Responsabilité et dépendance économiques : tendances récentes en faveur des distributeurs », Cah. Dr. Entr. 1989, n°42, n°17, p. 20. L'entreprise qui invoque un état de dépendance doit établir qu'elle ne dispose pas de solution équivalente. La chambre commerciale de la Cour de cassation approuve ainsi les juges du fonds d'avoir considéré qu'une entreprise ne justifiait pas d'un état de dépendance économique « puisqu'il n'était pas établi » qu'elle « ne disposait pas de solution équivalente au sens de

Il faut, de ce fait, clairement distinguer la notion de dépendance au sens du droit de la concurrence de notions voisines, relevant du droit commun. En particulier, la notion est différente, malgré une similitude d'inspiration[1], de celle dégagée par le professeur G.J . Virassamy dans sa thèse[2] , qui met en lumière un type de contrat, les contrats de dépendance, dont le critère est la dépendance économique de l'une des parties[3].

Cette notion se distingue de celle du droit de la concurrence à deux égards. Elle suppose, d'abord, que soit caractérisée l'existence de relations contractuelles antérieures entre l'assujetti et le partenaire dominant[4]. Elle se manifeste, ensuite, dans le cadre d'un contrat, par un état de subordination, corollaire de la dépendance économique[5].

---

l'article 8 paragraphe 2 de l'ordonnance du 1er déc. 1986 ». Com., 3 oct 1995, Sté Auvray Antivol c/ Mutuelle des motards, L. VOGEL, La pratique, n° 200, p. 148. Et cpr : Versailles, 27 janv. 2000, décision précitée.

1. Le professeur G. J. Virassamy a pu observer cette consécration par le législateur français et réitérer sa faveur pour une notion de « nature à moraliser les pratiques contractuelles entre professionnels en situation inégale ».G.J. VIRASSAMY, « Les relations entre professionnels en droit français »,in La protection de la partie faible dans les rapports contractuels_ comparaison franco-belges, LGDJ. 1996, n°37, p. 82.

2. G. J. VIRASSAMY, Les contrats de dépendance, Essai sur les activités professionnelles exercées dans une dépendance économique, Thèse Paris, LGDJ., 1986. Et v. sur cette distinction : J.P. CHAZAL, De la puissance économique en droit des obligations, *op. cit.*, t. 1, n°43 et s., p. 47 et s.

3. Ce contrat est défini par le professeur G. J. VIRASSAMY comme celui « régissant une activité professionnelle dans laquelle l'un des partenaires, l'assujetti, se trouve tributaire pour son existence ou sa survie, de la relation régulière privilégiée ou exclusive qu'il a établie avec son cocontractant, le partenaire privilégié, ce qui a pour effet de la placer dans sa dépendance économique et sous sa domination ». Ibid., n°226, p. 162.

4. Pour le professeur G.J. VIRASSAMY en effet, « l'existence d'une dépendance économique devant produire des effets juridiques sur les rapports entre les intéressés » ne peut être retenue « que s'il est établi entre eux des relations contractuelle. N'importe quel individu tirant profit de l'existence d'un contrat ou subissant un préjudice du fait de sa disparition, ne peut être considéré comme dépendant économiquement. Il faut pour cela qu'il ait été parti à cette convention ». *Ibid*, n° 189, p. 135.

5. *Ibid.*, n°212, p. 151. Cette subordination, sans être un critère de définition des contrats de dépendance, en est néanmoins un élément caractéristique, puisqu'elle s'en présente comme une conséquence nécessaire. En effet selon le professeur G. J . Virassamy, « tous les contrats de dépendance conduisent à cette subordination, conséquence directe de la dépendance

L'état de subordination résulte des prérogatives juridiques nées de la convention[1]. La notion apparait ainsi comme une notion contractuelle. La relation de dépendance au sens du droit de la concurrence, au contraire, ne se manifeste pas nécessairement dans le cadre d'un contrat, par un état de subordination. Elle ne présuppose pas, non plus, et bien qu'elle en résulte souvent[2], de relations contractuelles antérieures[3]. La dépendance pour cause de pénurie[4], ou pour cause

---

économique de l'une des parties ». Aussi pour l'auteur si toute situation de subordination n'entraine pas nécessairement la qualification de contrat de dépendance, une telle qualification emportera nécessairement l'observation d'une subordination d'une des parties.

[1]. Le partenaire dépendant est subordonné à son cocontractant du fait de la nature même du contrat ou des clauses de celui-ci. Les contrats dits de « sujétion parfaite », sont ceux où l'autorité du partenaire dominant est inhérente à leur nature même, comme le contrat de travail. *Ibid*, n° 213, p. 152. Les « contrats de dépendance à sujétion imparfaite » sont ceux où la subordination du partenaire dépendant, « subordination professionnelle » et non plus juridique, résulte des clauses du contrat, acceptées par ce dernier du fait de son état. La sujétion est ainsi imparfaite, parce que « l'assujetti pourrait en droit refuser une telle subordination, même si en fait cela lui impossible à cause de sa dépendance économique ». *Ibid.* n°225, p. 160.

[2]. Un des critères d'appréciation de la dépendance consiste en effet dans l'établissement de la part du chiffre d'affaires réalisé par le fournisseur avec un distributeur (dépendance à l'égard du distributeur), ou de la part que représente les produits des fournisseurs dans le chiffre d'affaires du distributeur (dépendance à l'égard du fournisseur). La cour d'appel de Paris a ainsi décidé qu'une entreprise ne peut prétendre être en état de dépendance à l'égard d'une autres dès lors que, « n'ayant jamais entretenu de relations commerciales avec cette entreprise pour la diffusion de la presse nationale », elle « ne peut soutenir que la part que représenterait ce produit dans son chiffre d'affaires serait importante ». Paris, 22 janv. 1992, Philippe Boulanger, B.O.C.C.R.F., 1er févr. 1992, p. 60 ; L. VOGEL, La pratique..., n°196, p. 147.

[3]. Le professeur M. Pédamon observe que la notion allemande dont le texte français s'inspire, n'implique pas « qu'il y ait des relations d'affaires préexistantes entre les entreprises en présence ». M. PEDAMON, « Les abus de domination », Cah. Dr. Entr. 1987, n°12, p. 16. L'état de dépendance doit permettre ainsi d'appréhender la situation de nouveaux opérateurs sur un marché, ainsi que l'extension du champ d'activité d'agents économiques sur de nouveaux marchés. Ibid.

[4]. En effet dans une telle situation, qui pourrait se révéler « à l'occasion d'une crise dans la production et la fourniture d'une matière première », les clients non intégrés des entreprises fournisseurs se trouveront dépendants de ceux-ci dès lors qu'ils auront besoin de la matière première faisant

d'assortiment[1] en sont des illustrations. Le droit de la concurrence appréhende la dépendance économique comme une notion de pur fait.

Une décision rendue par le Conseil de la concurrence français, le 2 mai 1989, permet d'illustrer cette distinction[2]. Un concessionnaire automobile déclarait avoir été contraint d'accepter le renouvellement du contrat de concession du fait de sa dépendance. Il mettait en avant, notamment, l'ancienneté de ses relations d'affaires et son statut de concessionnaire exclusif. Il en résultait selon lui, qu'il ne disposait pas de solution équivalente. Dénonçant la résiliation unilatérale et sans motif du contrat de concession par le concédant, son action est rejetée par le Conseil. Celui-ci, après avoir rappelé les conditions de la qualification de l'état de dépendance économique au sens de l'article 8 de l'ordonnance[3] du 1 er décembre 1986, conclut qu'elles ne sont pas ici réunies. Le Conseil relève, en particulier que « les concessionnaires peuvent passer d'un réseau de constructeur à un autre »[4]. Certainement dépendant selon les critères dégagés par le professeur G.J. Virassamy- ancienneté des relations commerciales, contrat créant un état de subordination du fait de ses clauses-, le concessionnaire ne l'est pas au sens du droit de la concurrence. Une entreprise dépendante n'est pas seulement sous la subordination d'un partenaire contractuel, elle ne doit pas disposer de solutions alternatives sur le marché[5]. C'est la

---

défaut pour l'exercice de leur activité, et cela, indépendamment de toutes relations contractuelles antérieures. *Ibid.*, p. 17. Cette hypothèse a été dégagé par l'auteur à la lumière de l'expérience allemande.

[1]. En présence d'une dépendance d'assortiment, le refus de vente opposé par le fournisseur d'une marque notoire pourrait être constitutif d'abus, alors même que « les entreprises ne sont pas encore en relations d'affaires ». C. ROBIN, « L'exploitation abusive d'un état de dépendance économique », Petites affiches, 2 aout 1989, n°92, p. 15.

[2]. Conseil, 2 mai 1989, Sté Chaptal SA et Sté Mercedes Benz France.

[3]. La situation d'un état de dépendance économique « s'apprécie en tenant compte de l'importance de la part du fournisseur dans le chiffre d'affaires du revendeur, de la notoriété de la marque du fournisseur, de l'importance de la part de marché du fournisseur, de l'impossibilité pour le distributeur d'obtenir d'autres fournisseurs des produits équivalents ; que ces critères doivent être simultanément présents pour entrainer cette qualification ». *Ibid.*

[4]. Ibid.

[5]. Pour autant l'appréciation par le Conseil de cette dernière condition méritait certainement des « investigations plus approfondies ». M. GLAIS, « L'exploitation abusive d'un état de dépendance économique (analyse économique du droit et de la jurisprudence française de la concurrence) »,

raison pour laquelle, réciproquement, peut être dépendante, au sens du droit de la concurrence, une entreprise qui ne le serait pas selon les critères définis par le professeur G.J. Virassamy. Ainsi est- ce le cas d'une société, attributaire d'un marché, dont le concurrent détient une infrastructure essentielle et qui en refuse l'accès de façon injustifiée. Alors même qu'aucune relation antérieure ne liait les parties, le conseil décide que la société est dépendante pour l'exécution du marché, de son concurrent[1]. « Les solutions précaires » mises en œuvre pour exécuter le marché auquel elle est tenue, faute d'un accord avec son concurrent, « ne peuvent être considérées comme économiquement équivalentes à celles qu'aurait pu fournir le gestionnaire de l'infrastructure essentielle »[2].

Le pouvoir de l'entreprise en position de domination relative est un pouvoir économique. Ce ne sont pas les prérogatives juridiques dont dispose l'auteur de l'abus en application d'un contrat qui le placent dans une situation de puissance, mais plus généralement sa liberté dans la lutte concurrentielle, ainsi que celle, corrélative, de conclure un contrat, de refuser de le souscrire ou de le subordonner aux conditions qui lui conviennent, c'est-à-dire sa liberté contractuelle[3].

En conclusion, les conditions devant être réunies cumulativement pour établir l'existence de cette infraction sont difficile à réunir, il s'agit pour rappel de:

- L'existence d'une situation de dépendance économique qui peut résulter de la notoriété de la marque du fournisseur, de l'importance de la part de marché du fournisseur, de l'importance de la part du fournisseur dans le chiffre d'affaires du revendeur…

Revue. Eco. Indus. 1994, n°68, p. 90. Il existe rarement « une absence absolue de solutions équivalentes » et l'appréciation de cette condition suppose de vérifier leur nature (et les parts de marché des entreprises envisagées), les raisons de la concentration des achats auprès du partenaire, « l'importance des délais dans lesquels l'entreprise présumée dépendante pourrait disposer de solutions équivalentes » et le « cout du changement de partenaire commercial ». *Ibid,* p. 91.

[1]. Conseil, 3 sep. 1996, SARL Héli Inter Assistance, décision précitée ; Paris, 30 juin 1998,
SARL Héli Inter Assistance, décision précitée. Com., 25 janv. 2000, Sté Héli Inter c/ Sté Jet Systems, décision précitée.

[2]. Ibid.

[3]. La liberté contractuelle « s'exprime à travers une triple faculté : contracter ou ne pas contracter, choisir librement son cocontractant, déterminer librement le contenu du contrat ». Fr. TERRE, Ph. SIMLER et Y. LEQUETTE, Droit civil, Les obligations, *op. cit.,* n°23, p. 29.

- L'existence de pratiques abusives : rupture des relations commerciales, refus de vente, pratiques discriminatoires.
- Le client ne doit disposer d'aucune autre solution alternative équivalente

Cette dernière condition est difficile à satisfaire, et c'est là un problème qui se pose dans toutes les législations qui ont consacré l'abus de dépendance économique dans leurs lois sur la concurrence.

Ainsi, la pratique décisionnelle de l'autorité de la concurrence française témoigne de la difficulté de mettre en œuvre ce dispositif et pour cause : la condition d'absence de « solutions équivalentes » semble faire défaut dans la plupart des cas qui lui ont été soumis. Le conseil de la concurrence français a même reconnu dans sa décision n°07-D-18 du 16 mai 2007 que les cas de condamnation étaient très peu nombreux

Il est à rappeler que l'article 9 de la loi 104-12 permet d'exempter les pratiques d'abus de pouvoir économique et les soumet au même titre aux conditions requises pour l'exonération des accords anticoncurrentiels. La justification de l'exemption de ces pratiques réside dans les effets multiplicateurs pro concurrentiels qu'elles peuvent générer. De manière similaire, en droit français, le rachat des abus de position dominante par le bilan économique est permis. Selon C.L. de Leyssac et G. Parleani, il s'agit d'une spécificité douteuse car l'idée même d'un « rachat » des « abus de position dominante » heurte quelque peu. Ces auteurs voient mal a priori en quoi un « abus » commis par une entreprise en position dominante, qui ignore sa responsabilité particulière qui est de ne pas affaiblir par une compétition anormale la concurrence résiduelle, pourrait concourir au progrès économique. Ils ajoutent même que la responsabilité particulière de l'entreprise dominante est appréciée en considération des intérêts du marché, des utilisateurs finaux, et des consommateurs, ce qui fait qu'ils voient mal la part équitable qu'ils pourraient retirer de l'abus. Ce fut aussi l'avis de M.H. Bouayad qui refuse de blanchir ces pratiques[1].

Par ailleurs, certes l'article 102 du TFUE ne prévoit pas expressément d'exemption des abus de position de dominante comme il le fait pour les accords anticoncurrentiels, mais le débat sur une telle exemption fut animé par la communication de 2009 qui édicte

---

[1]. *Op. cit.* C. Lucas de Leyssac et G. Parleani. Droit du marché, 2002, p ; H. Bouayad, Articulation entre régulateurs sectoriels et autorité de la concurrence, Mai 2013, p.

certaines dispositions en faveur de la prise en compte d'une règle de raison dans la qualification des pratiques anticoncurrentielles, en consacrant ce qu'on appelle « les gains d'efficacité [1]».

Paragraphe 2 : Synthèse comparée du contexte Maroco-Africain et Européen

Nous nous permettons de souligner que le partenariat Maroc Afrique et un prélude incontournable à l'intégration globale africaine tant souhaitable. Nous ne pouvons que nous réjouir et prétendre à un destin heureux de cette coopération Sud-Sud, où les gouvernements paraissent unanimes quant à la nécessité de fédérer les efforts, pour aboutir à une intégration économique continentale. Ceci dit, cette intégration porteuse de bienfaits et de vertus substantiels inestimables n'est pas exempte d'obstacles. Il est certain que l'ambition d'atteindre la réussite du partenariat particulier Maroc Afrique et de l'intégration continentale, reste tributaire des contraintes du nouvel ordre économique mondial. Or en quoi l'ordre économique mondial est-t-il nouveau ? S'interrogeant sur cette nouveauté, Michel Dumas s'est d'ores et déjà posé la question de s'il peut naitre à l'occasion de rencontres internationales, fussent-elles aussi nombreuses et internationales que possibles, un nouveau système international de production, d'échange, et de distribution ou en d'autres termes un nouveau système libéral qui prône une répartition équitable de la richesse ? Sa réponse à cette question est non à court terme, étant donné les rapports de force en présence[2]. Nous admettons le caractère réaliste de sa réponse négative qui se justifiait par le contexte de l'époque des années 1970, considérant que le « nouvel ordre économique international » était face à la montée des périls, une réponse des pays occidentaux destinée à canaliser les revendications

---

[1]. La Commission examine les arguments avancés par une entreprise dominante pour justifier son comportement_ Cette dernière peut à cet effet démontrer soit que son comportement est objectivement nécessaire, soit qu'il produit des gains d'efficacité substantiels qui l'emportent sur les effets anticoncurrentiels produits sur les consommateurs. Dans ce contexte, la Commission examinera si le comportement en cause est indispensable et proportionné à l'objectif prétendument poursuivi par l'entreprise dominante. Il peut s'agir notamment d'améliorations techniques de la qualité des biens ou d'une réduction du coût de production ou de distribution

[2] Revue tiers monde, t. xvii, n°66, avril-juin 76

des Etats sous-développés. A l'heure actuelle en revanche, dans le but de repenser le nouvel ordre économique mondial, nous mettons en avant le contexte international en général, qui passe par une conjoncture difficile accentuée par les conséquences de la crise pandémique et les effets dévastateurs de la guerre Russo-Ukrainienne. Le Maroc, qui fait partie intégrante des pays prétendant à l'émergence, ainsi que d'autres pays du Sud qui ambitionnent de relancer la croissance et le développement, constituent désormais, ensemble, les acteurs favoris devant tirer profit de ce nouvel ordre. Toutefois, pour atteindre les résultats escomptés, il faut préparer les ingrédients nécessaires avec pour objectif ultime l'intégration économique régionale et africaine, afin d'être en mesure de bien se positionner sur l'échiquier concurrentiel international.

D'un point de vue purement économique, le contexte économique africain actuel nous parait avoir certains traits saillants de ressemblance avec le contexte européen au lendemain de la deuxième guerre mondiale, où les Etats exprimaient un besoin impérieux en investissements, pour reconstruire les infrastructures dévastées lors des hostilités. A l'époque, l'une des conditions érigées par le Sénat américain à l'octroi du bénéfice du plan Marshall aux pays dont les Etats Unis entendaient faciliter le redressement économique après la seconde guerre mondiale, était la promulgation d'un droit de la concurrence.

D'une manière quelque peu similaire, l'on s'accorde que les stratégies de croissance et de développement dans les pays du sud dans notre contexte économique actuel, sont en majeure partie tributaires des IDE. Ces stratégies encouragent l'investissement privé et public dans les infrastructures nécessaires à la relance économique.

Le contexte européen au lendemain de la deuxième guerre se démarque, en revanche, par la présence des puissances européennes dans les territoires africains colonisés, et la présence sous forme de quasi-monopoles des entreprises européennes au sein des marchés des anciennes colonies.

Au lendemain de l'indépendance des pays colonisés, la mise en place des monopoles publics nationaux a vu le jour. De même, la présence des opérateurs étrangers au sein des marchés de ces pays était couplée à celle des entreprises nationales publiques et d'économie mixte particulièrement dans les secteurs stratégiques. La gestion couteuse de ces monopoles publics, affichant pendant longtemps un déficit flagrant de performance, a ouvert la voie à une nouvelle ère de privatisations et de libéralisations, favorisée par les recommandations des instances internationales. Au fur et à mesure de ces privatisations, nous assistons peu à peu à l'avènement de droits de la concurrence dans les pays africains. Au Maroc tout particulièrement, l'avènement du droit de la concurrence et de la dynamique concurrentielle n'ont connu leurs débuts qu'avec la loi 06/99 promulguée par dahir n°1-00-225 du 2 Rabii 1 1421(5 juin 2000).

Dans l'esprit du partenariat Maroc Afrique, et de l'intégration continentale africaine permettant de faire face à la concurrence internationale, nous nous interrogeons sur quelle politique de la concurrence privilégier, compte tenu de ce contexte international auquel nous espérons un retour à la normale ? Est-ce que cette dernière devrait être uniformisée par l'ensemble des pays africains, dans l'objectif de l'entière intégration ? Compte tenu des conflits politiques qui ont vu le jour au lendemain de l'indépendance de ces pays, est ce que cette intégration qui est à notre sens une cause noble, est un mythe utopique, ou est-ce une réalité envisageable ? Ne devrait-on pas songer, nous africains, à avoir un marché commun africain, à l'instar du marché européen. Ce sont là autant de questions dont la réponse revient au politique. De toute façon, cette réponse requiert beaucoup de pragmatisme et surtout d'engagement permanent dans l'intérêt mutuel des nations et des peuples d'Afrique.

La réponse quant à la politique de concurrence à adopter par les pays du Sud à l'Etat actuel demeure incertaine. Ainsi, nous ne pouvons avoir une idée claire sur la politique de concurrence adoptée par ces pays, en l'absence d'une masse critique conséquente de décisions émanant des régulateurs de la concurrence et de la justice. Or, à l'Etat actuel, les pays africains pris isolément, prônent des politiques de la concurrence disparates non unifiés, leur souci dans leur quasi-totalité étant l'attractivité des investissements étrangers, dans l'objectif incontournable de promotion d'emploi.

A titre de recommandation, et dans le sens de la mise en place d'une politique de la concurrence optimale au sein de ces pays, nous pouvons tirer les enseignements tirés de la pratique des autorités européennes dans une approche historique.

- **L'expérience européenne entre approche structuraliste et analyse économique : cas de la position dominante.**

Dans l'objectif de protéger le tissu économique supra national en Europe, les autorités de la concurrence européennes ont assigné explicitement dans un premier temps deux objectifs à la politique de la concurrence: la liberté économique et l'égalité des chances à travers la protection des petites et moyennes entreprises. Cet objectif de préservation des libertés est une constante pour la première phase de formation de la politique de concurrence en Europe. La Commission place au cœur de son analyse la liberté économique et l'égalité des chances, la liberté étant censée bénéficier à toutes les entreprises, y compris avant tout aux petites et moyennes entreprises.

Dans la formulation de sa politique de concurrence dans les années 1970, la Commission européenne bénéficie de l'appui de la Cour de justice qui fait prévaloir une interprétation de la règle de concurrence, au service de la structure du marché et donc des libertés économiques. La qualification des positions dominantes, était tributaire d'une approche structuraliste et non dynamique intégrant l'analyse économique. C'est bien à travers l'adoption de cette approche structuraliste dans les années 1970 pour l'appréhension de la puissance économique des entreprises dominantes en fonction des parts de marché de ces dernières, et à travers une limitation du pouvoir économique inspirée de l'école de Fribourg, que le tissu économique européen a pu être sauvegardé. Ce contexte s'attachant à la sauvegarde du processus concurrentiel en Europe à cette époque, a permis aux entreprises nationales européennes de s'intégrer pour faire face à la concurrence internationale. Dans cette période, nous mettons en avant le phénomène de métropolisation qui prédominait en Europe accompagné par la promotion de politiques de concentrations capitalistiques entre entreprises européennes, validées par la Commission, pour faire face à la concurrence des grandes entreprises américaines.

Si historiquement le droit de la concurrence s'est imprégné de l'objectif de protection de la liberté, objectif qui se traduit par une politique de limitation du pouvoir économique, c'est la sévérité de cette politique de concurrence qui a été critiqué par l'école de Chicago au nom de l'efficacité économique et qui a été intégré au cours des deux dernières décennies par le droit européen de la concurrence.

Ce n'est en effet qu'après une production jurisprudentielle abondante des autorités communautaires de la concurrence s'attachant à la préservation de la structure du marché commun, que les débats sur l'efficacité et l'intégration de l'analyse économique ont vu le jour en Europe. L'année 2009 particulièrement a connu l'adoption de la communication sur les orientations retenues par la Commission pour l'application de l'article 82 du traité instituant la communauté européenne aux pratiques d'éviction abusives des entreprises dominantes. Cet article du traité condamne les abus de positions dominantes des entreprises sur le marché européen selon l'analyse multicritère sus évoquée.

Enseignements tirés de l'expérience européenne :

Nous signalons que l'approche économique adoptée tardivement eu Europe, a eu ses origines aux Etats Unis. De même, il est primordial de rappeler que cette dernière n'a été adoptée officiellement en Europe qu'après avoir parachevé l'intégration économique du marché commun européen. Dans les pays du Sud, l'adoption d'une telle approche pourrait être envisagée positivement et négativement, et présenter à la fois des avantages et des inconvénients. En effet, cette approche qui analyse la position dominante en fonction de la réalité mouvante des marchés, en prenant en compte les gains d'efficacité, comme condition d'allègement de la responsabilité des entreprises dominantes en encourageant le pouvoir économique présente un avantage certain pour ces pays. La re-mondialisation que connaitra fort probablement l'économie mondiale, suite au contexte de crise internationale, favorisera davantage la captation des IDE par les pays du Sud qui adopteront l'approche économique, ce qui entrainera l'émergence de nouvelles positions dominantes fluctuantes, tantôt prennes tantôt volatiles. Cette captation des IDE reste toutefois conditionnée par le degré de contestabilité des marchés, et qui dit contestabilité des marchés dit concurrence potentielle. C'est bien là un critère pris en compte par la communication européenne qui recèle une incitation des économies du Sud de s'ouvrir davantage pour bénéficier des IDE.

A contrario, l'appropriation de l'analyse économique dans la politique de la concurrence dans les pays du Sud pourrait redoutablement compromettre l'intégration économique du continent. Dans la mesure où les critères cumulatifs rentrant dans l'appréciation de la position dominante favorisent davantage le pouvoir économique, le tissu économique des pays africains est susceptible d'en pâtir, les entreprises africaines pourraient être évincées purement et simplement. Ces dernières pourraient constituer une proie pour des entreprises étrangères plus puissantes qui inscrivent leurs comportements sur le marché dans le sens de la prédation dans le long terme. Même en cas de pratiques anticoncurrentielles dont ces entreprises étrangères pourraient être l'autrices, elles se soucieraient peu des sanctions qu'elles encourraient à la suite de leurs éventuels agissements et qui sont le plus souvent disproportionnels par rapport à l'ampleur du dommage causé à l'économie. Peu importe pour ces dernières le montant des amendes administratives qu'elles sont susceptibles de payer. Nous considérons que l'éventail des sanctions prévues par les législations sur la concurrence reste en deçà des gains réalisés par les entreprises, à la suite des pratiques anticoncurrentielles d'entente ou d'abus de positions dominantes.

Cette réserve que nous invoquons quant à l'admission de l'analyse économique dans les pays du Sud est relative. Certains critères complémentaires à celui des parts de marché prévus par la communication présente une pertinence certaine pour la qualification des positions dominantes. Il en est ainsi du critère de pouvoir de marché, consistant dans la possibilité d'une entreprise à relever ou à baisser ses prix sans tenir compte des contraintes du marché. Il en est de même pour le critère d'éviction anticoncurrentielle défavorable aux consommateurs. Le critère de concurrence potentielle pris en compte par la Commission, semble en revanche se heurter avec les priorités économiques à moyen terme des pays du Sud, avec au centre de ces priorités l'intégration économique continentale et africaine. Ce critère rigoureux se heurte en l'occurrence au besoin de sécurisation des investissements déjà existants. En effet promouvoir une économie de marché où la concurrence est totalement libre à travers la levée entière des barrières à l'entrée est utopique. Même le pays le plus libéral notamment les Etats Unis première puissance économique mondiale ferme momentanément de manière opportune l'accès à son marché ; cela peut se manifester à travers des mesures protectionnistes conjoncturelles concernant la circulation de certaines catégories de produits, en dépit de toute liberté d'établissement. De même, cette potentialité d'entrée de nouveaux concurrents n'est dans la pratique qu'une forme d'allègement ou d'alourdissement de la responsabilité particulière de ne pas porter atteinte à une concurrence effective sur le marché de l'entreprise supposée dominante. Il ne s'agit que d'une simple potentialité, qui peut exister, comme elle peut ne pas exister. Pourquoi lier le degré de responsabilité de l'entreprise dominante avec une simple potentialité. Par ailleurs, comment quantifier cette idée de potentialité d'entrée aux alentours incertains. Il existe des secteurs stratégiques nouvellement ouverts à la concurrence, où les acteurs du marché peu nombreux soient-ils ont besoin de sécurisation de leurs investissements en s'assurant des profits raisonnables. Il est intéressant de rappeler à cet égard la notion de concurrence praticable sur les marchés selon leurs spécificités et leur degré de maturité. En effet, le degré de concurrence est spécifique à chaque marché particulier et à chaque marché de produits et de services.

De surcroit, il est indéniablement inacceptable de ne pas laisser à ces entreprises une marge de temps suffisante, pour réaliser des bénéfices proportionnels, par suite de leurs efforts d'investissement dans la situation de concurrence actuelle praticable, plutôt que de se soucier de la concurrence purement potentielle aléatoire en allégeant la responsabilité quand le marché est plus ouvert. L'entreprise dominante est dominante, que le marché soit assez ouvert ou l'est peu. Le maintien d'une structure de marché oligopolistique par exemple est dans bien des cas une option relevant de l'exercice d'un choix de politique économique. Ce sont bien les comportements néfastes à la concurrence des entreprises dominantes qu'il faudrait sanctionner, et non leur position légitime résultant d'une confrontation sur le marché et d'une compétition légitime. Actuellement dans le contexte africain, il faut s'attacher à sauvegarder le processus concurrentiel et favoriser surtout l'innovation.

Dans une perspective d'intégration régionale et continentale, il est primordial de préserver le tissu économique africain à travers une politique de concurrence ambitieuse, et non se contenter de politiques industrielles disparates qui alourdissent les budgets des Etats sans retour sur investissement et sans valeur ajoutée pour l'économie dans bien des cas. Les Etats du Sud doivent dans ce sens favoriser l'innovation, la recherche et le développement pour atteindre des résultats satisfaisants. Nous nuançons cependant l'orthodoxie de notre constat dans la mesure où une politique de concurrence pourrait très souvent, être complémentaire et conciliable avec une politique industrielle, notamment dans des circonstances exceptionnelles, comme dans le contexte international de crise post pandémique et de guerre Russo Ukrainienne qui a déséquilibré les chaines de valeur.

Nous mettons en garde cependant les pays africains contre le maintien de politiques de la concurrence mitigées qui compromettent l'intégration du continent mettant un frein aux efforts d'investissement de toutes les parties prenantes. Dans le souci de réussir cette intégration, nous appelons à fédérer les efforts et à mettre en place une coopération effective entre les autorités nationales de régulation de la concurrence, avec en perspective à moyen terme une réflexion pour asseoir les jalons à l'institutionnalisation d'une autorité continentale supranationale de régulation dans le marché africain, telle la Commission des communautés européennes.

Paragraphe 3 : Quelles perspectives pour la lutte contre les abus de position dominante au Maroc ?

A ce stade, on peut s'interroger sur la plus ou moins compatibilité du cadre juridique marocain avec l'approche européenne en matière d'abus de position dominante, ou pratiques d'exclusion selon la nouvelle terminologie de la Commission dans sa communication sur les pratiques d'éviction.

Un premier constat est que le droit marocain ne semble pas, *a priori*, exclure une interprétation en concordance avec les grandes lignes de l'orientation européenne concernant le traitement des pratiques d'éviction. En particulier, la prohibition de ces pratiques dont l'article 7 de la loi 104-12 cite des exemples[1] est assortie d'une possibilité de leur rachat dans l'article 9 de la même loi. Cet article consacre une possibilité d'exemption des abus de position dominante si « elles contribuent au progrès économique », condition qui peut être interprétée[2] comme se référant au bilan économique global de la pratique, c'est-à-dire le solde de ces effets anticoncurrentiels et des gains d'efficience qu'elle engendre. Par ailleurs, les conditions posées par cet article 9 pour l'admissibilité des gains d'efficience coïncident avec les critères posés par la communication de la commission sur l'interprétation de l'article 82 du traité :

- Gains d'efficacité imputables au comportement en cause
- Apport d'une partie équitable du profit aux consommateurs;
- Caractère indispensable des restrictions à la concurrence;
- Pas d'élimination de concurrence.

Mais les possibilités de comparaison du dispositif marocain avec les apports de ladite communication de la commission s'arrêtent là,

[1] « L'abus peut notamment consister en refus de vente, en ventes liées ou en conditions de vente discriminatoires ainsi que dans la rupture de relations commerciales établies, au seul motif que le partenaire refuse de se soumettre à des conditions commerciales injustifiées. Il peut consister également à imposer directement ou indirectement un caractère minimal au prix de revente d'un produit ou d'un bien, au prix d'une prestation de service ou à une marge commerciale » article 7 de la loi 104-12

[2] On retrouve la même référence au progrès économique dans l'article 81 du traité relatif aux accords et ententes entre entreprises

tant la loi marocaine est d'une formulation générale qui ne précise pas l'ensemble des concepts et méthodes adoptés. Comme la Commission avec ses lignes directrices et ses recommandations, les régulateurs de la concurrence ont tendance à publier des instruments de *soft law* qui précisent leur démarche quant à l'application du droit. Ces instruments qui précisent la définition des concepts importants et les méthodes adoptées sont fondamentaux à double titre. D'une part, ils fournissent aux opérateurs économiques la visibilité dont ils ont besoin quant à l'application du droit de la concurrence, et, d'autre part, ils pourraient contribuer à harmoniser l'action des différentes parties prenantes à la régulation de la concurrence (régulateur et tribunaux notamment). Dans le domaine des pratiques d'éviction, plusieurs concepts clés mériteraient d'être discutés, afin de contribuer à la cohérence de la régulation.

Il en est ainsi en premier lieu de la finalité de la prohibition de ces pratiques. En s'inspirant des débats ayant entouré la modernisation du droit européen, on peut se demander notamment si l'objectif est de protéger la concurrence elle-même ou de réaliser l'efficacité économique en se basant sur un standard de bien-être comme le surplus des consommateurs ou le surplus collectif. La loi ne cite pas expressément les objectifs du droit de la concurrence. On peut cependant relever dans l'exposé de la mission du Conseil de la concurrence que celui-ci est chargé, dans le cadre de l'organisation d'une concurrence libre et loyale, d'assurer la transparence et l'équité dans les relations économiques[1]. Cette référence au processus concurrentiel n'est pas sans rappeler le droit de la concurrence allemand réputé défendre la concurrence et la liberté d'accéder au marché plutôt que les consommateurs comme le fait de plus en plus le droit communautaire[2]. Plusieurs indices semblent cependant indiquer une harmonisation du droit allemand avec le droit communautaire3. Nous croyons qu'une meilleure affirmation des objectifs du droit de la

[1] Article 1 de la loi 20-13 sur le conseil de la concurrence marocain.

[2] On the choice of welfare standards in competition law, Louis Kaplow, Discussion Paper No. 693, 05/2011 Harvard Law School.

[3] Le quotidien les Echos titrait dès 2000 « Le droit allemand de la concurrence en voie d'harmonisation européenne », 22 février 2000. Consulté le 3 mai 2015 sur : http://www.lesechos.fr/22/02/2000/LesEchos/18096-140-ECH_le-droit-allemand-de-la-concurrence-en-voie-d-harmonisation-europeenne.htm#turq1WSO4uIbhAPq.99. La convergence des droits qui en résulte est bénéfique, tant pour les entreprises allemandes souhaitant intégrer le marché commun que pour les autorités et tribunaux en charge des affaires nationales et européennes.

concurrence et leur traduction dans la doctrine et la jurisprudence du Conseil seraient salutaires à la bonne application du droit.

Deuxièmement, la notion de position dominante tout comme celle de l'abus devraient être cernés. Les dispositions juridiques sont loin d'apporter des éléments de réponse satisfaisants à ces questions importantes. En particulier, qu'est ce qui permet d'apprécier, au Maroc, le caractère dominant d'une entreprise ? Est-ce basé principalement sur le critère classique des parts de marché ou sur les déterminants économiques du pouvoir de marché [1] ? La rareté de décisions du Conseil ou des tribunaux à ce jour en matière de concurrence, rend impossible l'exercice de relever la conception en vigueur au Maroc.

Troisièmement, quelles sont les conditions d'application de la loi pour les principales pratiques susceptibles de tomber sous le coup de l'article 7 concernant les abus de position dominante. Il s'agit principalement du refus de vente, des ventes liées, des conditions de vente discriminatoires, de la rupture de relations commerciales établies, ou de l'imposition d'un prix minimal de revente. Si la commission européenne a précisé les conditions dans lesquelles le risque d'éviction est le plus probable ainsi que les sources des gains d'efficacité qu'ils sont susceptibles de générer, en étroite conformité avec la théorie économique, qu'en est-il au Maroc ? La réponse à cette question reste tributaire de la jurisprudence tant attendue du conseil de la concurrence et des tribunaux.

Ce ne sont là que des exemples illustrant le besoin, voire la nécessité, d'une réflexion et d'un débat au Maroc sur l'application du droit de la concurrence. Ces réflexions, devraient se traduire, à notre sens, par la production par le Conseil de la concurrence de documents d'orientation sur des questions primordiales pour l'application du droit de la concurrence, ainsi qu'une publication multilingue de ses décisions.

---

[1] Il est significatif de noter à cet égard que la commission européenne s'écarte de la conception structuraliste qui se base sur les parts de marché. Les développements contenus dans les lignes directrices sur l'application de l'article 82 aux pratiques d'éviction viennent confirmer ainsi une approche lui ayant permis de qualifier de dominante une entreprise ne possédant que 25% de parts de marché, ce qui a été avalisé par la CJCE(7). CJCE, 15 mars 2007, British Airways / Commission, C-95/04 P, Rec. I-2231

Section 2 : Insuffisance des instruments juridiques du droit de la concurrence dans la lutte contre l'abus, et nécessité de complémentarité par les instruments du droit des contrats.

Le phénomène de déséquilibre de puissance économique revêt une dimension générale qu'il est artificiel de réduire aux problèmes de la concurrence. La seule solution est d'élargir le concept d'abus de puissance économique utilisé en droit de la concurrence, pour l'appliquer à l'ensemble du droit commun des obligations. Ce n'est que sur ce terrain qu'une protection des économiquement faibles pourra être trouvée. Ainsi, on constate ces dernières décennies des réformes législatives et l'émergence de jurisprudences en droit comparé se fondant sur l'idée de puissance économique pour appliquer certaines dispositions du droit commun pour la protection des faibles, et la prévention des abus pouvant résulter des contractants plus forts.

Comme évoqué à titre introductif, la prise en compte de la puissance économique par le droit des contrats s'est faite par le biais de la théorie des vices de consentements, malgré l'inaptitude de cette théorie à cerner toutes les situations d'abus de puissance économique, intervenant entre contractants, en raison des conditions devant être réunies pour s'en prévaloir. Par ailleurs, lors de l'extinction des contrats, hormis le pouvoir modérateur de la clause pénale conféré au juge marocain, il n'existe quasiment à l'état actuel de la jurisprudence marocaine aucun autre procédé légal permettant de lutter contre les abus de puissance économique. A l'opposé, en France, la jurisprudence a évolué pour hisser au rang de vice de consentement, la violence économique.

Il est louable que la jurisprudence ait remanié la notion de puissance économique en droit des obligations pour lutter contre certains abus qui sont susceptibles d'en être issus (section 1). En effet, coupler le droit de la concurrence et le droit des contrats en plaidant pour la réforme de ce dernier, permet de cerner dans une certaine mesure les abus de puissance économique en permettant une protection effective des acteurs (section 2),

Les instruments juridiques utilisés par le droit des contrats pour lutter contre les abus de puissance économique, sont destinés à la protection du consentement de la partie faible et à la préservation d'un équilibre contractuel en présence d'une inégalité économique. Il s'agit en premier lieu, des instruments classiques de protection de consentement, qui trouvent leur fondement dans la théorie des vices de consentement lors de la formation du contrat.

Certains instruments juridiques de contrôle des abus de puissance économique lors de l'extinction des conventions, sont prévus par la loi ; il s'agit principalement du contrôle de la clause pénale.

Pour des raisons méthodologiques nous parlerons de manière succincte de la phase d'exécution des contrats puisque le droit des contrats au Maroc ne prévoit pas des mécanismes de lutte contre les abus de puissance économique. Lors de cette phase, l'un des instruments de lutte qui nous parait prévenir l'abus est la théorie de l'imprévision qui n'est pas admise. De même, la jurisprudence n'a pas remanié le principe de bonne foi pour l'étendre aux abus de puissance économiques pouvant survenir lors de l'exécution des conventions. Fondée sur l'art. 230 et 231 du DOC, la bonne foi est une notion d'inspiration morale que certains auteurs considèrent comme « contrepoids de la force obligatoire du contrat »[1]. Par son inspiration morale, cette notion doit être entendue à ce niveau comme une règle de comportement pour les parties. Elle dicte, en effet, une conduite conforme à la conscience ; la conscience d'agir sans léser les droits d'autrui. Cette notion n'a pas reçu d'applications jurisprudentielles abondantes au Maroc pour contrecarrer le principe de force obligatoire du contrat, qui reste un obstacle pour le rééquilibrage des relations contractuelles, dans lesquelles l'une des parties s'est réservé le droit d'agir unilatéralement sur le contrat au niveau de l'exécution.

Le droit des contrats sanctionne ainsi indirectement les abus de puissance économique. L'abus de puissance économique en droit des contrats répond à un ordre public contractuel, ce qui légitime son rattachement au droit des contrats.

Paragraphe 1 : Les instruments du droit des contrats de lutte contre les abus de puissance économique

Les instruments du droit des contrats pour la lutte contre les abus de puissance économique ont vocation à compléter ceux prévus par le droit de la concurrence, pour constituer un ensemble homogène destiné à la protection aussi bien du marché que des acteurs du marché. A défaut de cette complémentarité, ces derniers seraient dans l'incapacité de se prémunir contre les abus émanant d'acteurs plus

[1]. Ibid.

puissants détenteurs d'un pouvoir économique. A l'état actuel, si le droit des contrats au Maroc semble présenter des insuffisances notoires en inadéquation avec les évolutions que connait le contexte économique international ouvert, en n'instaurant que très peu de mécanismes effectifs de lutte contre les abus, en France la jurisprudence a fait preuve d'audace en s'appropriant le raisonnement intégrant le phénomène de puissance économique et ses éventuels abus. Cette audace a amené le législateur français à réformer en profondeur le code civil en 2016 et l'interdiction de la violence économique. De même, la théorie de l'imprévision en France est assortie d'une possibilité de renégociation du contenu du contrat en raison de la survenance d'un événement extérieur indépendant de la volonté des parties déséquilibrant l'économie du contrat. Au Maroc, seule la théorie classique des vices de consentement couplé à la possibilité de révision des clauses pénales excessives ou dérisoires permet une lutte contre les abus de puissance économique.

A. La théorie des vices de consentements

Nous aborderons dans un premier lieu l'abus de puissance économique appréhendé à travers le dol qui vicie les conditions subjectives de formation des contrats. Ensuite nous mettrons en exergue le cas de la lésion qui vicie les conditions objectives de formation des contrats.

A.1 L'abus de puissance économique appréhendé à travers le dol viciant les conditions subjectives de formation du contrat

Une définition élargie du dol a pu être proposée afin d'atteindre les abus de situation, constitutifs de vices du consentement[1].

---

[1]. F. Magnin, « Réflexions critiques sur une extension possible de la notion de dol dans la formation des actes juridiques. L'abus de situation », JCP 1976,I, 2780, qui cependant conclut à l'opportunité de la notion. Selon cet auteur, en l'absence d'erreur ou de contrainte, le consentement est libre et éclairé ; sanctionner l'abus de situation reviendrait à consacrer une obligation générale de bonne foi, ce qui n'est pas souhaitable. En faveur d'une telle extension : E. Gaudemet, Théorie générale des obligations, réimp. 1937, Dallooz2004, p. 69 : « Dans certains cas il apparaitra que la personne qui a reçu la promesse excessive a abusé frauduleusement de la détresse de l'autre partie pour lui imposer des conditions léonines » tout en proposant le fondement du dol, le dol exprime sa préférence pour le recours à l'article 6 C. Civ. ; P. Bonassis, Le dol dans la conclusion des contrats, thèse Lille, 1955, p. 141 : « ce qui importe seulement aux yeux du juge,

A partir du constat selon lequel « la volonté du contractant se révèle mal protégée contre certaines entreprises déloyales de son partenaire consistant à abuser de l'état d'infériorité dans lequel ce contractant se trouve »[1], il a été imaginé de consacrer un vice de consentement sans erreur, ni violence. Une telle extension permettrait de sanctionner « une vaste zone de comportements immoraux que ne recouvrent ni l'erreur, ni la violence : l'abus de situation dont un contractant se rend coupable envers l'autre[2]. Ni croyance erronée, ni contrainte exercée, mais un consentement donné par lassitude face aux sollicitations incessantes de l'offrant : c'est l'hypothèse que permettrait de recouvrir une définition élargie du dol, laquelle autoriserait à sanctionner « le comportement du contractant qui, par l'utilisation de manœuvres déloyales et l'exploitation de l'infériorité de l'autre partie, a conduit cette dernière à la conclusion d'un acte juridique dont ce contractant retire un avantage excessif »[3]. Le dol retrouverait alors sa signification d'origine. On sait en effet qu'en droit romain, la sanction du dol était justifiée par la malhonnêteté de son auteur, non par la tromperie provoquée[4].

Par un arrêt rendu le 30 janvier 1970, la Cour d'appel de Colmar a retenu cette conception élargie du dol dans une affaire où le consentement à une donation, sans être vicié d'erreur, n'avait été donné qu'en conséquence de manœuvres dolosives non violentes qui ont abouti à ce que la cocontractante, âgée de 75 ans finisse « par fléchir en raison de la lassitude », selon les termes employés par

---

c'est la constatation du lien causal unissant le dol au contrat, la constatation que le dol a été déterminant.

[1]. F. Magnin, « Réflexions critiques sur une extension possible de la notion de dol dans la formation des actes juridiques. L'abus de situation » art. préc., n°6.

[2]. J. Carbonnier, Droit civil. Les biens. Les obligations, Coll. Quadridge, PUF, rééd. 2004, n°964.

[33]. F. Magnin, « Réflexions critiques sur une extension possible de la notion de dol dans la formation des actes juridiques. L'abus de situation », art. préc., n°8.

[4]. La conception romaine est expliquée par E. Gaudemet, Théorie générale des obligations, réi. 1937, Dalloz 2004, p. 70 ; « commet un dol, non seulement celui qui dissimule ou qui induit en erreur, mais encore celui qui, ouvertement et cyniquement, abuse d'une situation pour imposer un contrat contraire à l'équité ».

l'arrêt[1]. L'abus de situation était caractérisé ; il a été appréhendé sous l'angle du dol. Cet arrêt est néanmoins resté isolé. Même s'il a pu être fait appel à la notion de dol sans erreur pour justifier certaines annulations fondées sur le manquement à l'obligation de contracter de bonne foi[2], cette notion n'est jamais expressément citée dans ces décisions. Il semble même, au contraire, qu'elle ait été fermement écartée par un arrêt du 10 juillet 1995 : la première chambre civile de la cour de cassation exige que les manœuvres dolosives aient été « destinées à provoquer une erreur de nature à vicier le consentement »[3].

A.2 L'abus de puissance économique appréhendée à travers la lésion viciant les conditions objectives de formation du contrat

Notion portant atteinte aux conditions objectives de validité des contrats, la lésion peut se définir comme « le préjudice subi par un contractant du fait d'un défaut d'équivalence »[4].

Quoique consacré à l'article 1118 du code civil, et l'article 56 du DOC, dans une section relative au consentement, la jurisprudence a retenu la conception objective de la lésion[5], détachée de la théorie des vices de consentement, même présumé[6]. Il convient à présent de

---

1. CA. Colmar, 30 juin 1970, JCP 1971, II, 16609, note Y. Loussouarn ; D. 1970, p. 297, note E. Alfandari (qui oppose une virulente critique à la décision ». Cet arrêt a d'ailleurs été censuré par la chambre de cassation, mais pour des motifs qui ne remettent pas en cause la notion de dol sans erreur : Civ. 1re, 17 oct. 1973, inédit, pourvoi n° 70-11. 367.

2. C. Larroumet, les obligations. Le contrat, op. cit., n°367. Voir, Civ. 1re, 16 mai 1995, JCP 1996, II, 22736, note F-X. Lucas : annulation d'un cautionnement pour manquement à l'obligation de contracter de bonne foi, car le créancier n'avait pas informé la caution de la situation d'insolvabilité du débiteur. Comme la caution connaissait certainement cette situation, l'erreur ne peut pas constituer le fondement de l'annulation. Seule, la notion de dol détaché de l'erreur peut justifier cette sanction.

3. Civ. 1re , 10 juill. 1995, D. 1997, p. 20, note P. Chauvel ; CCC 1996, n°2, obs. L. Leveneur ; RTD Civ. 1996, p. 390, obs. J. Mestre : ainsi, le scandale provoqué à la suite duquel on consent une reconnaissance de dettes n'est pas constitutif de manœuvres entrainant une fausse croyance. La qualification de dol est inséparable de celle d'erreur.

4. G. Chantepie, La lésion, préf. G. Viney, LGDJ, 2006, n°6.

5. Req., 28 déc. 1932, DP 1933, 1, 87, rapport Dumas ; GAJC n°247.

6. L'absence de présomption de vice de consentement signifie que la preuve d'un consentement libre et éclairé ne permettra pas d'exonérer la lésion et d'éviter ainsi la rescision : Civ. 1re, 19 oct. 1960, Bull. I, n° 448.

rechercher si la lésion peut être analysée comme un type d'abus de puissance économique.

En effet, selon la conception objective de la lésion c'est le déséquilibre en valeur qui est le critère unique de la lésion. Pour savoir si les règles qui y sont consacrées permettent de lutter contre l'abus de puissance économique, il faut se demander si ces règles sont justifiées par l'existence d'un abus de puissance économique ? Tout d'abord, il convient d'admettre que seules deux explications rendent plausibles l'acceptation d'un contrat lésionnaire par le lésé : une erreur sur la valeur des obligations souscrites ou un abus de puissance économique subi par celui-ci. A l'origine de la lésion, il y'aurait donc soit un vice du consentement, soit une faute de celui qui a imposé la lésion. Dans cette seconde hypothèse en effet, on considère que le consentement du lésé est intègre, qu'il a été donné librement, mais que ce dernier n'était pas libre de consentir au mieux de ses intérêts[1], étant placé dans un rapport de forces inégalitaire[2]. Deux considérations peuvent être avancées pour justifier les articles précités : la volonté de sanctionner la faute comportementale qu'est l'abus de puissance économique et la prise en compte de considérations économiques.

---

[1]. Formule empruntée à E. Demontès, « Observations sur la théorie de la lésion dans les contrats », Mélanges Capitant, Dalloz, 1939, p. 171. Rappr. M.A. Frison Roche, « Remarques sur la distinction entre la volonté et le consentement en droit des contrats », RTD Civ. 1995, p. 573 : selon les définitions données de la volonté et du consentement, les cas de lésion recouvriraient des situations où le consentement n'est pas altéré, tandis que la volonté y est.

[2]. En ce sens, G. Morin, La loi et le contrat, Paris, 1927, p. 68 et 69 : la lésion n'est pas « une extension pure et simple de la théorie des vices de consentement », mais est considérée comme une « présomption de cette exploitation du faible par le fort » ; J. Carbonnier, Droit civil. Les biens. Les obligations, PUF, 2004, n°995, qui énumère les différentes conceptions possibles de la nature juridique de la lésion : « quand il s'agit d'analyser la nature juridique de la lésion, deux grandes tendances se font jour, objective et subjective. Les uns voient objectivement dans la lésion un déséquilibre économique, un manque d'équivalence entre les prestations... Les autres cependant, se font de la lésion une conception subjective ; ils la cherchent en la personne du contractant. L'analyse la plus simple est celle que suggère l'article 1118 : la lésion est un vice du consentement : la partie lésée a commis une erreur sur la valeur ; ou bien elle a cédé à cette sorte de violence qu'est la nécessité. Mais on peut s'attacher à l'état d'âme de la partie profiteuse : il y'a faute, acte illicite, délit à profiter de la situation embarrassée ou de l'inexpérience de l'autre, à l'exploiter ».

Certains auteurs préconisent que la justification de la sanction de la lésion réside dans la volonté de sanctionner les abus de puissance économique fautifs notamment Bigot de Preameneu qui justifiait l'article du code civil relatif à la lésion par le fait que: « l'équité étant la base de tous les contrats, la loi a dû intervenir au secours de celui envers lequel le contrat devenait injuste, en le soumettant à une lésion énorme »[1]. Même si l'exploitation abusive de la force contractuelle n'est pas un critère d'application, le cantonnement du champ d'application de la lésion ne peut s'expliquer qu'à l'aune de ce fondement théorique. En effet, les contrats soumis à rescision sont tous marqués par la possibilité offerte à l'un des contractants d'exploiter la faiblesse de l'autre[2]. Ainsi, la lésion est admise à l'égard de certains contrats pour lesquels « le législateur a craint que le cocontractant de ces personnes n'exploite l'infériorité ou la précarité de leur situation »[3], tels la vente d'immeuble, à l'égard du seul vendeur[4] (l'acheteur n'est jamais en situation de faiblesse puisqu'il n'est jamais obligé d'acheter , tandis que le vendeur ne consent à la lésion que pressé par un impérieux besoin[5]), la vente d'engrais à l'égard du seul acheteur[6] , ou encore le prêt à l'égard de

---

[1]. M. Bigot-Préameneu, in recueil complet des travaux préparatoires du code civil, P. A. Fenet, T. XIII, p. 96.

[2]. Les mineurs non émancipés (article 1305 c. civ), les majeurs en curatelle (art. 510-3 C. civ) et les majeurs placés sous sauvegarde de justice (art. 491-2 C. civ).

[3]. F. Terré, p. Smiler, Y. Lequette, Les obligations, op. cit., n° 313 ; J. Ghestin, La formation du contrat, LGDJ, 3e éd. , 1993, n°794 : « Dans pratiquement toutes les situations où le droit positif prend en considération la lésion, il s'agit de protéger l'une des parties considérée, à priori, comme en état d'infériorité. Cette préoccupation est évidente lorsqu'il s'agit d'un incapable. Elle joue également à l'gard du vendeur d'immeuble dont on craint que, pressé par le besoin d'argent, il soit amené à vendre à bas prix » ; D. Mazeaud, « plaidoyer en faveur d'une règle générale sanctionnant l'abus de dépendance en droit des contrats », Mélanges P. Didier, Economica, 2008, p. 325.

[4]. Article 1674 C. civ français.

[5]. M. Bigot. Préameneu, in Recueil complet des travaux préparatoires du code civil, P. A. Fenet T. XIII, p. 96.

[6]. Loi du 8 juillet 1907, modifiée par les lois du 10 mars 1937 et du 13 juillet 1979. V. J. Ghestin, La formation du contrat, op. cit., n°794 : « Pour les engrais et les fournitures aux agriculteurs le législateur a craint que les fournisseurs abusent de leur ignorance ».

l'emprunteur[1]. Il est possible d'en déduire à l'instar de M. Morin que « c'est donc, sous le couvert de la lésion, l'abus de force économique dans les contrats qui tend aujourd'hui à être sanctionnée »[2]. En définitive, il est possible de ranger les règles relatives à la lésion parmi celles qui permettent de lutter contre les abus de puissance économique[3].

B. La clause pénale

La question de la rupture du contrat est d'abord régie par le droit commun des obligations. Elle trouve ensuite une réponse en droit des pratiques restrictives de concurrence qui réglemente de manière plus spécifique la rupture brutale d'une relation commerciale établie[4]. Les règles du droit commun en matière de rupture sont connues[5]. Le contrat à durée déterminée ne peut pas en principe être rompu avant son terme[6], sauf faute grave ou force majeure ; le refus de le renouveler peut néanmoins être contrôlé par le biais de l'abus. Le

---

[1]. La réglementation de l'usure sanctionne en effet la lésion en ce qui concerne le taux appliqué aux prêts d'argent (art. 313-3 C. consom).

[2]. La loi et le contrat, Paris, 1927, p. 69 ; rappr. G. Ripet, La règle morale dans les obligations civiles, 4 éd., 1949, n° 72 qui préconise la généralisation de la lésion à toutes « les conventions où existe entre les parties une disproportion de force évidente, de telle sorte que la disproportion des prestations suffit à révéler qu'il y'a eu exploitation » ; J. P. Chazal, De la puissance économique en droit des obligations, op. cit n°731 : « l'inégalité des prestations cache une inégalité, celle existante entre les contractants ».

[3]. Fondement théorique dégagé par E. Demontès, De la lésion dans les contrats entre majeurs, LGDJ, 1924, notamment p. 215 : « Le fond ultime de la théorie de la lésion n'est donc pas dans l'inéquivalente des prestations, il n'est pas non plus dans un vice du consentement du lésé, il se trouve dans l'abus, dans l'exploitation même inconsciente provenant de l'autre contractant » ; même auteur, « Observations sur la théorie de la lésion dans les contrats », Mélanges Capitant, Dalloz, 1939, p. 171 : « il y'a un devoir moral de ne pas abuser de la situation difficile, embarrassé ou de l'inexpérience de son cocontractant, et, lorsqu'on manque à ce devoir, on se rend coupable de l'abus de la faculté de contracter que la loi reconnait à tout individu majeur et maitre de ses droits ».

[4]. C. Lachiez, « La rupture des relations commerciales à la croisée du droit commun et du droit de la concurrence », JCPE 2004, n°4 ; M. Malaurie-Vignal, Droit de la distribution, coll. Sirey, 2006, p. 177 et s.

[5]. V. Y. Pagnerre, L'extinction unilatérale des engagements, Thèse Paris II, 2008.

[6]. Ce n'est que l'application de l'article 1134 C. civ.

contrat à durée indéterminée peut être rompu unilatéralement à tout moment[1], sous réserve de l'abus[2]. L'abus dans la rupture peut être analysé comme un abus de puissance économique pris en compte par le droit des contrats.

Le droit de rompre unilatéralement un contrat à durée indéterminée n'est pas un droit absolu. En effet, en sanctionnant son exercice abusif, le juge lui porte tout d'abord une atteinte directe (B1). Plus insidieusement, la stipulation de clauses pénales tend également à limiter ce droit de rupture unilatérale (B2).

B.1 Le prix de la rupture imposé par le juge

En raison de son caractère potestatif, le droit de résiliation risque d'être exercé de façon arbitraire.

Les nombreux arrêts rendus par la Cour de cassation française en matière de concession donnent une illustration intéressante de l'appréciation de l'abus au stade de l'anéantissement du lien contractuel. La rupture du contrat ne doit tout d'abord pas compromettre, pour l'une des parties, la continuation de son activité économique. Cette conception finaliste de l'abus, nécessitant l'appréciation de la situation du concessionnaire au moment de la rupture, a été retenue par la Cour de cassation française dans une espèce où le concédant avait eu recours à une série de motifs délibérément fallacieux[3]. Elle le fut encore pour sanctionner un concédant d'avoir rompu *« un contrat de concession à durée*

---

[1]. Application de la prohibition de l'engagement perpétuel (prohibition expressément posée pour le contrat de travail à durée indéterminée par l'article 1780 C. civ., et qu'il faut étendre à l'ensemble des contrats à durée indéterminée).

[2]. P. Laurent, « La bonne foi et l'abus du droit de résilier unilatéralement les contrats de concession », LPA 8 mars 2000, p. 6 : qui expose le passage d'un contrôle restreint de l'abus du droit de résiliation à un contrôle plus étendu des motifs, lequel serait fondé sur la notion de bonne foi. P. Laurent démontre cette évolution à l'aide de nombreux exemples jurisprudentiels qui imposent au contractant une véritable obligation positive de bonne foi contractuelle, sans se limiter au traditionnel contrôle négatif d'une éventuelle mauvaise foi du contractant, contrôle caractéristique de l'abus de droit. Comp. L'opinion exactement contraire : M. Fabre-Magnan, « l'obligation de motivation en droit des contrats », Mélanges Ghestin, LGDJ, 2001, p. 301.

3. Cass. com., 5 octobre 1993, Bull. civ. IV, n°326, p.234, JCP éd. G. 1994, II, 22 224, note C. JAMIN.

indéterminée le liant à un concessionnaire de longue date, alors que celui-ci, qui n'avait pas été informé de son intention et avait effectué d'importants efforts d'investissements et de publicité, n'avait pas démérité[1] ».

Il apparait ainsi que la réalisation d'investissements importants, et non amortis, au jour de la rupture ainsi que le silence du concédant sur son intention de rompre le contrat à une date proche de la résiliation suffit à caractériser l'abus de la rupture. Par deux arrêts en date des 7 octobre 1997 et 20 janvier 1998[2], la Cour de cassation française a précisé les contours de ces critères. Les investissements doivent dans un premier temps avoir été réalisés à l'instigation du concédant et non de manière spontanée. Cette distinction se justifie par la confiance légitime du concessionnaire, au regard des efforts financiers qu'il a effectués, dans le maintien de la relation contractuelle[3]. La précision apportée par la jurisprudence est contestable ; elle repose en effet sur la faculté discutable du concessionnaire d'accepter librement d'effectuer de tels investissements [4] . La réalisation de ces investissements doit dans un second temps s'accompagner de circonstances particulières, telle l'ancienneté des relations d'affaires entre les parties. Par ailleurs, les conditions de formation du contrat impliquant, au même titre que les investissements consentis mais de façon indépendante, une certaine pérennité du lien contractuel, la rupture du contrat avant la durée légitimement envisagée par le concessionnaire ne pourrait-elle pas également commander la caractérisation de l'abus ? L'abus résulte enfin de la brutalité avec laquelle est intervenue la rupture du contrat. Cette sanction d'une résiliation hâtive n'est autre que la manifestation pour le concédant de son obligation de respecter un préavis raisonnable dans l'exercice de son droit de rupture unilatérale.

L'exercice abusif du droit de rupture unilatérale engage la responsabilité de son auteur et le contraint généralement au versement de dommages-intérêts. Le prix de la rupture peut également être

---

1. Cass. com., 5 avril 1994, Bull. civ. IV, n°13, p.10; RTD civ. 1994, p.352, obs. J. MESTRE ; Contr. conc. cons. 1994, comm. n°69, obs. L. LEVENEUR ; JCP éd. G. 1994, I, 3757, obs. C. JAMIN ; D. 1995, jur. p.355, note G. VIRASSAMY.
2. Cass. com., 20 janvier 1998, *op. cit.*
3. D. MAZEAUD, obs. sous Cass. com., 20 janvier 1998, *op. cit.*
4. C. JAMIN, note sous Cass. com., 20 janvier 1998, *op. cit.*

convenu par les parties par la stipulation d'une clause pénale dans le contrat.

B.2 Le prix de la rupture convenu par les parties soumis au contrôle du juge.

Comment prétendre rompre librement un contrat à durée indéterminée lorsqu'il a été préalablement convenu par les parties que l'inexécution serait sanctionnée, ou que la liberté de ne pas s'exécuter serait payante !

B.2.1 La rupture unilatérale moyennant une peine : étude de la clause pénale

La clause pénale se définit comme la *« clause comminatoire en vertu de laquelle un contractant s'engage en cas d'inexécution de son obligation principale (ou en cas de retard dans l'exécution) à verser à l'autre à titre de dommages-intérêts une somme forfaitaire _ en général très supérieure au montant du préjudice réel subi par le créancier _ qui en principe ne peut être ni modérée ni augmentée par le juge, sauf si elle est manifestement excessive ou dérisoire[1] ».*

Cette définition reflète donc une barrière au libre exercice du droit de rompre unilatéralement un contrat à durée indéterminée. Le législateur et le juge veillent toutefois à ce qu'elle ne constitue pas un abus.

B.2.1.1 Une liberté de rompre compromise par la clause pénale

Les parties sont donc libres de déterminer l'étendue de l'obligation de réparation en fixant un forfait, libres de prévenir toute discussion sur le montant de la sanction et de la réparation à devoir, et enfin libres d'écarter le pouvoir souverain du juge quant à l'appréciation des dommages-intérêts. Cependant, cette liberté ne doit pas masquer un abus au détriment de la partie faible, tel la détermination d'une clause pénale excessive ou dérisoire ne réparant pas l'intégralité du préjudice.

La mise en œuvre de la clause pénale suppose que l'inexécution soit imputable à l'une des parties. Mais une fois la responsabilité du débiteur caractérisée, l'indemnité est exigible indépendamment de l'existence, et de la preuve, d'un préjudice causé au créancier. Ce n'est en effet pas le dommage subi par l'inexécution du contrat qui conditionne l'application de la clause, mais la réalisation des circonstances pour lesquelles elle était prévue, telles une inexécution

1. G. CORNU, Vocabulaire juridique, op. cit.

ou une exécution partielle de l'obligation par le débiteur. En ce sens, la clause pénale constitue un véritable moyen de contraindre chaque partie à exécuter ses obligations *« à la manière d'une astreinte*[1] *»*. Le juge n'a donc pas à rechercher si le créancier subit un dommage lorsqu'il demande l'application de la clause[2] car si le débiteur pouvait échapper au versement de toute indemnité dans une telle hypothèse, la clause pénale ne remplirait plus sa fonction coercitive. Dans la même optique, lorsque le préjudice causé par l'inexécution du contrat est inférieur à la peine stipulée, le créancier devra obtenir l'intégralité du forfait. Si le non-respect de l'engagement provoque au contraire un préjudice supérieur à la peine convenue, le créancier ne pourra prétendre à la réparation intégrale de son préjudice[3]. Ce n'est en effet qu'exceptionnellement que l'inexécution abusive [4] ou dolosive[5] commande la réparation intégrale du préjudice.

B.2.1.2 Le pouvoir modérateur du juge de la clause pénale

Au nom de l'ordre public de protection, le législateur français a tout d'abord interdit la conclusion de clauses pénales en certaines matières. Il en est ainsi dans les contrats conclus entre professionnels et non professionnels ou consommateurs. La correspondance entre le déséquilibre significatif, permettant au juge de réputer non écrite une clause abusive, et l'excès manifeste de l'article 1152, alinéa 2 du Code civil français implique qu'une pénalité manifestement excessive stipulée à l'encontre d'un consommateur dans un contrat de consommation soit considérée comme abusive[6]. En matière sociale, l'interdiction d'insérer des amendes[7], analysées par la jurisprudence comme des dommages-intérets convenus par les parties en vertu d'une clause pénale dans les conditions de l'article 1152 du Code civil[8], dans un contrat de travail milite également pour une telle prohibition. Certains auteurs ont dénoncé cette assimilation ; les clauses pénales

---

1. C. LARROUMET, Les obligations, Le contrat, op. cit., n°690, p.726.
2. Cass. civ. 3ème, 12 janvier 1994, RJDA 1994, n°386 ; JCP éd. G. 1994, I, 3809, n°18, obs. G. VINEY ; Rép. not. 1994, p.804, obs. D. MAZEAUD ; RTD civ. 1994, p.605, obs. J. MESTRE.
3. Cass. civ. 1ère, 21 novembre 1967, Bull. civ. I, n°337, p.253.
4. Cass. civ. 1982, D.H. 1929, p.2.
5. Cass. civ. 1ère, 4 février 1969, D. 1969, jur. p.601, note J. MAZEAUD.
6. G. PAISANT, Clauses pénales et clauses abusives après la loi n°95-96 du 1er février 1995, D. 1995, chr. p.223.
7. Article L. 122-42 du Code du travail français.
8. Cass. civ., 14 février 1866 ; F. Terré et Y. Lequette, *Les grands arrêts de la jurisprudence civile*, Dalloz 1994, 10ème édition, n°97, p.420 et s.

pénalisent une obligation inhérente à la relation individuelle de travail, les amendes sanctionnent la violation d'une règle disciplinaire et professionnelle[1]. La rédaction des clauses pénales est enfin également réglementée à travers la limitation du forfait exigible en cas d'inexécution. Il en est notamment ainsi en matière de crédit immobilier[2] et de crédit à la consommation.

C. Consécration par la jurisprudence marocaine de la révision des clauses pénales excessives ou dérisoires :

Le juge marocain a eu l'audace de lutter contre les abus manifestes de puissance économique, notamment par la révision de la clause pénale dans deux occasions.

Ainsi, dans la première occasion, cinq ans avant l'adoption de la réforme de l'article 264 du dahir des obligations et des contrats, la Cour Suprême a approuvé une décision par laquelle les juges de fond ont remodelé une clause pénale abusive, en l'absence même du texte légal spécial en la matière, notamment l'article précité. Cette décision a été fondée sur la théorie de la cause, malgré l'utilisation par la Cour de l'expression « enrichissement sans cause » qui s'apparente à un abus de puissance économique. Quinze ans plus tard, et dans le cadre de l'application de l'article 264 alinéa 3, déjà en vigueur, la Cour Suprême a approuvé une autre décision d'une cour d'Appel, par laquelle, elle a procédé d'office à la modération d'une clause pénale, sans la demande de la défenderesse. Cette décision a été basée sur une interprétation extensive de l'alinéa 3 de l'article 264 précité qui dispose que : « le tribunal peut réduire le montant de dommages-intérêts convenu s'il est excessif ou augmenter sa valeur s'il est minoré comme il peut réduire le montant des dommages- intérêts convenu, compte tenu du profit que le créancier en aurait retiré du fait de l'exécution partielle de l'obligation ». La question n'était pas posée pour le juge français en raison de la rédaction du deuxième alinéa de l'article 1152 du code civil français aux termes duquel : « néanmoins, le juge peut même d'office modérer ou augmenter la peine qui avait

---

1. D. MAZEAUD, Les clauses pénales en droit du travail, Dr. soc. 1994, p.343.
2. Décret n° 80-473 du 28 juin 1980, fixant les barèmes prévus aux articles 11, 12 et 27 de la loi n° 79-596 du 13 juillet 1979 relative à la protection et à l'information des emprunteurs dans le domaine immobilier et déterminant les sanctions pénales applicables en cas de méconnaissance des dispositions de l'article 30 A de la loi.

été convenu, si elle est manifestement excessive ou dérisoire. Toute stipulation contraire sera réputée non écrite ». De la rédaction des deux textes on peut aisément relever la différence. Le texte français donne au juge la possibilité de réviser d'office une clause pénale excessive, alors que le texte marocain est plus vague dans la mesure où il utilise l'expression suivante : « le tribunal peut réduire... ». C'est une question très importante car le débiteur de la clause peut ne pas l'invoquer par ignorance de ses droits.

Ainsi, le juge marocain a éprouvé une certaine tendance pré-consumériste à l'égard des clauses pénales.

Paragraphe 2 : Nécessité d'un renouveau du DOC pour une lutte souhaitable étendue contre les abus de puissance économique

A- Par l'admission de la théorie de l'imprévision :

« Qui dit contractuel dit juste », la formule d'Alfred Fouillé, philosophe et civiliste du 19e siècle, semble, de nos jours, créer controverse. Nous trouvons d'une part les partisans de la théorie civiliste s'attachant au dogme de l'autonomie de la volonté et à la force obligatoire inébranlable à tout moment de la vie du contrat, interdisant toute révision judiciaire. D'autre part, un autre courant du droit, notamment défendu par Portalis, l'un des fondateurs du code civil français, admet la possibilité de réviser le contrat lorsque l'équité et la bonne foi deviennent compromises.

Pour sa part, le droit économique est soucieux de l'équilibre dans les relations contractuelles et traque l'abus de puissance économique. Le contractant et le concurrent qui est détenteur de la puissance économique peut en raison de son pouvoir, sans vicier le consentement de son cocontractant, l'amener à conclure et à exécuter une convention dont l'économie est en sa défaveur. Ainsi, le droit de la consommation organise la protection d'une catégorie de contractants réputés en situation de faiblesse et le droit de la concurrence, notamment avec le droit des pratiques restrictives de concurrence, vise à rééquilibrer les relations contractuelles en présence de situations de dépendance entre commerçants.

Si les mécanismes de contrôle et de sanction de l'abus de puissance économique dans le droit de la consommation paraissent efficaces à la protection de la partie faible contre les clauses abusives, il reste que le droit de la concurrence, dans sa finalité, organise la protection du marché, sans se préoccuper des relations interpersonnelles, excepté le droit des pratiques restrictives de la concurrence.

La théorie de l'imprévision présente des liens forts avec cette phase de pandémie de Covid 19. En effet le problème de l'imprévision se pose lorsqu'un contractant se trouve obligé d'exécuter une obligation, alors que la survenance de circonstances nouvelles et imprévisibles postérieurement à la conclusion du contrat, rend cette exécution beaucoup plus difficile et onéreuse. Or, tel est le cas des contrats conclus dans la période de pandémie et du contexte de guerre en Ukraine, dont l'exécution est rendue compliquée pour plusieurs raisons, tenant à la déconfiture ou liquidation judiciaire des partenaires du débiteur, à une difficulté notoire d'approvisionnement due à la fermeture des frontières terrestres maritimes et aériennes, etc ...

Devra-t-on soulager le cocontractant surchargé par les circonstances et modifier le contrat, ou bien s'attacher à la force obligatoire du contrat ? Telle est la problématique qui nous interpelle.

Il est nécessaire de rappeler que les litiges contractuels peuvent faire l'objet de convention d'arbitrage légalement convenu entre les parties, notamment les litiges portant sur des contrats importants transfrontaliers. En effet, pour remédier à la lenteur de la justice étatique les parties préfèrent parfois recourir à la justice privée en prévoyant un règlement d'arbitrage, et échapper aux rigueurs juridiques des tribunaux conventionnels. De même les conventions internationales dont la primauté sur les lois nationales est confirmée par la constitution de juillet 2011, peuvent régir une situation de droit dont la solution est tout à fait différente de celle qui aurait été prévu par la loi nationale. En outre, le droit international privé détermine des règles de fond applicables aux litiges nés entre personnes de nationalités différentes, notamment concernant les contrats commerciaux conclus entre ces dernières.

Après ce rappel succinct de la diversité du cadre légal régissant le problème, nous nous attacherons à élucider la position du droit marocain et du droit comparé quant à l'admission ou le rejet de la théorie de l'imprévision.

A.1 Rejet de la théorie de l'imprévision et interdiction de révision du contrat au Maroc.

Les systèmes juridiques des Etats diffèrent quant à l'admission de l'imprévision pour réviser les contrats. On peut distinguer entre les régimes qui attachent au contrat un caractère social et qui par conséquent admettent la révision, et les régimes qui s'attachent au principe classique de l'autonomie de la volonté sans en tempérer la mise en œuvre.

Au Maroc, les détracteurs de la théorie de l'imprévision qui autorise la révision prétendent que cette révision est préjudiciable à la force obligatoire du contrat qui reste intangible au regard du droit civil, en raison du caractère impératif des obligations qui en découlent, qui doivent être honorées de bonne foi, et dont l'inexécution engendre la responsabilité civile contractuelle du débiteur défaillant, ouvrant droit au dédommagement.

Le principe de la force obligatoire du contrat dit *Pacta Sunt Servanda*, s'oppose à toute révision légale d'un contrat valablement formé même à la suite d'événements compromettant l'équilibre initial des prestations qui forment les obligations des parties, le contrat s'impose en conséquence aux parties et aux juges.

- Les parties

Il est en principe interdit que l'un des contractants se rétracte unilatéralement, c'est à dire se délie par sa seule volonté de l'obligation souscrite par lui dans le contrat. Ainsi l'article 230 du DOC stipule que « les obligations contractuelles valablement formées tiennent lieu de loi à ceux qui les ont faites ». Ce texte attache une importance au contrat et signifie clairement que les conventions conformes aux prescriptions légales obligent les parties aussi fortement que peut le faire une loi.

Par référence à l'article 230, la modification d'une convention, la suspension de ses effets ou son anéantissement volontaire ne peuvent être décidés que d'un commun accord entre les parties.

Cependant l'exigence d'une commune volonté pour la révocation des conventions reçoit exception dans les trois cas suivants :

° Quand le contractant prévoit par le biais d'une clause spéciale, la possibilité d'une rupture unilatérale : exemple de la clause de remboursement anticipé dans les contrats de prêt.

° Quand le contrat suppose une confiance constante entre les parties : contrat de mandat.

°Quand le contrat est à durée indéterminée, on veut éviter des engagements perpétuels de longues durées : le contrat de travail permet la résiliation unilatérale après préavis, et nulle est la convention qui engagerait les services d'une personne à vie.

Si le contrat s'impose aux parties, il en est de même pour le juge.

- Le juge : Limites du rôle du juge marocain en face de l'imprévision

Si des litiges surviennent à l'occasion de l'exécution du contrat, le juge est tenu d'appliquer les dispositions du contrat telles que les parties les ont voulues. Le juge doit s'incliner et juger en tenant compte de la volonté clairement exprimée par les parties. Autrement dit, quand les clauses d'un contrat parfaitement valables sont claires et précises et ne sont pas illicites, le tribunal ne peut qu'en ordonner l'exécution. Il arrive cependant assez souvent que les clauses d'un contrat soient insuffisamment claires : il appartiendra alors au tribunal selon les termes de l'article 462 du DOC, d'interpréter le contrat ambigu contradictoire et incomplet, sans possibilité de dénaturer une clause claire et précise.

Si l'interprétation est de la compétence du tribunal, l'hostilité du législateur marocain à la théorie de l'imprévision n'habilite pas le juge à modifier les conventions puisque ceci équivaudrait à leur révocation partielle, et l'intangibilité du contrat lui interdit de le réajuster même en cas de survenance d'événements déséquilibrant l'économie de celui-ci comme c'est le cas actuel avec la pandémie Covid 19 et de guerre en Ukraine. On ne peut dire qu'il s'agit de lésion, qui est un vice de consentement qui suppose le défaut d'équivalence entre prestations des parties, dès la conclusion du contrat, or ici, il s'agit d'un déséquilibre qui survient en cours d'exécution et non à la conclusion. On ne peut également prétendre qu'il s'agit de force majeure, puisque l'exécution des prestations, même devenue onéreuse, reste possible. L'inexécution reste imputable au débiteur, et tout recours à la force majeure justifiant la résolution du contrat reste exclu.

A.2. Admission de la théorie de l'imprévision en droit comparé

On distingue les contrats à exécution instantanée et les contrats dont l'exécution se prolonge dans le temps que ce soit au moment de la formation ou lors de l'exécution. Nous nous intéresserons aux contrats dont l'exécution est prolongée. Ainsi, ce temps peut apparaitre comme un milieu homogène, qui de la conclusion à l'extinction du contrat, ne connaitra aucune perturbation. Sur ce postulat d'un temps homogène que rien ne peut venir affecter, les parties construisent un contrat où toutes les obligations sont déterminées et invariables. Mais le temps peut devenir un milieu hétérogène et des événements extérieurs à l'opération peuvent survenir. Des faits économiques, politiques, ou pandémiques imprévus, peuvent perturber le contrat, gênant son exécution, déséquilibrant les prestations réciproques des parties, pouvant aller jusqu'à empêcher l'exécution du contrat.

Si le législateur marocain reste hostile à l'admission de la théorie de l'imprévision, cette rigueur n'est pas concordante avec les législations d'autres pays qui sont plus attentifs à l'équité qu'aux exigences de la justice contractuelle. Les législations civilistes qui ont adopté la théorie de l'imprévision comme l'Italie, l'Egypte, et plus récemment la France dans leur droit interne, permettent au juge de réajuster dans une mesure raisonnable l'obligation devenue lourde et excessive à exécuter.

Au départ, issue du droit allemand, la révision pour imprévision a fait son entrée dans le Code civil français. Cette dernière représente même l'une des principales nouveautés issues de l'ordonnance du 10 février 2016 entrée en vigueur le 1er octobre.

Ainsi, le nouvel article 1195 du Code civil dispose :

« Si un changement de circonstances imprévisible lors de la conclusion du contrat rend l'exécution excessivement onéreuse pour une partie qui n'avait pas accepté d'en assumer le risque, celle-ci peut demander une renégociation du contrat à son cocontractant. Elle continue à exécuter ses obligations durant la renégociation.

En cas de refus ou d'échec de la renégociation, les parties peuvent demander d'un commun accord au juge de procéder à l'adaptation du contrat. À défaut, une partie peut demander au juge d'y mettre fin, à la date et aux conditions qu'il fixe ».

Par définition, l'imprévision suppose donc un changement de circonstances imprévisible au moment de la formation du contrat qui rend l'exécution du contrat excessivement onéreuse. Cette révision doit impérativement être précédée d'une tentative de renégociation entre les parties. En cas de refus ou d'échec, les parties peuvent convenir de la résolution ou demander d'un commun accord l'adaptation du contrat.

Enfin, à défaut d'accord dans un délai raisonnable, une partie peut demander au juge soit de mettre fin au contrat, soit de le réviser.

Il faut donc la réunion de ces conditions cumulatives susmentionnées pour bénéficier de la révision pour cause d'imprévision.

Il est en revanche à souligner que la théorie de l'imprévision reste inadaptée pour une catégorie de contrats portant notamment sur des choses périssables. En effet, dans ce cas, l'exécution du contrat, en cas d'événement imprévu, devient dans une large mesure impossible et non simplement excessivement onéreuse, comme il découle de l'article 1195 du code civil. Dans ce cas le débiteur est en droit de se prévaloir de la force majeure puisque l'exécution est impossible et l'inexécution ne lui est pas imputable mais résulte de circonstances indépendantes de sa volonté.

La force majeure et l'imprévision ont en commun l'imprévisibilité de la survenance d'un événement postérieur à la conclusion d'un contrat, mais elles se distinguent en ce que la force majeure rend impossible l'exécution du contrat, tandis que l'imprévision la rend excessivement onéreuse. Ainsi, si l'exécution des obligations résultant du contrat n'a pas été rendue impossible, mais seulement plus onéreuse, la force majeure ne pourra pas être invoquée. Il conviendra alors de se placer sur le terrain de l'imprévision.

La question touche une variété de contrats allant des contrats de fourniture et d'approvisionnement aux contrats de concession et certains baux de longue durée. Ces contrats sont conclus en considération des circonstances économiques normales qui prévalent au moment de leur formation et des évolutions prévisibles. Mais les conditions économiques peuvent changer par suite d'événements imprévus qui peuvent rendre les prestations plus onéreuses alourdissant ainsi l'obligation de l'un des contractants. On se trouve de ce fait devant un contrat initialement équilibré, mais qui du fait de l'évolution imprévue de la conjoncture devient gravement déséquilibré. La révision se présente comme une alternative pour rééquilibrer la convention par le juge. Il s'agit d'une modification d'un acte juridique, en vue de son adaptation aux circonstances survenues ultérieurement à sa formation.

Le refus de réviser le contrat parait injuste, et permet à l'autre partie de tirer injustement un profit injustifié du bouleversement de la conjoncture. Ces législations estiment que tout contrat comporterait naturellement une clause implicite dite *rebus sic stantibus* selon laquelle le contrat demeure ce qu'il est, tant que les choses restent en l'état. La force obligatoire du contrat se justifie en temps normal, elle ne doit devenir source de déséquilibre.

En conclusion, il nous semble plus aisé de militer pour l'admission de la théorie de l'imprévision par le législateur marocain. Ainsi les partisans de la théorie de l'imprévision invoquent l'idée de bonne foi qui est consubstantiel au droit des contrats. Pour modérer le principe de force obligatoire du contrat, on peut donc avancer que le contractant dont les circonstances auraient allégé l'obligation manquerait au principe de bonne foi, s'il persistait à exiger une prestation dont la valeur a augmenté de façon importante. Ainsi peut-on affirmer que la révision pour cause d'imprévision concourt à la défense de l'équité dans les relations contractuelles. Ce constat est corroboré d'ailleurs dans les principes d'Unidroit, dont l'article 6-2-2 fait allusion que tout contrat comporterait naturellement une clause implicite *rebus sic stantibus* selon laquelle, le contrat demeure ce qu'il est tant que les choses restent en l'état. Le législateur devrait à notre avis réfléchir à introduire cette théorie dans notre arsenal juridique. Une telle introduction serait la bienvenue en cette période de crise et d'incertitude qui perturbe fortement l'économie et la société[1].

B- Par l'admission de la violence économique en droit des contrats au Maroc

Il n'est pas sans importance de faire un aperçu sur la violence classique avant d'envisager étudier la notion de violence économique qui contraste avec la première.

.Présentation du vice de violence classique :

Le vice de violence classique désigne une atteinte à liberté de consentement, et son altération par la contrainte exercée sur la victime[2]. La victime a conscience de céder à la contrainte, de donner un consentement qu'elle ne donnerait pas si elle disposait de son entier libre arbitre, mais elle désire éviter un mal qu'elle considère comme plus considérable que le préjudice, qui résultera de l'acte. Pour être cause de nullité, la violence doit avoir été déterminante du consentement, mais il importe également qu'elle ait été illégitime, illicite. Comme le dol, la violence a un double aspect, à la fois vice de consentement et délit civil. L'emploi direct de la force, ainsi pour diriger la main de celui qui signe (vis absoluta), on devrait dire que le consentement n'est pas vicié, mais totalement absent, inexistant. On admet traditionnellement que la notion de violence doit avoir une origine humaine, la menace d'exercer le mal étant proféré en vue d'obtenir le consentement, de l'extorquer. Aussi bien le code civil français que le DOC, définissent l'altération par la crainte inspirée à la

[1].Y. Oubejja « Théorie de l'imprévision à l'épreuve de la pandémie Covid 19 » Maroc Diplomatique Mai 2020.

[2] L'article 46 du DOC dispose que « La violence est la contrainte exercée sans l'autorité de la loi, et moyennant laquelle on amène une personne à accomplir un acte qu'elle n'a pas consenti ».

victime « d'exposer sa personne ou sa fortune à un mal considérable et présent »[1].

. La violence économique :

« Instrument approprié à la sanction de l'exploitation déraisonnable de la puissance économique »[2], le vice de violence trouve sa place dans l'étude des abus de puissance économique. En effet, la jurisprudence française contrairement à la jurisprudence marocaine a eu recours à la notion de violence économique pour appréhender de tels abus. Reprenant des formulations à forte connotation concurrentielle, la Cour de cassation française a pu en faire une hypothèse constitutive de violence viciant le consentement du contractant et justifiant l'annulation du contrat sur le fondement des articles 1111 à 1115 du code civil. **L'article 1112 du code civil** dispose que le consentement qui est donné par crainte de subir une violence n'est pas valable. Si la conception originelle du texte impliquait des violences physiques ou morales, la doctrine et la jurisprudence ont peu à peu admis que la violence pouvait émaner de circonstances particulières comme de la contrainte économique[3].

Ce qui distingue la violence économique de la violence classique, c'est que cette dernière résulte de « l'exercice d'une contrainte illégitime sur une personne pour la persuader de conclure un contrat qu'elle n'aurait pas conclu à des conditions différentes sans la crainte qui lui a été inspirée »[4], elle suppose classiquement que cette contrainte soit exercée « par une personne sur une autre »[5]. C'est ce dernier élément qui caractérisant la violence « classique », est absent en cas de violence économique. Celle-ci nait quant à elle de la menace résultant de la situation de contrainte économique à laquelle est

---

[1]. Nous considérons au même titre que Lamnini que la formulation est mal faite : le mal sera nécessairement futur, et c'est la crainte qui doit être « présente », contemporaine de l'acte. L'article 1113, article 50 du DOC, ajoute qu'il y' aura également lieu à nullité lorsque la violence aura été exercée non seulement sur la partie contractante, mais encore « sur son époux ou sur son épouse, sur ses descendants ou ses ascendants, Azedine Lamnini, Notion et régulation de l'abus de puissance économique DEA 2008.

[2]. F. Magnin, « Réflexions critiques sur une extension possible de la notion de dol dans la formation des actes juridiques. L'abus de situation », art. préc., n°8.

[3]. Cass, civ, 1re, 18-15—242, 30 mai 2000

[4]. C. Laroumet, Droit civil. Les obligations, op. cit., n° 368.

[5]. C. Larroumet, op.cit. n° 369.

confrontée une personne, qui l'entraine à conclure un contrat qu'elle n'aurait pas accepté en l'absence de telles circonstances.

La doctrine considère qu'il existe en réalité deux obstacles textuels à la réception de la violence économique[1]

D'une part, l'origine de la violence pose difficulté. Celle-ci est issue des circonstances et n'émane pas d'une personne ; or, il a pu être soutenu que les termes « extorqué », « exercé », rendaient nécessaire une action humaine. D'autre part, condition qui ne figure pas explicitement dans le code mais qui est déduite de l'article 1112, l'illégitimité de la contrainte est absente en cas de violence économique. En réalité, il semblerait que ces deux obstacles soient étroitement imbriqués : c'est précisément l'origine non humaine de la violence qui l'empêche d'être illégitime.

Il est à rappeler que le mouvement de consécration de la violence économique comme vice de consentement a pris son envol en France en 2000, suscitant un engouement doctrinal pour l'étude de cette notion[2]. Le 30 mai 2000, la première Chambre civile décidait en effet que « la contrainte économique se rattache à la violence et non à la lésion »[3]. C'était reconnaitre que la menace résultant des seules contraintes extérieures est constitutive de violence. Restait cependant la condition d'illégitimité, la seule dépendance économique au sein du rapport contractuel ne pouvant pas conduire à l'annulation systématique des contrats. Ainsi peu de temps après, les juges suprêmes devaient ajouter une restriction annihilant en partie l'avancée réalisée, en précisant dans un arrêt du 3 avril 2002 que « seule l'exploitation abusive d'une situation de dépendance économique ... peut vicier de violence le consentement à l'acte

1. C. Larroumet, op. cit., n° 371 ; M. Chagny, Thèse précitée, n° 903.

2. V. notamment : C. Nourissat, « La violence économique, vice de consentement : beaucoup de bruit pour rien », D. 2000, chron. 369 ; B. Edelman, « De la liberté et de la violence économique », d. 2001, p. 2315 ; B. Montels, « La violence économique, illustration du conflit entre droit commun des contrats et droit de la concurrence », RTD Com. 2002, p. 417 ; I. Beyneix, « L'unification prétorienne du vice de violence économique en droit privée, LPA 25 aout 2006, p. 3.

3. Civ. 1re, 30 mai 2000, Bull. civ. N°169 ; D. 2001, p. 879, note J. P. Chazal ; D. 2001, p. 1140, obs. D. Mazeaud ; JCP 2001, II 10461, note G. Loiseau ; RTD Civ. 2000, p. 827, obs. J. Mestre et B. Fages ; CCC 2000, n° 142, note L. Leveneur.

juridique » [1] . Désormais avec cet arrêt, l'abus de dépendance économique semble être devenu le critère constitutif de la violence économique. Conformément à la dimension morale de la violence[2], il reste nécessaire qu'il y ait exploitation abusive de la situation pour que la contrainte devienne illégitime et dégénère en vice de consentement. En l'espèce, la seule crainte d'un licenciement n'a pas été jugée suffisante pour vicier de violence le contrat par lequel une salariée avait abandonné ses droits d'exploitation sur l'ouvrage dont elle était l'auteur. Il aurait fallu apporter la preuve de pressions plus caractérisées de la part de l'employeur, comme la menace directe d'un licenciement[3]. Sophie Choné considère que la rigueur de l'orthodoxie dont la Cour de cassation fait preuve dans l'appréciation de l'exploitation abusive ramène le concept de violence économique dans le giron des conditions posées par les articles 1111 à 1114 correspondant aux articles 46 à 51 du DOC, lui faisant perdre ainsi beaucoup d'intérêt.

Admettre que la violence, résultant des seules contraintes extérieures, entraine l'annulation du contrat, chaque fois que la volonté émise n'est pas libre, n'était pas tenable. Et ce, pour deux raisons. Premièrement, une telle contrainte ne répond pas à la condition d'illégitimité qui figure dans le texte. En effet en l'absence de pressions caractérisées émanant du contractant, la contrainte que la situation économique provoque n'a rien d'illégitime. Deuxièmement, il est impossible de déduire le vice du consentement de l'absence de liberté du consentement dès lors que nul n'est jamais entièrement libre de contracter. Celui qui a faim doit acheter de la nourriture, celui qui a froid doit recourir au service de fourniture de l'énergie etc. la liberté est en réalité, une question de mesure. Le besoin, inhérent à la personne, supprime sa capacité à exercer une volonté entièrement libre

---

[1]. Civ. 1re, 30 mai 2000, Bull. civ. N°108, D. 2002, p. 1860, note J-P. Gridel et J-P.chazal : JCP 2002, I, 184, n° 6, obs. G. Virassamy ; CCC 2002, n°121, note L. Leveneur ; RTD Civ. 2002, p. 502, obs. J. Mestre et B. Fages.

[2]. G. Ripert, La règle morale dans les obligations civiles, LGDJ, 4e éd., 1949, n° 46.

[3]. Les termes de l'arrêt sont clairs à ce sujet : « en se déterminant comme elle l'a fait, sans constater que, lors de la cession, Mme Kanna s'était elle-même menacée par le plan de licenciement et que l'employeur avait exploité auprès d'elle cette circonstance pour la convaincre, la cour d'appel n'a pas donné de base légale à sa décision ».

et détachée des éléments conjoncturels extérieurs[1]. Comme l'a parfaitement démontré le Professeur Laithier, la liberté de la volonté n'est pas le véritable fondement de la sanction de la violence. Preuve en est que dans la violence « classique », seule la contrainte illégitime est prise en compte ; la violence légitime, qui vicie pourtant le consentement, est insuffisante à faire annuler l'accord[2]. Ainsi s'explique le recours par les juges au critère de l'abus de puissance économique. Dès lors que « la volonté contractuelle ne repose pas nécessairement sur le postulat philosophique de la liberté »[3], la violence ne résulte pas de l'absence de liberté de la volonté mais de l'exploitation fautive de la situation par le contractant. C'est la faute du contractant profitant de la situation économique de son partenaire qui justifie la sanction. Conformément à l'aspect traditionnellement délictuel de la violence, la nouvelle jurisprudence se fonde donc encore sur le fait fautif de la personne, son abus de puissance économique, pour annuler le contrat[4].

Ainsi la question du rapprochement éventuel des notions de vices de consentement, spécifiquement celle de violence, et d'abus de puissance économique suscite de vives interrogations. Il s'agit de déterminer si l'exercice abusif d'un pouvoir économique constitue une atteinte à la liberté contractuelle et plus particulièrement à la liberté du consentement[5]. Certes comme on l'a présenté, le juge français a pu

---

[1]. G. Ripert, La règle morale dans les obligations civiles, 4e éd., LGDJ, 1949, n°46 : « à vrai dire, tout homme se trouve plus ou moins dans la société en état de nécessité de contracter, car il ne peut vivre sans contracter » ; J. Hauser, objectivisme et subjectivisme dans l'acte juridique, LGDJ, 1971, n°69 : « jamais aucun droit n'a connu l'acte libre au sens classique, l'acte uniquement subjectif, qui n'est qu'une vue de l'esprit. L'acte juridique n'est qu'une synthèse, un compromis dynamique en perpétuel devenir dont l'élément objectif existe toujours, mais pour des raisons empiriques, et seulement empiriques, le droit le présume libre, quelle que soit la part, qu'ont pu prendre les éléments objectifs extérieurs à la volonté. La liberté juridique est alors plus large que la liberté philosophique, elle n'a avec elle qu'un rapport limité ».

[2]. Y-M. Laithier, « Remarques sur les conditions de la violence économique », LPA 22 et 23 nov. 2004.

[3]. C. Larroumet, Les obligations, op. cit., n°232 ; Rappr. M. A. Frison Roche, « Remarques sur la distinction de la volonté et du consentement en droit des contrats », RTD Civ. 1995, p. 573.

[4] Y-M. Laithier, « Remarques sur les conditions de la violence économique », LPA 22 et 23 nov. 2004.

[5]. N. Brunetti, Droit de la concurrence et droit des contrats, op. cit., p. 40.

dans une certaine mesure, remanié la théorie des vices de consentements pour appréhender certains abus de puissance économique. Or comme le préconise Sophie Choné, la condition de « la contrainte illégitime » inhérente à la théorie du vice de violence, et exigée par les juges de droit, présente un sérieux obstacle à l'efficacité de la violence économique comme instrument de lutte contre les abus de puissance économique. D'ailleurs c'est ce qui a amené le législateur dans le cadre de la réforme du code civil français de prévoir un article 1143 qui dispose expressément que « Il y a également violence lorsqu'une partie, abusant de l'état de dépendance dans lequel se trouve son cocontractant à son égard, obtient de lui un engagement qu'il n'aurait pas souscrit en l'absence d'une telle contrainte et en tire un avantage manifestement excessif »

Conclusion du Chapitre 2 :

Nous pouvons nous demander pourquoi avoir proposé des mécanismes de lutte contre les abus de puissance économique dans le droit des contrats, alors que le titre de l'ouvrage s'intéresse à étudier la puissance économique en droit de la concurrence. En réalité, nous avons étendu l'étude de cette notion en droit des contrats pour des raisons d'opportunité. En effet après avoir exposé la finalité du droit de la concurrence qui reste un droit objectif par essence, il était pour nous indispensable de comprendre les retentissements de la puissance économique intervenant dans les relations interindividuelles. C'est bien la raison principale qui nous a poussé à puiser dans le droit des contrats pour la recherche des instruments de lutte contre les abus en plaidant pour son renouveau au Maroc. Les mécanismes juridiques ainsi proposés, permettent dans bien des cas de constituer des moyens de substitution aux infractions du droit de la concurrence qui recèlent des conditions rigoureuses pour leur établissement. Ces mécanismes prévus en droit des contrats permettent aux plaideurs d'être libérés de fardeau probatoire lourd prévu en droit de la concurrence. En effet assez souvent un contractant peut être victime à la fois d'un abus de dépendance économique et d'une violence économique. Lui permettre d'opter pour la violence économique en raison des difficultés probatoires de l'abus de dépendance économique, constitue un moyen sur de garantir ne serait-ce qu'en partie les droits des justiciables.

Conclusion du Titre 1 :

Nous considérons à l'Etat actuel que la captation des IDE constitue une priorité pour les pays du Sud. Certes cette captation favorise le dynamisme économique. Cependant en l'absence de mécanismes effectifs de régulation de la puissance économique, la répartition équitable des richesses n'est pas assurée et les fruits du développement économique se trouvent mal partagés. Nous avons vu que le droit de la concurrence concourt certes à la régulation de la puissance économique au sein des marchés, dans la mesure où le conseil de la concurrence dispose d'une mission transversale pour instruire et sanctionner les abus de domination, cela dit nous avons plaidé par ailleurs pour élargir le concept de puissance économique et l'étendre au droit des contrats pour permettre de cerner les abus dans les relations interindividuelles. Nous avons proposé à ce titre de plaidoyer pour un débat autour de la violence économique et la théorie de l'imprévision au Maroc.

Les pays du Sud sont confrontés ainsi à la nécessité impérieuse d'attractivité des investissements et le besoin d'agir contre le pouvoir économique des grandes firmes qui sont implantées depuis l'époque coloniale jusqu'à nos jours dans leurs marchés. Ce pouvoir économique recèle dans bien des cas une suspicion d'abus aussi bien au sein des rapports extra contractuels que contractuels. Si Marx disait que l'économique est un déterminant fondamental du politique, cette maxime est bien vérifiable avec plus d'acuité dans les pays du Sud. En effet, les acteurs du marché au sein de ces pays se trouvent devant des dilemmes et parfois même des chantages exacerbant émanant des grandes entreprises disposant d'un pouvoir de marché comme, par exemple, rompre l'approvisionnement du marché et refuser d'offrir les quantités suffisantes à des prix jugés raisonnables. De même au sein des oligopoles par exemple la crainte des représailles par l'acteur qui ne suivrait pas la politique de prix commune des autres membres pourrait compromettre le fonctionnement normal des marchés. Face à ces problèmes épineux, la régulation des marchés devient une mission difficile à géométrie variable et aux contours très complexes.

Titre 2 : Modalités d'acquisition de la puissance économique en droit de la concurrence

Le droit des ententes, et le droit des concentrations manifestent leur quasi-filiation au contrat. Comme le contrat, l'entente est issue d'un concours de volontés entre entreprises. La notion se dédouble : les parties doivent avoir la volonté de s'entendre et la volonté de chacune doit croiser la volonté des autres, se lier à elles par une volonté commune. A l'opposée des concentrations qui se formalisent uniquement par les contrats, l'entente peut prendre plusieurs formes. Ainsi sont visés, les accords entre entreprises, les décisions d'associations d'entreprises selon le Traité sur le Fonctionnement de l'UE., les pratiques concertées, les ententes expresses ou tacites et les coalitions (France). Le parallélisme de comportements au sein d'un oligopole peut constituer en outre une entente, au regard du droit de la concurrence.

L'acquisition de la puissance économique à travers les ententes et les concentrations est conditionnée par le maintien d'une concurrence praticable sur le marché, profitable aux consommateurs. Aussi le droit de la concurrence pose le principe d'interdiction des ententes anticoncurrentielles assortie de certaines exceptions. Par ailleurs en matière de contrôle des concentrations, la loi 104-12, n'autorise le Conseil de la concurrence à ne la déclarer recevable que sous la condition qu'elle ne porte pas atteinte à la concurrence notamment par la création ou le renforcement d'une position dominante[1], notons que dans bien des cas malgré cette position dominante de l'entité issue de la concentration, celle-ci puisse être autorisée sur la base d'un bilan économique non strictement concurrentiel. La constitution d'une position dominante à travers une concentration déclenche la phase 2 du contrôle du Conseil de la concurrence c'est-à-dire l'approfondissement de ce contrôle. Il est à signaler toutefois, que si l'émergence de ce nouveau contexte incertain de guerre en Ukraine et de crise pandémique suscite les inquiétudes de la part des gouvernements des pays du Sud, les pouvoirs publics au Maroc veillent en permanence à entamer diverses réformes de nature à assainir l'économie nationale et la rendre davantage compétitive. La réforme du droit des concentrations économiques au Maroc nous parait d'un apport fondamental pour notre économie en lui permettant d'être plus compétitive est centré sur l'innovation, la performance ou encore l'inclusivité.

Le droit de la concurrence encadre les modalités d'acquisition de la puissance économique, à travers les ententes entre entreprises. Il en interdit les plus nocives à la concurrence dont la simple potentialité

[1]. Voir en ce sens l'article 16 de la loi 104-12.

d'effet quoique non avéré est probable, et en autorise certaines qui ne présentent pas un danger imminent ou potentiel pour la concurrence, à l'instar des accords d'importance mineur, ou des accords de coopération de recherche sous certaines conditions. La loi 104-12 vise à travers l'interdiction des ententes dans son article 6 de faire obstacle à des comportements jugés contraires à la libre concurrence sur un marché défini.

De même, le contrôle des ententes est un contrôle qui se fait à postériori, en revanche le contrôle des concentrations est un contrôle à priori. Il s'agit pour ce dernier cas, de procéder à un contrôle préventif par les autorités de concurrence, afin de prévenir la constitution de structures nocives pour la concurrence dans le marché.

Chapitre 1 : Acquisition de la puissance économique par l'entente entre entreprises

Dans les ordres juridiques, sont sanctionnées toutes les formes d'entente anticoncurrentielle, des plus structurées aux plus informelles. Sont ainsi interdites les ententes ayant pour objet ou pour effet ou qui peuvent avoir pour effet "d'empêcher, de restreindre ou de fausser le jeu de la concurrence sur un marché ". Il est possible d'impartir une signification particulière à chacun de ces mots. Le jeu de la concurrence est empêché lorsqu'il est totalement paralysé. Il est restreint lorsque la liberté de certaines décisions économiques est limitée. Il est faussé lorsque les conditions des échanges telles qu'elles résulteraient de la structure du marché et de la conjoncture sont modifiées[1].

C'est en effet l'existence d'une restriction de la concurrence imputable aux entreprises qui justifie l'intervention des autorités et qui justifie l'interdiction des ententes (Section1). Ces autorités n'ont vocation à intervenir que dans cette seule hypothèse. De même la restriction de la concurrence peut être seulement potentielle.

A la lecture de l'article 6 de la loi 104-12 qui pose le principe d'interdiction des ententes anticoncurrentielles, on peut recenser un certain nombre d'agissements répréhensibles constitutifs d'entente. Il s'agit des ententes tendant à :

- limiter l'accès au marché ou le libre exercice de la concurrence par d'autres entreprises.

---

[1]. En ce sens, L. VOGEL, p.367.

- Faire obstacle à la formation des prix par le libre jeu du marché, en favorisant artificiellement leur hausse ou leur baisse.

- limiter ou contrôler la production, les débouchés, les investissements, et le progrès technique.

- Répartir les marchés, les sources d'approvisionnements, et les marchés publics.

En revanche l'article 9 de la même loi exempte des ententes sous certaines conditions. Il s'agit des ententes qui :

-Résultent de l'application d'un texte législatif ou d'un texte réglementaire pris pour son application.

-celles dont les auteurs peuvent justifier qu'elles apportent du progrès économique, y compris par le maintien ou la création d'emplois, tout en réservant aux utilisateurs une partie du profit qui en résulte. De même, les restrictions de la concurrence découlant de l'entente doivent être nécessaires pour atteindre l'objectif de progrès économique. Pour bénéficier de cette exemption, ces conditions doivent être réunies cumulativement.

Par ailleurs la loi 104-12 exempte les accords d'importance mineure, notamment ceux conclus entre les petites et moyennes entreprises ne disposant pas d'un fort pouvoir de marché, qui ne restreignent pas sensiblement le jeu de la concurrence.

Il ressort de la lecture des deux articles précédents qu'un comportement anticoncurrentiel n'est pas nécessairement prohibé. Son admission résulte parfois de sa faible dangerosité. L'atteinte à la concurrence, bien qu'avérée, peut ne pas être suffisamment sensible pour être sanctionnée. La notion de seuil de sensibilité est fondamentale dans tous les ordres juridiques. Au Maroc, hormis l'article 7 du décret pris pour l'application de la loi 104-12, qui précise que les critères quantifiant ce qui ne constitue pas une restriction sensible de la concurrence, sont fixés par arrêté du chef du gouvernement, ou l'autorité gouvernementale déléguée par lui à cet effet, il n'existe pas de jurisprudence du conseil de la concurrence à l'état actuel qui élucide la notion.

Des comportements radicalement et sensiblement anticoncurrentiels sont parfois admis, ou validés. Il existe en droit de la concurrence comme en toute autre matière des principes et des exceptions au principe, ou comme en droit pénal, des incriminations et des faits justificatifs. Ils prennent en droit de la concurrence le nom d'exemptions.

A ce système de prohibition / validation consacré par les ordres juridiques, est venu s'ajouter depuis quelques années un mécanisme qui prétend transcender cette double démarche. Certaines atteintes à la concurrence apparaissent compensées par des effets bénéfiques de façon si évidente qu'il paraît inutile de se livrer à la minutieuse balance des intérêts qu'impose la procédure de validation. L'intérêt de la pratique est tel que l'on estime raisonnable de ne pas la prohiber : on applique une règle de raison.

Ces mécanismes permettent d'autoriser l'acquisition d'une puissance économique à travers l'autorisation de l'entente (Section 2).

Section 1 : Acquisition d'une puissance économique prohibée

L'autonomie de la volonté « trop largement entendue est un obstacle à la liberté du commerce et de l'industrie : le contrat qui supprime la liberté du commerce est de l'industrie est-il valable. Ainsi se trouve posé le problème des ententes »[1]. Efficace, la liberté des acteurs économiques d'un marché se traduit par leur soumission, rationnelle, à ses règles. Aussi lorsqu'un agent économique en vient à dicter sa loi au marché, à se soustraire à ses lois, cet excès de liberté est susceptible d'être sanctionné[2].

Or, se soustraire à la contrainte du marché, et y opérer comme si elles disposaient d'un pouvoir de monopole, tel est l'objectif des entreprises parties à une entente anticoncurrentielle. C'est en raison de la restriction de la concurrence, que l'acquisition de la puissance économique à travers l'entente est prohibée (Paragraphe 1). Par ailleurs il est à distinguer les ententes dont l'objet est anticoncurrentiel, de celles dont l'effet, avéré ou potentiel, est anticoncurrentiel. De même, l'interdiction est conditionnée par la

---

[1]. P. REUTER, « A propos des ententes industrielles et commerciales », Rev. Dr. Soc. 1953, p. 1. Les conditions de prohibition des ententes illustrent ainsi « le paradoxe juridique du libéralisme ». « Un certain conflit existe entre la liberté du contrat et la liberté de la concurrence. Le conflit résulte du fait que la liberté illimitée du contrat embrasse aussi la liberté des entreprises de conclure des conventions qui limitent la concurrence ». U. BERNITZ, « Harmonisation et coordination de législation du marché. La notion du droit du marché », RTD com 1971, p. 3.

[2]. V. sur ce sujet : M-A. FRISON. ROCHE, « Remarques sur la distinction de la volonté et du consentement en droit des contrats », RTD civ. 1995, p. 573 et infra, n°195.

sensibilité de l'atteinte à la concurrence (paragraphe 2). L'examen des textes comparés permet d'élucider le sens des dispositions à la base de l'interdiction des ententes. De son côté, la jurisprudence permet de répertorier une typologie des ententes qu'elles soient verticales ou horizontales (paragraphe 3). Enfin le parallélisme de comportement peut sous certaines conditions qu'on étudiera être constitutif d'une entente (paragraphe 4).

Paragraphe 1 : La restriction de la concurrence, élément fondamental de la prohibition des ententes.

La prohibition des ententes est conditionnée par l'atteinte au marché et à ses mécanismes normaux de fonctionnement. De même, les autorités de régulation n'interviennent qu'à condition que les parties à l'entente altèrent le processus concurrentiel, et portent préjudice aux intérêts des consommateurs.

Les autorités régulatrices n'interviennent que si c'est l'action des entreprises qui est la source des perturbations. La concertation doit avoir un objet ou un effet anticoncurrentiel. A été évoqué précédemment le fait que le droit marocain prend également en considération la simple potentialité d'effet. Les notions d'objet et d'effet établissent le lien de causalité entre la perturbation de concurrence et l'entente. Ces critères sont alternatifs : "la démonstration du fait que la pratique a eu un effet sur la concurrence n'est (…) pas nécessaire dès lors qu'il est établi que son objet était anticoncurrentiel, ou qu'elle aurait pu avoir un effet anticoncurrentiel "[1]. De la même façon, un objet anticoncurrentiel est sanctionné même s'il ne se traduit par aucune restriction effective de concurrence.

La notion d'objet anticoncurrentiel est particulièrement délicate. Si on peut la rattacher à l'intention des parties, ce ne peut-être que dans une conception "objective" de l'intention. On ne peut exiger des autorités de la concurrence qu'elles prennent en considération la psychologie des parties, qu'elles recherchent les mobiles qui les animent. L'intention se déduit de l'analyse des termes de l'entente, du contexte et de l'expérience acquise.

---

[1]. Rapport d'activité du Conseil de la concurrence français pour 1990, p. XXX.

L'excuse de l'ignorance ou de l'absence de conscience de la portée de leurs actes ne saurait être absolutoire pour les entreprises[1]. Le fait que l'entente ne produise pas les effets attendus, n'est pas davantage opérant. En ce sens, l'article 6 de la loi 104-12, les articles 101 TFUE et 420 du code de commerce français, incriminent la simple tentative de porter atteinte à la concurrence.

En l'absence même de toute intention anticoncurrentielle, l'incrimination est possible dès lors que l'entente produit des effets anticoncurrentiels, ou qu'elle est susceptible d'en produire. M. BLAISE fait remarquer que la référence du droit français à la simple potentialité d'effet "montre qu'il n'est nullement nécessaire de tenir compte des intentions des membres de l'entente. Il s'agit ici de la simple potentialité objective d'une altération de la concurrence ou des prix, en dehors de toute volonté des participants, et même à l'insu de ceux-ci "[2].

Les autorités de concurrence sont autorisées à faire une analyse prospective de l'état de la concurrence. Le simple risque d'altération est pris en considération dans les ordres juridiques. La police des marchés a nécessairement un aspect préventif. On peut lire, dans les observations générales formulées par le Conseil de la concurrence français en introduction de son septième rapport d'activité, que les pratiques anticoncurrentielles sont prohibées "dès lors qu'elles ont un objet ou même seulement une potentialité d'effet anticoncurrentiel, et qu'il est indifférent, à cet égard, que ces pratiques aient eu peu ou n'aient eu même aucun effet sur le marché "[3]. Le droit français semble admettre qu'il existe "des ententes interdites par nature ".

La Cour de Justice des Communautés Européens appréhende la distinction entre objet et effet anticoncurrentiels, en affirmant que les notions d'objet et d'effet sont des conditions non pas cumulatives mais alternatives selon les termes de l'article 81 CE[4] . La Cour expose alors que pour apprécier une pratique, il convient de rechercher si son objet est anticoncurrentiel, compte tenu du contexte économique, puis,

---

[1]. Commission de la concurrence, Rapport d'activité pour 1963 à 1966.

[2]. J. B. BLAISE, "Le statut juridique des ententes économiques dans le droit français et le droit des Communautés européennes", Thèse Nancy, 1964, § 144. p. 173.

[3]. Rapport d'activité pour 1993, p. XIV.

[4]. L'arrêt CJCE, 30 juin 1966, aff. 56/65, L.T.M., Rec. CJCE, p. 337

seulement si cette analyse ne révèle pas un degré suffisant de nocivité à l'égard de la concurrence, d'en examiner les effets[1].

La haute juridiction préconise d'opérer en deux étapes :

– la première étape consiste dans l'examen de l'objet même de la pratique, apprécié dans son contexte économique, et des altérations du jeu de la concurrence qui en sont la conséquence logique. Si cet objet révèle un degré suffisant de nocivité, il n'est pas utile d'aller en rechercher les effets ; ceux-ci sont présumés ;

– si cette analyse ne révèle pas un degré suffisant de nocivité à l'égard de la concurrence, il s'avère nécessaire de passer à la seconde étape, qui consiste dans l'examen des effets des pratiques.

A. La notion d'objet anticoncurrentiel

Pour ce qui est de l'objet anticoncurrentiel, le terme signifie couramment « *objectif* », « *but poursuivi* »[2]. Il entretient un rapport ambigu avec la notion d'intention.

Les accords ayant pour objet de restreindre le jeu de la concurrence sont ceux dont la mise en œuvre conduit nécessairement à restreindre la concurrence, si bien qu'il s'avère inutile de démontrer leurs effets concrets sur le marché. Ces pratiques sont en elles-mêmes présumées attenter au jeu de la concurrence. En quelque sorte, l'atteinte à la concurrence est contenue à titre latent dans l'accord.

La jurisprudence communautaire a maintes fois affirmé que la prise en considération des effets concrets d'un accord est superflue, dès qu'il apparaît qu'il a pour objet de restreindre, empêcher ou fausser le jeu de la concurrence, ainsi que l'a énoncé la Cour de justice des communautés européennes, dans son arrêt Consten SARL et Grundig du 13 juillet 1966 : « (...) Aux fins de l'application de l'article 85, paragraphe 1, la prise en considération des effets concrets d'un accord

---

[1]. (CJCE, 4 juin 2009, aff. C-8/08, T-Mobile Netherlands, préc., pt. 29-30 ; Cf. aussi CJCE, 13 juill. 1966, aff. 56/64 et 58/64, Consten and Grundig c/ Commission, Rec. CJCE, p. 556; CJCE, 4 sept. 2008, aff. C-209/07, Beef Industry, pt. 16).

[2] La Cour de justice définit ainsi l'objet, dans un arrêt CRAM du 23/3/84 (30/83-§ 26) : « *(...) il s'agit, par contre, d'examiner les buts poursuivis par l'accord en tant que tel, à la lumière du contexte économique dans lequel l'accord doit être appliqué* » ; dans un arrêt du 24 juin 2003 (Conseil supérieur des géomètres experts), la cour d'appel de Paris emploie d'ailleurs le terme de but au lieu de celui d'objet dans la caractérisation des pratiques « *ayant pour but ou pour effet* ».

est superflue dès qu'il apparaît qu'il a pour objet de restreindre, empêcher ou fausser le jeu de la concurrence ».

La démonstration de l'objet peut s'avérer plus ou moins aisée. En effet, la pratique incriminée doit permettre, sur la base d'un ensemble d'éléments objectifs de droit ou de fait, d'envisager avec un degré de probabilité suffisant qu'elle puisse exercer une influence directe ou indirecte, actuelle ou potentielle, sur la concurrence. Or, la jurisprudence considère que certaines pratiques ont, par nature, un objet anticoncurrentiel ; il s'agit d'infractions dites *per se*, « *patentes* ». Pour ces pratiques, la simple preuve de la commission des faits suffit, sans qu'il soit besoin de pousser plus loin l'analyse. L'examen de la jurisprudence, tant française que communautaire, nous en révèle un certain nombre.

La Cour de justice a elle-même appliqué le qualificatif d'infraction *per se* à des cartels portant sur les prix et le volume de vente dans un arrêt Montedipe SA (10/03/1992, T-14/89, § 264-265) et un arrêt Treillis soudés (6/04/1995, T 151/89, § 90). Elle a, par ailleurs, jugé que les accords fixant un prix minimal avaient, par leur nature même, un objet anticoncurrentiel[1], nonobstant leur non-application [2].

De fait, les pratiques concertées sont interdites, indépendamment de tout effet, lorsqu'elles ont un objet anticoncurrentiel. En effet, si la notion même de pratique concertée présuppose un comportement sur le marché, elle n'implique pas nécessairement que ce comportement produise l'effet concret d'empêcher ou de fausser la concurrence (arrêts Commission/Anic, points 123 et 124, Hüls/Commission, points 164 et 165, et Montecatini/Commission, points 124 et 125).

En droit communautaire, s'agissant des ententes verticales, les restrictions « par objet », considérées comme les plus graves atteintes à la concurrence, sont énumérées dans les règlements d'exemption par catégorie, lignes directrices et communications communautaires ; ce sont « les restrictions ayant des effets anticoncurrentiels graves » (ou clauses noires) qui font perdre le bénéfice de l'exemption automatique des règlements d'exemption par catégorie ou encore, celles qui sont définies comme « restrictions caractérisées » ou « flagrantes » dans la communication sur les accords d'importance mineure (considérant 11), c'est-à-dire, notamment, celles qui imposent des prix de revente, limitent la production ou les ventes, répartissent des marchés ou des

---

[1]. CJCE, BNIC 30 janvier 1985, 123/83.

[2]. CJCE, Belasko, 11 juillet 1989, 246/86.

clients, instituent des protections territoriales absolues ou interdisent les livraisons croisées entre distributeurs, indépendamment de leur incidence réelle sur le jeu de la concurrence[1]. L'on se rapproche dés lors d'une condamnation *per se* de certaines pratiques. En effet, l'on peut définir l'interdiction *per se* comme une « Règle en vertu de laquelle les tribunaux n'ont pas à prendre en considération des arguments complexes établissant qu'une pratique donnée est en fait pro concurrentielle, mais condamnent au contraire cette pratique sans tenir compte de ces arguments. La règle est applicable à une pratique seulement après qu'une longue expérience judiciaire a convaincu la Cour Suprême américaine qu'un certain comportement est en fait, pratiquement toujours anticoncurrentiel. La finalité de cette règle, est d'éviter les instructions coûteuses dans des domaines où elles risquent fort d'être infructueuses[2].

Le Conseil de la concurrence français n'a jamais utilisé l'expression d'infraction *per se*, mais il ressort de sa jurisprudence que les pratiques visant à évincer un opérateur du marché, à restreindre les échanges ou à s'entendre sur les prix, ont nécessairement un objet anticoncurrentiel. Cette jurisprudence est particulièrement fournie dans le domaine des marchés publics, des répartitions de marchés.

Dans le domaine des marchés publics, les échanges d'informations avant le dépôt des offres sont anticoncurrentiels en soi, sans qu'il soit nécessaire de tenir compte des effets concrets des pratiques[3].

---

[1]. Pour exemple, affaire LTM Maschinenbaum Ulm (TECHNIQUE MINIERE) du 30 juin 1966, aff. 56/67,
Rec.337.

[2]. " A rule under which the court will not consider elaborate arguments that a particular practice is actually procompetitive but will condemn the practice without taking these arguments into account. The rule is applied to a practice only after long judicial experience has convinced the Supreme Court that a certain practice is virtually always anticompetitive. The purpose of the rule is to avoid expensive litigation in areas in which it is not likely to be fruitful". H. HOVENTKAMP, "Antitrust", Black letter series west publishing CO, 1986.

[3]. Décision 01-D-13 du 19 avril 2001 : les échanges d'informations ayant conduit à la rédaction, par l'unique soumissionnaire d'un marché, d'une offre de couverture destinée à un concurrent qui finalement renonce à déposer cette offre de couverture, ont pour objet et pour effet potentiel de porter atteinte à la concurrence ; décision 01-D-20 du 4 mai 2001 : au moyen selon lequel les deux sociétés ayant déposé des offres exactement identiques, n'avaient finalement pas été retenues par le maître d'ouvrage pour des raisons techniques et que la concurrence n'avait pas été affectée par les échanges d'informations, le Conseil répond : « *Le fait que les offres de ces*

La nature anticoncurrentielle de l'objet ne s'impose pas toujours avec évidence et il faut parfois procéder à sa démonstration, au regard du contexte économique et juridique de la pratique, et plus particulièrement, par rapport aux données du marché en cause. Une recherche plus approfondie est alors nécessaire pour montrer que la restriction de concurrence se déduit du contenu de l'entente avec un degré de probabilité suffisant. Par exemple, un accord d'exclusivité, la constitution d'un groupement[1], un refus d'approvisionnement[2], des discriminations tarifaires n'ont pas forcément un objet anticoncurrentiel et peuvent être justifiées par la poursuite d'autres objectifs, tels l'organisation du réseau ou la sélection des partenaires sur des critères objectifs.

Il faut alors prendre en considération la nature, la quantité limitée ou non des produits faisant l'objet des pratiques, la position et l'importance des parties sur le marché concerné, le caractère isolé de la pratique ou, au contraire, la place de celle-ci dans un ensemble d'accords.

La notion d'objet présente un intérêt certain, car elle permet aux autorités de concurrence d'agir de façon préventive, avant la réalisation des effets des pratiques. La recherche de l'objet anticoncurrentiel d'une entente est jusque-là suffisante pour établir le caractère anticoncurrentiel de certains comportements, suivant les objectifs escomptés par leurs auteurs.

Lorsque la pratique est anticoncurrentielle en raison de son objet, l'entreprise ne peut discuter l'absence d'effet de la pratique en cause sur les marchés ou l'importance de ses effets positifs[3]. Les conditions de l'article 6 de la loi 104-12, et l'alinéa 1er de l'article 101 du TFUE sont remplies et l'entreprise mise en cause doit alors apporter la preuve de la réunion des conditions de l'article 9 et l'alinéa 3 de l'article 101 TFUE pour échapper à la sanction, chose qui semble improbable à la réalisation, parce qu'il ne peut y avoir dans une entente anticoncurrentielle par objet d'effets pro concurrentiels. Au contraire, lorsque ce sont les effets de la pratique qui sont analysés,

---

deux sociétés n'aient pas été retenues en raison du défaut de qualification requis (...) est sans incidence sur la qualification des pratiques, dès lors qu'elles pouvaient avoir pour effet de restreindre la concurrence sur le marché. »

[1]. Décision 01-D-32 du 27 juin 2001.

[2]. Décision 01-D-70 du 24 octobre 2001.

[3]. *Revue Lamy Droit des Affaires, n° 41, novembre 2009, par Pascal WILHELM et Élise PROVOST*

l'entreprise peut faire valoir des arguments relatifs à l'absence d'effet anticoncurrentiel et, dans une certaine mesure, à l'importance du bilan économique et des effets pro-concurrentiels sur le fondement de l'article 9 et l'alinéa 3 article 101TFUE.

Lorsqu'une autorité qualifie une pratique d'anticoncurrentielle en raison de son objet, elle ne pose pas une simple présomption, qui pourrait être combattue par la preuve de l'absence d'effet anticoncurrentiel, mais établit que la pratique est anticoncurrentielle. Dans ce cas, les autorités de concurrence procèdent à un examen allégé. Les ententes dont l'objet est anticoncurrentiel sont présumées attenter au jeu de la concurrence, et ne contenir vraisemblablement aucun effet pro concurrentiel[1].

B. L'effet anticoncurrentiel

Quant à l'effet anticoncurrentiel, si l'existence d'un objet anticoncurrentiel n'est pas démontrée, il convient d'examiner si la pratique a ou est susceptible d'avoir des effets restrictifs sur la concurrence. Il faut donc envisager les effets actuels et les effets potentiels.

La Cour de justice des communautés européennes a jugé, dans un arrêt John Deere Ltd du 27 octobre 1994 (C-7/95 P), que « l'article 85, paragraphe 1, ne limite pas une telle appréciation aux seuls effets actuels mais celle-ci doit également tenir compte des effets potentiels de l'accord sur la concurrence dans le marché commun » (voir en ce sens, arrêts du 10/12/1985, ETA, 31/85, point 12, et BAT et Reynolds/Commission, point 54).

Dans le cas des restrictions par effet, il faut démontrer que la pratique affecte la concurrence ou est susceptible de l'affecter à un point tel qu'il soit possible de prévoir avec une assez bonne probabilité que cette pratique aura sur le marché en cause, des effets négatifs sur les prix, la production, l'innovation, la diversité ou la qualité des produits et services.

Des effets défavorables sur la concurrence sont susceptibles de se produire sur le marché en cause quand la pratique vient créer ou renforcer un pouvoir de marché des parties, qui leur permet de rechercher un équilibre des prix à un niveau différent de celui qui aurait résulté de la concurrence, de cristalliser des situations acquises

[1]. Ibid.

au détriment du libre choix du consommateur [1] ou encore de restreindre la production quantitativement ou qualitativement. Tel est le résultat d'une entente anticoncurrentielle interdite.

La Cour de justice a défini le cadre d'analyse des effets dans l'arrêt du 28 mai 1998 John Deere Ltd : « Pour apprécier si un accord doit être considéré comme interdit en raison des altérations du jeu de la concurrence qui en sont l'effet, il convient d'examiner le jeu de la concurrence dans le cadre réel où il se produirait à défaut de l'accord litigieux (...) » [2]. Il y aura lieu de tenir compte, entre autres, de l'existence d'accords similaires conclus entre des entreprises tierces et pouvant entraîner, avec l'accord en cause, un effet cumulatif sur le jeu de la concurrence [3].

Dans toutes ces hypothèses, les ordres juridiques sanctionnent les atteintes à la concurrence. La démonstration des effets réels ou potentiels des pratiques est donc centrale et requise dans tous les cas.

S'agissant des pratiques anticoncurrentielles par leur effet, l'arrêt du 30 juin 1966 relatif au litige opposant la Société Technique Minière (L.T.M.) contre Maschinenbau Ulm GmbH (M.B.U.), la CJCE exige que le jeu de la concurrence ait été restreint de « *façon sensible* » : « (...) Au cas cependant où l'analyse desdites clauses ne révèlerait pas un degré suffisant de nocivité à l'égard de la concurrence, il conviendrait alors d'examiner les effets de l'accord et, pour le frapper d'interdiction, d'exiger la réunion des éléments établissant que le jeu de la concurrence a été en fait, soit empêché, soit restreint ou faussé de façon sensible ».

Paragraphe 2 : La sensibilité de l'atteinte à la concurrence.

La méthode du contrôle de l'entente est une méthode au cas par cas. Chaque entente est examinée et cet examen se déroule en plusieurs étapes successives.

Après avoir mis en évidence la collusion entre les entreprises, l'impact de l'entente sur la concurrence est apprécié. Celui-ci doit être sensible. L'exigence de la sensibilité de l'atteinte à la concurrence est une condition de l'application de l'article 6 de la loi 104-12. Si la

---

1. CJCE, 14 juillet 1972 Sandoz AG contre Commission, 53-69.

2. Voir, notamment, arrêts de 30 juin 1966, Société technique minière (56/65), et du 11 décembre 1980, L'Oréal, (31/80, point 19).

3. CJCE, Brasserie de Haecht, 12 décembre 1967, 23-67.

condition est remplie, la question du « sauvetage » de l'entente, de son exemption se pose alors. Une exemption individuelle peut être accordée sur le fondement de l'article 9. En outre, l'accord peut être autorisé en application d'un règlement d'exemption par catégorie, c'est là une particularité européenne, ou d'un décret d'exemption. Il est à noter que ces règlements par catégories d'accords adoptés par la Commission européenne ont bouleversé le mode d'appréciation des ententes au cas par cas.

La question de la sensibilité de l'atteinte à la concurrence se pose particulièrement, pour le contrôle des ententes ayant un effet anticoncurrentiel, mais n'ayant pas un tel objet. A défaut d'effet anticoncurrentiel l'entente n'est pas contrôlée. En revanche, lorsque l'entente a pour objet même de porter atteinte à la concurrence, le bénéfice des exemptions est écarté, puisque la concertation qui a pour objet même de porter atteinte à la concurrence est interdite, indépendamment de son effet réel[1]. L'entente parait alors illicite quel que soit le pouvoir de marché de ses auteurs.

Par principe, les ententes sont contrôlées en raison de leur effet, avéré ou potentiel, sur un marché. La mesure de cette sensibilité est traduite par le pouvoir de marché des entreprises participant à l'entente. Lorsque les entreprises contrôlent des parts importantes du marché de référence, l'aptitude de l'entente à affecter ce marché sera établie.

Dans l'espace européen, les règlements d'exemption par catégorie ont systématisé cette approche laissant une place moindre à l'appréciation au cas par cas. Les différents comportements concertés relevant de ces règlements sont placés en dehors du domaine de l'interdiction, faute d'un pouvoir de marché suffisant de leurs auteurs. Hors de ce champ défini, l'entente est susceptible d'être interdite, et le contrôle de sa légitimité intervient[2], à moins qu'elle ne fasse l'objet d'une exemption individuelle, lorsqu'elle obéit aux exceptions compte tenu dans l'article 9 de la loi 104-12.

La condition de sensibilité signifie que seules les ententes limitant de manière significative, sensible, le jeu de la concurrence sont prohibées. Cette condition fut énoncée très tôt en droit

[1]. M-A. FRISON. ROCHE, et M-S. PAYET, Droit de la concurrence, 2006, Ed Dalloz, supra, n°192, p. 177.

[2]. *Op. cit.* M-. A. FRISON. ROCHE et M-S. PAYET, infra n°270 et suivant, p. 239.

communautaire, à l'instigation de la Commission des Communautés européennes.

Reprise en droit français par la Commission de la concurrence, elle était en revanche absente de la pratique décisionnelle du Conseil. La Cour de cassation lui a redonné une certaine actualité.

Origine de la notion de sensibilité.

La condition de sensibilité fut introduite par la Commission dès ses premières décisions d'application de l'article 85. Sous-jacente dès 1964, elle fut exprimée avec clarté dans une décision "Socemas" du 17 juillet 1968[1]. La Commission y énonçait que, pour tomber sous le coup de la prohibition et encourir une nullité de plein droit, un accord devait entraîner une restriction de concurrence "significative". Elle eut ensuite plusieurs occasions de confirmer cette interprétation. La Cour de Justice l'entérina assez rapidement, en admettant en1969 qu'un accord d'exclusivité pouvait échapper à la prohibition, "*lorsqu'il n'affecte le marché que d'une manière insignifiante, compte tenu de la faible position qu'occupent les intéressés sur le marché des produits en cause* "[2].

La notion se devait d'être précisée. Il existe en droit communautaire comme en droit marocain un mécanisme de notification des ententes candidates à l'exemption. Pour bénéficier de l'application de l'article 101 TFUE, paragraphe 3 du traité et l'article 9 de la loi 104-12 et l'article 6 du décret pris pour son application, qui établit une sorte d'autorisation des ententes contribuant au progrès économique malgré leur caractère anticoncurrentiel, les entreprises doivent soumettre leur accord à la Commission en Europe et au chef du gouvernement au Maroc. Les ententes d'importance mineure échappent à la prohibition ; elles n'ont donc pas besoin d'être notifiées. Mais encore faut-il que les entreprises soient en mesure d'apprécier si leur accord est, ou non, d'importance mineure. Pour les y aider, la Commission publia dès 1970[3] une communication importante à deux titres : la condition de sensibilité se voyait officiellement conférer la qualité de condition de mise en œuvre de la prohibition, et, surtout, était quantifiée. Cette communication fut remplacée par une autre appelée communication de *Minimis*, en 2003.

---

[1]. J.O.C.E. n° L. 201 du 12 août 1968.

[2]. CJCE 9 juill. 1969, VOLK c/ VERAECKE, aff. 5/69, Rec. 295.

[3]. Communication du 27 mai 1970, J.O.C.E. n° C. 64, du 2 juin 1970.

Madame BOUTARD-LABARDE, ancienne membre du Conseil de la concurrence français, fait ainsi valoir que le droit de la concurrence est au service d'une même finalité :"préserver le bon fonctionnement de l'économie de marché, considérée comme le meilleur moyen d'assurer l'allocation optimale des ressources". Cela "justifie qu'il soit fait exception à la liberté d'entreprendre et à la liberté contractuelle". Mais "la prohibition est une exception et (...) elle doit donc être limitée aux comportements et pratiques qui sont effectivement de nature à fausser le processus concurrentiel, à perturber "sensiblement" le fonctionnement des mécanismes d'un marché "[1]

Reste maintenant à envisager la catégorie des ententes interdites par leur seul objet et d'essayer d'en dresser une liste qui ne peut être exhaustive.

Paragraphe 3 : Les ententes interdites en raison de leur objet anticoncurrentiel

Les ententes interdites en raison de leur objet, sont tellement susceptibles d'avoir des effets négatifs sur la concurrence qu'il est inutile de démontrer qu'elles ont des effets concrets sur le marché[2].

Par le jeu de règlements, certains accords sont soustraits à l'interdiction lorsqu'ils répondent à des conditions prédéfinies [3]. L'exemption par catégorie est cependant refusée en présence de restrictions de concurrence « ayant des effets anticoncurrentiels graves » [4]. Ces restrictions sont interdites, dans la mesure où par

---

[1]. M.C. BOUTARD-LABARDE, note sous Cass. Comm. 4 mai 1993, J.C.P. 1993, éd. EG, II, n° 22111, p.337.

[2]. Communication de la commission, lignes directrices concernant l'application de l'article 81, paragraphe 3, du traité, JOUE, n°C 101/ 97, du 27 avril 2002, point 21.

[3]. *Op. cit*, M-A. FRISON. ROCHE, et M-S. PAYET, supra. N°203 et s. Les auteurs évoquent les conditions requises par les règlements communautaires d'exemption, pour l'autorisation de l'entente, il s'agit en l'espèce du règlement n° 2790/1999 du 22 décembre concernant l'application de l'article 81, paragraphe 3, du traité à certaines catégories d'accords verticaux et de pratiques concertées. Parmi les conditions énoncées par ce règlement, le pouvoir de marché qui ne doit pas dépasser certains seuils.

[4]. Règlement du 22 décembre 1999, préc., point 10. L'article 4 énumère ces différentes restrictions. Egalement : règlement du 29 novembre 2000 relatif aux accords de recherche et de développement, préc., point 17 et article 5 ;

nature, elles sont considérées comme n'étant pas nécessaires pour atteindre les effets positifs justifiant l'exemption par catégorie. Ces mêmes restrictions sont encore rappelées tant par les lignes directrices relatives aux restrictions verticales[1] et à la coopération horizontale[2] que par la communication relative aux accords d'importance mineure. Dans ce dernier texte, comme il a été expliqué, il est prévu que certains accords, parce qu'ils n'ont qu'un impact insignifiant sur le marché, ne relèvent pas de l'interdiction. Il n'en est ainsi cependant que dans la mesure où l'accord ne comporte pas de restrictions caractérisées à la concurrence, dites « restrictions flagrantes »[3]. En outre, il est peu probable que des ententes contenant de telles restrictions puissent bénéficier d'une exemption individuelle[4]. On peut schématiquement dresser une liste non exhaustive de restrictions de concurrence très généralement interdites, flagrantes. Il faut alors en distinguer, pour plus de clarté, les restrictions verticales (a) de celles horizontales (b).

A. Les restrictions verticales de concurrence très généralement interdites

. *Ententes restreignant la liberté de l'acheteur de fixer le prix de vente des produits :* L'acheteur doit rester libre de fixer ses prix de vente. Il ne peut être obligé de pratiquer un prix plus haut que celui qui résulte du libre jeu de la concurrence. Pour cette raison, les ententes ayant pour objet d'imposer de manière directe ou indirecte un prix minimal, entrainant une fixation artificiellement haute des prix de vente des produits, sont interdites par leur objet même[5]. Ces ententes

---

règlement du 29 novembre 2000 relatif aux accords de spécialisation, point 14 et article 5.

[1]. Lignes directrices sur les restrictions verticales, préc., points 46-56.

[2]. Lignes directrices sur l'applicabilité de l'article 81 du traité CE aux accords de coopération horizontale, préc., points 18, 25.

[3]. Communication de minimis, préc., point 11. Et v. Cons.conc., 30 novembre 2004, Pratiques mises en œuvre dans le secteur des activités annexes des stations-services, n°04-D-63, BOCC, 31 mars 2005, point 25.

[4]. Dans ses lignes directrices relatives aux accords verticaux, la Commission précise que « L'exemption individuelle d'accords verticaux qui contiendraient de telles restrictions est également improbable ». Lignes directrices sur les restrictions verticales, préc., point 46.

[5]. L'exemption est refusée lorsque l'accord a pour objet « la restriction de la capacité de l'acheteur de déterminer son prix de vente, sans préjudice de la possibilité pour le fournisseur d'imposer un prix de vente maximal ou

verticales, tout en limitant la concurrence entre revendeurs, favorisent, sur le plan horizontal, la coordination des fournisseurs, notamment sur un marché concentré. En revanche la communication de prix indicatifs reste licite[1].

La pertinence de l'interdiction *per se* des prix imposés dans les réseaux de distribution ne fait pas l'unanimité[2]. La maitrise des prix pratiqués dans le réseau peut permettre de garantir la qualité des services associés au produit. En outre, si la pratique est de nature à faciliter la collusion entre entreprises, d'autres types de restrictions peuvent avoir cet effet, comme les restrictions territoriales, sans que pour autant, elles soient interdites *per se*. Plus encore, l'on reproche à l'interdiction son systématisme. Ce n'est en réalité qu'en présence d'un important pouvoir de marché du fabricant que la politique de prix imposés comporte de véritables risques. Cette observation impose une plus grande souplesse dans l'appréciation de cette restriction, en

---

recommander un prix de vente, à condition que ces derniers n'équivalent pas à un prix de vente fixe ou minimal à la suite de pression exercées par l'une des parties ou de mesure d'incitation prises par elle » (règlement du 22 décembre 1999, article 4 a). De même la restriction est flagrante au sens de la communication de minimis, préc., point 11, 2). L'article L. 464-6-2 du Code de commerce vise, de manière générale « les restrictions qui, directement ou indirectement, isolément ou cumulées avec d'autres facteurs sur lesquels les parties peuvent influer ont pour objet la fixation de prix de vente ». Et par exemple : CJCE, 3 juillet 1985, SA Binon et Cie, aff. 243/83, Rec. 2015, points 44-45.

[1]. TPICE, 13 janvier 2004, JCB Service c/ Commission, aff. T-67/01, Rec. II-49, point 131 ; CJCE, 28 janvier 1986, Pronuptia, aff. 161/ 84, Rec. 353, point 25 relevant que si « les clauses qui portent atteinte à la faculté du franchisé de déterminer ses prix en toute liberté sont restrictives de concurrence, il n'en est pas de même du fait pour le franchiseur de communiquer aux franchisés des prix indicatifs, à la condition toutefois qu'il n'y'ait pas, entre le franchiseur et les franchisés ou entre les franchisés, de pratique concertée en vue de l'application effective de ces prix ». En droit français par exemple : Cons. Conc.,20 juin 2002, Société Concurrence, n°02-D-39, BOOC, 30 septembre 2002. Et sur des tarifs apparemment conseillés, mais en réalité imposés : Cons. Conc., 24 février 2005, n°05-D-07, Pratiques mises en œuvre par la société Browning Winchester France, point 36.

[2]. E. Combe, n°77 et s., p. 178 et s., et, spéc. N° 80, p. 181 : M. Glais, « Analyse typologique des ententes illicites soumises à l'appréciation des autorités concurrentielles françaises et communautaires », Rev. Eco.indus. 1993, n°63, spéc. P. 68 et s. ; H. Lepage, « Distribution sélective : une défense économique des clauses de prix imposés », RRJ 1987, p. 523.

particulier pour le droit marocain où la pratique de prix imposés fait également l'objet d'une interdiction pénale au titre des pratiques restrictives de concurrence[1].

. *Entente organisant des restrictions territoriales ou de clientèle* : Par son adhésion au réseau, l'acheteur peut s'obliger à vendre les produits sur un territoire ou à une clientèle définie. Une telle exclusivité, par nature, limite la concurrence entre revendeurs. Elle n'est cependant interdite que dans la mesure où elle crée une restriction territoriale ou de clientèle absolue, faisant obstacle à la fois aux ventes actives et aux ventes passives réalisées par les membres du réseau[2]. Lorsque le revendeur bénéficie sur son territoire d'une exclusivité absolue, les autres revendeurs sont empêchés non seulement de démarcher les clients de ce territoire -ventes actives- mais encore de répondre aux demandes non sollicitées de ces clients-ventes passives-[3]. Il en résulte un cloisonnement des marchés qui offre à chaque revendeur la possibilité de fixer ses prix au-dessus du niveau de la concurrence. L'objet même de l'entente impose alors son interdiction[4].

. *Restrictions spécifiquement interdites dans les réseaux de distribution :* Les réseaux de distribution sélective se caractérisent par deux éléments essentiels : la sélection des revendeurs et leur coopération commerciale[5]. Le revendeur sélectionné distribue des

---

[1]. Article 60 de la loi 104-12.

[2]. L'exemption est accordée pour l'entente organisant une restriction « des ventes actives sur un territoire exclusif ou à une clientèle exclusive réservés au fournisseur ou concédés par le fournisseur à un autre acheteur, lorsqu'une telle restriction ne limite pas les ventes de la part des clients de l'acheteur (règlement du 22 décembre 1999, article 4 b). Et communication de minimis préc., point 11, 2) b). Également article L. 464-6-2, b, Code de commerce qui vise , « les restrictions aux ventes non sollicitées et réalisées par un distributeur en dehors de son territoire contractuel au profit d'utilisateurs finaux ».

[3]. Termes définis au point 50 des lignes directrices sur les restrictions verticales, préc. Et noter, point 51, sur la liberté qui doit etre garantie de recourir à internet pour faire de la publicité et vendre ses produits. V. F. Brunet, « Commerce électronique et droit de la concurrence », Les petites affiches, 6 février 2004, n°27, p. 45.

[4]. CJCE, 13 juilet 1966, Constern et Grindigc/ Commission, préc. 2galement, parmi de nombreux exemples : TPICE, 13 janvier 2004, JCB Service c/ Commission, préc., point 85.

[5]. J. Beauchard, Droit de la distribution et de la consommation, p. 200.

produits de différentes marques tout en respectant la politique commerciale prévue pour les réseaux auxquels il a adhéré.

Certaines restrictions de concurrence sont toujours interdites dans ce type de réseau. Si le fournisseur peut imposer un type d'établissement aux membres de son réseau - l'environnement de vente est un élément de la sélection des revendeurs-[1], il ne peut imposer aux distributeurs détaillants des restrictions de ventes actives ou passives[2]. En revanche, la restriction des ventes par les membres du réseau aux distributeurs non agréés est permise, nécessaire à la protection du réseau[3]. Le fournisseur ne peut non plus faire obstacle aux livraisons croisées entre revendeurs[4]. Une telle restriction a pour objet de cloisonner les marchés, cloisonnement qui n'est pas une condition de l'efficacité du système de distribution envisagé[5]. Enfin, sans qu'une telle clause soit de nature à invalider la totalité de l'accord, il est interdit au fournisseur de s'opposer à la revente par son distributeur de produits concurrents spécialement désignés. En d'autres termes, une exclusivité générale d'achat peut être admise ; en

---

1. TPICE, 1é décembre 1996, Groupement d'achat Edouard Leclecc/ Commission, aff. T-19/92 ; Rec. II-1851, point 137 : « un critère relatif à l'environnement dans lequel est situé un point de vente de cosmétiques de luxe n'est pas en soi visé par l'article 85, paragraphe 1 du traité, dans la mesure où il a pour objet d'assurer que de tels produits ne soient pas vendus en des lieux totalement inadaptés à de telles ventes ».

2. L'exemption ne s'applique pas à l'entente organisant « la restriction des ventes passives aux utilisateurs finaux par les membres d'un système de distribution sélective qui opèrent en tant que détaillants sur le marché, sans préjudice de la possibilité d'interdire à un membre du système d'opérer à partir d'un lieu d'établissement non autorisé ». Règlement du 22 décembre 1999, préc. Article 4, c). Egalement : Communication de minimis, préc., point 11, 2) c) ; article L. 464-6-2, c), Code de commerce.

3. Est autorisée « la restriction des ventes par les membres d'un système de distribution sélective aux distributeurs non agrées ». Règlement du 22 décembre 1999, préc., article 4, b). Et communication de minimis, préc., point 11, 2)b) ; et par exemple, CJCE, 13 janvier 1994, Metro SB, C-376/92, Rec. I-15, point 33.

4. L'exemption ne s'applique pas à « la restriction des livraisons croisées entre distributeurs à l'intérieur d'un système de distribution sélective, y compris entre les distributeurs opérant à des stades différents du commerce ». Règlement du 22 décembre 1999, préc, art 4, d). Également : communication de minimis, préc., point 11, 2). Et CJCE, 21 février 1984, Hasselblab GBc/ Commission, aff. 86/ 82, Rec. 883, point 46.

5. TPICE, 7 juillet 1994, Dunlop Slanzeger c/ Commission, aff. T-43/92, Rec. II-441, point 52.

revanche, le fournisseur ne peut choisir les produits concurrents que son distributeur serait empêché de vendre[1], ce qui serait de nature à favoriser des pratiques de boycott et d'éviction du marché[2].

B. Les restrictions horizontales de concurrence très généralement interdites.

. *Ententes de fixation de prix :* La coopération qui permet aux concurrents de s'entendre sur leur politique de prix n'est pas permise. Les entreprises doivent suivre une politique de prix autonome. Pour cette raison, les ententes visant à imposer un prix uniforme des produits sont toujours interdites, par leur objet même[3]. Les entreprises doivent conserver leur autonomie pour la fixation des prix, des échanges d'informations sur cette donnée concurrentielle ayant en outre souvent pour conséquence une répartition des marchés entre concurrents[4].

---

[1]. Est interdire « toute obligation directe ou indirecte imposée aux membres d'un système de distribution collective de ne pas vendre des marques de fournisseurs concurrents déterminés ». Règlement du 22 décembre 1999, préc., article 5, c).

[2]. L'exemption est écartée pour les ententes comportant « la restriction convenue entre un fournisseur de composants et un acheteur qui incorpore ces composants lorsque le fournisseur est restreint dans la vente de ces composants en tant que pièces détachées à des utilisateurs finals ou à des réparateurs ou à d'autres prestataires de services qui n'ont pas été désignés par l'acheteur pour la réparation ou l'entretien de ses biens ». Règlement du 22 décembre 1999, préc., article 4, e). Et communication de minimis, préc., point 11, 2) e).

[3]. Règlement n°2658 du 29 novembre 2000, article 5 a) ; règlement n°2659 du 29 novembre 2000, article 5, 1) d) ; lignes directrices sur l'applicabilité de l'article 81 du traité CE aux accords de coopération horizontale, préc., points 18 et 25 ; Communication de minimis, préc., point 11, 1), a) ; Parmi de nombreux exemples : TPICE, 9 juillet 2003, Archer Daniels Midland c/ Commission, aff. T-224/Rec. II-2597, points 119-120.

[4]. Cons.conc., 18 janvier 2001, Pratiques relevées dans les marchés des travaux de revêtement de sols et de peinture dans le Finistère, n° 00-D-53, BOCC, 23 février 2001. Un appel d'offre avait été formé et une entreprise, après avoir soumissionné son offre, en a transmis la teneur à une autre entreprise qui a formulé une offre légèrement supérieure, une offre de couverture. Le conseil décide que « sur un marché où elles étaient concurrentes et pour l'obtention duquel elles ont toutes deux présenté des offres, l'échange d'informations entre les (deux) sociétés sur les prix a permis à (l'une d'elles) de faire une offre sans référence à ses propres

. Entente de répartition des marchés ou des clients : l'entente par laquelle des entreprises concurrentes se répartissent des marchés est interdite par son objet même[1]. Les entreprises déterminent des zones où elles ne se font pas concurrence. Opérant un cloisonnement des marchés, l'entente offre à chacune des entreprises un pouvoir sur le marché géographique qui lui est attribué, de nature à favoriser, une fois encore, une hausse artificielle des prix.

. Entente limitant la production ou les ventes : La limitation de la production, par l'effet d'un accord, fausse la concurrence et favorise à nouveau une hausse artificielle des prix. Des actes de producteurs qui mettraient en place des mesures destinées à créer des conditions favorables à une hausse artificielle des prix, notamment par une réduction de l'offre du produit, d'un commun accord [2], sont constitutifs d'entente interdite par son objet[3].

. Entente permettant l'éviction d'un concurrent : Les ententes horizontales portant sur une donnée concurrentielle notamment le prix, la répartition des marchés, la production, peuvent elles-mêmes s'inscrire dans un projet d'éviction d'un concurrent. La mise en place de prix prédateurs[4], peut ainsi être sanctionnée au titre d'une entente[5]. Un accord de normalisation utilisé pour évincer un concurrent est

---

couts, mais au contraire à partir de couts calculés par une autre entreprise ; cette concertation a permis aux deux sociétés, dont l'une seulement avait l'intention réelle d'emporter le marché ; de fausser le jeu de la concurrence et de tromper de surcroit le maitre d'ouvrage sur un marché où aucune autre entreprise ne s'était portée candidate ».

[1]. Règlement n°2658 du 29 novembre 2000, article 5 c) ; Règlement n° 2659 du 29 novembre 2000, article 5, A) e) ; lignes directrices sur l'applicabilité de l'article 81 du traité CE aux accords de coopération horizontale, préc., points 18 et 25 ; Communication de minimis, préc, point 11, 1), c).

[2]. Commission, 23 avril 1986, Polypropylène, JOCE n° L. 230 du 18 aout 1986.

[3]. Règlement n° 2658 du 29 novembre 2000, article 5 b) ; Règlement n°2659 du 29 novembre 2000, article 5, 1)c) ; Lignes directrices sur l'applicabilité de l'article 81 du traité CE aux accords de coopération horizontale, préc., points 18 et 25 ; Communication de minimis, préc., point 11, 1), b).

[4]. M. A. FRISON. ROCHE et M. S. PAYET, Droit de la concurrence, op.cit, infra, n° 261 et s.

[5]. Com., 4 février 1997, Bull.n° 41, sur le marché du béton prêt à l'emploi.

illicite[1]. De même, encore la pratique du boycott[2] constitue, pour le conseil de la concurrence français, « l'une des formes les plus poussées d'atteinte à la concurrence »[3]. La pratique est interdite per se indépendamment de son effet. La Cour de cassation française a eu l'occasion de définir la notion comme « l'action délibérée en vue d'évincer un opérateur du marché », mettant ainsi en avant le caractère intentionnel de la pratique[4].

En effet, le boycott implique des échanges d'informations sur une donnée concurrentielle ; il est souvent mis en œuvre par la voie d'une fixation commune des prix ou d'une stratégie de répartition des marchés[5]. Cela suffit à dicter son illicéité et à affirmer que l'entente visant à exclure un concurrent du marché présente un objet anticoncurrentiel.

Dans ces différentes hypothèses, la gravité de l'atteinte à la concurrence organisée par l'entente atteste par elle-même de son illicéité. En l'absence de « clause noire », en revanche, cette illégitimité devra être appréciée, concrètement, sur le marché en cause.

L'on s'attachera à présent, à élucider la notion de parallélisme de comportements au sein d'un oligopole. Cette notion a fait l'apanage des travaux de la doctrine et la jurisprudence, et son assimilation aux ententes reste conditionnée par la preuve de la concertation qui est à l'origine de l'effet restrictif de la concurrence résultant de ce parallélisme.

Paragraphe 4 : Parallélisme de comportement et éléments constitutifs de l'entente.

Il arrive que des entreprises suivent des politiques parallèles et néfastes à la concurrence sans, pour autant, que ce parallélisme soit le

[1]. Lignes directrices sur l'applicabilité de l'article 81 du traité CE aux accords de coopération horizontale, préc., point 165.

[2]. J-D. Bretzner, « Le boycottage face à l' « impérialisme du seuil de sensibilité », D. 2000, chron. 411 ; E. Chevrier, « Boycott, seuil de sensibilité et élément intentionnel », D. 2003, somm. P. 63.

[3]. Rapport du conseil de la concurrence pour l'année 2003, études thématiques, Objet, effet, intention anticoncurrentielle, spéc. P. 60

[4]. Com., 22 octobre 2002, Bull., n° 148.

[5]. Ainsi d'une entente de pharmaciens en vue d'un alignement des prix. Com., 10 mars 1998, Bull., n° 95.

fruit d'un accord. Ainsi peut-il en être, par exemple [1], du comportement des opérateurs sur un marché oligopolistique.

Une définition d'un marché oligopolistique est donnée par exemple par Denise Flouzat « Un marché peut être qualifié d'oligopole quand le nombre de firmes dans une branche est si faible que chacune doit prendre en considération les prix de ses rivales pour formuler sa politique de prix »[2]. Dans cette situation, les agents économiques peuvent être conduits, en suivant la seule rationalité du marché, à adopter des comportements qui par leur similarité, risquent de lui être nuisibles.

Les autorités de la concurrence françaises, considèrent que ce parallélisme de comportement n'est pas, en lui-même, constitutif d'une entente. Sa simple constatation est « à elle seule insuffisante à inférer l'existence d'une entente concertée prohibée, puisque ce parallélisme peut être la résultante de décisions identiques mais indépendantes, prises par des entreprises s'adaptant naturellement à un même contexte sur un même marché »[3].

Dans un arrêt rendu contre *la société impériale chimical LTD* opérant dans les matières colorantes, la Cour de justice des communautés européennes estime ainsi à titre liminaire qu'un « parallélisme de comportement ne peut être à lui seul identifié à une

---

[1]. D'autres facteurs que la structure oligopolistique du marché peuvent conduire à un parallélisme de comportement, comme par exemple, le respect d'une réglementation administrative. V. sur ce point : M-C.BOUTARD-LABARDE, Le droit de la distribution dans la communauté économique européenne, Thèse Paris II, 1981, t.1, n°312 et s., p. 275 et s.

[2]. D. FLOUZAT, Economie contemporaine, t. 1, Les fonctions économiques, PUF, coll. « Thémis », 18e éd. 1997, p. 181. A cet égard, importe surtout, plus que leur nombre, l'attitude des offreurs sur le marché. V. spéc. J-B. BLAISE, Le statut juridique des ententes économiques dans le droit français et le droit des communautés européennes, n° 85 et s., p. 111 et s. Et v. encore, sur le mécanisme de l'alignement des prix sur un marché d'oligopole : A. PERROT et L. VOGEL, « Entente tacite, oligopole et parallélisme de comportements », JCP 1993, éd. E, I, 299, n°7 et s.

[3]. Paris, 24 mai 1994, Appels d'offres lancés par la ville de Toulouse pour la construction, la transformation et l'aménagement de trottoirs, B.O.C.C.R.F, 24 juin 1994, p. 234 ; L. VOGEL, La pratique..., n°108, p. 79. Et v. Conseil, 5 oct. 1993, Appels d'offres lancés par la ville de Toulouse pour la construction, la transformation et l'aménagement de trottoirs, n°93-D-39, B.O.C.C.R.F., 4 déc 1993, p. 321. ; Contrats Conc. Consom. 1999, n°128, note M. MALAURIE.VIGNAL.

pratique concertée »[1] . Pour rappel succinct des circonstances de cette affaire, la Commission européenne avait ouvert une procédure contre dix-sept producteurs de matières colorantes établis dans et en dehors du marché commun ainsi que contre de nombreuses filiales et représentantes de ces entreprises dont *la société impérial chimicak LTD.* Constatant que La quasi-totalité des producteurs ont appliqué dans tous les pays du marché commun, à l'exception de la France, une augmentation uniforme du prix des colorants et des pigments, la Commission avait condamné l'ensemble des opérateurs à des amendes administratives variées pour pratique concertée. La société impérial Chimical à introduit un recours contre la décision rendue par la Commission auprès de la Cour des communautés européennes arguant qu'il s'agit d'un parallélisme de comportent indépendant de sa volonté et qui n'implique aucune responsabilité de participation de sa part à une quelconque pratique concertée. La Cour a rejeté le recours et a souligné dans sa décision qu'une pratique concertée consiste en « une forme de coordination entre entreprises qui, sans avoir été poussé jusqu'à la réalisation d'une convention proprement dite, substitue sciemment une coopération pratique entre elles aux risques de la concurrence ». Elle ajoute que cette pratique « ne réunit donc pas tous les éléments d'un accord, mais peut notamment résulter d'une coordination qui s'extériorise par le comportement des participants ». Aussi, la Cour précise –t-elle dans le même arrêt, qu'un parallélisme de comportement est susceptible de constituer un indice sérieux d'une pratique concertée « lorsqu'il aboutit à des conditions de concurrence qui ne correspondent pas aux conditions normales du marché, compte tenu de la nature des produits, de l'importance et du nombre des entreprises et du volume du dit marché ».

Louis Vogel précise sous un autre angle, que l'adoption de conduites interdépendantes sur un marché d'oligopole, peut échapper à la prohibition. Cet auteur souligne que « L'entente tacite dont se préoccupe la théorie économique ne se confond pas à son équipollent juridique » [2] . Les acteurs, guidés par le marché, suivent des comportements qui peuvent lui être nuisibles. Néanmoins, ce seul effet ne suffit pas, à défaut de concertation des auteurs, pour sanctionner leur attitude. Comme le relève le dit auteur, « alors que la

---

[1]. CJCE, 14 juillet 1972, Impérial Chemical Industrie Ltd c/ Commission.

[2]. A. PERROT et L. VOGEL, « Entente tacite, oligopole et parallélisme de comportement », op. cit., n°1, p. 539.

finalité économique du contrôle impliquerait de sanctionner tout dysfonctionnement se manifestant sur un marché d'oligopole, le caractère normatif de son support impose de limiter la prohibition aux comportements volontaires adoptés par les entreprises ». La nécessité d'un comportement conscient des parties à l'accord limite l'impérialisme de l'économie sur le droit, en intégrant, dans la définition même de l'entente des éléments d'ordre subjectif tenant à la volonté des participants.

Toutefois, bien que le simple parallélisme de comportement ne soit pas constitutif d'une pratique concertée, il en constitue un indice révélateur. Les autorités de contrôle européennes, utilisent le mécanisme de présomptions, recherchent l'existence d'un accord à l'origine des comportements.

L'alignement des comportements ne permet en effet d'établir que son résultat, l'effet restrictif de concurrence. Reste donc finalement à prouver l'entente, la concertation qui en est à l'origine. Les solutions adoptées en droit français, sont telles que l'alignement des comportements ne peut à lui seul démontrer l'entente : « le simple constat d'un parallélisme de comportement ne peut suffire à établir l'existence d'une pratique concertée »[1]. Pour autant, il est susceptible d'en constituer un indice sérieux, dans la mesure où il ne peut s'expliquer par la structure du marché, sa réglementation, ou la poursuite de l'intérêt individuel des entreprises. En l'absence d'autres explications possibles, l'alignement des comportements permet de présumer l'action concertée[2]. Le parallélisme de comportements est de nature à constituer un indice sérieux de l'entente « lorsqu'il ne peut être le résultat de décisions prises de façon autonome par chacune des entreprises concernées au regard des caractéristiques du marché en cause, mais ne s'explique que par le choix délibéré de ces entreprises de s'entendre »[3].

---

[1]. Conseil, 5 oct. 1993, Appels d'offres lancés par la ville de Toulouse pour la construction, la transformation et l'aménagement des trottoirs, décision précitée.

[2]. En présence d'une autre explication possible, la preuve est donc écartée : Conseil, 13 octobre. 1992, Conditions de commercialisation du supercarburant sans plomb à indice d'octane recherche 98, n°92-D-56, B.O.C.C.R.F., 5 novembre 1992, p. 344

[3]. Conseil, 5 octobre. 1993, Appels d'offres lancés par la ville de Toulouse pour la construction, la transformation et l'aménagement de trottoirs, décision précitée.

Section 2 : Acquisition d'une puissance économique autorisée.

L'acquisition d'une puissance économique par l'entente entre entreprises peut être autorisée, sous réserve de certaines conditions.

Les acteurs économiques ont la possibilité de solliciter l'exemption d'une entente tombant sous le coup de l'article101 TFUE, paragraphe 1, et 6 de la loi 104-12. Il existe dans les deux ordres juridiques deux types d'exemption : les exemptions individuelles et les exemptions collectives. Elles sont beaucoup plus développées dans l'ordre juridique communautaire. L'exemption est subordonnée à la démonstration que l'entente contribue au progrès économique. Des auteurs ont relevé combien le concept de progrès économique était flou[1].

Cette contribution s'apprécie selon de multiples critères : amélioration du service rendu au consommateur, amélioration des techniques de production et de distribution... Les avantages attendus de l'entente doivent l'emporter sur ses inconvénients[2]. Lorsqu'une entreprise sollicite l'octroi d'une exemption individuelle, il lui appartient de prouver le caractère bénéfique de l'entente qu'elle soumet aux autorités. Elle est dispensée de cette preuve lorsqu'elle rentre dans le champ d'application d'un règlement d'exemption par catégorie, c'est bien là une spécificité européenne. En effet, un règlement n'est adopté que lorsque l'expérience a révélé que la catégorie d'accords qu'il vise était bénéfique pour la collectivité. Mais que la contribution au progrès économique soit appréciée lors d'un examen individuel, ou qu'elle soit déduite de l'expérience, elle requiert toujours une analyse d'ordre économique et contextuel. Une même pratique peut être tantôt exemptée, tantôt condamnée, selon le marché sur lequel elle intervient. La recevabilité par les autorités de la concurrence du moyen tiré de la contribution au progrès économique d'une entente dont l'illicéité est établie est significative de la fonction impartie à la concurrence dans les ordres juridiques. Le droit de la

---

1. G. FARJAT, qui énonce à son propos : «Disons-le nettement : une notion aussi vague ne peut être présentée comme une norme ", in "Droit économique", 2ème édition, P.U.F., p.516.

2. E. Claudel, Ententes anticoncurrentielles et droit des contrats, p. 282, l'auteur explique que l'octroi d'une exemption est en réalité subordonné à différentes conditions : l'entente doit contribuer au progrès économique; cet avantage doit l'emporter sur les inconvénients de la pratique ; il ne doit pas être accessible par un autre moyen ; toute concurrence sur le marché ne doit pas disparaître.

concurrence n'est pas une fin en soi. Il n'est qu'un des moyens, celui présumé le plus efficace, pour aboutir à l'efficience économique[1]. La démonstration que cette fin peut être poursuivie par un autre biais, autorise un sacrifice, momentané, de l'objectif concurrentiel. Ceci témoigne encore de la souplesse du droit de la concurrence.

Le principe de l'exemption ne heurte pas la logique juridique. Il existe en toute discipline des mécanismes permettant de légitimer un comportement illicite, que l'on peut regrouper sous l'expression de "faits justificatifs" : ordre de la loi, autorisations administratives et autorisations de la loi, état de nécessité en droit pénal et civil, force majeure…

En effet, le principe d'interdiction des ententes résultant de l'application de l'article 6 de la loi 104-12 connait quelques exceptions. Ces dernières sont énumérées à l'article 9 de la même loi. Il s'agit en l'occurrence des ententes :

1- Qui résultent de l'application d'un texte législatif ou d'un texte réglementaire pris pour son application ;
2- Dont les auteurs peuvent justifier qu'elles ont pour effet de contribuer au progrès économique et/ou technique, y compris par la création ou le maintien d'emplois, et qu'elles réservent aux utilisateurs une partie équitable du profit qui en résulte, sans donner aux entreprises intéressées la possibilité d'éliminer la concurrence pour une partie substantielle des biens, produits et services en cause. Ces pratiques, ne doivent imposer des restrictions à la concurrence que dans la mesure où elles sont indispensables pour atteindre cet objectif de progrès.
3- Certaines catégories d'accords ou certains accords, notamment lorsqu'ils ont pour objet d'améliorer la gestion des petites ou moyennes entreprises ou la commercialisation par les agriculteurs de leurs produits, peuvent être reconnus comme satisfaisant aux conditions prévues au premier alinéa ci-dessus par l'administration après avis conforme du conseil de la concurrence. Ne sont également pas soumis aux dispositions des articles 6, les accords d'importance mineure qui ne restreignent pas sensiblement le jeu de la concurrence, en particulier les accords entre petites ou moyennes entreprises. Les critères quantifiant ce qui ne constitue pas une restriction sensible de la concurrence seront fixés par voie réglementaire.

Par ailleurs, les ententes dont les auteurs préconisent qu'elles apportent du progrès économique et qui réservent aux utilisateurs une partie du profit qui en résulte doivent être notifiées, au chef du gouvernement, qui juge de leur adéquation avec ces exceptions, après avis du Conseil de la concurrence. De même, l'appréciation du

---

[1]. P. BONASSIES , "Les fondements du droit communautaire de la concurrence : la théorie de la concurrence moyenne", Mélanges Weill, 1983, p. 51.

pouvoir de marché, au-delà duquel il y a restriction sensible de la concurrence, est fixé par le pouvoir exécutif. L'exemption des accords d'importance mineure est tributaire du seuil ainsi fixé par voie réglementaire[1].

En outre, comme précédemment évoqué, les règlements d'exemption par catégories d'accords, ainsi que les règlements d'exemption individuels, sont des mécanismes utilisés par la Commission européenne en vue de blanchir certaines ententes, et les soustraire à la prohibition. Enfin, la communication dite de minimis permet d'exempter des ententes sur la base de critères quantifiables en part de marché qu'elle définit à priori.

Dans un premier temps, on analysera des ententes soustraites au contrôle à défaut d'effet anticoncurrentiel (Paragraphe 1), puis on mettra en exergue les soubassements permettant d'élucider, les exceptions individuelles compte tenu dans l'article 9 de la loi 104-12, à la lumière des lignes directrices concernant l'application de l'article 101, paragraphe 3, du TFUE (article 81, paragraphe 3, du traité CE), de la Commission européenne. Enfin nous étudierons les exemptions individuelles et la règle de raison à la lumière desquelles l'entente peut être autorisée (paragraphe 2).

Paragraphe 1 : Les ententes soustraites au contrôle à défaut d'effet anticoncurrentiel

Par principe, les ententes sont contrôlées en raison de leur effet, avéré ou potentiel, sur un marché. La mesure de cette sensibilité est traduite par le pouvoir de marché des entreprises participant à l'entente. Lorsque les entreprises contrôlent des parts importantes du marché de référence, l'aptitude de l'entente à affecter ce marché sera établie.

En Europe où le droit des ententes est en permanente mouvance, les règlements d'exemption par catégorie ont systématisé cette approche, laissant une place moindre à l'appréciation au cas par cas. Surtout, le jeu des différentes règles en cette matière, a permis d'isoler une catégorie d'entente qui est, en principe, soustraite à l'interdiction. C'est cette catégorie que nous allons chercher à délimiter en distinguant les ententes présumées licites (a), et celles généralement

---

[1]. Article 6 et 7 du décret d'application pris pour l'application de la loi 104-12 telle qu'il a été modifié.

reconnues comme licites (b). Ces différents comportements concertés sont placés en dehors du domaine de l'interdiction, faute d'un pouvoir de marché suffisant de leurs auteurs. Hors de ce champ défini, l'entente est susceptible d'être interdite et le contrôle de sa légitimité intervient alors [1], sur la base des critères évoqués dans les développements précédents.

A. Les ententes présumées licites.

. *Les exemptions par catégorie d'accords*[2] : Certaines catégories d'accords ou de pratiques concertées peuvent être exemptées. Cela signifie que, dès lors qu'un accord répond aux conditions posées par un décret ou par voie législative article 9 alinéa 1, celui-ci est soustrait à l'interdiction de l'article 6. En Europe, outre la possibilité d'exemption individuelle il existe des règlements communautaires d'exemption par catégorie. On peut les définir comme des instruments permettant à la Commission d'exempter une catégorie d'accords similaires, dont les répercussions positives sur la concurrence sont considérées comme l'emportant sur les effets anticoncurrentiels. Ces règlements de la Commission visent des catégories clairement définies d'accords qui bénéficient, ipso facto, de la clause d'exemption de l'article 81, paragraphe 3 du traité CE (article 101 § 3 TFUE)[3].

La procédure d'exemption est soumise à une notification préalable et obligatoire des accords par les entreprises concernées au chef du gouvernement, qui les soumet au Conseil de la concurrence pour avis. Jusqu'à aujourd'hui au Maroc, aucun décret d'exemption n'a été pris, contrairement à la France où deux décrets ont été édictés, le 7 juin

---

[1]. M-A. FRISON. ROCHE et M-. S. PAYET, Droit de la concurrence, infra, n°270 et s *Op. cit.*

[2]. V.K.P. Mailander, « l'exemption par catégorie des ententes économiques dans le traité CEE », Cah. Dr.eur. 1966, n° 2, p. 5 ; Ph. Laurent, « La légitimation de l'entente par l'article 85, paragraphe 3, du traité de Rome », D. 1979, chron., p. 197 ; « Le retrait individuel de l'exemption par catégorie », Contrats conc. Consom. 1994, chron., n° 5. Et sur l'approche nouvelle : L. Idot, « Une facette de la modernisation du droit communautaire de la concurrence : les nouveaux règlements d'exemption », Les petites affiches, 1er février 2005, n°22, p. 5. Et v. infra, n° 208 et s. (accords verticaux) et n° 215 et s (accords horizontaux).

[3]. M-A. FRISON. ROCHE et M. S. PAYET, Droit de la concurrence, *op. cit,* infra 203.

1996 dans le domaine agricole[1]. Le premier est relatif aux accords entre producteurs bénéficiant de signes de qualité dans le domaine agricole ; le second aux mesures d'adaptation aux situations de crises, autrement dit aux hypothèses de surcapacité[2]. La procédure d'exemption est soumise à une notification préalable et obligatoire des accords par les entreprises concernées aux ministres chargés de l'économie et de l'agriculture[3].

En Europe, lorsqu'une entente est autorisée en vertu d'un règlement d'exemption, elle ne peut donc par principe être interdite sur le fondement du droit national.

L'approche nouvelle adoptée par la commission en matière d'exemption par catégorie, schématise la ligne de partage entre les ententes contrôlées et les ententes autorisées. Elle est essentiellement tracée en référence au pouvoir de marché détenu par les entreprises participantes[4]. L'idée générale est que les ententes qui ne traduisent pas un important pouvoir de marché sont présumées licites, sauf lorsqu'elles comportent des restrictions flagrantes à la concurrence.

L'approche nouvelle a donc modifié en profondeur le système d'appréciation des ententes. A cet égard, il faut distinguer, à l'instar

---

[1]. Décret n°96-499 du 7 juin 1996 pris en application du dernier alinéa de l'article 10 de l'ordonnance du 1er décembre 1986, relatif aux accords entre producteurs, bénéficiant de signes de qualité dans le domaine agricole, JO n°134 du 11 juin 1996. Il est prévu, à l'article premier que : « Lorsqu'ils répondent aux conditions énoncées aux articles qui suivent, les accords passés entre des producteurs agricoles ou entre des producteurs agricoles et des entreprises, lorsqu'ils bénéficient d'un même label agricole, visant à adapter l'offre à la demande par un développement coordonné de leur production, sont réputés conformes au 2°de l'article 10 de l'ordonnance du 1er décembre 1986 susvisé ».

[2]. Décret n°96-500 du 7 juin 1996 pris en application du dernier alinéa de l'article 10 de l'ordonnance du 1er décembre 1986, relatif aux accords entre producteurs agricoles ou entre producteurs agricoles et entreprises concernant des mesures d'adaptation à des situations de crise. JO n°134 du 11 juin 1996. Suivant l'article premier de ce texte : « En cas d'inadaptation de l'offre à la demande révélant une perturbation grave du marché, les accords passés entre producteurs agricoles ou entre producteurs agricoles et entreprises d'approvisionnement ou de transformation, destinés à résorber la surcapacité pour rétablir l'équilibre du marché, sont réputés conformes au premier alinéa du 2°de l'article 10 de l'ordonnance du 1er décembre 1986 susvisé », dans des conditions précisées.

[3]. Article 4 du décret n°96-500 ; article 4 du décret n°96-499.

[4]. J-B. Blaise et L. Idot, RTD eur. 2000, n°87, p. 151.

des règlements d'exemption, selon que l'entente est verticale (A) ou horizontale (B).

A.1 L'entente verticale présumée licite

. *Effets positifs et effets négatifs des ententes verticales* : Lorsque l'entente réunit des entreprises intervenant à un niveau différent de la chaine économique, elle est dite verticale. Dans cette circonstance, en principe, les entreprises ne sont pas concurrentes [1]. Le recours à l'accord, manifeste la volonté de contrôler la chaine de distribution d'un produit, en diminuant les couts inhérents à cette organisation. Le contrôle de la politique des revendeurs permet, par exemple, d'éviter la pratique de prix trop élevés[2]. Un revendeur, astreint à une politique de qualité et d'information des clients, doit pouvoir protéger ses investissements de la concurrence d'un discounter qui proposerait les produits à des prix très bas[3].

Les réseaux de distribution sont donc au cœur des interrogations soulevées par les ententes verticales[4]. L'entente peut avoir des effets sur la concurrence entre les fournisseurs. L'on parle alors de concurrence *intermarque.* Elle peut également produire des effets sur la concurrence entre revendeurs des produits. L'on parle dans ce cas de concurrence *intramarque*.

La nécessité d'un contrôle des ententes verticales a rapidement été affirmée par le juge communautaire [5]. Dans l'une des premières

---

[1]. Des entreprises concurrentes peuvent cependant etre liées par des accords verticaux. Des produits sont distribués par une filiale contrôlées par le fournisseur ainsi que par des entreprises indépendantes de ce dernier mais liées par un accord. Dans cette hypothèse, les distributeurs intégrés sont aussi concurrents du fournisseur dans son activité de distribution.

[2] Le phénomène est dit de double marginalisation.

[3]. M. A. FRISON. ROCHE et M. S. PAYET, Droit de la concurrence, supra 29. C'est alors un moyen de lutter contre les externalités négatives.

[4]. Sur lesquels, j. Beauchard, Droit de la distribution et de la consommation, PUF, coll. « Thémis », 1996, p. 159 et s ; M. Behar. Touchais et G. Virassamy, Traité des contrats. Les contrats de distribution, LGDJ 1999 ; S. Peruzzeto, « La validité des réseaux de distribution au regard du droit français et communautaire », in Les aspects contractuels du droit de la distribution et de la concurrence, Montchrestien 1996, p. 27 : V. Sélinsky, « La spécificité des accords verticaux au regard du droit de la concurrence », d. 1992, chron., p. 41.

[5]. CJCE, 30 juin 1996, Société technique minière, préc., précisant que la règle d'interdiction des ententes ne fait « aucune distinction selon que les parties se trouvent placés soit au même stade (accords dis « horizontaux »),

affaires concernant cette question, la société Grundig avait conclu un accord de distribution avec la société Constern, aux termes duquel le distributeur était tenu de vendre les seuls produits du fournisseur et de respecter certaines contraintes de distribution. Le réseau favorisait ainsi une distribution efficace des produits, en assurant des économies de couts. Les investissements demandés à la société Constern devaient cependant trouver une contrepartie, et être protégés de la concurrence des tiers[1]. En l'espèce, le fournisseur accordait au distributeur une protection territoriale absolue sur le territoire français : un client français ne pouvait donc obtenir de produits de la marque du fournisseur qu'en contractant avec la société Consten. Le résultat fut le verrouillage du marché, et l'accord est déclaré incompatible avec les règles du traité.

De même, la concurrence intramarque se trouvait exclue par l'effet de l'accord. De manière générale, les ententes verticales organisant une protection territoriale absolue sont interdites par leur objet même[2]. L'affaiblissement de cette concurrence intramarque, outre son effet direct, peut avoir une conséquence indirecte sur la concurrence intermarque : la présence de réseaux de distribution fortement structurés, facilite la coordination entre les fournisseurs. L'appréciation du pouvoir de marché du fournisseur est donc essentielle.

Le choix d'une organisation verticale peut s'expliquer schématiquement de deux manières. D'un premier point de vue, l'entente accroit l'efficacité des entreprises qui réduisent leurs couts, protègent leurs investissements. D'un autre point de vue, l'entente permet d'augmenter le pouvoir de marché des entreprises. Du premier point de vue, l'entente parait efficiente ; du second, elle semble dangereuse.

Au-delà d'un certain seuil, défini en parts de marché, l'entente aussi bien verticale qu'horizontale est soumise à contrôle : une

---

soit à des stades différents (accords dis « verticaux ») du processus économique. Également par exemple : CJCE, 13 juillet 1966, Consten et Grundig c/ Commission, aff. 56/ 64 et 58/64, Rec. 429.

[1]. La société Consten ne peut accepter de réaliser de lourds investissements si un autre distributeur, qui n'y est pas tenu, peut vendre les produits à bas prix, tout en profitant indirectement de ses investissements.

[2]. M.A. FRISON. ROCHE et M. S. PAYET, Droit de la concurrence, *infra*, n°234.

appréciation au cas par cas s'imposera, et une exemption individuelle sur la base de l'article 9 et 101§3 TFUE, interviendra.

. Prise en compte du pouvoir de marché dans les règlements d'exemption sur les accords verticaux : Parmi les règlements d'exemption élaborés par la Commission, on cite le règlement du 22 décembre 1999[1]. Ce dernier a vocation à couvrir l'ensemble des accords quelle que soient leurs formes de distribution y compris la distribution sélective[2]. Ce règlement d'exemption a vocation à donner effet à tous les accords conformes qui relèvent de son champ d'application. Il crée une présomption de légalité pour les accords concernés. L'article 101§1, leur est déclaré inapplicable. L'accord est valable, dès sa conclusion, et aucune notification préventive n'est nécessaire. Il s'agit de contrats de distribution exclusive, fourniture exclusive, franchise, vente liée, prix de vente conseillés ou maximaux...

L'article 2 du règlement précise que sont visés les accords entre entreprises « dont chacune opère, aux fins de l'accord à un niveau différent de la chaine de production ou de distribution et qui concernent les conditions dans lesquelles les parties peuvent acheter, vendre ou revendre certains biens ou services ». Le règlement s'applique donc tant aux accords d'achat que de distribution. Il ne s'applique pas en principe, aux accords verticaux entre entreprises concurrentes[3]. Un accord de ce dernier type peut se retrouver par exemple, lorsque deux producteurs concurrents, se répartissent la distribution de leurs produits dans chacun de leurs pays. Ils sont alors

---

[1]. Règlement n° 2790/1999 du 22 décembre 1999, concernant l'application de l'article 81, paragraphe 3 du traité à des catégories d'accords verticaux et de pratiques concertées, JOCE n° L336 du 29 décembre 1999. V. les commentaires de J.B. BLAISE et L. IDOT, RTD eur. 2000, p. 749.

[2]. Qui ne relevait pas d'un règlement d'exemption, jusqu'à présent. Sur le principe d'interprétation de ces ententes infra, n°272, *Op. cit.*

[3]. Par exception, un tel accord peut bénéficier de l'exemption envisagée dans les conditions posées par l'article 2§4, du règlement. L'accord n'est pas réciproque, l'acheteur est concurrent, seulement comme distributeur des produits non comme fabricant et son chiffre d'affaires de dépasse pas 100 millions d'euros. Le terme concurrent ne désigne pas des entreprises intervenant sur un même marché. Il est compris comme désignant des entreprises « fournisseurs actuels ou potentiels sur le même marché de produits », « indépendamment du fait de savoir s'ils sont ou non en concurrence sur le même marché géographique ». Lignes directrices sur les restrictions verticales, préc., point 26.

tout à la fois concurrents et réciproquement liés, pour la distribution des produits, par un accord vertical. Ici, les restrictions de concurrence qui peuvent être craintes sont traitées par le règlement relatif à la coopération horizontale entre entreprises concurrentes[1].

La ligne générale du règlement est simple et, selon les termes mêmes de la Commission, il s'agit d'offrir aux entreprises une « zone de sécurité ». Un accord vertical peut être bénéfique sur un marché qui demeure concurrentiel : il peut « améliorer l'efficience économique à l'intérieur d'une chaine de production ou de distribution grâce à une meilleure coordination entre les entreprises participantes » [2]. En dessous d'un certain pouvoir de marché, l'accord est en conséquence présumé bénéfique. Au-dessus au contraire, il est réputé néfaste. L'entente ne peut pas alors, bénéficier de l'exemption par catégorie. Il n'est pas pour autant présumé illégal[3] ; il sera soumis au contrôle sur le fondement de l'article 101§1 TFUE.

Le seuil posé est une part du marché de référence de 30% détenue soit par le fournisseur soit par l'acheteur. L'hypothèse de principe est celle où l'on apprécie l'accord en considération de la part du fournisseur sur le marché où il vend ses produits ou distribue ses services. Mais en présence d'un accord qui comprend une obligation de fourniture exclusive, c'est alors la part de marché de l'acheteur sur le marché où il achète les produits ou services qui importe. Cette seconde hypothèse vise donc le pouvoir d'achat du client.

Il est à noter que le bénéfice de l'exemption est écarté lorsque l'accord comporte certaines clauses noires portant des restrictions graves ou caractérisées à la libre concurrence. C'est l'hypothèse de l'entente interdite par son objet, que nous avons envisagé plus haut[4]. De même, certaines obligations prévues par un accord vertical, ne bénéficient pas de la présomption de légalité et de l'exemption, selon l'article 5 du règlement. Il convient cependant de préciser que la présence de ces obligations n'est pas de nature à invalider l'accord

---

[1]. M. a. FRISON. ROCHE et M. S. PAYET, Droit de la concurrence, infra n°215 et s. *Op. cit.*

[2]. Point 6 du préambule au règlement du 22 décembre 1999. Lignes directrices sur les restrictions verticales, préc., point 120.

[3]. M. a. FRISON. ROCHE et M. S. PAYET, Droit de la concurrence, infra n°270, *Op. cit.*

[4]. M. A. FRISON. ROCHE et M. S. PAYET, Droit de la concurrence, infra n°230 et s *op.cit.* Et article 4 du règlement du 22 décembre 1999/

dans son ensemble. Seules les clauses désignées par le règlement sont susceptibles d'être annulées.

Il est à préciser que le bénéfice de l'exemption n'est pas systématique, le retrait d'exemption peut intervenir et l'article 6 du règlement prévoit que « la commission peut retirer le bénéfice de l'exemption si elle constate que, dans un cas déterminé, des accords exemptés en vertu du présent règlement ont cependant des effets qui sont incompatibles avec les conditions prévues par l'article 101§3 TFUE, c'est-à-dire ceux qui imposent aux entreprises intéressées des restrictions qui ne sont pas indispensables pour atteindre les objectifs, de progrès technique ou économique. Le mécanisme, désigne un retour à la méthode classique d'appréciation de l'entente, au cas par cas.

Il en est ainsi en particulier suivant le texte « lorsque l'accès au marché en cause, ou la concurrence sur celui-ci, est restreint de façon significative par l'effet cumulatif de réseaux parallèles de restrictions verticales similaires pratiqués par des fournisseurs ou des acheteurs concurrents ». La place de l'accord au sein d'un ensemble d'autres accords est mise en évidence afin d'en déduire l'effet sensible sur la concurrence. La théorie de l'effet cumulatif visée par le règlement[1] permet d'apprécier l'effet restrictif de concurrence d'une entente en fonction du degré de concentration du marché. La place de l'accord au sein d'un ensemble d'autres accords est mise en évidence afin d'en déduire l'effet sensible sur la concurrence. Lorsque l'accord contribue significativement à l'effet de fermeture du marché, l'exemption par catégorie ne joue plus son rôle.

Toujours dans cette hypothèse, l'article 7 du règlement donne la possibilité aux autorités nationales de retirer le bénéfice de l'exemption sur leur propre territoire. Ici, par exception, le droit national d'un pays européen et le droit communautaire pourraient donc ne pas coïncider, le premier interdirait un accord présumé légal au sens du second[2].

L'exemption par catégorie d'accord ne bénéficie pas d'une immunité, et une entente verticale remplissant les conditions prévues par le règlement, peut tout de même être interdite.

---

[1]. M. A. FRISON. ROCHE et M. S. PAYET, Droit de la concurrence, *infra* n°226 *op.cit.*

[2]. *Op. cit* M. a. FRISON. ROCHE et M. S. PAYET, Droit de la concurrence, *supra,* n°15 et suivant.

A.2 L'entente horizontale présumée licite

Les ententes horizontales sont celles conclues entre entreprises intervenant au même niveau du marché, le plus souvent concurrentes [1]. Or la concurrence est un état de rivalité non de coopération. En ce sens, la coopération traduit un renoncement des compétiteurs à la concurrence.

L'entente horizontale évoque le cartel, né au milieu du XIX siècle pour lutter contre les crises de surproduction[2]. Pour maximiser leurs profits, face à une demande insuffisante, les entreprises substituent l'accord à la concurrence : elles limitent la production, fixent un prix de vente des produits supérieur à celui qui résulterait du jeu de la confrontation. Les profits, nés de la coopération, sont comparables à ceux qui résulteraient de l'exercice d'un pouvoir de monopole[3]. Cette entente horizontale qui permet aux entreprises de fixer les prix, de limiter la production ou de répartir les marchés est illicite en raison de son objet[4].

En revanche, lorsque la coopération dessine des objectifs différents, la licéité de l'entente est moins douteuse. Des entreprises peuvent mettre des moyens en commun afin de spécialiser leur production, ou, encore, par exemple, dans le but de réaliser des recherches, de développer un produit nouveau. L'accord peut donc conduire à des gains d'efficience économique. A ce titre, il n'est plus,

---

[1]. Des entreprises non concurrentes peuvent être liées par un accord horizontal, notamment lorsqu'elles interviennent sur des marchés de produits différents mais complémentaires.

[2].Sur la notion de cartel, son apparition et son histoire, v. spéc. Les explications de P. et Ph. Didier, n°531 et s., p. 457 et s. Et J-L. Levet, L'économie industrielle en évolution, Les faits face aux théories, Economica 2004, p. 37 et s.

[3]. P. Médan et Th. Warin, Economie industrielle, Une perspective européenne, Dunod, 2000, p. 203 et s.

[4]. M. a. FRISON. ROCHE et M. S. PAYET, Droit de la concurrence, infra n°230 et s, op. cit. Il faut observer cependant que la nocivité d'un tel accord parait tout à la fois dépendante du pouvoir de marché qu'il manifeste et de sa stabilité. Lorsqu'une entreprise ne respecte pas l'accord par exemple en pratiquant des prix inférieurs à ceux convenus, ce comportement est de nature à restaurer la concurrence au sein du marché concerné. Cette instabilité de l'entente est mise en avant par la doctrine économique la plus libérale au soutien de sa licéité. V. E. Combe, n°44 et s., p. 115 et s.

systématiquement[1] pourchassé[2]. Des règlements d'exemption posent à certaines conditions, une présomption de légalité des accords.

L'approche en matière d'accords horizontaux, n'est pas différente de celle envisagée précédemment. Certaines ententes de coopération entre entreprises, ne sont pas néfastes. Pour reprendre les termes de la Commission : « La coopération peut être un moyen de partager les risques, de réaliser des économies de couts, de mettre en commun un savoir-faire et de lancer des innovations sur le marché plus rapidement. Pour les petites et moyennes entreprises, en particulier, la coopération est un important moyen d'adaptation à l'évolution des marchés » [3]. L'entente de coopération peut être riche en gains d'efficience économique.

Pour cette raison, outre le règlement adopté dans le secteur des assurances [4], la commission a pris deux règlements à vocation générale, le 29 novembre 2000. Le premier règlement est relatif aux accords de spécialisation[5]. Ces accords portent selon l'article 1er, sur les conditions dans lesquelles des entreprises « se spécialisent dans la fabrication de produits ». Ceux-ci interviennent dès lors qu'une entreprise accepte de cesser de fabriquer un produit et s'engage à l'acheter à une autre qui le lui fournit. Ces engagements peuvent être unilatéraux ou réciproques. Grace à l'accord, chaque entreprise va concentrer ses efforts dans une spécialité, abandonnant l'autre à son partenaire.[6]

---

[1]. M. a. FRISON. ROCHE et M. S. PAYET, Droit de la concurrence, infra n°217, *Op. cit*

[2]. V. P et Ph. Didier, n°757, p. 599, observant que « plus la coordination est loin du stade de vente, moins l'entente est dangereuse.

[3]. Communication de la commission, Lignes directrices sur l'applicabilité de l'article 81 du traité CE aux accords de coopération horizontale (2001/C3/02), JOCE, n°C3 du 6 janvier 2001, point 3.

[4]. Règlement CE n°358/2003 du 27 février 2003, concernant l'application de l'article 81, paragraphe 3, du traité à certaines catégories d'accords de décisions et de pratiques concertées dans le secteur des assurances, JOUE, n°L53 du 28 février 2003. Sur l'approche par seuils, v. article 7.

[5]. Règlement n°2658/2000 du 29 novembre 2000 concernant l'application de l'article 81, paragraphe 3, du traité à des catégories d'accords de spécialisation, JOCE, n°L304 du 5 décembre 2000. Ils sont définis par l'article 1er du règlement.

[6]. L'article 1er, §1, du règlement n°2658/2000 prévoit que : « conformément à l'article 81, paragraphe 3, du traité et sous réserve des dispositions du présent règlement, l'article 81, paragraphe 1, est déclaré inapplicable aux accords suivants qui sont conclus entre deux ou plusieurs (ci-après

Le second règlement a trait aux accords de recherche et de développement[1]. La coopération permet alors aux entreprises, de mettre en commun leurs ressources pour développer de nouveaux produits, ou procédés, mais également pour mettre à profit les résultats obtenus à la suite de leurs recherches[2]. Ils peuvent avoir pour objet la production ou la distribution en commun de ces produits.

. Prise en compte des seuils en parts de marché :

La présomption de légalité des accords est subordonnée au respect des seuils en parts de marché. La condition est suffisante pour les accords de spécialisation. Selon l'article 4 du règlement, ils sont

---

dénommées 'les parties')et portant sur les conditions dans lesquelles ces entreprises se spécialisent dans la fabrication de produits (ci-après dénommés 'accords de spécialisation') :

a) Soit les accords de spécialisation unilatérale, en vertu desquels l'une des parties accepte de cesser ou de s'abstenir de fabriquer certains produits et s'engage à les acheter à une autre entreprise concurrente, cette dernière s'engageant à fabriquer et à fournir ces produits ;
b) Soit les accords de spécialisation réciproque, en vertu desquels deux ou plusieurs parties s'engagent, sur une base réciproque, à cesser ou à s'abstenir de fabriquer certains produits, qui ne sont pas les mêmes, et à les acheter aux autres parties, lesquelles s'engagent à les leur fournir
c) Soit les accords de production conjointe, en vertu desquels deux ou plusieurs parties acceptent de fabriquer certains produits conjointement ».

[1]. Règlement n°2659/2000 du 29 novembre 2000 concernant l'application de l'article 81, paragraphe 3, du traité à des catégories d'accords de recherche et de développement, JOCE, n°L304 du 5 décembre 2000, ils sont définis par l'article 1er du règlement.

[2]. L'article 1er, §1, du règlement n° 2659/2000 prévoit que : « conformément à l'article 81, paragraphe 3, du traité et sous réserve des dispositions du présent règlement, l'article 81, paragraphe 1, est déclaré inapplicable aux accords qui sont conclus entre deux ou plusieurs entreprises (ci-après dénommées parties) et portent sur les conditions dans lesquels ces entreprises poursuivent :

a) Soit la recherche et le développement en commun de produits ou de procédés ainsi que l'exploitation en commun de leurs résultats
b) Soit l'exploitation en commun des résultats issus de la recherche et du développement de produits ou de procédés effectués en commun en vertu d'un accord conclu antérieurement par les mêmes parties
c) Soit la recherche et le développement en commun de produits ou de procédés, à l'exclusion de l'exploitation en commun de leurs résultats.

La présente exemption s'applique dans la mesure où ces accords (dénommés ci-après accords de recherche et de développement) contiennent des restrictions de concurrence tombant sous le coup de l'article 81, paragraphe 1 ».

exemptés « à condition que la part de marché cumulée des entreprises participantes n'excède pas 20% du marché en cause ». Lorsqu'au moment de l'accord, le seuil n'est pas franchi, mais qu'ultérieurement il l'est, sans dépasser 25%, l'accord demeure valable pendant les deux années qui suivent ce franchissement ; si un seuil de 25% est dépassé, la durée de validité est ramenée à un an[1].

S'agissant des accords de recherche et de développement, les conditions de l'exemption sont plus complexes. Certaines conditions visent à délimiter la nature des accords de recherche et de développement autorisés. Les accords de recherche et de développement sont en effet susceptibles de recouvrir des réalités très différentes, que le règlement cherche à systématiser[2]. A ces conditions s'ajoute celle du seuil en parts de marché. Lorsque les entreprises sont concurrentes, l'exemption bénéficie à l'accord, selon l'article 4, §2, du règlement, lorsque la part de marché cumulée des parties n'est pas « supérieure à 25% du marché en cause constitué par les produits susceptibles d'être améliorés ou remplacés par les produits contractuels ». L'exemption dure pendant toute la durée de la recherche ou du développement, dès lors que ce seuil n'est pas franchi[3]. En outre lorsqu' au moment de l'accord le seuil n'est pas franchi, mais qu'ultérieurement il l'est, sans dépasser néanmoins 30%, l'accord demeure valable pendant les deux années qui suivent ce franchissement ; si le seuil de 30% est dépassé, la durée de validité est ramenée à un an[4].

Comme pour les accords verticaux, le bénéfice de l'exemption pour les accords horizontaux susvisés est écarté, lorsque l'accord comporte certaines clauses portant des restrictions graves ou caractérisées à la libre concurrence[5]. Il s'agit là de l'hypothèse de l'entente interdite par son objet que nous avons étudié plus haut[6].

---

[1]. Article 6 du règlement n°2658/2000 du 29 novembre 2000. Et le paragraphe 4 de cet article prévoit que ces bénéfices ne peuvent être cumulés « de manière à dépasser une durée de deux années civiles ».

[2]. Article 3 du règlement n°2659/2000.

[3]. Article 4§3, du règlement n°2659/2000.

[4]. Article 6 du règlement n°2659/2000. Et le paragraphe 4 de cet article prévoit encore que ces bénéfices ne peuvent être cumulés « de manière à dépasser une durée de deux années civiles ».

[5]. Article des règlements n°2658/2000 et 2659/2000 du 29 novembre 2000.

[6]. Article 4 du règlement du 22 décembre 1999.

De même les règlements d'exemption d'accords horizontaux prévoient la possibilité d'un retrait de l'exemption lorsque l'accord « a néanmoins des effets incompatibles avec les conditions énoncées par l'article 101§3 TFUE »[1]. Comme en matière d'entente verticale, le retrait de l'exemption a pour effet de placer l'accord dans le domaine de l'appréciation au cas par cas.

B. Les ententes généralement considérées comme licites

Comme évoqué ci-dessus, l'entente n'est contrôlable qu'en raison de l'atteinte sensible à la concurrence qui en résulte. Cette évaluation ne concerne pas les ententes présumées licites en application d'un règlement d'exemption. A priori, en revanche, les ententes qui ne bénéficient pas de cette présomption devraient être systématiquement soumises au contrôle de leur légitimité, l'appréciation se fait au cas par cas in concreto[2]. L'avis de la Cour de justice est tel, qu'un accord échappe à la prohibition « lorsqu'il n'affecte le marché que de manière insignifiante, compte tenu de la faible position qu'occupent les intéressés sur le marché de produits en cause »[3]. Le juge français s'est aussi aligné sur cette analyse[4].

Cela signifie que certaines ententes sont soustraites au contrôle parce que leurs effets sont trop insignifiants. Il s'agit d'examiner dans quelle mesure le pouvoir de marché des parties à l'accord est suffisant pour affecter de manière sensible la concurrence.

La loi ne fixe pas de seuils de sensibilité de l'entente, en l'absence d'un règlement d'exemption par catégorie. Il appartient donc aux autorités de concurrence et à la jurisprudence de déterminer au cas par cas, selon les marchés, si telle entente a un effet sensible sur la concurrence ou présente la potentialité d'un tel effet. L'insécurité qui en résulte pour les entreprises a conduit la Commission à donner des

---

[1]. Article 7 des règlements n°2658/2000 et 2659/2000 du 29 novembre 2000.

[2]. Sur cette méthode d'appréciation v M.A. FRISON ROCHE. Et M.S. PAYET, Droit de la concurrence, infra n°272, *Op. cit.*

[3]. CJCE, 9 juillet 1969, Voelk, aff. 5/69, Rec. 295, point 7.

[4]. Com., 4 mai 1993, Bull n°172, approuvant la Cour d'appel d'avoir décidé que la « prohibition ne pouvait être relevée, l'accord dénoncé n'ayant qu'une portée limitée dans le marché pertinent considéré et ne pouvant porter atteinte de façon sensible au jeu de la concurrence. Et sur l'évolution du droit français sur cette question, v. Rapport du Conseil de la concurrence pour l'année 2003, études thématiques, Objet, effet, intention anticoncurrentielle, spéc. P. 64 et s.

directives prenant la forme de communications. Ces communications ne lient pas le juge[1]. Elles constituent néanmoins un guide d'analyse utile auquel il se réfère dans ses décisions.

Les premières communications en ce domaine sont celles, dite de *minimis*, qui ont pour objet de définir « les accords d'importance mineure qui ne restreignent pas sensiblement la concurrence ». Au Maroc, la règle de minimis fut adoptée pour la première fois avec la loi 104-12. En Europe la dernière communication est intervenue le 22 décembre 2001. En même temps, la Commission a adopté des lignes directrices sur les restrictions verticales, le 13 octobre 2000[2], et, le 6 janvier 2001, sur les accords de coopération horizontale[3]. Ces lignes directrices doivent permettre aux entreprises dont l'accord ne relève pas du champ d'application de l'exemption par catégorie, de vérifier que leur accord est susceptible d'obtenir une exemption individuelle[4], sur la base de l'alinéa 3 de l'article 101TFUE, et de l'article 9 de la loi 104-12.

En Europe, selon la communication de minimis, les accords entre entreprises non concurrentes ne restreignent pas sensiblement la concurrence « si la part de marché détenue par chacune des parties à l'accord ne dépasse 15% sur aucun des marchés en cause affectés par l'accord »[5]. Lorsque l'accord unit des entreprises concurrentes, il ne restreint pas sensiblement la concurrence « si la part de marché cumulée détenue par les parties à l'accord ne dépasse 10% sur aucun des marchés affectés par ledit accord ». Enfin, « dans les cas où il est difficile de déterminer s'il s'agit d'un accord entre concurrents ou

---

[1]. Elles ne préjugent « pas l'interprétation de l'article 81§1 du traité qui pourrait être donnée par la Cour de justice ou le tribunal de première instance des Communautés européennes ». Communication de la Commission concernant les accords d'importance mineure qui ne restreignent pas sensiblement le jeu de la concurrence au sens de l'article 81, paragraphe 1, du traité instituant la Communauté européenne (de minimis), (2001/C368/07. JOCE, n°C368 du 22 décembre 2001, article 5.

[2]. Lignes directrices sur les restrictions verticales, préc.

[3]. Lignes directrices sur l'applicabilité de l'article 81 du traité CE aux accords de coopération horizontale, préc.

[4]. M.A. FRISON. ROCHE et M. S. PAYET, Droit de la concurrence, v infra, n°270 et s, *Op. cit.*

[5]. Le seuil de sensibilité a été augmenté de 10 à 15% par rapport à l'ancienne communication, ce qui traduit encore le vent de clémence dont ces accords bénéficient.

d'un accord entre non concurrents, c'est le seuil de 10% qui s'applique[1].

Un accord unissant des entreprises dont le pouvoir de marché n'atteint pas les seuils fixés par la communication de minimis pourrait néanmoins être interdit en application de l'article 101 § 1 du TFUE. Il en est ainsi, d'abord, lorsque l'entente a pour objet même de restreindre la concurrence et qu'elle est donc interdite en raison de son objet[2]. Il en est encore ainsi lorsqu'il est démontré que l'entente affecte sensiblement la concurrence en dépit du respect des seuils fixés. Importe alors, surtout, la structure du marché concerné.

Le franchissement des différents seuils n'implique pas que l'accord soit interdit par application de l'article 101§1 TFUE ou de l'article L. 420-1 du code de commerce. Il signifie seulement qu'il est susceptible de l'être et qu'il doit donc être examiné à ce titre. Il sera alors nécessaire de définir l'ampleur de l'atteinte à la concurrence née de l'accord.

Au Maroc le seuil en parts de marché que les entreprises ne doivent pas dépasser pour échapper au contrôle est fixé par le Chef du gouvernement.

Par ailleurs, la loi 104 -12 exempte les accords entre petites et moyennes entreprises en les soustrayant au contrôle.

En outre, les ententes qui apportent du progrès économique et remplissent les conditions d'exemption ne peuvent être autorisées que par arrêté du Chef du Gouvernement ou l'autorité gouvernementale déléguée par lui à cet effet, après avis du conseil de la concurrence. De même, l'article 7 du décret pris pour l'application de la loi 104-12 précise que les critères quantifiant ce qui ne constitue pas une restriction sensible de la concurrence sont fixés par le chef du gouvernement. En outre, les entreprises parties à l'entente doivent la notifier au Chef du gouvernement, et le renseigner de leurs parts de marché en volume et en chiffre d'affaires.

En Europe, les règles envisagées ont permis de dresser une liste d'accords soustraits à l'interdiction, *a priori*. L'exemption par catégorie soustrait les ententes à l'interdiction parce que leur effet est

---

[1]. Les accords peuvent dépasser ces seuils « de 2 points de pourcentage au cours de deux années civiles successives ». Communication de minimis, préc., point 9.

[2]. M.A. FRISON. ROCHE et M. S. PAYET, Droit de la concurrence, v infra, n°230 et s, *Op.cit.*

présumé bénéfique, en tout cas non néfaste. Les seuils de sensibilité opèrent un effet comparable, mais pour une raison différente : sont mis de côté les accords jugés insignifiants dans leurs effets.

Le franchissement des seuils n'implique pas que l'entente soit systématiquement interdite, mais seulement qu'elle est susceptible de l'être. Il sera alors nécessaire de définir l'ampleur de l'atteinte à la concurrence, et si cette atteinte peut être compensée par des effets pro concurrentiels, qui viendrait blanchir la pratique. D'où la nécessite d'analyser ci-dessous l'autorisation des ententes par l'exemption individuelle à la lumière de l'article 9 de la loi 104-12 et des lignes directrices relatives à l'application de l'article 101 TFUE§3, et la réception de la règle de raison.

Paragraphe 2 : L'autorisation des ententes par l'exemption individuelle et la consécration d'une règle de raison :

Le contrôle des comportements concertés dans les ordres juridiques, marocains, français et communautaires, n'intervient que pour les accords qui sont susceptibles d'affecter sensiblement la concurrence.

Ainsi, il doit d'abord s'agir d'ententes dont l'effet sur le marché n'est pas jugé insignifiant. Le franchissement des seuils de sensibilité conduit en effet, à évaluer la licéité de l'accord[1]. De même, le contrôle intervient pour les ententes qui relèvent d'un règlement d'exemption par catégorie mais qui ne bénéficient pas de présomption de légalité. Le franchissement des seuils définis par les règlements n'entraine pas non plus une présomption d'illégalité des accords concernés[2] et leur

---

[1]. TPICE, 8 juin, Langnese Iglo GmbH c/ Commission, aff. T-7/93, Rec. II-1533, point 98 : la « communication ne vise qu'à définir les accords qui, selon la Commission n'ont pas d'effet sensible sur la concurrence ou le commerce entre les Etas membres... on ne saurait toutefois en déduire, avec certitude, qu'un réseau de contrats d'achat exclusif est automatiquement susceptible d'empêcher, de restreindre ou de fausser le jeu de la concurrence de manière sensible du seul fait que les seuils qui y sont prévus sont dépassés. D'ailleurs, il ressort du libellé même du point 3 de ladite communication qu'il est tout à fait possible que dans des cas d'espèce, des accords conclus entre entreprises qui dépassent le seuils indiqués n'affectent le commerce entre Etats membres ou la concurrence que dans une mesure insignifiante et, par voie de conséquence, ne tombent pas sous le coup des dispositions de l'article 85 paragraphe 1, du traité ».

[2]. Lignes directrices sur les restrictions verticales, préc., point 62.

interdiction, mais simplement l'approfondissement du contrôle. Ce franchissement amène le juge à vérifier concrètement, la sensibilité de l'atteinte portée par l'accord. Sont cependant toujours interdites certaines restrictions graves de concurrence causées par l'entente. Le contrôle de l'effet de l'entente sur le marché n'est alors pas requis : l'entente est interdite par son objet même. De même, la possibilité de l'exemption individuelle d'une telle entente reste fortement improbable, si théoriquement elle n'est pas impossible[1].

Le contrôle des effets de l'entente se réalise en deux étapes. L'évaluation porte d'abord sur la restriction de la concurrence résultant de la concertation. A ce stade, importe la nature de l'accord, son objet, et le pouvoir de marché contrôlé par les participants à la concertation. La question de l'exemption individuelle d'une entente se posera alors ensuite, essentiellement dans l'hypothèse où le pouvoir de marché des entreprises est important. Dans cette circonstance, les effets bénéfiques de la concertation devront être démontrés par les entreprises qui souhaitent soustraire leur accord au principe de l'interdiction.

Si la preuve de la restriction de la concurrence est établie, le problème de son exemption individuelle se pose à la lumière des conditions posées par l'article 9 de la loi 104-12, et 101§3.

A. L'exemption individuelle des ententes

L'article 9 de la loi 104-12, permet d'exempter les ententes qui contribuent au progrès économique ou technique, y compris par la création ou le maintien d'emploi, et qui réservent aux utilisateurs une partie équitable du profit qui en résulte. On a pu y voir un équivalent de la règle de raison[2]. En outre, ces ententes ne doivent pas donner aux entreprises la possibilité d'éliminer la concurrence pour une partie substantielle des biens, produits et services en cause. Ces pratiques ne doivent imposer des restrictions à la concurrence que dans la mesure où elles sont indispensables pour atteindre cet objectif de progrès.

De même, les ententes qui contribuent à améliorer la gestion des PME, et la commercialisation par les agriculteurs de leurs produits, peuvent être soustraites à l'interdiction.

---

[1]. M.A. FRISON. ROCHE et M. S. PAYET, Droit de la concurrence, v infra, n°230 et s, *Op.cit.*

[2]. M.A. FRISON. ROCHE et M. S. PAYET, Droit de la concurrence, v infra, n°273, *op.cit.*

L'exemption constitue une exception au principe d'interdiction posé par l'article 6. Il appartient aux entreprises de démontrer que leur accord, quoique restrictif de concurrence, contribue au progrès économique et mérite donc d'être sauvé[1]. Par rapport à la règle de raison, cette répartition des charges de preuve impliquée par la distinction entre l'article 6 et 9, n'est donc pas favorable aux entreprises. Par principe, tout accord est susceptible de bénéficier d'une exemption individuelle, quelle que soit la gravité de ses effets[2]. Pour autant, cette gravité, en particulier, lorsque l'objet même de l'accord le soumet au principe d'interdiction, aura pour conséquence que les conditions de l'exemption ne seront que très rarement remplies[3]. Le jeu de l'exemption individuelle a donc, en réalité, pour domaine les ententes interdites en raison de leurs effets.

L'évaluation de l'accord se traduit par un bilan de ses effets positifs et négatifs. Par exemple, un accord de développement qui unit des entreprises disposant d'un faible pouvoir de marché ne relève pas de l'interdiction car ses effets bénéfiques sont présumés. Lorsqu'un tel accord manifeste au contraire un important pouvoir de marché, il est soumis à l'interdiction : c'est donc sur le terrain des exemptions que les gains d'efficacité de l'entente seront examinés. Ils doivent alors être prouvés.

Quatre conditions cumulatives sont requises par le texte pour bénéficier de l'exemption individuelle : le progrès économique ; la nécessité de restrictions de concurrence ; la répartition des fruits du progrès aux utilisateurs ; l'absence d'élimination de la concurrence.

Par ailleurs, les lignes directrices relatives à l'application de l'article 101 TFUE§3, nous renseignent sur l'approche suivie par la

---

[1]. CJCE, 11 juillet 1985, Remia BV& a. c/ Commission, préc., point 45.

[2]. TPICE, 15 juillet 1994, Matra Hachette SA c/ Commission, aff. T-17/93, Rec. II-595, point 85, relevant que : « il ne saurait, en principe, exister de pratique anticoncurrentielle qui, quelle que soit l'intensité de ses effets sur un marché déterminé, ne puisse etre exemptée, dès lors que les conditions prévues par le paragraphe 3 de l'article 85 sont cumulativement satisfaits ».

[3]. Lignes directrices concernant l'application de l'article 81, paragraphe 3, du traité, préc, point 46 : « il est fort peu probable que de grave restrictions de concurrence puissent remplir les conditions de l'article 81, paragraphe 3. En général, ces restrictions sont interdites par les règlements d'exemption par catégorie ou qualifiées de restrictions caractérisées dans les lignes directrices et les communications de la Commission. D'ordinaire les accords de cette nature ne remplissent pas les deux conditions au moins de l'article 81, paragraphe 3 ».

commission pour l'application de cet article. Elles préconisent que l'appréciation au regard de l'article 101 du TFUE s'effectue en deux étapes. La première consiste à déterminer si un accord entre entreprises, qui est susceptible d'affecter le commerce entre pays de l'UE, a un objet anticoncurrentiel, ou des effets anticoncurrentiels réels ou potentiels. En effet, l'article 101, paragraphe 3, du TFUE n'entre en ligne de compte que si un accord entre entreprises restreint le jeu de la concurrence au sens de l'article 101, paragraphe 1, du TFUE. En cas d'accords non restrictifs, il est inutile d'examiner le profit résultant éventuellement de l'accord. Les lignes directrices de la Commission sur les restrictions verticales et les accords de coopération horizontale, contiennent de nombreuses orientations sur l'application de l'article 101, paragraphe 1, du TFUE à différents types d'accords. L'accent comme précédemment souligné, est mis sur le pouvoir de marché des entreprises concernées par l'accord.

De même, la seconde étape qui n'a lieu d'être que s'il est avéré qu'un accord restreint le jeu de la concurrence, consiste à déterminer les effets pro concurrentiels produits par cet accord et à voir si ces effets pro concurrentiels l'emportent sur les effets anticoncurrentiels. La mise en balance des effets anticoncurrentiels et des effets pro concurrentiels s'effectue exclusivement dans le cadre établi par l'article 101 paragraphe 3 du TFUE. Les lignes directrices examinent les quatre conditions énoncées à l'article 101 paragraphe 3 du TFUE, à savoir:

- Les gains d'efficacité ;
- L'apport d'une partie équitable du profit aux consommateurs ;
- Le caractère indispensable des restrictions ;
- L'absence d'élimination de la concurrence.

Étant donné que ces quatre conditions sont cumulatives, dès lors qu'il est constaté que l'une d'elles n'est pas remplie, il est inutile d'examiner les trois autres. Il n'est donc pas exclu que dans certains cas, il soit indiqué d'examiner ces quatre conditions dans un ordre différent.

L'article 101 paragraphe 3 du TFUE n'exclut pas a priori certains types d'accords de son champ d'application. Par principe, tous les accords restrictifs qui remplissent cumulativement les quatre conditions de l'article 101 paragraphe 3 du TFUE bénéficient de l'exemption. Toutefois, il est fort improbable que de graves restrictions de la concurrence puissent remplir les conditions de l'article 101 paragraphe 3 du TFUE. En général, ces restrictions sont interdites par des règlements d'exemption par catégorie ou qualifiées de restrictions caractérisées dans les lignes directrices et les communications de la Commission. D'ordinaire, les accords de cette nature ne remplissent pas les deux premières conditions (au moins) de l'article 101 paragraphe 3 du TFUE. Ils ne créent pas d'avantages économiques objectifs et ne bénéficient pas aux consommateurs.

. *Gains économiques de l'entente* : Les entreprises doivent démontrer les gains d'efficacité de l'entente, appréciés objectivement[1]. Que l'entente améliore leur propre situation n'est évidemment pas suffisant[2]. En ce sens, les gains mis en évidence consistent en des « gains d'efficacité économiques objectifs »[3] : réduction des couts[4], avancées techniques ou technologiques, meilleure qualité des produits ou des services.

Un accord peut ainsi permettre la mise en place de produits nouveaux ou de techniques nouvelles[5], renforcer la situation concurrentielle d'un secteur particulier[6].

---

[1]. Sur l'éventuelle transposition du raisonnement dans l'abus de position dominante v. M.A. FRISON. ROCHE et M. S. PAYET, Droit de la concurrence, v *supra,* n°243.

[2]. CJCE, 13 juillet 1966, Consten et Grundig c/ Commission, préc., relevant que : « cette amélioration ne saurait étre identifiée à tous avantages que les partenaires retirent de l'accord quant à leur activité de production ou de distribution, avantages généralement incontestables qui feront apparaitre l'accord dans tous ses éléments comme indispensables à l'amélioration ainsi comprise ». L'amélioration « doit notamment présenter des avantages objectifs sensibles, de nature à compenser les inconvénients en résultant sur le plan de la concurrence ». Egalement par exemple, TPICE, 8 juin 1995, Langnese Iglo GmbH c/ Commission, aff. T-7/93, Rec. II-1533, point 180.

[3]. Lignes directrices concernant l'application de l'article 81, paragraphe 3, du traité, préc. Point 59.

[4]. On peut prendre l'exemple de l'économie d'échelle résultant d'un accord d'achat, Lignes directrices sur l'applicabilité de l'article 81 du traité CE aux accords de coopération horizontale, préc., point 132.

[5]. Il en est par exemple d'une entente visant le développement de nouveaux vaccins. Commission, 6 octobre. 1994, Pasteur Mérieux Merck, JOCE n° L 309 du 2 décembre 1994, point 82. Contribue également au progrès technique le développement d'un moteur d'avion par une entreprise commune. La coopération permet ici, en particulier, une réduction très importante des couts d'investissement et la mise au point plus rapide du nouveau moteur. Commission, 14 septembre 1999, GEAE/P&W, JOCE n° L58 du 3 mars 2000.

[6]. Les sociétés d'économie mixtes concessionnaires d'autoroutes (SEMCA), chargées d'exploiter le domaine public autoroutier pour le compte de l'Etat,

Les avantages sociaux d'un accord peuvent également être pris en considération. On peut prendre l'exemple de l'assainissement d'un secteur en crise dans des conditions sociales acceptables[1] ou de la création d'emplois. Le maintien ou la création d'emploi constituent en effet des éléments à prendre en considération au titre du progrès économique.

. *Nécessité des restrictions de concurrence* : L'accord et les restrictions de concurrence qu'il organise doivent être nécessaires à l'obtention du progrès allégué[2]. Il ne doit pas y avoir d'autre moyen. Il en est ainsi notamment, lorsque les investissements nécessaires pour la réalisation du projet ne pourraient être réalisés en l'absence de coopération[3]. L'appréciation de cette condition se prolonge dans celle

---

ont, par exemple, décidé de définir en commun la place à accorder aux enseignes de la grande distribution et aux groupes pétroliers, sur le réseau autoroutier, à l'occasion du renouvellement des exploitants de stations-service du réseau. La concertation limite donc l'accès au marché pour certains opérateurs. Saisi pour avis, le Conseil de la concurrence français, après avoir précisé son incompétence dans l'hypothèse où une phase contentieuse serait entamée, relève que la concertation pourrait structurer le marché de manière cohérente, renforcer la place de la grande distribution et permettre une baisse de prix du carburants sur les autoroutes françaises. Cons. Conc., 16 avril 1004, Avis relatif aux conditions d'attribution par les sociétés d'autoroutes des autorisations d'installations commerciales sur les aires autoroutières, n°04-A-06, BOCC, 6 septembre 2004.

[1]. V. Commission, 29 avril1994, Stichting Baksteen, JOCE n° L 131 du 26 mai 1994, point 27.

[2]. Ecartant l'exemption sur ce fondement : Cons. Conc., 29 juillet 2003, Pratiques mises en œuvre sur le marché des fraises produites dans le Sud-Ouest, n° 03-D-36, BOCC, 8 octobre 2003, points 88-92 ; Cons.conc., 17 novembre 2003, Avis relatif à une demande de la Fédération française des courtiers d'assurances et de réassurances portant sur les conditions de négociation des contrats de coassurance des risques industriels, n° 03-A-19, BOCC, 26 avril 2005, point 39.

[3]. Commission, 16 octobre 2003, ARA, JOUE n° L 75 du 12 mars 2004. Des sociétés autrichiennes ont mis en place un système de collecte et de valorisation d'emballages, dans le but de mettre en œuvre une loi autrichienne transposant une directive européenne (94/ 62/ CE) relative au traitement des déchets. Parmi de nombreuses clauses examinées, celle qui organise une exclusivité territoriale au profit des entreprises de collecte et de tri, relève de l'article 81§1 du traité CE. Sur le fondement de l'article 81§3, la Commission observe que l'accord contribue à la mise en œuvre des dispositions environnementales et que la clause d'exclusivité est justifiée par des économies d'échelle et de gamme. Ces économies devraient etre répercutées sur le consommateur. La restriction est en outre

des modalités de l'accord : la durée de la collaboration est à cet égard déterminante. Elle doit être proportionnée à l'objectif recherché. Lorsque la condition n'est pas remplie, l'exemption est refusée.

. *Répartition équitable des fruits aux utilisateurs :*

Le progrès innovant doit constituer un progrès pour la collectivité dans son ensemble et non simplement permettre une amélioration conjoncturelle de la situation des entreprises intéressées[1]. En d'autres termes, l'exigence d'une répartition équitable des bénéfices du progrès atteste de sa réalité même. Il s'agit de vérifier que la restriction de la concurrence est compensée pour les utilisateurs en raison des bénéfices économiques de l'accord. Les consommateurs au sens des textes, sont « les clients des parties à l'accord et les acheteurs ultérieurs »[2]. L'accord « doit au moins être neutre à leur égard »[3].

. *L'absence d'élimination de la concurrence :*

La suppression de la concurrence par la voie de l'accord n'est jamais admise[4]. L'application de cette condition « nécessite une analyse réaliste des différentes sources de concurrence sur le marché, du niveau de contrainte concurrentielle qu'elles imposent aux parties à l'accord et de l'incidence de l'accord sur cette contrainte »[5].

Pour apprécier cette condition, l'autorité de la concurrence et le juge aura égard aux parts de marché contrôlées par les parties, mais également à la structure du marché en cause, ainsi qu'a l'existence d'une pression concurrentielle potentielle.

---

nécessaire pour protéger les investissements considérables réalisés, à la condition qu'une nouvelle attribution des marchés se réalise au bout de 5 ans. Cette condition permet le maintien d'une concurrence sur le marché : à l'expiration du contrat, une procédure concurrentielle transparente et objective permettra une concurrence pour l'attribution des zones de collecte.

1.Cons. conc., rapport pour l'année 1992, p. 129.

2. Lignes directrices concernant l'application de l'article 81, paragraphe 3, du traité, préc., point 84.

3. *Ibid.,* point 85.

4. Par exemple, Cons. Conc., 10 juillet 1999, Pratiques constatées dans le secteur des applications thermiques de l'énergie, n° 99-D-51, BOCC, 11 décembre 1999.

5. Lignes directrices concernant l'application de l'article 81, paragraphe 3, du traité, préc. Point 108.

B. Prémices de la réception de la règle de raison

La règle de raison témoigne de l'importance du raisonnement économique et de l'incidence des théories économiques dans l'élaboration de la règle juridique.

En effet, l'influence américaine et l'adoption du raisonnement économique par les autorités de la concurrence et le juge, a débouché sur la réception de la règle de raison dans les systèmes juridiques français et communautaires.

La règle de raison se voit consacrée par les juridictions américaines, suite à l'épanouissement des théories économiques développées par l'école de Chicago. En effet, pour remédier à la rigidité des lois antitrust américaines, le droit américain s'est ouvert aux constructions jurisprudentielles et aux théories économiques, défendues par cette école.

Un aperçu sur les idées défendues par l'école de Harvard et l'école de Chicago nous permettra de comprendre les origines de l'interdiction *per se* de certaines pratiques, et les raisons qui ont présidé à la consécration de la règle de raison dans la qualification de certains comportements des entreprises.

L'intégration des préoccupations économiques dans la politique de la concurrence et les préconisations de l'économie en la matière ont suivi les évolutions de la théorie économique de l'organisation industrielle. Dans un premier temps, l'école de Harvard (avec notamment Chamberlin, Mason, Bain...) se développe dans les années 1930 à 1960 et tente de fournir des lignes directrices à la politique de la concurrence. Avec le paradigme "SCP" : structure - comportement – performance, elle présume qu'une conduite est à interdire à partir de certaines caractéristiques structurelles du marché (ex : taille des entreprises, nombre de vendeurs, différenciation des produits, structure des coûts...). Le paradigme SCP considère en effet que la structure du marché détermine le comportement des entreprises (prix, investissements...), qui à son tour détermine la performance du marché. Cette conception se traduit par une méfiance vis-à-vis des grandes entreprises et des marchés concentrés, induisant un interventionnisme judiciaire marqué ; toute entente est sévèrement jugée.

Cette approche est vivement contestée à partir des années 70 (années de crise économique) par l'école de Chicago. De nouveaux théoriciens, économistes et juristes, dont l'un des représentants emblématiques est Richard Posner, mais aussi Bork, Stigler, etc, proposent une nouvelle lecture ordonnée autour de l'idée d'efficience, c'est-à-dire d'allocation efficace des ressources favorisée par la libre concurrence. Selon cette conception, toute position hégémonique sur un marché ne peut être que temporaire, "le marché générant ses propres antidotes "[1]. L'interventionnisme judiciaire doit être strictement limité : la prohibition ne doit appréhender que les cartels et fusions horizontales créant un risque de collusion ainsi que les cas d'exercice individuel de pouvoir sur le marché[2]. L'efficacité devient l'unique finalité du droit de la concurrence. L'unicité d'objectif est prétendue garante de la sécurité juridique. Cette théorie est favorable à l'abandon des considérations sociales et politiques en politique de la concurrence.

L'Ecole de Chicago est à son tour critiquée. On lui reproche le manque d'un outil d'analyse systématique, le choix d'un critère unique de jugement, une conception trop statique du phénomène concurrentiel, ainsi que son ultra libéralisme. La nouvelle économie industrielle ou école "post-Chicago", depuis les années 1980-1990, renouvelle l'analyse des interactions stratégiques entre les entreprises à l'aide de la théorie des jeux non coopératifs.

C'est dans un arrêt *Standart Oil* de 1911, que la Cour suprême américaine consacre le principe d'une interprétation raisonnable de la prohibition édictée à la section 1 du *Sherman*

Act. Le *Chief Justice* y énonce que " le critère de la règle de raison a été voulu en tant que règle ... permettant de... déterminer si, dans un cas concret, une situation de fait déterminée avait ou non occasionné l'acte dommageable à l'encontre duquel la loi a entendu légiférer

---

[1]. D. FASQUELLE, "La règle de raison et le droit communautaire des ententes", Thèse Paris II, 1961 p.13. On peut citer pour exemple les réseaux de distribution, qui permettent d'éviter les "*free riders*", passagers clandestins, qui profitent gratuitement des dépenses faites par un concurrent pour promouvoir un produit. La différence d'approche avec le droit communautaire est frappante.
Dans l'ordre européen, les "*free riders*" sont considérés avec bienveillance car ils empêchent le cloisonnement du marché.

[2]. Pour un exposé de ces différentes théories, et d'une façon plus générale, pour un plus ample exposé du droit américain, cf B.E. HAWK, "Un tour d'horizon du droit et de la politique de la concurrence", Cah. Dr. Entr. 1992 / 5, p.1 ; du même auteur, "La révolution antitrust américaine: une leçon pour la Communauté économique européenne?", R.T.D.E. 1989 /1, p.5 ; L. VOGEL," Droit de la concurrence et concentration économique", Thèse Paris 1988.

"[1]. Cet arrêt est le premier à avoir appliqué différemment la règle de raison, sous la forme d'un bilan concurrentiel.

Dans cette conception, les tribunaux fédéraux doivent apprécier si une entente restrictive peut néanmoins avoir un bilan positif pour la concurrence. Ils sont invités pour ce faire, à procéder à une enquête poussée, nécessitant une définition préalable du marché pertinent. L'école de Chicago, favorable à une prise en considération des effets concrets, actuels et potentiels, encourage cette recherche.

La règle se réduit désormais, sous l'influence de l'approche économique, au seul bilan concurrentiel. La contribution de l'entente à l'amélioration de la production, ou de la distribution n'est par exemple pas considérée comme un critère pertinent.

L'influence que l'école de Harvard exerçait des années 50 à 70, avait abouti à une application quasi systématique des interdictions *per se*, raréfiant en conséquence l'établissement d'un bilan concurrentiel. L'école de Chicago s'est au contraire employée à réduire l'application de la *Per se Rule* à des hypothèses assez exceptionnelles : pratiques horizontales et verticales de fixation de prix, de partage de clientèle ou de territoire, pratiques de boycott et de ventes liées…

Dans les années 60 fut en effet appliquée à certaines pratiques une quasi règle *per se*. Des pratiques de vente liée ("*tying arrangments* "[2]), en principe frappées par l'interdiction *per se*, n'ont été condamnées que si l'entreprise incriminée détenait une certaine puissance économique, et que cette puissance était mise au service de la vente liée.

La pratique du bilan a évolué d'une façon symétrique. Le coût et le temps nécessaires à l'analyse minutieuse de l'impact prévisible de la pratique sur la concurrence, ont incité les juges à ne retenir dans certaines hypothèses qu'une règle de concurrence partielle, ou tronquée

("*Truncalled rule of reason*). Ils filtrent désormais, le contentieux à travers l'analyse du pouvoir détenu par l'entreprise mise en cause. Avant que sa demande ne soit examinée, le plaignant doit démontrer que l'entreprise qu'il incrimine détient un pouvoir significatif sur le

---

[1]. Chief Justice WHITE, in Standart Oil of New Jersey v. United States, 221 U.S. 1, ou 31 S. Ct 502 (1911): " *the standart of reason was intended to be the measure... for... determining wether in a given case, a particular act had or have not brought about the wrong against which a statute provided.*" (extrait cité par G. WILS, p. 22 de l'article précité)

marché de référence. S'il échoue, la pratique est présumée raisonnable. S'il y parvient, les juges doivent alors procéder au bilan concurrentiel.

Le droit américain, auquel il est fait souvent référence, n'est donc pas un modèle stable. On l'a expliqué en faisant valoir que "la matière elle-même empêche toute cristallisation des règles applicables. En effet, il règne autour du concept central de concurrence, une perpétuelle agitation, et les théories économiques - et les idées politiques - ne cessent de changer, entraînant une modification du comportement du juge qui considère qu'aucune solution n'est jamais acquise "[1].

La règle de raison américaine a pourtant pénétré les droits communautaires et français de la concurrence.

On peut conclure que dans les systèmes juridiques marocain, communautaire et français, le traitement des ententes anticoncurrentielles, se dédouble en un principe d'interdiction assorti d'une possibilité d'exemption. C'est au sein de l'article 6 de la loi 104-12, et l'article 101§1TFUE, que la règle de raison est susceptible de jouer, précisément pour éviter ce fastidieux détour par l'article 9 et le paragraphe 3 de l'article 101 TFUE. L'introduction de la règle de raison américaine dans l'application de l'article 6 et 101§1TFUE, est-elle opportune ? Est-elle effective ?

En effet, on peut avancer comme argument militant en faveur de la réception de la règle de raison dans ces systèmes juridiques, le fait que cette règle permet tout d'abord de contourner les inconvénients liés à la notification des ententes litigieuses. L'exemption individuelle d'une entente est en effet subordonnée à une condition de forme : les entreprises candidates à l'exemption doivent soumettre leur entente au Chef du gouvernement au Maroc, et à la Commission européenne en Europe par le biais d'une procédure de notification.

Le non-respect de cette condition, constitue un obstacle définitif au "rachat". En outre, l'exemption ne peut intervenir qu'à la date de la notification ; elle ne peut en aucun cas rétroagir à une date antérieure. Nous verrons que ces deux conséquences sont redoutables pour les entreprises et soulèvent des difficultés inextricables au regard de la théorie générale des nullités. La règle de raison permet de les éviter. Intégrée à l'article 6 et 101§1, elle autorise l'exemption d'ententes non notifiées. Ceci constitue un avantage considérable.

---

[1]. D. FASQUELLE, "La règle de raison et le droit communautaire des ententes", Thèse Paris II, 1961, p.149

Les détracteurs de l'introduction de la règle de raison dans le droit communautaire avancent comme premier argument, que les droits de la concurrence américain et européen s'opposent en de nombreux points.

La fonction impartie à la concurrence y est radicalement différente. Alors qu'elle constitue une finalité en soi en droit américain, elle n'est en droit communautaire qu'un des moyens pour réaliser l'objectif d'intégration[1]. Le droit communautaire se caractérise par une pluralité d'objectifs, parmi lesquels celui d'intégration prime sans conteste. Le droit américain, quant à lui, ne poursuit qu'un seul objectif : l'efficacité économique. On fait également valoir que c'est le souci d'éviter une condamnation systématique des ententes anticoncurrentielles, due à l'absence de mécanisme d'exemption, qui a incité des juges américains à introduire la règle de raison dans l'ordonnancement juridique. Le droit communautaire autorisant l'exemption, l'introduction d'une règle de raison ne présente pas d'utilité. La promulgation de nombreux règlements d'exemption rend encore moins nécessaire l'introduction de la règle. On sait qu'à cet argument d'inutilité, fut opposé l'intérêt de contourner la procédure de notification, et de décentraliser les compétences au profit des Etats membres. Au Maroc, en l'absence à l'état actuel de règlements d'exemption par catégorie nous pouvons considérer que le recours à la règle de raison est justifiable à condition qu'elle soit fondée sur le bilan économique et non strictement concurrentiel.

Malgré ces controverses on peut voir dans certaines motivations des autorités communautaires, une réception de la règle de raison. Ainsi, c'est le secteur de la distribution sélective qui s'est le premier ouvert à la règle avec l'arrêt "Metro" du 25 octobre 1977[2]. Un tel système est par essence restrictif de concurrence, puisqu'il subordonne l'accès au réseau à un agrément. La Cour estime cependant, qu'un choix de revendeurs opéré en fonction de critères objectifs, de caractère qualitatif et appliqué sans discrimination, constitue un élément de concurrence conforme à l'article 85, §1.

---

1. D. FASQUELLE, Thèse précitée, p. 15.

2. C.J.C.E. 25 oct. 1977, aff. 26/76, Metro S.A.B.A., Rec. 1875. Cet arrêt était en fait la consécration d'une jurisprudence ébauchée avec l'arrêt KODACK du 30 juin 1970, J.O.C.E. L.147, du 7/07/1970.

Cette jurisprudence n'a pas été démentie par la suite [1]. La jurisprudence communautaire était traditionnellement, plus sévère à l'égard de la distribution exclusive. Un arrêt du 27 février 1992 marque une ouverture assez nette vers une application à ce secteur d'une règle de raison[2].

C'est ensuite la franchise qui fait l'objet d'un traitement de faveur avec l'arrêt "Pronuptia" du 28 janvier 1986[3]. La Cour y énonce, que la franchise "qui permet au franchiseur de tirer parti de sa réussite ne porte pas atteinte à la concurrence ". Les clauses indispensables à son bon fonctionnement échappent à la prohibition. On a vu dans cet arrêt, la consécration de la méthode des restrictions accessoires[4]. La Cour intègre cependant à son analyse la méthode du bilan concurrentiel puisqu'elle énonce que l'accord doit être apprécié selon le contexte économique dans lequel il s'insère. Mais ce sont des éléments étrangers au simple bilan concurrentiel qui sont utilisés. La Cour fait notamment allusion à l'intérêt d'amortir l'exclusivité ou à l'absence d'expérience des commerçants.

Il nous semble que le recours à la règle de raison éviterait la fastidieuse démonstration d'une contribution au progrès économique, notion aux contours flous aux contours multiformes. On voit cependant que le Conseil et la Cour d'appel en France empruntent dans l'application de la règle, des éléments issus du bilan économique : satisfaction des consommateurs, impératifs de sécurité[5], amélioration de la distribution[6]...

---

[1]. Pour un exemple récent, cf. décision Yves St Laurent du 16 déc. 1991, J.O.C.E. L. 12 du 18 janv. 1992 et Europe mars 1992, n°103.

[2]. T.P.I. C.E. , 27 fév. 1992, Sté d'hygiène pharmacologique Vichy, aff. T.19/91, Rec. II.417.

[3]. C.J.C.E. 28 janvier 1986, aff. 161/84, Rec. 353 et les innombrables commentaires auxquels cet arrêt a donné lieu, parmi lesquels ceux de Mme BOUTARD-LABARDE, à la R.T.D.E. 1986, p. 306, de MM. BURST et KOVAR, Gaz. Pal 1986, 1, doc. p. 392, de M. LAURENT, Gaz. Pal. 1986, doct. p. 372...

Les accords de franchise bénéficient désormais de la protection que leur confère le règlement 4087/88 de la Commission. L'application d'une règle de raison à certains accords apparaît souvent comme un préalable à l'élaboration d'un règlement d'exemption.

4. R. KOVAR, "Le droit communautaire de la concurrence et la règle de raison", R.T.D.E. 1987/2, p.237.

[5]. Paris, 1ère ch. section conc., 28 fév. 1992 , B.O.C.C.R.F. du 14 mars 1992, p. 88

L'on pourrait bien sûr soutenir que le recours à cette règle, permet aux autorités de ne procéder qu'à un bilan concurrentiel *stricto sensu*, mais la pratique des autorités en Europe a montré que le bilan pris en compte dans l'analyse des pratiques, est le bilan économique, et la concurrence n'est qu'une composante de ce dernier.

Il en ressort que la transposition de la règle de raison à l'américaine dans notre système juridique, et les systèmes juridiques européens n'est pas envisageable, malgré ses avantages préconisant l'efficience comme seul objectif du droit de la concurrence. La particularité de ces systèmes juridiques et la multiplicité des objectifs hétérogènes poursuivis par les politiques de la concurrence de ces pays, témoignent de l'inopportunité de l'application d'une règle de raison à l'américaine. Néanmoins son utilité peut sembler efficace à certains égards, notamment si on veut déroger au système de notification des ententes candidates à l'exemption, et d'éviter d'engorger les autorités compétentes appelées à statuer sur la validité de ces dernières.

Conclusion du chapitre 1 :

L'intérêt de la lutte contre les ententes, réside dans le rétablissement sur le marché d'une saine concurrence fondée sur les mérites, ce qui est profitable pour la collectivité, consommateurs et entreprises victimes. En effet, les ententes sont préjudiciables pour les consommateurs, car les entreprises qui en font partie s'accordent sur les prix, limitent la production, où se partagent les marchés. Une étude de synthèse de la Conférence des Nations-unies pour le commerce et le développement, basée sur des études de cas sur l'application et la promotion du droit de la concurrence dans plusieurs pays, note que, pour tous les types d'entente et toutes les périodes, l'augmentation de prix médiane s'élève à 23 %. En plus de l'augmentation générale des prix, la qualité et la variété des produits risquent d'être réduites.

Juridiquement, l'entente est constituée dès lors que les entreprises ont exprimé une volonté commune de comportement par un accord ou une pratique. La différence entre un accord et une pratique réside dans le niveau de formalisation : la pratique est une coordination qui n'a pas été poussée jusqu'à la réalisation d'un véritable accord.

L'entente anticoncurrentielle est destinée à éliminer ou limiter de façon significative la concurrence entre les entreprises concernées. La Commission européenne s'attache à rappeler la notion de seuil de

---

[6]. Cf toutes les décisions sur la distribution sélective.

sensibilité. L'entente est sanctionnée même si l'effet n'a pas été atteint, le texte de loi 104-12 prenant soin de préciser explicitement « objet » ou « effet ».

On distingue traditionnellement les ententes horizontales et les ententes verticales, les deux formes sont susceptibles de fausser la concurrence sur le marché. Et c'est bien pour cette raison, qu'elles sont en principe interdites.

Toutefois, il existe des dérogations au principe d'interdiction des ententes. L'interdiction posée par la loi n'est pas absolue, et peut être déclarée inapplicable à certaines ententes qui de ce fait, deviennent licites. On parle alors d'ententes « exemptées » pour exprimer que l'entente constituée pourrait être sanctionnée mais que, pour un certain nombre de raisons précises, elle est autorisée à exister. Les exemptions par catégories d'accords, sont soumises à une condition substantielle tenant à ce que les participants à l'entente ne dépassent pas un certain seuil exprimé en parts de marché. Les exemptions individuelles permettent aux entreprises dont les accords se révèlent restrictifs de concurrence, de les valider si elles peuvent démontrer que des effets pro concurrentiels existent et l'emportent sur les effets anticoncurrentiels. Quatre conditions cumulatives sont requises : gains d'efficacité ; • apport d'une partie équitable du profit aux consommateurs ; • caractère indispensable de ces restrictions ; • pas d'élimination de concurrence.

Nous admettons qu'aussi bien la règle de raison, que la technique d'exemption, remplissent le même objectif qui est celui de l'autorisation de l'entente, sur la base de critères qui tiennent compte de la puissance économique des parties à la pratique. Fondée sur l'établissement d'un bilan concurrentiel de la pratique, la règle de raison permet de blanchir des ententes formalisées entre des entreprises disposant d'une puissance économique d'une certaine ampleur, en raison des effets pro concurrentiels qui l'emportent sur leurs effets anticoncurrentiels. L'exemption par catégorie pose une condition de seuil de puissance économique au-delà duquel l'entente tombe sous le coup de l'interdiction. Ce n'est que sur le terrain de l'exemption individuelle, qu'aucun seuil n'est prévu ; les parties à l'entente devant strictement remplir les quatre conditions cumulatives sus évoqués pour en bénéficier à condition que l'accord n'ait pas un objet anticoncurrentiel.

Nous assistons peu à peu à la gestation d'une volonté de la part des pouvoirs publiques, et du Conseil de la concurrence dans le sens d'une lutte contre les ententes sur le marché marocain. Preuve en est le prononcé de l'amende administrative de 1,8 Milliards de dirhams par le conseil de la concurrence contre les opérateurs parties à l'entente dans le secteur des hydrocarbures. Ce n'est pas toujours aisé pour le Conseil de faire preuve de rigueur en cernant et en démantelant tous les cas d'entente, en raison du lobbying des entreprises, notamment celles qui disposent d'un pouvoir économique multiforme, dépassant les frontières étatiques, et d'un pouvoir d'action sur l'offre et les quantités mises sur le marché, qui ne résulte pas des règles de fonctionnement normal de celui-ci, mais plutôt d'accords sournois restrictifs de concurrence. En effet, les pouvoirs publics sont préoccupés par le besoin de garantie du principe d'égalité de la concurrence et le souci qui résulte des contraintes d'approvisionnement du marché. Cet approvisionnement est capital et vital pour la bonne marche de plusieurs secteurs de l'économie nationale notamment dans le cas des hydrocarbures par exemple. Cela dit, prenant en compte le souci de sa sécurité d'approvisionnement en cette matière, et ayant à l'esprit les enjeux de libéralisation du secteur avec les aléas d'ouverture à la concurrence qu'il comporte, le Maroc ambitionne de se positionner comme lieu d'installation de stockage de pétrole stratégique, qui sera utilisé pour sécuriser le marché régional du pétrole. Le Maroc nourrit l'ambition d'une telle installation pour faire face à l'instabilité fréquente du marché pétrolier. Une telle instabilité est notoire avec le contexte de guerre entre l'Ukraine et la Russie, et la flambée marquée des prix de l'énergie.

La sécurité d'approvisionnement est capitale, en ce sens qu'une pénurie engendrerait une cascade d'abus de dépendance économique pour cause de pénurie, et favoriserait une hausse considérable des prix. Cette situation est vérifiable en temps de guerres et de crise. La Russie étant le principal fournisseur des hydrocarbures à destination de L'Europe, celle-ci a été particulièrement plus exposée à ce risque de pénurie. La montée vertigineuse des prix des hydrocarbures constatée au début du conflit russo-ukrainien est une conséquence de la pénurie.

En effet, la disponibilité des stocks et la diversité des sources d'approvisionnement sont assurées par les efforts des acteurs nationaux et étrangers qui opèrent dans le marché national. Cela reste inscrit à leur actif, mais ne doit pas justifier une entente anticoncurrentielle, et des pratiques préjudiciables pour les consommateurs, comme il a été reproché aux opérateurs.

Chapitre 2 : Acquisition de la puissance économique par la concentration des entreprises

Il serait bon de définir quel serait, idéalement, le meilleur type de politique de concurrence nationale, continentale ou multilatérale, celui qui favoriserait le plus le développement économique notamment dans le contexte de la montée récente du protectionnisme. De même qu'il est judicieux d'étudier une question corrélative, qui est de cerner le degré de concentration des marchés nationaux, afin de favoriser, au besoin, des stratégies ciblées de croissance externe génératrice de valeur ajoutée pour l'économie dans son ensemble. Il parait ainsi certain, que dans une économie mondialisée en dépit de sa tendance à la fragmentation, les rapports économiques et financiers entre firmes transcendent les frontières étatiques en leur offrant des possibilités multiples de croissance externe. De même, le marché ouvert à la concurrence permet de préserver les choix stratégiques de ces dernières en termes de concentration et de coopération. Enfin, la constitution de champions nationaux performants est un défi fondamental pour les économies émergentes, dans l'objectif de faire face à la concurrence internationale. Ce sont là autant de questions épineuses qui nous interpellent, dans la mesure où leur appréhension permet de comprendre le contexte économique national et géostratégique, et offre des perspectives pour les pouvoirs publics, en vue d'adopter un modèle économique bénéfique pour la collectivité.

Dans cette perspective, Singh et Dhumale (2001) ont recommandé comme modèle pour les pays émergents, la politique de concurrence suivie par le Japon pendant la période 1950-1973, à une époque où il était loin d'être aussi développé qu'aujourd'hui. Ainsi, à cette époque à la suite de la post-industrialisation de la société japonaise, l'impact du Japon sur l'économie internationale ne cessera de croître: une nouvelle gamme de produits japonais apparaîtra sur les marchés mondiaux, le Japon devient non plus consommateur mais producteur d'innovations technologiques; sa politique économique « extérieure » se fera par l'intermédiaire de ses grandes multinationales qui avaient suivi une politique de concentration. On pourrait également s'inspirer de la politique de concurrence suivie par la République de Corée pendant sa période de forte croissance, dans les années 70 et 80. Il importe de souligner que les deux pays avaient un droit de la concurrence, mais que celui-ci était subordonné aux exigences de la politique industrielle préconisant la constitution des champions nationaux résultant des concentrations. Les stratégies de développement économique suivies par le Royaume présentent certains traits saillants en concordance avec ceux adoptés dans ces deux pays. Ainsi, s'inscrivant dans la promotion d'une politique de concentration ciblée et inclusive tout en renforçant la souveraineté industrielle, l'objectif du « Made in Morocco », s'impose désormais dans tous les domaines. Indéniablement doté d'un énorme potentiel industriel, le Royaume fait partie du club des économies émergentes en faisant de la croissance l'une de ses majeures préoccupations. Nous proposons dans cette perspective de favoriser une politique cadrée et ciblée de concentration capitalistique, en multipliant les efforts en matière d'attractivité des investissements étrangers.

Il est à souligner que la concentration peut être définie comme étant « un regroupement d'entreprises impliquant une modification des structures de marché, une perte de l'indépendance des entreprises regroupées et un renforcement du pouvoir économique de l'ensemble »[1].

En effet, la loi 104-12 fait allusion à travers l'article 11, aux fusions, scission, prise de participations dans le capital d'une société, création d'une entreprise commune, apport partiel d'actif, comme modalités pratiques de réalisation de la concentration. Aussi, l'exercice d'une influence déterminante sur l'activité d'une entreprise jusqu'alors autonome, constitue l'élément fondamental pour le déclenchement du contrôle des concentrations. Par ailleurs, toute opération, dès l'instant où elle constitue une concentration économique, ayant pour effet de modifier la structure des marchés, doit être soumise au contrôle, quels que soient les montages juridiques retenus.

La détermination de l'indépendance antérieure des entreprises en cause, est un point essentiel pour le déclenchement du contrôle, une opération pouvant s'avérer n'être qu'une restructuration interne d'un groupe, auquel cas elle ne constitue pas une concentration[2]. La notion d'influence déterminante figurant à l'article 11, fait présumer qu'il est

---

[1]. Nour-Eddine TOUJGANI, Guide pratique de la concurrence, série guides N0 2, 1 ére Éd., 2006, Imprimerie Oumyma, Fès, p. 42.

[2]. Lignes directrices de l'Autorité de la concurrence relatives au contrôle des concentrations, p. 9, disponible sur le site : http://www.autoritedelaconcurrence.fr/doc/ld_concentrations_juill13.pdf.

très exceptionnel qu'une entreprise puisse disposer d'une telle influence sans aucune participation au capital[1]. Cependant, d'autres éléments, tels des relations contractuelles, ou des relations financières, ajoutés aux droits conférés à un actionnaire minoritaire, peuvent établir un contrôle de fait. L'ensemble de ces critères est apprécié par l'Autorité selon la technique du faisceau d'indices même si chacun de ces indices pris isolément, ne suffirait pas à lui seul à conférer une influence déterminante[2].

C'est ainsi en raison de l'acquisition de la puissance économique de l'entité issue de la concentration, que le contrôle de ces opérations de croissance externe intervient. Ce contrôle désigne l'acte par lequel une autorité publique en l'occurrence le Conseil de la Concurrence examine les rapprochements de deux ou plusieurs entreprises, jusqu'à alors autonomes, impliquant un accroissement de leur pouvoir additionné de marché, au regard des effets de ce changement structurel sur les marchés concernés[3]. Ce contrôle débouche soit sur une interdiction de la concentration, ce qui est relativement rare dans la pratique des autorités de contrôle, soit sur son autorisation pure et

---

[1]. Dans un avis du 15 octobre 1991, le Conseil de la concurrence français a relevé l'existence d'une influence déterminante de Gillette sur Eemland Holdings NV (ci-après « Eemland »), bien que Gillette ne détienne pas d'actions d'Eemland, et n'ait ni droit de vote au conseil d'administration d'Eemland, ni le droit d'être représenté à ce conseil, ni le droit d'assister à l'assemblée générale des actionnaires, ni le droit à des informations sur cette société. Au cas d'espèce, l'influence déterminante était fondée sur un faisceau d'indices convergents. En premier lieu, Gillette était détenteur d'obligations convertibles auxquelles était attaché un droit de préemption sur les actions ordinaires et sur les autres obligations convertibles d'Eemland, permettant à Gillette d'être le seul opérateur industriel et commercial parmi les investisseurs d'Eemland, susceptible d'en prendre, le cas échéant, en partie ou en totalité le contrôle. En deuxième lieu, Eemland était en dépendance financière vis-à-vis de Gillette qui, en tant que prêteur, apportait des capitaux représentant environ 70 % du chiffre d'affaires mondial d'Eemland. En troisième lieu, les accords commerciaux passés entre les parties conféraient à Gillette le possibilité de limiter la concurrence d'Eemland sur le segment des produits haut de gamme en France, sur lequel était positionnée la marque Gillette.

[2]. Lignes directrices de l'Autorité de la concurrence relatives au contrôle des concentrations, *op. cit.* p. 15

3. M.A. FRISON. ROCHE et M. S. PAYET, Droit de la concurrence, op. cit, p. 285.

simple, soit encore son autorisation assortie de conditions, ou ce qu'on appelle en droit de la concurrence les engagements, et les remèdes.

Les concentrations économiques peuvent receler certains effets restrictifs de la concurrence sur un marché donné, c'est d'ailleurs la raison pour laquelle les projets de concentrations sont notifiés au Conseil de la concurrence dans le but de contrôler ces effets à priori. Ainsi, M. Champaud écrit : *« En toute hypothèse, la concentration accroît la puissance économique de l'entité qui l'accomplit. Cette puissance acquise par la concentration peut lui conférer un pouvoir d'action sur le fonctionnement de son marché, dit pouvoir de monopole, qui va lui permettre de s'affranchir plus ou moins de ses lois, notamment des mécanismes concurrentiels »* [1] . Ainsi, en Allemagne, par exemple, la concentration d'entreprises industrielles a été très intense au début du 20ème siècle par la formation de gigantesques *Konzerns*[2], dont la puissance énorme était redoutée tant par les agents économiques intervenant sur le marché que par les pouvoirs publics eux-mêmes[3].

Nous validons la thèse de M. Champaud en nuançant que l'accroissement de puissance n'est pas dommageable en soi. On peut avancer à cet égard les arguments en faveur de la puissance économique préconisés par l'école de Chicago (Stigler, Baumol, Posner etc.). En effet, cette école conçoit davantage la concurrence comme un processus dynamique dans lequel le pouvoir de marché est inévitable et passager, pour le bien de tous. Ce sont les stratégies des

---

1. C. Champaud, Contrôles indirects des opérations de concentration en France, Juris. Class. Concurrence et Consommation, Fasc.405, n°1 et suiv.

2. Combinaisons financières.

3. H. Guitton et D. Vitry, *op. cit.*, n°327; sur l'influence de la puissance économique des grandes entreprises sur l'Etat, cf. J.K. Galbraith, *Le pouvoir de compensation*, éd. De Médicis, 1956, trad. française.; l'auteur explique que la puissance économique des grands groupes est compensée par des contre-pouvoirs tels que les concurrents, les fournisseurs de matières premières, les syndicats, le pouvoir coopératif, les secteur public, etc. On pourrait ajouter aujourd'hui le consumérisme. De nos jours le problème de la puissance des entreprises multinationales se pose davantage dans les pays en voie de développement sur le territoire desquels les multinationales délocalisent leur production. Certaines d'entre elles réalisent un chiffre d'affaires supérieur au budget de l'Etat qui accueille l'un de leur établissement, cf. A. Michalet, *Typologie des firmes multinationales*, in Cahiers Français, Documentation française, 1976.

entreprises qui déterminent leurs performances et donc la concentration. A l'opposé, l'école structuraliste met l'accent sur le fait que le pouvoir de marché est à combattre, car il réduit le surplus des consommateurs, et le surplus global. Le rôle de la politique de la concurrence, est de maintenir l'économie proche des conditions de concurrence pure et parfaite. Selon cette école, les autorités de la concurrence doivent agir sur les structures en limitant la concentration industrielle *a priori,* et en contrôlant les opérations de rapprochement entre firmes.

Une position médiane est celle défendue par certains théoriciens de l'école autrichienne (Stigler ou Baumol), qui appellent à une certaine prudence dans l'appréciation au cas par cas des risques réellement portés par le pouvoir de marché.

En définitive, il est à noter dans les faits, que les politiques anti-trust manifestent une méfiance de principe vis-à-vis du pouvoir de marché et de son exercice dans une logique structuraliste mais incluent des dispositifs d'évaluation de ses conséquences globales dans une démarche plus proche de celle de Chicago[1].

Toujours est-il qu'aujourd'hui, il n'est plus possible d'adopter une conception entièrement négative de la concentration de la puissance économique des entreprises. D'ailleurs, la pratique n'a pas confirmé les axiomes classiques du *« superprofit »* et des prix excessifs du monopoleur. Celui-ci n'est, en principe, jamais à l'abri de l'arrivée d'un nouveau concurrent sur le marché, si le taux de profit est suffisamment élevé pour être attractif[2].

La concentration de la puissance économique est donc, à condition qu'il existe une totale liberté d'entrer sur le marché de référence, souhaitable pour le progrès économique et la satisfaction des besoins des consommateurs. Ce n'est pas la concentration de cette puissance en soi qui est problématique, mais l'utilisation qui en est faite dans chaque cas particulier. Il convient donc de s'attacher davantage aux conséquences de la puissance économique qu'à ses causes[3].

---

1. S. Menia, Econoclaste, quels sont les enjeux théoriques des politiques de la concurrence, article disponible sur le site : http://econoclaste.org.free.fr/econoclaste/

2. Cette situation ne se présente pas dans les monopoles institutionnels, cf. J. Magnan de Bornier, p.29 et suiv.

3. J. P. Chazal, De la puissance économique en droit des obligations, p. 517, *infra* 525, *op. cit.*

En encadrant par le contrôle des concentrations l'accumulation d'une puissance économique trop importante dont la mesure est traduite par les parts de marché, et le chiffre d'affaires, le droit de la concurrence protège par la même occasion les entreprises concurrentes, et les consommateurs. Mais cette protection n'est qu'incidente; ce n'est qu'un effet induit de règles ayant pour but la direction générale et globale de l'économie[1].

La loi 104-12 privilégie le jeu de la concurrence et instaure des règles de direction, pour empêcher que la concentration de puissance économique de certaines entreprises ne fausse le fonctionnement du marché, et ne restreigne la concurrence. Tout récemment au Maroc, un projet de lignes directrices sur les opérations de concentration économique qui détaille les différents aspects concurrentiels qui entourent ces modalités de croissance externe, vient d'être soumis à consultation publique par le conseil de la concurrence[2].

On peut schématiquement classer les concentrations en trois principaux grands types constatés par la pratique : La concentration horizontale regroupant des entités relevant du même secteur d'activité, ou développant des technologies susceptibles d'être combinées pour créer de nouveaux produits ou de nouvelles technologies, la concentration verticale par laquelle une entreprise prend le contrôle d'un fournisseur ou d'un distributeur, dans le but d'améliorer le processus productif le long d'une filière de production, ou de sécuriser ses approvisionnements, la concentration conglomérale dont les effets d'efficience continuent à faire l'objet de débats, les activités au sein de groupes de grandes tailles n'ayant apparemment aucun lien entre elles. Sans s'attarder à mettre en lumière les objectifs multiples de ces principaux types de concentrations, on peut affirmer que le but recherché par le législateur à travers le contrôle des concentrations, est d'éviter la mise en place des structures potentiellement nocives à la concurrence. La modification structurelle du marché diffère selon la nature de l'opération de concentration[3].

---

[1]. J. P. Chazal, De la puissance économique en droit des obligations, p. 551, *infra.* 567. *Op.cit*

[2] . Projet de lignes directrices sur les opérations de concentration économique au Maroc disponible à l'adresse :
https://conseil-concurrence.ma/cc/wp-content/uploads/2023/09/Projet-lignes-directrices-25-09-2023-VFD-15-59.pdf

[3]. M. Glais, Concentration des entreprises et droit de la concurrence, Ed Economica 2010, p. 13.

On analysera en premier lieu, les soubassements théoriques qui président à l'autorisation de l'acquisition de la puissance économique par les concentrations entre entreprises, (section 1). En deuxième lieu, on mettra l'accent sur les risques de restriction de la concurrence, engendrés par ces concentrations qui sont susceptibles de faire l'objet d'une interdiction (section 2).

Section 1 : Acquisition d'une puissance économique autorisée.

Le nombre total des décisions d'autorisation au Maroc de concentrations économiques rendues par le Conseil de la concurrence est passé de 43 en 2019 à 135 en 2022, soit une progression de 214%, selon le rapport annuel dudit conseil.

Au sein de cette évolution, les prises de contrôle continuent de se positionner comme forme de concentration la plus fréquente, leur nombre ayant passé de 43 opérations en 2020 à 120 en 2022, relève le Conseil dans ce rapport, précisant que les prises de contrôle exclusif sont les plus dominantes avec une part de plus de 70% du total des concentrations autorisées, à l'exception de 2021 où cette part n'a représenté que 54%. [1]

Tout récemment, la réforme du droit des concentrations économiques au Maroc, nous parait d'un apport fondamental pour notre économie, en lui permettant d'être plus compétitive, et centrée sur l'innovation, la performance et/ou encore l'inclusivité. L'apport majeur de la réforme de ce droit réside dans le relèvement des seuils de puissance économique exprimés en chiffre d'affaires, pour le déclenchement du contrôle à priori des concentrations par le Conseil de la concurrence.

Désormais, avec la nouvelle réforme du droit des concentrations faisant suite à l'adoption par le Conseil de gouvernement le 11 avril 2023 du projet de décret 2/ 23/ 273 modifiant et complétant le décret n°2.14. 652 pour l'application de la loi 104/ 12, les seuils ont été modifiés à la hausse. Ainsi, ce texte qui sera en vigueur après sa publication au BO, prévoit que toute opération de concentration doit être notifiée au Conseil :

- au cas où le chiffre d'affaires mondial, hors taxes de l'ensemble des entreprises, ou groupe de personnes physiques ou morales, parties à la concentration économiques est supérieur à 1,2 milliards de

---

[1]. Rapport annuel du Conseil de la concurrence Marocain 2022.

dirhams au lieu de 750 millions de dirhams, et que le chiffre d'affaires au Maroc, hors taxes réalisé individuellement par au moins l'une des parties à l'opération dépasse 50 millions de dirhams.

- si le chiffre d'affaires total hors taxes, réalisé au Maroc par l'ensemble des entreprises ou des groupes des personnes physiques ou morales, parties à la concentration , dépasse les 400 millions de dirhams au lieu de 250 millions, et que le chiffre d'affaires réalisé de manière individuelle par au moins deux entreprises ou groupe de personnes physiques ou morales, parties à l'opération, dépasse pour sa part 50 millions de dirhams.

Par ailleurs, s'agissant du contrôle communautaire des concentrations, l'article 1§2 du règlement du 20 janvier 2004 organise un contrôle si, d'une façon cumulative, « le chiffre d'affaires total réalisé sur le plan mondial par l'ensemble des entreprises concernées représente un montant supérieur à 5 milliards d'euros » et si « le chiffre d'affaires total réalisé individuellement dans la Communauté par au moins des deux entreprises concernées représente un montant supérieur à 250 millions d'euros ».

Pour le droit français, l'article L. 430-2 du code de commerce active la procédure française lorsque « le chiffre d'affaires total mondial hors taxes de l'ensemble des entreprises ou groupes des personnes physiques ou morales parties à la concentration est supérieur à 150 millions d'euros », et que « le chiffre d'affaires total hors taxes réalisé en France par deux au moins des entreprises ou groupes des personnes physiques ou morales concernés et supérieur à 50 millions d'euros ».

Pour le droit espagnol, la concentration est contrôlable si le chiffre d'affaires global réalisé par l'ensemble des participants en Espagne au titre du dernier exercice comptable dépasse la somme de 240 millions d'euros et pour autant qu'au moins deux des participants réalisent individuellement dans ce pays un chiffre d'affaires supérieur à 60 millions d'euros. Quant au Portugal, ces seuils sont respectivement de l'ordre de 100 millions d'euros et de 5 millions d'euros.

Les seuils ainsi fixés permettent une bonne prévisibilité de l'application des règles et sont utilisés pour rendre supportable le caractère obligatoire de la soumission de la concentration par les entreprises à l'autorité[1]. Par ailleurs, la technique des seuils permet de traduire la puissance économique des entités en projet en deçà de laquelle le contrôle n'intervient pas.

En Europe, les seuils répondent à une seconde fonction : la délimitation des compétences des autorités communautaires et nationales, selon l'idée que les grandes concentrations relèvent du contrôle communautaire et les plus modestes du contrôle national[2].

Une lecture des lignes directrices de l'autorité de la concurrence française sur le contrôle des concentrations, enseigne que ces dernières qu'il s'agisse de fusions, acquisitions, de création d'entreprises communes, ou de prise de contrôle d'une entreprise indépendante, permettent aux entreprises d'améliorer leur compétitivité en dégageant des gains d'efficacité économique, qui peuvent se répercuter positivement sur la compétitivité globale de l'économie, sur la capacité d'innovation ainsi que sur le bien-être et le pouvoir d'achat des consommateurs. Ceux-ci peuvent alors bénéficier de prix plus bas, d'une amélioration de la qualité des produits, ou d'un élargissement du choix qui leur est offert. De ce fait, et comme le rappelle le quatrième considérant du règlement (CE) n° 139/2004 relatif au contrôle des concentrations entre entreprises, les concentrations « doivent être appréciées de manière positive pour autant qu'elles correspondent aux exigences d'une concurrence dynamique, et qu'elles soient de nature à augmenter la compétitivité de l'industrie européenne, à améliorer les conditions de la croissance, et à relever le niveau de vie dans la Communauté ». Cependant, ce bénéfice n'est pas assuré lorsqu'une opération de concentration entrave de manière significative le libre jeu de la concurrence[3].

Avant d'aborder la question de l'autorisation des concentrations, il convient de déterminer, dans un premier temps, si un rapprochement entre deux ou plusieurs entreprises entrainant un accroissement de puissance économique est contrôlable (paragraphe 1). Il convient de s'assurer que l'ampleur du changement structurel ainsi opéré le justifie, que les seuils en chiffres d'affaires légalement prévus sont atteints, et que la part de marché sur le marché de référence des

---

[1]. M.A. FRISON. ROCHE et M. S. PAYET, Droit de la concurrence,*infra* n°368.

[2]. M.A. FRISON. ROCHE et M. S. PAYET, Droit de la concurrence, *op. cit, infra* n°362 et s.

[3]. Lignes directrices de l'Autorité de la concurrence relatives au contrôle des concentrations, *op. cit.* p. 6.

entreprises parties à la concentration équivaut à 40%. Une fois ces conditions remplies, le contrôle de l'autorité de la concurrence intervient pour analyser l'effet de la concentration sur la concurrence dans le marché. De surcroît, tous les opérateurs du secteur économique ont l'obligation de notification de leur projet de concentration lorsqu'il présente une certaine ampleur exprimée en seuil de chiffre d'affaires, et en parts de marché, le contrôle des concentrations peut être dit à cet égard « universel »[1]. Celle-ci doit être constatée dans deux sens, tout d'abord l'intensité du rapprochement des entreprises en cause, qui doit toucher le contrôle lui-même, ensuite l'ampleur de l'effet structurel sur le marché, ce que traduisent les parts de marché et les chiffres d'affaires des entreprises qui se rapprochent.

Dans un second temps, une fois le caractère concentratif de l'opération est établi, il s'agira pour l'autorité de la concurrence de procéder à l'examen des effets de la concentration sur la concurrence, en prenant en compte les effets pro et anticoncurrentiels ainsi que les effets bénéfiques pour l'économie non strictement concurrentiels, venant compenser les éventuels effets anticoncurrentiels, et décider de son autorisation. De même, au Maroc, le Chef du gouvernement dispose d'un droit d'évocation lui permettant d'autoriser une concentration malgré son caractère restrictif de concurrence si l'intérêt général l'exige, notamment le développement industriel, la compétitivité des entreprises en cause au regard de la concurrence internationale, ou encore le maintien ou la création d'emplois[2]. Dans son appréciation des concentrations, l'Autorité de la concurrence débute son analyse par le bilan concurrentiel qui se fond dans le bilan économique pour décider après une balance entre ses effets positifs et négatifs de son l'autorisation (paragraphe 2), autorisation qui peut être assortie d'engagements de la part des entreprises (paragraphe 3).

Paragraphe 1 : La concentration contrôlable :

Tout rapprochement d'entreprise ne suscite pas un contrôle. La prise de contrôle d'une petite entreprise n'est pas contrôlée. Il faut

---

[1]. M.A. FRISON. ROCHE et M. S. PAYET, Droit de la concurrence, *op. cit,* p.292, *infra* 333.

[2]. Article 18 de la loi 104-12 sur la liberté des prix et de la concurrence, modifiant la loi 06-99.

donc être en présence d'une concentration « contrôlable ». Dès l'instant qu'elle l'est, la concentration doit obligatoirement être notifiée aux autorités, qui prennent une décision à ce propos.

La loi 104-12 à travers son article 11, vise les situations de l'avènement d'une entreprise nouvelle gouvernée par des entreprises préexistantes, s'appropriant de ce fait le pouvoir de marché de celle-ci. Cela renvoie à trois hypothèses distinctes : la prise de contrôle d'une entreprise indépendante par une autre, la fusion entre deux entreprises indépendantes, la création d'une entreprise commune. Si divers que soient les trois procédés, le résultat est toujours le même et justifie le contrôle : apparait de ce fait une entreprise puissante ou à la puissance accrue, mettant potentiellement en danger une concurrence sur un marché dont la structure s'en trouve modifiée.

Pour le calcul des chiffres d'affaires il est pris en compte d'une part les entreprises qui, si la concentration aboutit, obtiendront le contrôle de l'entreprise convoitée ou crée, et d'autre part les entreprises objet de la prise de contrôle, c'est-à-dire l'entreprise cible[1].

De même, le fait déclencheur du contrôle réside dans la modification structurelle des marchés. Il faut donc que l'opération modifie celle-ci, notamment parce que l'action d'une entreprise porte sur une autre jusqu'alors indépendante de la première. Dès lors, une dépendance préexistante rend sans objet un contrôle, alors même qu'une fusion entre les sociétés est opérée. C'est pourquoi, une fusion à l'intérieur d'un même groupe de sociétés entre une société et celle qui la gouverne déjà ne constitue pas une modification de structure, et doit donc rester à l'écart du contrôle des concentrations[2].

Cela étant dit, il reste à analyser les diverses modalités juridiques des concentrations contrôlables.

A. La prise de contrôle d'une entreprise indépendante.

En droit des sociétés, le contrôle se mesure par la part de détention du capital social et les droits de vote qui en résultent, puisque la loi de la majorité donne le pouvoir de décision à celui qui en a la plus forte détention. La majorité du capital offre le contrôle, mais cette majorité n'est pas la seule voie pour exercer une influence déterminante, notion fondamentale en droit de la concurrence, et à l'issue de laquelle le

---

[1]. M.A. FRISON. ROCHE et M. S. PAYET, Droit de la concurrence, *op. cit*, p. 297, *infra* 344.

[2]. Ibid.

contrôle est déclenchée. Lorsque le capital est dispersé, un actionnaire non majoritaire peut gouverner. L'application du droit de la concurrence, droit factuel et des puissances constatées, ne peut être enfermée dans les critères encore formels du droit de propriété. S'il est acquis que ce pouvoir de droit offre le pouvoir de fait, seul ce dernier a de la pertinence pour l'examen des concentrations. Il peut être repéré indépendamment d'un contrôle acquis à travers la détention du capital et l'exercice majoritaire des votes. C'est pourquoi le droit de la concurrence va directement au critère de fait, à savoir la possibilité d'exercer une influence durable et déterminante sur l'activité de l'entreprise[1].

L'exercice d'une influence durable et déterminante peut résulter d'un contrôle en commun[2] comme d'un contrôle exclusif, quoique le premier est par nature plus instable que le second. Aucun seuil ni aucune présomption n'est visée, comme pour le droit des sociétés, et l'appréciation se fait au cas par cas. En outre, l'influence doit porter sur la politique même de l'entreprise dont le contrôle est pris. Il pourra s'agir d'une emprise, y compris sous la simple forme d'un pouvoir de s'opposer, sur les choix financiers de l'entreprise, sur la nomination des dirigeants, sur les choix pour l'activité future[3]. Les deux critères de durabilité et d'implication stratégique sont liés, car l'investisseur qui se contente d'entrer dans le capital, même significativement, d'une société pour valoriser son titre et sortir au bout d'une année, n'exerce ni un contrôle durable ni un contrôle stratégique.

L'exercice d'une influence déterminante suppose l'acquisition des moyens pour y procéder. Les autorités de contrôle ne se limitent pas à l'hypothèse d'un contrôle de droit, acquis par fusion ou participation au capital, mais réagissent aussi en présence d'acquisition d'actifs ou d'un simple contrat qui présente un caractère vital pour l'assujetti. L'usage des instruments de droit n'est que la trace recherchée d'un pouvoir de fait ainsi obtenu[4].

---

[1]. Article 11 de la loi 104-12 ; article L. 430-1 du code de commerce français ; article 3-2 du règlement n°139/2004.

[2]. Lettre Min., 20 aout 2002, Financière Argassi, BOCC, 31 décembre 2002.

[3]. Lettre Min. 28 janvier 2003, SNCF Participations-IPE : Ermewa, BOCC, 31 janvier 2003.

[4]. M.A. FRISON. ROCHE et M. S. PAYET, Droit de la concurrence, op. cit, p. 299, infra 349.

Cependant, le moyen le plus simple pour accéder au contrôle est l'acquisition des titres de capital. Celle-ci offre indéniablement le contrôle à celui qui devient l'actionnaire majoritaire, ayant la majorité des droits de vote[1]. Ce sont ceux-ci qui sont déterminants ; en cas de décalage entre la quotité du capital social détenue et la quotité des droits de vote exerçables, par le jeu d'actions à droit double ou du fait de clauses de plafonnement de droit de vote par exemple, le calcul des droits de vote prévaut[2]. A l'inverse, la détention d'une quotité minoritaire du capital social peut suffire pour gouverner une entreprise. Le contrôle peut résulter encore des statuts, par exemple lorsque les clauses offrent des droits de vote double ou des pouvoirs spécifiques de désignation des membres de l'organe de gestion[3]. Le contrôle peut encore être offert de fait. Cela peut résulter de la seule hypothèse d'une dispersion de l'actionnariat et de la faible mobilisation des autres associés, retrouvée pour les sociétés cotées[4]. Le pouvoir peut aussi résulter d'un droit de veto.

De même, l'acquisition d'un droit crucial de propriété intellectuelle, ou la conclusion d'un contrat qui place une entreprise sous la dépendance de l'autre, peut conférer une influence déterminante, permettant l'exercice du contrôle. C'est le cas des contrats de franchise, mais encore faut-il que des éléments structurels achèvent de démontrer l'emprise, à travers les mécanismes fréquents de propriété d'actifs ou de titre de capital[5], ce qui distingue le cas de concentration du cas de dépendance économique[6].

---

[1]. Cons. Conc., 20 septembre 1994, n°94-A-24, Cedest-Holdercim, BOCC, 20 octobre 1994.

[2]. Sur l'hypothèse très particulière d'un fonds commun de placement, dans lequel l'actionnaire même majoritaire ne peut influer sur les choix d'investissement, ce qui conduit à poser que le premier n'est pas contrôlé par le second, v. Lettre Min., 5 aout 2003, Skiva-AES-ABN AMRO, BOCC, 5 décembre 2003.

[3]. Lettre Min. 17 mars 2000, Clemessy-EDF-Cogema-Siemens, BOCC, 23 main 2000.

[4]. Commission, 3juillet 2001, aff. COMP/JV. 55-Hutchison, JOUE, n° L 223 du 5 septembre 2003.

[5]. Commission, 26 juin 1997, Blokker-Toys'R Us, JOCE n°L 316 du 25 novembre 1998, la Commission soulignant que « la question décisive est de savoir si l'ensemble des accords conclus ... donnera à Blokker le contrôle des activités de Toys'R' Us qui restent sur le marché néerlandais ». Pour un exemple en droit français, v. lettre Min., 16 aout 2002, Marotski-Ortelli, BOCC, 28 octobre 2002. Pour une clarification, v. DGCCRF, Lignes

Une autre forme de concentration conférant le contrôle est la fusion d'entreprises indépendantes.

B. La fusion d'entreprises indépendantes

La fusion de deux entreprises indépendantes est une méthode sociétaire modifiant radicalement le contrôle en permettant aux entreprises d'additionner leur puissance de marché. C'est la forme la plus courante des concentrations. Il s'agit soit d'une fusion absorption, soit d'une fusion par création d'une société nouvelle. Encore faut-il que cette addition soit un événement nouveau pour que la structure du marché en soit affectée.

Il est à noter que la fusion ne modifie en rien la structure du marché, lorsque les entreprises ne sont pas indépendantes. C'est le cas au sein des groupes de sociétés qui sont suffisamment intégrés et où l'addition des puissances est d'ores et déjà opérée. Au sein du groupe la société dominante dispose déjà des stratégies de sa filiale, et deux sociétés sœurs sont déjà gouvernées pour exercer un pouvoir cumulé sur le marché, dont la structure n'est donc pas modifiée par la fusion, ce qui exclut la nécessité du contrôle des autorités[1].

La création d'entreprises commune est la dernière forme de concentration répertoriée par l'article 11 de la loi 104-12.

C. La création d'une entreprise commune.

Lorsque deux entreprises agissent de concert sur le marché, cela constitue une entente. Lorsqu'elles créent une entreprise commune ayant une autonomie disposant des forces accumulées des entreprises créatrices, et subissant de leur part un « contrôle commun », on est au-delà de l'entente, la concentration à la fois en éloigne l'incrimination et justifie un contrôle. Le critère permettant de distinguer cette modalité de concentration des autres est la création d'une « entité économique autonome », c'est-à-dire d'une entreprise distincte de celles qui l'ont établie, selon la loi NRE. Le droit communautaire

---

directrices relatives au contrôle des concentrations, préc., annexe 2, « Questions relatives aux contrats de distribution », p. 131 et s.

[6]. M.A. FRISON. ROCHE et M. S. PAYET, Droit de la concurrence, *op. cit, supra*, n°130 et s.

[1]. M.A. FRISON. ROCHE et M. S. PAYET, Droit de la concurrence, *op. cit, supra*, n° 151.

quant à lui, vise la notion d'entreprise « de plein exercice »[1], c'est-à-dire une entreprise qui agit pleinement sur le marché, et disposant de moyens matériels, en termes de personnel, de financement de patrimoine, afin d'agir sur le marché comme le font ses concurrents. La définition retenue par la Commission Européenne concorde avec celle dégagée par la jurisprudence française[2], l'autonomie et le plein exercice étant synonymes. Ainsi ce plein exercice n'est pas contradictoire avec le fait que l'entreprise commune est par ailleurs contrôlée par les entreprises qui l'ont établie[3]. Cette exigence d'une dimension opératoire sur le marché éloigne en principe du contrôle des concentrations les groupements d'intérêt économique.

Ces trois modalités de concentration économique sont au même titre prévues par le projet de lignes directrices sur les opérations de concentration au Maroc.

Paragraphe 2 : Balance entre bilan concurrentiel et bilan économique par les Autorités de la concurrence

Contrairement au bilan concurrentiel qui consiste à faire les comptes entre les effets positifs et les effets négatifs de la concentration au seul regard de son impact sur la concurrence s'exerçant sur les marchés pertinents, le bilan économique prend une vue plus large en mêlant dans son analyse, des dimensions non strictement concurrentielles, comme l'innovation technologique, la cohésion sociale et la protection de l'emploi etc. Dans son instruction des dossiers de concentrations soumises à sa compétence, la commission européenne procède d'abord au bilan concurrentiel, puis dans un second temps, confronte le résultat de celui-ci avec le bilan économique, où il sera mis en balance avec des dimensions non strictement concurrentielles.

Les autorités de concurrence marocaines et françaises, penchent plutôt vers le bilan économique, mais cela ne veut pas dire qu'elles ne procèdent pas à l'établissement du bilan concurrentiel. Seulement, les éléments des deux bilans sont mis en balance d'une façon confondue,

---

[1]. Communication de la Commission relative à la notion d'entreprises communes de plein exercice, JOCE, n°C 66 du 2 mars 1998.

[2]. CE, 31 mai 2000, Cora-Casino, préc., à propos d'une entreprise commune, Opéra, en charge des opérations d'achat antérieures à l'activité sur le marché ; V, aussi JCP 2000, éd. E, p. 968.

[3]. CE, 31 mai 2000, Cora-Casino, préc.

et si des éléments de nature économique comme le progrès économique viennent compenser l'atteinte à la concurrence par l'effet de la concentration, elle peut être autorisée.

A. Eléments pris en compte dans le bilan concurrentiel

L'appréciation de la dimension concurrentielle de la concentration se fait par l'examen des parts de marché qui révèle la position sur le marché résultant du rapprochement des entreprises parties à la concentration. La crainte exprimée, est celle de l'acquisition d'un pouvoir de marché, d'une position dominante qui permettra aux parties de s'offrir le pouvoir d'en abuser. L'article 16 de la loi 104-12 semble faire de la création ou du renforcement de la position dominante de l'entité issue de la concentration, le critère permettant d'approfondir l'examen en passant à la phase II du contrôle, et de voir notamment si cette position est de nature à restreindre la concurrence sur le marché dont la structure s'en trouve modifiée. La position dominante demeure la forme principale de risque pour la concurrence considérée et l'indice d'une restriction de celle-ci. Dans cette conception, dite souvent statique, l'analyse des parts de marché et la perspective de la position dominante obtenue, sont donc les critères d'appréciation. Le droit nord-américain adopte quant à lui une conception dite dynamique, qui prend directement en considération la fluidité concurrentielle des marchés concernés, notamment leur capacité à demeurer concurrentiels, à recevoir de nouveaux entrants, ce qui permet d'appréhender la restriction de concurrence, mettant au second plan la position dominante créée ou renforcée des entreprises en cause. Suivant cette dernière conception, les concentrations sont plus facilement admissibles puisque les autorités peuvent constater une situation de forte domination, et néanmoins autoriser l'opération[1].

Il est à noter que la conception dynamique a influencé la pratique des autorités communautaires[2] qui prennent en compte dans leur analyse des concentrations débouchant sur la création ou le renforcement de la position dominante des entreprises concernées, la

---

[1] . Pour un examen exhaustif et une discussion de ces méthodes d'évaluation, v. V. Viallard, l'analyse substantielle du contrôle des concentrations. Etude comparée des droits communautaire et américain, Thèse Paris I, 2005.

[2] . Dans ce sens, v. Lignes directrices relatives au contrôle des concentrations, préc.

contestabilité des marchés, notamment la « concurrence potentielle »[1] et « la concurrence future »[2], dans l'analyse même des parts de marché. Cela permet d'intégrer le dynamisme concurrentiel en soi dans l'analyse des structures de marché.

Le critère de la position dominante n'est pas le seul indice de restriction de la concurrence, l'article 16 de la loi 104-12, cite aussi le cas de création ou renforcement d'une puissance d'achat qui place les fournisseurs en situation de dépendance économique.

En effet, la puissance d'achat permet à l'entreprise d'obtenir une baisse significative des prix et un allongement des délais de paiement. Il y a longtemps que les économistes ont fait état de ce phénomène dans le cadre de monopsones ou d'oligopsones[3].

Dans un marché concurrentiel, l'avantage obtenu par l'entreprise bénéficiant d'une certaine puissance d'achat est le plus souvent répercuté au moment de la revente des biens, ou de la vente des produits si l'achat a porté sur un bien de consommation intermédiaire. Le consommateur est donc l'un des premiers bénéficiaires de la puissance d'achat des entreprises. Ceci s'explique par le fait qu'il n'est pas en contact direct avec ce type de puissance. N'ayant rien à vendre mais ne faisant qu'acheter, le consommateur n'est jamais la victime des abus de puissance d'achat. Ce sont les fournisseurs qui subissent la puissance d'achat des distributeurs, qui sont susceptibles d'être placés en situation de dépendance économique à l'égard de ces derniers.

En France, les années 80 ont connu l'apparition des centrales d'achats, puis des super-centrales d'achat, auxquelles il faut ajouter les centrales de référencement[4]. « Les centrales d'achat et les centrales de référencement sont des entreprises chargées de négocier, au profit de distributeurs, grossistes ou détaillants des conditions d'achat plus avantageuses que celles que pourraient obtenir ces distributeurs s'ils traitaient isolément avec les fournisseurs »[5]. En s'unissant à d'autres, les centrales d'achat forment des « supercentrales ». Cette superposition n'a d'autre objectif que d'accumuler suffisamment de

---

[1]. Commission, 24 juillet 2002, Promatech/ Sulzer, (COMP/M/268), JOUE n° L 79 du 17 mars 2004.

[2]. Commission, 14 février 1995, Mercedes Benz/ Kasshoher, JOCE du 6 septembre 1995.

[3]. D. Flouzat, *op. cit.*, p.178 et suiv.

[4]. Cf. G. Cas et R. Bout, *Lamy droit économique*, 1995, n°3853 et suiv.

[5]. Il peut s'agir aussi de centrales de référencement.

puissance d'achat pour faire pression sur les fabricants et obtenir les meilleures conditions d'achat possibles.

C'est ainsi que le droit des concentrations fait du renforcement de la puissance d'achat plaçant les fournisseurs en situation de dépendance économique, un indice de restriction de la concurrence qui doit être pris en compte dans l'examen d'un projet de concentration, et la décision qui en résulte.

L'appréciation de l'effet anticoncurrentiel de la concentration s'accentue lorsque celle-ci est assortie de restrictions à la concurrence, dites restrictions accessoires [1] prises en compte dans le bilan concurrentiel. Il s'agit des clauses restrictives de concurrence qui limitent la liberté d'action des seules parties à l'opération de concentration, et qui sont nécessaires et subordonnées à l'objet principal de l'opération[2]. Ces clauses contraignent le cédant des actifs ou des titres[3]. La Commission Européenne a adopté une conception assez sévère des restrictions accessoires admissibles, tant sur le plan géographique que sur la durée de l'obligation de non-concurrence, dans la mesure où la concentration légitime des engagements qui, sans support, seraient exposés aux procédures ordinaires de possibles sanctions pour comportements anticoncurrentiels. C'est en raison du fait que la concentration est en soi, en raison de l'addition des puissances, un danger pour la concurrence que la Commission a adopté cette conception assez sévère des restrictions accessoires. Dans le but de garantir la sécurité juridique et la prévisibilité pour les entreprises, la Commission a publié en parallèle une communication pour façonner les restrictions admissibles[4].

B. Prise en compte de la dimension économique et sociale pour autoriser la concentration

L'article 16 de la loi 104-12 précise que, lors de l'examen d'un projet de concentration, l'autorité de la concurrence apprécie si

---

1. L'exemple classique est celui des clauses de non-concurrence, de certains accords de licence des droits de propriété industrielle et des accords exclusifs.

2. N. E. Toujgani, Droit communautaire de la concurrence, p. 83.

3. M.A. FRISON. ROCHE et M. S. PAYET, Droit de la concurrence, *op. cit,* p. 320.

4. Communication de la commission relative aux restrictions directement liées et nécessaires à la réalisation des opérations de concentration, JOUE n° C 65, du 5 mars 2005.

l'opération apporte au progrès économique une contribution suffisante pour compenser les atteintes à la concurrence. C'est ainsi de la même façon que les comportements anticoncurrentiels peuvent être rachetés, une concentration pour laquelle le bilan concurrentiel fait pencher du côté du refus, peut-être plus aisément autorisée si en face peut apparaitre un progrès économique. L'économie est une catégorie plus vaste que la concurrence, parce qu'elle intègre notamment l'innovation technique ou la cohérence industrielle ; elle peut progresser là où la concurrence a reculé[1]. Cela peut être le cas si la concentration opère des économies d'échelle ou permet des investissements dans la recherche et/ou opère un transfert de profit aux consommateurs. L'on pourrait penser que nous sommes dans l'hypothèse processuelle d'un fait justificatif obligeant les entreprises à démontrer l'existence d'une telle contribution.

De même, d'autres arguments peuvent compenser l'atteinte à la concurrence d'une opération de concentration. Tel est le cas lorsque des enjeux autres que l'impératif de maintien de la concurrence sont en jeu tels le développement industriel, la compétitivité des entreprises en cause au regard de la concurrence internationale, ou enfin la création et le maintien d'emploi.

Les enjeux précités permettent au Chef de Gouvernement de se saisir de l'affaire, et décider de son autorisation. Il s'agit du droit d'évocation du Chef du gouvernement compte tenu dans l'article 18 de la loi 104-12.

Cet article démontre la proximité entre droit de la concurrence, politique de la concurrence et politique industrielle. La considération de la compétitivité des entreprises en cause au regard de la concurrence internationale témoigne de la volonté du législateur de permettre la constitution des champions nationaux leaders sur le marché. C'est bien là un argument qui est mis en évidence en faveur du rapprochement[2].

Enfin, le progrès social concrétisé par la création ou le maintien de l'emploi nous éloigne plus encore de la considération concurrentielle. En effet, mettre en balance impact concurrentiel et progrès social, relève de l'exercice du choix politique.

---

1. M.A. FRISON. ROCHE et M. S. PAYET, Droit de la concurrence, *op. cit,* p 323.

2. Commission, 19 juillet 2000, Pirelli/ BICC, JOCE n° L 70 du 14 mars 2003.

A notre avis, charger le Conseil de la concurrence de fonder son analyse sur une appréciation du bilan économique du projet revient pour lui à se prononcer sur des questions autres que concurrentielles qui ne relèvent pas naturellement de ses attributions en tant qu'entité spécialisée en analyse concurrentielle, ce qui lui fait perdre sa force d'expertise concurrentielle et l'expose à une capture politique du fait de la nature de l'appréciation qu'il est censé faire[1].

On propose à cet égard, d'introduire un dispositif de contrôle des opérations de concentration se déroulant en deux parties distinguées et procéder à une répartition clairement définie des compétences entre le Conseil de la concurrence et le Chef du gouvernement dont le champ d'intervention doit être réduit au maximum. Il faudrait de ce fait :

- Assigner au Conseil de la concurrence une mission liée à l'examen et l'analyse du bilan concurrentiel de l'opération en se basant strictement sur des critères concurrentiels. Cet examen devrait être confié au Conseil de la concurrence en tant qu'entité constitutionnelle technique spécialisée en matière d'application du droit de la concurrence.
- Si des paramètres de nature autre que concurrentielle, notamment l'emploi ou la compétitivité doivent être intégrés dans l'appréciation de l'opération de croissance externe (bilan économique), cet examen complémentaire devrait à notre sens relever d'une autorité politique qui est mieux placée pour juger de l'opportunité économique de l'opération et disposera par conséquent d'une sorte de droit de véto sur les décisions du Conseil, semblable à celui en vigueur dans le système allemand : « ministerrelaubnis »[2]. Le chef du gouvernement pourra ainsi autoriser, pour des considérations de politique économique, un projet de concentration interdit par le Conseil de la concurrence à charge pour lui de motiver et publier sa décision.

Paragraphe 3 : La décision d'autorisation des concentrations assortie d'engagements.

---

[1]. M. H. Bouayad, articulation entre régulateurs sectoriels et autorités de la concurrence, éd, 2013, page 252.

[2]. Il s'agit d'un droit d'évocation reconnu au ministre de l'Économie en Allemagne qui lui permet de s'opposer à un décision d'interdiction d'une opération de concentration prononcée par l'autorité de la concurrence allemande (bundeskartellamt), et de l'autoriser pour des considérations d'intérêt général. L'exercice de cette faculté d'évocation est cependant soumis à plusieurs conditions restrictives qui constituent des garde-fous, notamment la publication et la motivation de la décision prononcée. C'est ce qui explique que cette faculté n'a été effectivement mise en œuvre qu'à deux reprises.

Les autorisations pures et simples sont fréquentes notamment lorsque la concentration ne présente pas un caractère attentatoire à la concurrence, et que la puissance économique acquise par les entreprises concernées ne modifie pas sensiblement la structure du marché de référence. A l'inverse, les décisions de refus pur et simple de concentrations sont assez rares, du fait de la négociation autour des engagements. Il existe des cas où les concentrations notifiées présentent un danger pour la concurrence, mais qui peut être supprimé par le biais des engagements proposés par les entreprises en cause, si elles souhaitent voir leur projet de concentration accepté. Elles proposent donc telle ou telle garantie qui rend leur concentration moins dommageable pour la concurrence. En cas d'engagement, l'autorisation sera alors accordée sous réserve de tels engagements et de leur respect[1]. L'autorité peut aller encore plus loin, en adoptant des injonctions à l'égard des entreprises. Ces diverses formes de contraintes, plus ou moins spontanées, les engagements correspondant le plus souvent à des exigences formulées par l'autorité administrative en échange d'une autorisation, permettent de remédier aux effets excessivement anticoncurrentiels de l'opération, ils sont souvent désignés par l'anglicisme de « remèdes »[2].

Ainsi l'article 15 de la loi 104-12 vise le cas où les parties s'engagent à prendre des mesures visant à remédier aux effets anticoncurrentiels de l'opération. A la suite de ces engagements, le Conseil de la concurrence peut subordonner l'autorisation de la concentration à la réalisation effective desdits engagements.

. Les effets des engagements sur le contrôle opéré par le Conseil de la concurrence

Le contrôle de la domination sur un marché d'une entreprise partie à une opération de concentration donne lieu à un contrôle *a priori*. Ledit contrôle peut se traduire par des engagements qui permettent aux entreprises de refaçonner l'opération de concentration de sorte

---

[1]. Article 15 de la loi 104-12 ; Article L. 430-5 du code de commerce. V., par ex., lettre Min., 22 octobre 2003, Delachaud/ Pandrol, BOCC.

[2]. Remedies, ce qui correspond à des mesures correctrices. Le terme de « remèdes » est plus large que les simples engagements, la catégorie pouvant notamment inclure des obligations de verser de l'argent, par exemple sous la forme de dommages et intérêts. Par rapport à cette notion, celle de « remède » insiste sur l'efficacité de la mesure. C'est pourquoi le droit de la concurrence, soucieux d'efficacité, utilise plutôt ce vocabulaire-là.

que, même lorsqu'il y a des obstacles structurels profonds au rapprochement, par exemple en cas de position dominante collective[1], la concentration devienne compatible avec la préservation de la concurrence. Les engagements sont centraux dans le processus de contrôle[2], importance rappelée par la communication de la Commission du 2 mars 2001[3]. La nature même du contrôle des concentrations en est affectée, en tant qu'elle devient une procédure de négociation entre l'autorité administrative et les entreprises concernées, pour se mettre d'accord sur les contours admissibles de l'opération[4]. En cela, selon le Professeure Marie Anne Frison Roche, le contrôle des concentrations est une nouvelle manifestation du mouvement général de contractualisation de l'action publique. Il demeure ainsi qu'il s'agit pour les entreprises d'un contrat un peu forcé, puisque, à défaut, le refus les menace. Les remèdes pris ne doivent pas excéder ce qui est nécessaire à la préservation de la concurrence en application du principe de proportionnalité[5].

Dans la pratique, les remèdes peuvent être structurels ou comportementaux.

La loi 104-12 ne parle pas de la nature des remèdes et des engagements susceptibles d'être pris par les entreprises, mais on peut en déceler quelques exemples à la lumière des lignes directrices relatives au contrôle des concentrations en France et des communications de la Commission.

Les remèdes les plus efficaces réduisent le pouvoir de marché obtenu par la concentration, le plus simple étant la cession d'actifs qui retire aux entreprises des parts de marchés[6]. A côté de ces remèdes, se développent des remèdes comportementaux par lesquels les entreprises s'engagent à mener certaines actions et de s'abstenir de certaines autres. La difficulté de ces engagements tient dans leur

---

1. TPICE, 25 mars 1999, Gencor, préc.
2. O. d'Ormesson et S. Kerjean, « Le développement de la pratique des engagements en matière de contrôle communautaire des concentrations », RTD eur. 1998, p. 479.
3. Comm. N° 2001/ C68/03.
4. Pour une plus ample démonstration, M. A. Frison. Roche, « Contrat, concurrence, régulation », RTD civ. 2004, p. 451.
5. CE, 9 avril 1999, Coca-Cola Compagny, Rec. Lebon, n° 201853.
6. Pour de nombreux exemplaires, v. DGCCRF, Lignes directrices relatives au contrôle des concentrations, préc. 1.1.1.25, p. 99 et s.

contrôle, du fait que les obligations de faire ou de ne pas faire se prolongent dans le temps ce qui requiert un suivi.

Les engagements de nature structurelle portent essentiellement sur les cessions d'actif, notamment lorsque l'entreprise absorbante se retire ainsi du marché sur lequel l'entreprise absorbée développe ses activités, retrouvant ainsi pleine compatibilité avec la protection de la concurrence[1]. Des délais peuvent être donnés pour la cession afin que celle-ci se passe dans des conditions favorables pour le cédant. Encore faut-il que la cession d'actifs ou d'une filiale soit opérée au profit d'une entreprise indépendante des parties à la concentration et produise un effet durable, l'entité recevant l'apport devant avoir les moyens de le faire prospérer, afin que la concurrence sur le marché concerné perdure.

Les engagements comportementaux sont admis en ce qu'ils préservent la structure concurrentielle [2], quoiqu'inspirant peu confiance[3]. Il pourra s'agir d'un engagement d'accorder des licences sur un droit détenu de propriété intellectuelle[4], ou d'adopter une certaine politique de prix, en les baissant. De tels engagements sont parfois les seuls possibles. Dans une concentration entre des entreprises propriétaires de réseaux de transport par exemple, le réseau n'étant pas sécable, l'impossibilité de cession d'actif peut conduire à adopter un engagement de partage de l'usage d'infrastructure.

Section 2 : Acquisition d'une puissance économique prohibée

L'objectif du contrôle des concentrations est centré principalement sur la prévention de la constitution de structures de marchés nocives à la concurrence, notamment par l'acquisition d'une puissance économique importante, susceptible d'être génératrice de pratiques anticoncurrentielles[5]. De ce fait, la puissance économique acquise

---

[1]. Commission, Accor-Wgons Lits, JOCE, 21 juillet 1992.

[2]. Pour de nombreux exemples, v. DGCCRF, Lignes directrices relatives au contrôle des concentrations, 1.1.1.26, p. 103 et s.

[3]. P. Bougette et Ch. Montet, « Doutes sur les remèdes non structurels dans le contrôle des concentrations », préc., estimant que de tels engagements sont souvent de la « poudre aux yeux » p. 15.

[4]. Commission, 8 janvier 2002, Seb/ Moulinex, préc., obligeant à une licence de marque.

[5]. M. H. Bouayad, articulation entre régulateurs sectoriels et autorités de la concurrence, *op. cit,* p. 246.

traduite par le pouvoir de marché des entreprises concernées, devient source de problème pour le maintien de la concurrence sur le marché de référence. Elle peut en conséquence être prohibée et déboucher sur l'interdiction de la concentration entre entreprises.

Le contrôle opéré par le Conseil de la concurrence prend la forme juridique d'une décision qui intervient au terme d'une analyse qui motive la décision[1]. La décision ainsi prise, peut-être l'interdiction de la concentration. Par ailleurs, motiver une interdiction d'un projet de concentration revient selon la loi 104-12 dans son article 17, à prouver que le rapprochement des entreprises concernées est de nature à porter une atteinte effective à la concurrence, notamment par l'effet de la puissance économique ainsi acquise, et ses répercussions sur la structure du marché, après un examen approfondi du conseil de la concurrence. L'interdiction peut aussi résulter du défaut du respect des engagements pris par les entreprises en cause, ou bien du renoncement de celles-ci à leur projet lorsqu'elles estiment que les restrictions requises entameront trop le projet ou leurs intérêts. La décision de refus peut aussi être la conséquence du refus par les entreprises de proposer des engagements suggérés par l'autorité de contrôle.

Le Conseil de la concurrence peut en outre, s'il observe un comportement anticoncurrentiel qui a été pratiqué par une concentration antérieurement autorisée, enjoindre aux parties de revenir sur la concentration en modifiant, complétant ou résiliant tous les accords par lesquels elle s'était opérée et qui a permis les abus. Cette hypothèse découlant de l'article 20 de la loi 104-12 croise donc le droit des concentrations et le droit des comportements anticoncurrentiels.

A la lumière de la jurisprudence, on analysera d'une part les risques d'effets restrictifs de concurrence apportés par les concentrations horizontales susceptibles de donner lieu à une interdiction (Paragraphe 1), ensuite, les effets restrictifs des concentrations verticales et conglomérales (paragraphe 2). D'ailleurs, ce sont ces effets, s'ils ne sont pas accompagnés par des effets positifs compensateurs (bilan économique), qui président à l'interdiction de l'acquisition de la puissance économique par les concentrations entre entreprises.

Paragraphe 1 : Les risques d'effets restrictifs de concurrences des projets de concentrations horizontales susceptibles d'interdiction

---

[1]. CE, 19 mai 2005, Lettre de la distribution, juin 2005, p. 1, obs. Destours.

Les effets restrictifs de concurrence d'une concentration réunissant des entreprises dont les activités appartiennent aux mêmes marchés [1] peuvent tout d'abord consister à créer ou à renforcer une position dominante, situation dans laquelle la nouvelle entité sera en mesure de bénéficier d'une totale indépendance de comportement, et de prendre des décisions sans craindre les réactions de ses concurrents à ses choix stratégiques. En l'absence d'un tel risque, la concentration peut également porter atteinte au maintien d'une concurrence effective lorsqu'elle rapproche des entreprises dont les produits différenciés, s'avèrent les plus proches aux yeux des consommateurs. Dans une telle situation, le risque n'est pas négligeable de voir l'entité issue de la concentration modifier ses prix ou ses volumes de production dans un sens défavorable au bien-être des acheteurs. Enfin, sur des marchés d'oligopole, la réduction du nombre des concurrents à laquelle conduit ce type de concentration peut, lorsque certaines conditions d'ordre structurel sont réunies, conduire ceux-ci à adopter des comportements coordonnés également restrictifs de concurrence et créateurs de réduction du bien-être collectif[2].

A. Les risques d'effets restrictifs de concurrence d'un projet de concentration horizontale résultant d'effets non coordonnés ou unilatéraux

L'article 16 de la loi 104-12 vise, à travers l'examen approfondi de l'opération de concentration, de pousser le Conseil de la concurrence à apprécier si celle-ci est de nature à porter atteinte à la concurrence notamment par la création ou le renforcement d'une position dominante, ou par création ou renforcement d'une puissance d'achat qui place les fournisseurs en situation de dépendance économique.

Les textes français et communautaires vont dans le même sens de considérer avec plus de méfiance les concentrations débouchant sur la création ou le renforcement d'une position dominante ou d'une puissance d'achat[3].

Dans ces ordres juridiques, l'extension de la portée du contrôle au-delà du simple risque d'émergence ou de renforcement d'une position

---

[1] M. Glais, Concentration des entreprises et droit de la concurrence, Economica, éd 2010, *op. cit,* p. 9

[2]. Ibid.

[3]. Article 2b-3 du règlement CE n°139/2004 ; Article L 430-6 du code de commerce.

dominante, inspirée du droit américain[1] (application du test dit SLC : substantial lessenig of competition), vise à prendre expressément en considération des projets de concentration qui, tout en ne débouchant pas sur un risque de création d'une position dominante, peuvent conduire à des restrictions de concurrence. Tel peut être le cas si l'entité issue de l'opération est, par exemple, en mesure d'augmenter ses prix ou de réduire son volume de production de façon significative[2].

Les différents types de risques en matière de concentration horizontale évoqués par les autorités communautaires et françaises de la concurrence sont regroupés au sein de leurs lignes directrices respectives en deux volets sous les titres de : les effets non coordonnés (ou unilatéraux), et les effets coordonnés. Nous nous contenterons de ces effets qui sont prévus par le projet marocain de lignes directrices relatif aux concentrations économiques.

Ainsi, les premiers « englobent l'ensemble des pertes de bien-être résultant d'une concentration consécutives aux mouvements de prix et de quantités de la part des firmes agissant indépendamment de la concurrence »[3]

Ils concernent ceux résultant de la création ou du renforcement d'une position dominante, (ainsi que ceux susceptibles de découler de l'élimination de la concurrence entre les parties à l'opération sans même que celle-ci leur confère une situation de dominance au sens de cette définition[4].

Les seconds se rapportent aux situations de marché dans lesquelles l'opération de concentration est susceptible de conduire postérieurement les différents offreurs sur le marché en cause à coordonner leurs comportements et à se comporter de façon collusive, dans le but d'augmenter les prix ou de réduire les quantités offertes. Le terme de position dominante collective est souvent adopté pour décrire ce type de situation susceptible d'apparaitre sur les marchés

---

[1]. Application du test dit SLC: susbstantial lessenig of competition.

[2]. La section 7 du Clayton Act interdit en effet les fusions et acquisitions « where in any line of commerce or in any activity affecting commerce in any section of the country, the effect of such acquisition may be substantially to lessen competition or to tend to create a monopoly ».

[3]. Lignes directrices de la DGCCRF 2007 n°321.

[4]. M. Glais, Concentration des entreprises et droit de la concurrence, Economica, éd 2010, *op. cit,* p. 200.

d'oligopole dotés de certaines caractéristiques structurelles propres à favoriser l'adoption de comportements collusifs[1].

Les effets unilatéraux consécutifs à une concentration « mesurent les effets du déplacement de l'équilibre concurrentiel du fait du changement de la structure du marché ». En particulier, ils englobent l'ensemble des pertes de bien-être résultant des mouvements de prix et de quantité de la part des entreprises parties prenantes à la fusion et de leurs concurrents. De telles pertes de bien-être sont susceptibles de se produire en particulier lorsque la concentration crée ou renforce une position dominante, tout en ne laissant aux concurrents que peu de moyens ou d'incitations pour exercer une pression concurrentielle suffisante sur la nouvelle entité[2].

Selon Michel Glais, sans être dominante à l'issue de l'opération de concentration, l'entité issue de la concentration peut néanmoins être en mesure d'affecter le jeu d'une concurrence effective.

Tel peut être le cas lorsque les biens ou services offerts sont différenciés et que les parties à la concentration proposent aux acheteurs des produits ou services constituant des substituts proches et plus éloignés de ceux des autres opérateurs. Dans de telles situations, il peut devenir profitable pour la nouvelle entité issue du rapprochement, d'augmenter le prix ou de diminuer l'offre de l'un des biens si cette stratégie ne se traduit pas par une perte de chiffre d'affaires et (ou) de marge au profit des concurrents, du fait du report de la demande entre les produits de la nouvelle entité.

A1. Le risque de création ou de renforcement d'une position dominante.

Un projet de concentration peut faire craindre qu'à l'issue de l'opération, l'entité qui en est issue devienne dominante sur les marchés en cause ou renforce cette position déjà acquise précédemment. Un tel risque est apprécié par les autorités de la concurrence sur la base d'une analyse serrée des caractéristiques structurelles des marchés concernés par l'opération projetée. Les autorités de la concurrence examinent en tout premier lieu, l'importance des parts de marché des parties à la concentration. Dans les cas extrêmes (très faible part de marché ou situation proche du

---

[1]. Ibid.

[2] . Avis du conseil de la concurrence français, 07-A-06 n°88-89 : CAFOM/FINCAR.

monopole), la preuve de l'absence ou de l'existence potentielle d'une position dominante peut être établie quasiment sur ce seul critère. Le plus souvent toutefois, la part de marché que serait censée détenir l'entité issue de la concentration, ne peut suffire à trancher cette question. Les lignes directrices communautaires et françaises, considèrent qu'une part de marché égal ou supérieur à 50% peut, en elle-même constituer, la preuve de l'existence d'une position dominante sur le marché en cause[1].

Pour caractériser une atteinte à la concurrence résultant d'effets non coordonnés, le cas échéant par création ou renforcement d'une position dominante, les autorités de la concurrence s'appuient sur un ensemble de facteurs, souvent nommés faisceau d'indices, dont aucun n'est suffisant à lui seul, mais dont l'accumulation emporte la conviction[2]. Le calcul des parts de marché que détiendra l'entité issue de la concentration et sa comparaison avec celles de ses actuels concurrents constituent donc la première étape de l'analyse. Dans la mesure où il s'agit d'examiner la question de savoir si, à l'issue de l'opération, l'entreprise en cause sera en mesure de se comporter de façon indépendante et d'augmenter ses prix, il convient de s'interroger sur les réponses possibles des acheteurs à ces hausses de prix ainsi que l'aptitude des offreurs en place sur les marchés concernés à pouvoir approvisionner les clients susceptibles de se détourner de l'entreprise nouvellement intégrée. Avec le développement de la théorie des « marchés contestables », l'analyse des possibilités d'accès aux marchés concernés, y compris par de nouveaux opérateurs ou par les offreurs situés hors du territoire géographique en cause, et donc du degré de « contestabilité » des marchés affectés par la concentration a pris une importance croissante parmi les critères utilisés par les autorités de la concurrence. Il convient alors de déterminer si le marché en cause est ou non protégé par des barrières à l'entrée susceptibles d'affecter l'entrée sur le marché de concurrents potentiels. Est enfin analysée la question de savoir si les clients de la nouvelle entité issue de la concentration disposent ou non d'une

---

[1]. Lignes directrices sur l'appréciation des concentrations horizontales, JOUE 2004/ C 31/03.

[2]. Lignes directrices relatives au contrôle de la concentration. Direction générale de la concurrence, de la consommation et de la répression des fraudes, 1997.

puissance d'achat compensatrice suffisante pour s'opposer à une augmentation de prix à laquelle celle-ci pourrait se livrer.

. L'analyse des parts de marché :

Pour apprécier le risque de création d'une position dominante de la nouvelle entité qui serait issue de la concentration, l'examen des parts de marché des candidats concernés et des autres opérateurs en place, ainsi qu'un calcul de l'accroissement du taux de concentration qui en découlerait, font l'objet des premières investigations.

Point n'est besoin en effet de poursuivre d'autres recherches, s'il est constaté que la future entité ne détiendra qu'une faible part de marché, et qu'elle est entourée d'un nombre important de firmes de même importance. Tel est le cas généralement lorsque la nouvelle entité bénéficiera d'une part de marché inférieur à 25%. Selon la jurisprudence communautaire, un marché est en effet considéré comme « affecté » par un projet de concentration lorsque deux ou plusieurs des entreprises concernées par la concentration :

- Exercent une activité sur celui-ci et que leurs parts de marché cumulées atteignent 25%
- Au moins l'une d'entre elles exerce des activités sur ce marché et qu'une autre des entreprises concernées exerce des activités sur un marché amont, aval ou connexe, dès lors que sur l'un ou l'autre de ces marchés, les entreprises concernées ont une part de marché atteignant 25% ou plus.

De même, les autorités de la concurrence procèdent à la comparaison des parts de marchés de l'entité issue de la concentration et ses proches concurrents. Le fait que la concentration offre à ses promoteurs une position de leader, et que leur part de marché conjointe représentera plus de deux à trois fois celle de leur plus proche rival, constitue un indice supplémentaire retenu par les autorités de la concurrence[1].

Il se peut toutefois que la part de marché ne soit pas représentative du pouvoir de marché d'une entreprise. Malgré la part de marché élevée dont sera censée disposer l'entité issue de la concentration, la

---

[1]. Crown Cork& Seal/ Carnaud Metalbox, M 603, n° 58, Dans cette affaire la part combine de Crown et de CMB représenterait plus du triple de celle du concurrent le mieux placé, disposant, lui-même d'une part plus de trois fois supérieure à celle du troisième concurrent en lice… La concentration n'aurait donc pas pour seul effet d'absorber l'une des seules entreprises susceptibles de jouer un rôle notable sur le marché. Elle éliminerait aussi la seule autre entreprise qui puisse, d'après les clients, véritablement rivaliser avec le leader en place ».

concurrence, en particulier par les prix, sera considéré comme probable si la demande de marché est en forte croissance et (ou) si le marché n'a pas atteint son stade de maturité technologique. Il faut porter au crédit des autorités de la concurrence de n'accorder qu'une importance relative à l'existence de parts de marché élevées, lorsque ledit marché est nouveau ou en développement. L'analyse économique s'accorde en général à reconnaitre trois grands stades dans l'évolution d'un marché : un stade exploratoire, un stade de développement intermédiaire, un stade de maturité. La position de force dont peuvent être dotées certaines entreprises au cours des deux premiers stades d'évolution d'un marché ne constitue souvent que le simple fruit d'une rivalité concurrentielle. Il est tenu compte de la croissance rapide du marché, de l'importance de l'innovation, et de l'entrée de nouveaux offreurs pour considérer que la concentration ne faisait pas courir de risque pour le maintien de la concurrence malgré une part élevée de marché de l'entité issue de la concentration[1]. La part de marché ne constitue pas non plus toujours un indicateur pertinent lorsque les transactions entre acheteurs et fournisseurs, se réalisent selon des modalités particulières telles que des processus d'enchères. Ainsi, la Commission note que « dans certains secteurs tels que ceux caractérisés par l'attribution de marchés par des systèmes d'enchères, les parts de marchés existants à un moment donné peuvent ne fournir que peu, sinon aucune indication sur le pouvoir de marché[2]. Sur de tels secteurs, une forte concentration n'est pas incompatible avec une situation de concurrence[3]. Par ailleurs, la prise en compte des parts de marché sur une base annuelle conduit à des fluctuations extrêmes, qui ne permettent pas d'obtenir une image représentative de la composition du marché[4].

. Une part de marché élevé : Un test insuffisant pour démontrer le risque de création ou de renforcement d'une position dominante.

---

1. La concentration entre les sociétés Panasonic et Sanyo M 5421, allait accorder à ces dernières des parts de l'ordre de 50% et 60% sur certains segments de ce marché.

2. Commission Arjowiggins/ M-Real Zanders Reflex M 4513 n° 358.

3. Voir également décision des autorités françaises dans le dossier Somaro/ Jarvis (C 2005-15).

4. La commission a choisi d'estimer les positions des entreprises sur une base pluriannuelle (en général cinq ans), Voir (M 4647 AEE/ Lentjes, n° 48).

Par ailleurs, il existe des cas où une part de marché élevée constitue un test insuffisant pour démontrer le risque de création ou de renforcement d'une position dominante. Dans cette optique, une entreprise n'étant dominante que dans la mesure où elle jouit d'une indépendance de comportement sur le marché, mais encore faut-il que sa recherche des profits les plus élevés (par exemple par une augmentation de prix) ne soit pas contrecarrée par les réactions de ses clients et concurrents. La théorie économique permet de répondre à cette question grâce à l'outil analytique que constitue l'indice de Lerner, lequel permet de mesurer le pouvoir de marché d'une entreprise et son aptitude à fixer son prix de vente au-dessus de son cout marginal de production. Cet indice met en évidence que la possibilité de fixer un prix substantiellement supérieur au cout marginal, ne dépend pas seulement de la part de marché dont bénéficiera la nouvelle entreprise, mais également, dans une large mesure, de la sensibilité de la demande des acheteurs aux variations de prix et de l'élasticité d'offre des concurrents en place sur le même marché[1].

Le pouvoir de marché selon Michel Glais dépend certes de la part de marché, mais aussi de l'élasticité prix de la demande et des possibilités de ses concurrents d'augmenter leurs niveaux de production. De ce fait, de fortes élasticités de la demande de marché et de l'offre des concurrents réduisent considérablement le pouvoir de marché d'une entreprise, même si elle dispose d'une importante part de marché[2].

<u>. La concurrence potentielle :</u>

Les autorités de contrôle s'attachent à déterminer dans quelle mesure des firmes actuellement non présentes sur le marché en cause, seraient en mesure d'y entrer eu égard à leurs positionnements technologiques proches en cas d'augmentation des prix. L'interrogation porte également, sur l'éventuelle entrée d'entreprises situées sur d'autres marchés géographiques que celui délimité au cours de la première phase de l'analyse.

L'analyse de la concurrence potentielle constitue une des étapes importantes de l'instruction d'un dossier de concentration. Nous

---

[1]. M. Glais, Concentration des entreprises et droit de la concurrence, Economica, éd, 2010, *op. cit,* p. 9.

[2] *Op.cit* p. 10

précisons à cet égard, que les autorités de contrôle doivent dans leur appréciation « tenir compte de la nécessité de préserver et de développer une concurrence effective dans le marché, au vu notamment de sa structure de tous les marchés en cause et de la concurrence réelle et potentielle »[1].

Se pose, au sens de la théorie économique, la question importante de l'analyse du degré de « contestabilité » des marchés en cause dans une opération de concentration. Pour que l'entrée de nouveaux compétiteurs soit jugée possible, encore faut-il que le marché concerné et plus particulièrement l'entreprise issue de la concentration ne soient pas protégés par d'importantes barrières à l'entrée[2]. En second lieu, cette entrée doit pouvoir intervenir sans que les nouveaux compétiteurs soient obligés de s'engager dans des investissements à couts irrécouvrables[3] trop élevés.

La puissance d'achat des clients : à elle seule, elle peut s'avérer suffisante pour écarter le risque de création d'une position dominante ou d'une atteinte significative à la concurrence sur le marché affecté par la concentration. Selon les lignes directrices publiées par la Commission : « la puissance d'achat compensatrice doit être comprise comme le pouvoir de négociation qu'un acheteur détient à l'égard d'un vendeur dans ses pourparlers commerciaux, en raison de sa taille, de son importance commerciale pour le vendeur en question et de sa capacité à s'approvisionner auprès d'autres fournisseurs »[4].

---

1. W. Baumol, J.C Panzar, et R. Willig, « Contestable markets and the theory of industry structure », 1982, p. 54, Les auteurs considèrent un marché comme contestable c'est à dire soumis au jeu d'une concurrence suffisante, lorsqu'un nouvel offreur est en mesure d'y entrer et d'en sortir librement.

2. Les barrières à l'entrée peuvent résulter de la détention d'une ressource rare, de la forte notoriété d'une marque, de la détention de brevets etc. ; Voir l'opération Pernod-Ricard/ V& S, M 5114, sur le marché de la vente en Suède du Wisky canadien, ou la concentration Nesté/ Novartis sur les marchés français et espagnol, m 4540.

3. A titre d'exemple, locaux, matériels, actifs incorporels (promotion d'une marque ; recherche –développement, établissement d'un réseau de distribution) dédiés à une activité déterminée.

4. Concentration Enso/ Stora, m 1225, n°89-92.

B : Risques d'effets restrictifs de concurrence des concentrations horizontales résultant d'effets coordonnés

Les effets coordonnés sont susceptibles de donner naissance à des comportements collusifs restreignant la concurrence.

B.1 Le risque d'émergence d'une position dominante collective ou d'effets coordonnés

Le concept de position dominante collective a été réapproprié dans le cadre de l'application du droit des concentrations[1].

Constater l'existence de liens entre les offreurs sur le marché en cause, avant l'opération projetée, peut tout d'abord contribuer à la mise en évidence d'un risque de création d'une position dominante collective. Encore faut-il que démonstration soit apportée de la façon selon laquelle ces liens sont susceptibles d'éliminer la concurrence entre eux[2]. En l'absence de tels liens, le seul fait que le marché présente des caractéristiques structurelles déjà peu favorables à l'exercice d'une intense compétition entre les offreurs peut suffire à conclure que l'opération de concentration soumise au contrôle sera de nature à restreindre encore davantage le jeu de la concurrence sur le marché concerné[3]. A l'occasion du refus par la Commission de valider le projet « Airtours /First choice », le Tribunal de Première Instance s'est attaché à établir les conditions de marché devant être réunies pour que puisse être démontré, le risque de réduction de la concurrence entre les offreurs restés en place sur le marché à l'issue de l'opération envisagée[4].

<u>. L'existence de liens économiques entre les offreurs</u> :

Ce critère peut contribuer à démontrer qu'à l'issue de la concentration la concurrence entre les offreurs risquerait d'être

---

[1]. JOCE L 33 du 04/02/89 L'affaire du « verre plat », où les entreprises concernées furent condamnées non seulement pour entente illicite mais également pour abus de position dominante collective.

[2]. Projet de concentration ABB/ Daimler-Benz (M580) ; voir également Vinci/ Groupe GTM, avis n°01-A-08, et lettre du ministre, BOCC n° 1/2002.

[3]. C'est le cas où la configuration du marché favoriserait l'émergence de simples parallélismes de comportements.

[4]. Voir dans ce sens TPICE, 06/06/02, Air- tours/ First Choice, aff. T 342-99, n° 61.

gravement affectée. De même, le Conseil de la concurrence français[1], contrairement à la Commission[2] qui s'attache plutôt aux liens économiques, préconise que l'existence de liens structurels entre les offreurs peut déboucher sur un risque d'émergence d'une position dominante collective restreignant la concurrence, mais démonstration doit être faite de la façon selon laquelle ces liens sont susceptibles d'éliminer la concurrence entre les entreprises en cause[3]. En établissant une différence entre liens structurels et liens économiques, Michel Glais préconise que ce sont ces derniers qui peuvent être conçus comme susceptibles de permettre aux opérateurs de coordonner leurs actions sur le marché.

. Les situations de marché susceptibles de donner naissance à des effets coordonnés après une opération de concentration :

Sont tout d'abord visées les stratégies relevant de la notion de collusion tacite ou pratique concertée, définie comme une forme de coordination qui, sans avoir atteint le stade de la conclusion d'un accord formel, substitue sciemment une coopération pratique aux risques de la concurrence[4] . Sont aussi visés les cas où la configuration de marché favoriserait l'émergence de simples parallélismes de comportements. C'est ainsi qu'à l'occasion du recours introduit dans l'affaire Airtours/ First Choice, le Tribunal de Grande Instance a ainsi établi « qu'une situation de position dominante collective entravant de façon significative la concurrence effective dans le marché commun ou une partie substantielle de celui-ci, peut intervenir à la suite d'une concentration. Tel serait le cas lorsque, compte tenu des

---

[1]. Vinci/ Groupe GTM, avis n°01-A-08, Le Conseil de la concurrence français avait pris en compte l'existence des liens structurels entre les parties à la concentration pour conclure au risque d'émergence d'une position dominante collective.

[2]. Décision M 308, Kali+Salz/ Mdk/ Treuhand ; arrêt C -68/94et C-30/ 95, Les liens commerciaux anciens et étroits peuvent être pris au titre des liens économiques ; De même lors du projet de prise de contrôle de la société Lonrho par Gencor, le TPICE conclut que l'existence de liens structurels ne constitue pas un critère nécessaire à la constatation du risque d'émergence d'une position dominante collective.

[3]. Par exemple, le fait de répondre en groupement aux appels d'offre a pour effet de réduire les possibilités de concurrence pour les maitres d'ouvrages, et c'est là une pratique qui est l'œuvre d'entreprises disposant entre elles de liens structurels, c'est le cas des liens existants entre Vinci et GTM.

[4]. Décision de la Commission du 22 juillet 1992 autorisant l'acquisition par le groupe Nestlé de la société Perrier.

caractéristiques même du marché en cause et de la modification qu'apporterait à sa structure la réalisation de l'opération, celle-ci aurait comme résultat que, prenant conscience de leurs intérêts communs, chaque membre de l'oligopole dominant considérerait possible, économiquement rationnel et donc préférable d'adopter durablement une même ligne d'action dans le but de vendre au-dessus du prix concurrentiel, sans devoir procéder à la conclusion d'un accord ou à recourir à une pratique concertée, et ce sans que les concurrents actuels ou potentiels, ou encore les clients et consommateurs puissent réagir de manière effective »[1].

Le Conseil de la concurrence français a également mis en évidence les deux types de risques auxquels peut conduire une réduction du nombre des offreurs sur un marché : « La diminution du nombre d'opérateurs d'un oligopole peut favoriser des comportements coopératifs non prohibés aboutissant par la simple observation et anticipation du comportement des concurrents à des hausses de prix. Enfin, un autre risque, généralement associé à la diminution du nombre d'opérateurs actifs sur un marché très oligopolistique, est la plus grande facilité de mise en place et de fonctionnements des ententes anticoncurrentielles »[2].

La seule constatation de l'existence d'éléments structurels favorables à un affaiblissement de la concurrence pourrait alors suffire à en induire que les offreurs, supposés agir de façon rationnelle, limiteraient leur rivalité, en particulier tarifaire, à l'issue de la concentration[3].

B.2 Les enseignements apportés par le TPICE :

Selon le Tribunal de première instance des Communautés européennes, trois conditions doivent être réunies pour qu'une concentration conduise à l'émergence d'une position dominante collective :

- Les conditions de marché doivent être suffisamment transparentes, permettant à chaque membre de l'oligopole de connaitre les comportements de ses rivaux[4].

---

[1]. TPICE, 06/ 06/ 02, Air tours/ First Choice, aff. T 342-99, n° 61.

[2]. Poma/Leitner, Avis n°01-A-02.

[3]. M. Glais, Concentration des entreprises et droit de la concurrence, Economica, éd, 2010, op. cit, p. 246.

[4]. Arrêt T-464/04 point n° 10, Le TPICE précise que « La transparence requise n'implique pas que chaque membre de l'oligopole en cause puisse,

- La situation de coordination tacite doit être durable, ce qui implique que démonstration soit faite de la possibilité de déclencher des mesures de représailles à l'encontre d'un éventuel déviant de la ligne commune adoptée par les oligopoleurs
- Ni les clients ni les concurrents actuels ou potentiels ne doivent être en mesure de pouvoir s'opposer à la stratégie commune des coalisés.

Le TPI précise que l'analyse de ces trois conditions doit être réalisée de façon prospective : « il s'agira particulièrement de prévoir les événements qui se produiront dans l'avenir, selon une probabilité plus ou moins forte, si aucune décision interdisant ou précisant les conditions de la concentration envisagée n'est adoptée. Ainsi une telle analyse requiert d'imaginer les divers enchainements de cause à effet afin de retenir ceux dont la probabilité est la plus forte »[1].

De même, l'appréciation de la transparence d'un marché ne doit pas s'effectuer de façon isolée et abstraite mais bien dans le cadre d'une démarche globale consistant à analyser son éventuel effet au regard du risque d'émergence d'une coordination tacite[2]. En outre, une analyse statistique[3] d'un grand nombre de situations ayant conduit les autorités de la concurrence françaises à s'interroger sur la question du risque d'émergence d'une position dominante collective permet de mettre en évidence certaines constantes dans la méthodologie utilisée :

- Sont tout d'abord, susceptibles de donner naissance à des comportements communs restrictifs de concurrence, les marchés fortement concentrés, sur lesquels une partie importante de l'offre provient d'un très petit nombre d'entreprises dotées de parts de marché relativement semblables,
- Encore faut-il que les caractéristiques structurelles des marchés en cause, (telles des produits homogènes ou faiblement différenciés, marché arrivé à maturité, couts de production semblables), s'avèrent favorables à l'adoption d'un comportement commun.
- Et que celui-ci ne puisse être perturbé par l'arrivée de nouveaux offreurs.

à tout moment, connaitre dans les moindres détails les conditions de chaque vente effectuée par les autres membres, mais doit, d'une part, permettre d'identifier les termes de la coordination tacite, et d'autre part, engendrer un risque sérieux qu'un comportement déviant de nature à mettre en péril la coordination tacite sera découverte par les autres membres de l'oligopole ».

[1] . Arrêt T-464/ 04 n°1 ; Impala c/ Commission des communautés européennes ; Projet de concentration de Sony/ BMG.

[2]. C-413/ 06 P, Bertelsmann et Sony c/ Impala.

[3]Etude menée par M. Glais en 2004 en ce qui concerne la jurisprudence française.

De même, selon M. Glais, les marchés susceptibles de présenter un risque de position dominante collective sont ceux dont le nombre d'offreurs significatifs et de 2 à 3 dont les parts de marchés cumulées sont souvent supérieurs à 60%, et que les parts de marché de ces offreurs sont à peu près semblables[1].

Paragraphe 2 : Les effets restrictifs de concurrence des concentrations verticales et conglomérales susceptibles de donner lieu à une interdiction :

Comme le rappellent les lignes directrices publiées par la commission européenne[2], les effets de ces deux types de croissance externe présentent par rapport aux concentrations purement horizontales, des particularités qui nécessitent de leur appliquer un mode d'analyse spécifique.

Ainsi, la particularité d'une opération de nature verticale est de conduire, dans certains cas, l'entité issue de la concentration à affecter le jeu de la concurrence sur les marchés situés en aval ou en amont de ceux sur lesquels évolue l'acquéreur (risque de verrouillage des marchés des intrants ou de clientèle). Telle est le type de risques restrictifs de concurrence des concentrations verticales[3]. Quant aux concentrations revêtant un caractère congloméral, c'est-à-dire regroupant des entreprises n'appartenant pas à un même marché et n'ayant pas entre elles de relations verticales ; Ce n'est pas pour autant que de telles opérations sont toujours neutres sur le plan concurrentiel, en particulier lorsque les parties à la concentration sont actives sur des marchés étroitement liés (fourniture de produits complémentaires ou de biens appartenant à une gamme généralement achetée pour une même utilisation finale, par le même type de clients).

On analysera les effets restrictifs de concurrence des concentrations verticales (A), et ceux des concentrations conglomérales (B).

---

[1]. M. Glais, Concentration des entreprises et droit de la concurrence, Economica, éd, 2010, *op. cit,* p. 248.

[2]. Lignes directrices de la Commission européenne (2008/C 265/ 07).

[3]. M. Glais, Concentration des entreprises et droit de la concurrence, Economica, éd 2010, *op. cit,* p. 9

A. Les effets restrictifs de concurrence des concentrations verticales

Les concentrations verticales concernent des sociétés opérant à différents niveaux de la chaîne d'approvisionnement. Par exemple, lorsqu'un fabricant d'un produit déterminé « l'entreprise en amont» fusionne avec un de ses distributeurs «l'entreprise située en aval», on parle de concentration verticale[1] .

Il est à rappeler que le contrôle des concentrations est opéré moins sévèrement lorsque le rapprochement est vertical, l'intégration accroissant l'efficacité de l'entreprise unifiée, générant de substantielles économies de couts de transaction[2], et permettant une meilleure coordination en termes de conception de produits, d'organisation du processus de production et de mode de vente des produits. Ainsi la concentration entre Tetra Pak et Alfa Laval a été autorisée alors que l'initiateur de l'offre publique était très dominant, car la puissance nouvelle ainsi acquise portait sur des produits techniquement et commercialement distincts[3]. Néanmoins, ce type de concentrations pourrait dans bien des cas avoir des effets restrictifs de concurrence pouvant déboucher sur l'interdiction de l'acquisition de la puissance économique à travers ce type de croissance externe.

Plusieurs stratégies peuvent, en effet, mettre en difficulté des concurrents non intégrés et partenaires obligés de l'entreprise intégrée pour leurs approvisionnements. L'opération d'intégration verticale peut conduire la firme intégrée à créer deux grands types de situations restrictives de concurrence. Tel peut être tout d'abord le cas si l'entreprise intégrée se retire totalement ou partiellement du marché du produit intermédiaire, réduisant de ce fait les quantités disponibles pour ses concurrents situées sur le marché aval (A-1). Elle peut

---

[1]. Les termes «en aval» et «en amont» sont utilisés pour décrire les relations commerciales (potentielles) que les parties à la concentration entretiennent entre elles. En général, les relations commerciales se caractérisent par le fait que l'entreprise «en aval» achète la production à l'entreprise «en amont» et l'utilise comme intrant dans sa propre production, qu'elle vend ensuite à ses clients. Le marché sur lequel s'effectuent les premières opérations est appelé «marché intermédiaire» (marché en amont). Pour le dernier marché, on parle de «marché en aval»

[2]. M.A. FRISON. ROCHE et M. S. PAYET, Droit de la concurrence, *op. cit*, p. 321 ; Lignes directrices de la commission sur l'appréciation des concentrations non horizontales, p. 3.

[3]. Commission, 19 juillet 1991, Tetra Pak/ Alfa Laval, déc. N° 91/ 535, JOCE n° L 290 du 22 octobre 1991.

également restreindre l'accès de ses concurrents établis sur le marché du produit intermédiaire aux clients situés en aval (A-2)[1].

A-1 Effets restrictifs de concurrence sur le marché aval :

En dépit des gains d'efficience auxquels conduit une opération d'intégration verticale, des effets restrictifs de concurrence peuvent en découler de plusieurs manières. L'entreprise nouvellement intégrée peut tout d'abord se réserver une partie plus importante des capacités de production de l'unité amont. De ce fait, les volumes des produits intermédiaires disponibles pour les concurrents situés sur les marchés situés en aval risquent alors de ne pas être suffisants pour leurs propres besoins. Une telle situation peut se manifester sans que l'entreprise nouvellement intégrée cherche à nuire à ses concurrents. Compte tenu justement des gains de productivité que lui permet l'intégration et des effets positifs qui peuvent en découler sur ses ventes en aval, elle est conduite à utiliser une fraction plus élevé de la capacité de production du bien intermédiaire. Cette situation relève de ce que la Commission européenne appelle un risque de « verrouillage passif » du marché des intrants. Tel est le cas lorsque :

- L'entreprise nouvellement intégrée détient des parts de marché substantielles, tant sur le marché amont que sur le ou les marchés en aval.
- Les autres fournisseurs du produit intermédiaire en cause ne peuvent accroitre leurs volumes de production et ou ne sont pas disposés à augmenter leurs capacités de production. Ce risque s'aggrave lorsque la demande du -ou des- produit final concerné est en croissance[2].

Les risques d'effets restrictifs de concurrence découlant d'une intégration verticale résident dans le fait que si le fournisseur intégré du produit intermédiaire en cause détient une forte part de marché, le risque de retrait (total ou partiel) est d'autant plus à craindre que ce produit intermédiaire soit :

- indispensable à la fabrication du produit final et n'a donc pas de substitut possible

---

[1] . Distinction proposée par M. Riordan et S.C. Salop 1995, reprise par les autorités américaines (Antitrust Law développements 2002 à. 364), puis communautaires dans la méthodologie présentée dans leurs lignes directrices consacrées aux concentrations non horizontales.

[2]. M. Glais, Concentration des entreprises et droit de la concurrence, Economica, éd, 2010, *op. cit,* p. 331.

- obtenu dans le cadre d'un processus de production soumis à de fortes indivisibilités techniques, facteur rendant souvent difficile un ajustement rapide de l'offre à la demande[1].

De même, la nouvelle entreprise issue de l'intégration peut également poursuivre une stratégie de verrouillage actif du marché des intrants[2]. C'est le cas lorsque la nouvelle entité adopte une stratégie de retrait total ou partiel de ses ventes du produit intermédiaire aux concurrents situés sur le marché aval. Tout en continuant à offrir, sans restriction quantitative, le produit ou service intermédiaire en cause, elle peut chercher à augmenter le prix de vente à ses concurrents sur le marché aval. Elle peut aussi utiliser la technique de ciseau tarifaire pour rendre moins compétitifs les prix de ses concurrents.

. Capacité et incitation de la nouvelle entité à adopter une stratégie de retrait total ou partiel de ses ventes du produit intermédiaire aux concurrents situés sur les marchés en aval.

Démontrer la possibilité pour la firme intégrée à se livrer à un retrait du marché ne constitue que la première étape de l'analyse. Doit ensuite être prouvé que, compte tenu des caractéristiques propres aux marchés en cause, la nouvelle entité issue de l'intégration sera incitée à adopter cette stratégie. Tel sera le cas si le manque à gagner sur les ventes du produit intermédiaire est suffisamment compensé par les gains supplémentaires retirés sur le marché aval. De même, le verrouillage actif par la stratégie d'une réduction des ventes aux

---

[1]. L'acquisition de la société Huntsman par Hexio, n'a ainsi été acceptée par la Commission que sous réserve de modifications du projet initial en raison de risques d'effets anticoncurrentiels verticaux, les activités des deux firmes se situant en effet sur trois grandes étapes de la production de « l'époxy » (produit utilisé dans l'industrie chimique et électrique). La très forte position de marché qu'aurait obtenue la nouvelle entité (par ailleurs la seule totalement intégrée) en tant qu'offreur des produits en cause pouvait engendrer pour certains des produits concernés, des risques pour les concurrents en aval de souffrir d'augmentation de prix ou de rationnements des quantités offertes.

[2]. Les lignes directrices de la Commission européenne (2008/C 265/ 07), précisent que la notion de «verrouillage du marché» désigne tous les cas où la concentration entrave ou ferme l'accès des entreprises rivales existantes ou potentielles aux sources d'approvisionnement ou aux débouchés, réduisant ainsi leur capacité et/ou leur incitation à animer la concurrence. Un tel verrouillage du marché peut permettre aux parties à la concentration - ainsi que, le cas échéant, à certains de leurs concurrents - d'augmenter profitablement le prix14 facturé aux clients.

concurrents situés en aval, par l'entité intégrée, ne peut être pratiquée que si :

- L'entreprise intégrée détient une part de marché substantielle sur le marché amont, généralement plus de 30/40%.
- Le bien intermédiaire en cause est indispensable à l'offre du produit final.
- Les capacités de production des autres offreurs sont insuffisantes pour compenser la baisse des ventes de l'entreprise intégrée sur le marché, et n'augmenteront vraisemblablement pas dans un avenir proche
- L'entrée d'un nouveau concurrent sur le marché amont s'avère très peu probable[1].

Le risque de verrouillage du marché est écarté en cas d'insuffisance de pouvoir de marché sur le marché amont[2], ou si les capacités de production sont suffisantes chez les concurrents et qu'il y a possibilité d'entrée facile de nouveaux offreurs sur le marché en cause, ou enfin de l'impossibilité d'utilisation par l'entreprise intégrée, pour ses propres besoins de la majeure partie de la capacité de production de son entité amont[3].

En outre, la stratégie de verrouillage sera d'autant importante que l'entreprise intégrée en retirera des bénéfices élevés. Il faut donc que la perte de rentabilité subie sur les ventes du produit intermédiaire soit plus que compensée par les gains retirés de l'amélioration de la situation de l'entreprise sur le ou les marchés situés en aval. Tel est le cas lorsque le taux de marge bénéficiaire est plus élevé en aval qu'en amont. L'incitation à réduire son offre du produit intermédiaire sur le marché sera également d'autant plus forte que l'entité aval de l'entreprise intégrée, sera en mesure d'accroitre sa part de marché au détriment de ses concurrents, et d'augmenter son prix de vente du

---

[1]. M. Glais, Concentration des entreprises et droit de la concurrence, Economica, éd, 2010, op. cit, p. 333.

[2]. Voir les cas, Umicor/ Zinifex (M 4450, secteur du zinc) ; Fiat/ Ergon (M 4929, marché des composants plastiques pour l'industrie automobile) ; Eaton/ Moeller (M5050 composants électriques de faible voltage) ; Apax Partners et guardian Media Group : opération de prise de contrôle conjoint de la société Emap (M 5051, fichiers d'informations détaillées sur les véhicules automobiles) ; Arizona/ Abieta (M 5358, marché de la colophane),

[3]. M. Glais, Concentration des entreprises et droit de la concurrence, Economica, éd, 2010, op. cit, p.334.

produit final. Encore faut-il que sa capacité de production sur le marché aval soit suffisante[1].

. Augmentation artificielle des couts des concurrents :

Sans même chercher à réduire ses ventes à ses concurrentes en aval, la firme intégrée peut être en mesure d'augmenter leurs couts de façon significative. Tel est le cas lorsque :

- Elle contrôle une partie importante de l'offre
- Celle-ci ne peut être accrue dans un délai suffisamment court notamment par des investissements réalisés par les autres fabricants ou l'entrée de nouveaux offreurs.
- Le cout du produit ou du service intermédiaire représente une part suffisamment élevée du cout total du produit final[2].

. L'effet dit de « ciseau tarifaire » :

Ce type de situation peut survenir lorsqu'une entreprise verticalement intégrée et dominante sur le marché amont d'un produit ou service intermédiaire vend celui-ci à ses concurrents, situés sur un marché aval, à un prix ne permettant pas à ceux-ci de couvrir leurs couts.

Lorsqu'un bien intermédiaire est nécessaire à l'exercice de la concurrence sur des marchés en aval, les autorités veillent à ce que l'opérateur dominant ne profite pas de sa position en amont pour augmenter les coûts des concurrents non intégrés et les empêcher d'entrer ou de se développer en aval. Elles vérifient qu'une entreprise active uniquement sur les marchés aval, et aussi efficace que l'opérateur intégré sur ces marchés, peut répliquer les prix de détail de ce dernier sans subir de perte. Ces tests, dits de ciseau tarifaire, ne portent pas sur le niveau absolu des prix de l'entreprise dominante, mais sur l'écart entre les prix amont et aval qu'elle pratique : cet écart doit laisser un espace économique suffisant pour permettre à des concurrents efficaces d'opérer de manière viable en aval[3].

C'est dans le secteur des télécommunications que le Conseil de la concurrence français a pour la première fois, en 2001, sanctionné une

---

[1]. IPIC/ Man Ferrosttal (M 5406) ; Total/ GDF (M 3410) ; Evraz/ Highveld (M 4494)

[2]. M. Glais, Concentration des entreprises et droit de la concurrence, Economica, éd, 2010, *op. cit*, p. 333.

[3]. Etudes thématiques « Les pratiques de ciseau tarifaire ». Rapport du Conseil de la concurrence français, p. 145.

entreprise en position dominante pour une pratique de ciseau[1]. Cette première affaire française concernait les tarifs de téléphonie fixe proposés à Renault par France Télécom dans le cadre d'une offre sur mesure. Le Conseil a constaté que les tarifs de téléphonie fixe de l'opérateur historique pour les appels à destination de son réseau mobile étaient inférieurs à la charge qu'il facturait aux autres opérateurs pour terminer les appels sur ce même réseau. Le Conseil a considéré que l'effet de ciseau ainsi créé, empêchait les concurrents de proposer une offre équivalente, et que France Télécom érigeait de cette manière une barrière artificielle à l'entrée sur le marché des communications fixes vers mobiles. Trois ans plus tard, dans l'affaire Tenor[2], le Conseil a sanctionné France Télécom et Cegetel pour des ciseaux tarifaires de même nature, entre tarifs fixes vers mobiles et charges de terminaison d'appels.

A-2 Effets restrictifs portant sur l'accès au marché aval des concurrents situés sur le marché amont (verrouillage de la clientèle).

Dans ce cas, la question est de déterminer si l'entreprise intégrée à l'issue de la concentration est en mesure de fermer l'accès à une partie importante de la clientèle du marché aval aux concurrents actuels (ou potentiels) situés sur le marché amont.

Un risque de verrouillage de la clientèle est tout d'abord possible lorsque l'entité aval intégrée :

- Détient une part de marché élevée.
- S'approvisionnait jusque-là auprès de plusieurs fournisseurs autres que l'entité amont nouvellement intégrée.
- Peut obtenir auprès de cette dernière l'essentiel de ses besoins en produits (ou services) intermédiaires nécessaires, à des conditions de prix aussi favorables que celle obtenues précédemment auprès des autres fournisseurs[3].

---

[1]. Décision 01-D-46 du 23 juillet 2001 relative à des pratiques mises en œuvre par la société France Télécom à l'occasion d'une offre sur mesure conclue en 1999.

[2]. Décision 04-D-48 du 14 octobre 2004 relative à des pratiques mises en œuvre par France Télécom, SFR Cegetel et Bouygues Telecom. Arrêts de la cour d'appel de Paris du 12 avril 2005 et du 2 avril 2008. Arrêts de la cour de cassation du 10 mai 2006 et du 3 mars 2009.

[3]. M. Glais, Concentration des entreprises et droit de la concurrence, Economica, éd, 2010, *op. cit,* p. 358.

En second lieu, la firme issue de la fusion sera d'autant plus incitée à adopter une telle stratégie que la réduction des achats de l'entité aval auprès de ses anciens fournisseurs externes se traduit, pour ces derniers, par une augmentation sensible de leurs couts variables. Comme le souligne la Commission dans ses lignes directrices, les concurrents situés en amont risquent également d'être pénalisés lorsque la demande est caractérisée par des effets de réseau[1].

Outre une perte de leurs débouchés auprès de l'entreprise nouvellement intégrée, ces concurrents amont voient de ce fait leurs marges bénéficiaires s'éroder dans leurs ventes aux entreprises aval indépendantes. Une telle situation constitue un facteur de dissuasion à l'entrée de nouveaux offreurs sur le marché en cause[2].

A supposer que preuve soit apportée de la capacité de la firme issue de l'intégration verticale à restreindre voire à fermer l'accès des concurrents amont au marché aval, encore -souligne la Commission- que démonstration soit faite de la probabilité que celle-ci sera incitée à s'engager dans cette voie, et qu'il en découlera un préjudice pour la concurrence et les consommateurs[3].

L'incitation à s'engager dans une telle stratégie de verrouillage de la clientèle dépend « du profit que la division amont de l'entité issue de la concentration peut tirer du possible relèvement des prix sur le marché situé en amont à la suite de l'éviction des concurrents amont. Plus le bénéfice que la division aval de la société intégrée devrait tirer du relèvement des niveaux des prix en aval engendré par la stratégie de verrouillage est important, plus la motivation à s'engager dans cette voie a tendance à augmenter »[4]. Tel sera vraisemblablement le cas, lorsque l'entité nouvelle détient une part élevée sur le marché aval. Le comportement d'éviction est alors de nature à affecter la concurrence s'il touche un nombre suffisamment important de concurrents en amont, et conduit à une hausse significative des prix en aval[5].

---

[1]. Lignes directrices de la Commission européenne (2008/C 265/ 07), point 62, p. 18.

[2]. M. Glais, Concentration des entreprises et droit de la concurrence, Economica, éd, 2010, *op. cit,* p. 359.

[3]. Ibid.

[4]. Lignes directrices de la Commission européenne (2008/C 265/ 07), Point 70, p. 19.

[5]. M. Glais, Concentration des entreprises et droit de la concurrence, Economica, éd, 2010, *op. cit*, p. 360.

B. Les effets restrictifs d'une concentration conglomérale.

Selon le TPICE « une concentration conglomérale se rapporte à une opération effectuée entre des entreprises qui n'ont pas, pour l'essentiel, de relations concurrentielles préexistantes, soit en tant que concurrents directs, soit en tant que fournisseurs et clients. Ces concentrations n'entrainent pas de véritables chevauchements horizontaux entre les activités des parties à la concentration, ni de relations verticales entre ces parties au sens strict » [1]. La fusion conglomérale relève, selon l'analyse économique, d'une stratégie bien précise, celle de réduire le risque de variations parfois importantes des profits d'une entreprise centrée sur un seul secteur d'activité.

Dans le cadre de ses analyses des effets anticoncurrentiels pouvant découler d'une opération de concentration conglomérale, la Commission européenne a évoqué, à plusieurs reprises, la possibilité pour la nouvelle entité issue du rapprochement d'étendre la position dominante qu'elle occupe sur certains marchés, à d'autres marchés, par le biais d' « effet de levier »[2]. On sait que cette stratégie peut le plus fréquemment s'exercer au détriment des concurrents sur les marchés visés par suite de l'adoption de techniques, telles que les ventes liées ou groupées, la prédation tarifaire, l'octroi de rabais de fidélité[3]. Cette éventualité du recours à l'effet de levier par une entité issue d'une fusion conglomérale, et la possibilité pour la Commission de s'en inquiéter, ont été reconnues par les autorités d'appel lors de leurs analyses des deux décisions soumises à leur appréciation :

« Dans le cadre d'une analyse prospective des effets d'une concentration de type conglomérale, si la Commission est en mesure de conclure, en raison des effets de conglomérat, qu'une position dominante serait, selon toute vraisemblance, créée ou renforcée dans un avenir proche et aurait comme conséquence que la concurrence effective sur le marché concerné serait entravée de manière

---

[1]. Arret Tetra Laval c/ Commission T-5/ 02, n° 142.

[2]. C'est dans ce sens que les lignes directrices européennes stipulent dans le point 91 : « Dans la pratique, une attention particulière est portée aux opérations de concentration entre entreprises actives sur des marchés étroitement liés (par exemple, des opérations impliquant des fournisseurs de produits complémentaires ou de produits appartenant à une gamme généralement achetée par le même type de clients pour une même utilisation final.

[3]. M. Glais, Concentration des entreprises et droit de la concurrence, Economica, éd, 2010, *op. cit*, p. 303.

significative du fait de l'opération, elle se doit d'interdire cette concentration »[1].

Ainsi « lorsque les marchés en cause sont voisins et qu'une des parties à la concentration détient une position dominante sur l'un d'eux, il peut arriver que les moyens et capacités réunis par cette opération créent immédiatement des conditions permettant, grâce à un effet de levier, de s'emparer d'une position dominante sur l'autre marché dans un avenir proche. Tel pourrait être le cas, lorsque les marchés en cause tendent à converger et que, en sus d'une position dominante sur un des marchés, l'autre partie occupe une place prééminente sur l'autre marché. »[2]

Selon la méthode d'analyse préconisée par le Tribunal de première instance, il convient alors de démontrer que la nouvelle entité issue de la concentration :

- Disposerait des moyens d'évincer ses concurrents sur le marché visé.
- Serait économiquement incitée à s'engager dans la mise en œuvre de cette stratégie compte tenu des modes possibles d'exercice de l'effet de levier.
- Porterait ainsi atteinte de façon significative, au bien être des consommateurs[3].

Au cours de l'examen d'un projet de concentration, les parties à l'opération ont bien évidemment la possibilité de faire savoir à l'autorité en charge du dossier qu'elles ne peuvent poursuivre leur projet tout d'abord en raison d'un obstacle majeur survenu en cours de procédure. Mais c'est également le cas lorsqu'elles considèrent n'avoir plus intérêt à y donner suite, en particulier en raison de l'importance des griefs qui leur ont été adressés et (ou) de l'impossibilité de parvenir avec l'autorité à un accord sur les mesures correctives nécessaires. Des dispositions particulières doivent être respectées pour que l'Autorité de la concurrence accepte de ne pas mettre un terme à la procédure par voie de décision.

Dans un grand nombre de cas, la décision de renoncer à l'opération s'explique par des difficultés rencontrées, en cours de procédure, pour mener à terme le projet envisagé. Les motifs d'abandon d'un projet de concentration sont nombreux ; il peut s'agir du fait que l'opération ne

---

[1]. Arrêt T 210/01 GE/ Commission, n°65 ; Voir aussi Arret T-5/02, Tetra Laval/Commission, Rec. P.II-4381.

[2]. Tetra Laval c/ Commission *op. cit*

[3]. Arrêt T-R/02 n°199 Tetra Laval/Sidel ; Arret T 210/01 du 14/12/05, n°429 General Electric/ Honeywell.

répondait plus aux intérêts des actionnaires dans une conjoncture économique dégradée. L'abandon d'un projet est également le résultat inéluctable de l'échec d'une offre publique d'achat[1].

L'analyse des communiqués de presse de la Commission met également en évidence que, dans certains cas, l'abandon du projet coïncide avec la décision d'ouverture d'une enquête approfondie du dossier, même si la Commission prend toujours soin de rappeler qu'une telle décision ne préjuge en rien du résultat de l'affaire[2].

Le retrait d'une notification peut également venir d'une modification du projet initial au point que celui-ci ne constitue plus une concentration. C'est le cas lorsqu'une société préconise de modifier son projet en limitant la participation majoritaire dans le capital de la société cible qu'elle préconisait posséder, de telle sorte qu'elle n'est plus en situation d'exercer une influence déterminante sur la société cible[3].

Conclusion chapitre 2 :

Une opération de concentration est réalisée lorsque deux entreprises antérieurement indépendantes fusionnent, lorsqu'elles créent une entreprise commune ou lorsqu'une entreprise prend le contrôle d'une ou plusieurs autres.

Le Conseil de la concurrence se prononce sur toutes les opérations de concentration d'une certaine puissance économique exprimée en seuils de chiffre d'affaires réalisé au Maroc ou hors du territoire marocain, et en parts de marché. Les seuils ainsi déterminés par la loi déclenchent l'obligation de notification de l'opération auprès du Conseil.

Une fois l'opération notifiée au conseil, celui-ci procède à un examen

---

[1]. Renonciation de BHP Billington d'acquérir Rio Tinto ; Porsche/ Vokswagen ; CVC-Ferd/ SIG, M 4397

[2]. La Commission a réagi à l'annonce jugée trop hâtive des banques suédoises SEB et SFB de renoncer à leur concentration alors que l'enquête « n'en était qu'au stade préliminaire et qu'il aurait été possible de trouver une solution aux problèmes soulevés par cet accord » (M 2380, communiqué de presse).

[3]. La société Aker Maritime avait notifié à la Commission européenne son projet d'acquisition d'une participation majoritaire au sein de la société Kvaerner. Suite à l'ouverture par celle-ci d'une enquête approfondie, Aker informait la Commission de sa décision de modifier son projet initial en limitant sa participation de façon telle qu'elle n'était plus en situation d'exercer une influence déterminante sur la société cible.

de l'opération. S'il s'avère qu'elle ne pose pas de difficultés de concurrence ou si les engagements présentés par les parties remédient aux problèmes constatés, l'opération peut donner lieu à une autorisation avec ou sans engagements au terme d'un examen rapide appelé phase 1. Si un doute sérieux d'atteinte à la concurrence subsiste au terme de cette phase, le conseil ouvre une phase 2, afin de procéder à une analyse approfondie de l'opération. Il examine notamment si l'opération est de nature à porter atteinte à la concurrence notamment par la création, le renforcement d'une position dominante ou par la création ou le renforcement d'une puissance d'achat qui placeraient les fournisseurs en situation de dépendance économique. Il examine également si la concentration est de nature à produire des effets collusifs susceptibles de restreindre la concurrence. Enfin, il vérifie si l'opération est justifiée par des gains d'efficacité compensant les atteintes à la concurrence éventuellement constatées.

A l'issue de cet examen, le Conseil rend une décision collégiale qui peut, soit autoriser l'opération sans conditions particulières, soit l'autoriser sous réserve d'engagements, soit l'interdire.

A titre exceptionnel, le Chef du Gouvernement peut se saisir d'une affaire lorsque celle-ci revêt une dimension stratégique. Il pourra dans ce cas passer outre la décision de l'Autorité indépendante, en adoptant une décision motivée par des raisons d'intérêt général autres que le maintien de la concurrence (développement industriel, compétitivité des entreprises en cause au regard de la concurrence internationale, création ou maintien de l'emploi).

En cas de non-respect d'engagements mentionnés dans une décision statuant sur une opération de concentration, le Conseil constate leur inexécution. Il peut alors retirer la décision autorisant la concentration, enjoindre sous astreinte aux parties d'exécuter les engagements ou prononcer une sanction pécuniaire.

Si la concentration parait avoir des avantages sur la croissance économique et la compétitivité, pourquoi alors contrôler un changement structurel dans la répartition des parts d'un marché entre les entreprises en compétition ? Selon le Professeure Marie Anne Frison-Roche, le contrôle des concentrations remplit plusieurs objectifs. Il s'agit en premier lieu d'une réaction a priori contre des comportements anticoncurrentiels mis à la portée des entreprises du fait de l'accroissement de la puissance de marché engendré par la concentration. L'autrice signale que ce contrôle devrait être bienveillant et son résultat plutôt incliné vers l'autorisation ; la montée en puissance d'entreprises n'est pas un mal en soi et il est dangereux de punir de simples potentialités. En deuxième lieu, un autre objectif peut s'attacher au contrôle des concentrations, qui consiste pour les autorités de contrôle à prévenir la détérioration du marché du fait de son changement structurel. Ces dernières doivent à cette occasion favoriser l'amélioration du marché, en guidant sa structure vers une configuration aux effets plus heureux, notamment en contraignant les entreprises à céder des actifs ou à prendre des engagements en échange de l'autorisation, de la concentration. Le contrôle des concentrations peut alors constituer un renouveau d'une politique de la concurrence voire d'une politique industrielle. En conséquence, le contrôle aura tendance à aboutir non pas à de simples autorisations ou interdictions, mais à une redéfinition de la concentration pour satisfaire à la fois les fins recherchées par les entreprises qui se concentrent et la politique de concurrence servie par l'autorité[1].

Conclusion Titre 2

Nous relevons que le déficit de connaissance des marchés et du pouvoir des acteurs qui y opèrent dans notre pays, se traduit par un manque à gagner pour la collectivité, et compromet la préservation de l'ordre public économique et concurrentiel. En raison du manque d'information et d'études sur les marchés qui requiert parfois une expertise pointue, des ententes sournoises commises restent impunies malgré leur caractère anticoncurrentiel. Nous attestons qu'il y a une volonté politique qui se cristallise au Maroc pour lutter contre ces ententes, mais le Conseil de la concurrence devrait déployer plus d'efforts pour multiplier ses actions.

A l'opposé, en Europe où les marchés sont définis et étudiés préalablement, et les produits bien identifiés, les ententes sont bien cernées, et réprimées sévèrement hormis celles qui rentrent dans un règlement d'exemption par catégorie d'accord, ou d'une exemption individuelle. En effet les exemptions par catégorie d'accord adoptées par la Commission européenne ont bouleversé le mode d'appréciation des ententes au cas par cas. Il s'agit là d'une spécificité jusque-là strictement européenne. Les différents comportements concertés relevant de ces règlements sont placés en dehors du domaine de l'interdiction, faute d'un pouvoir de marché suffisant de leurs auteurs.

---

[1]. M.A. FRISON. ROCHE et M. S. PAYET, Droit de la concurrence, *op. cit,* p. 288, *infra.* 327.

L'adoption de ces règlements d'exemption par catégorie dénote une connaissance des marchés et de la puissance économique au-dessus de laquelle un accord peut tomber sous le coup de l'interdiction. L'exemption individuelle quant à elle est prévue par le droit de la concurrence marocain et communautaire. Il s'agit d'autoriser des ententes qui apportent du progrès économique notamment par la création d'emploi en réservant aux utilisateurs une partie équitable du profit qui en résultent.

Indépendamment de toute polémique autour du sujet des concentrations et des positions des détracteurs caricaturant leurs effets bénéfiques sur la croissance, leurs bénéfices sont à notre sens une réalité économique incontestable. Citons à ce titre Quesnay l'un des premiers fondateurs de la pensée économique, avec l'école des physiocrates, qui a eu le mérite d'avoir, pour la première fois, mis en évidence le rôle du capital dans l'accroissement du revenu national. En dépit de la pertinence des résultats de ce théoricien, il demeure néanmoins fondamental pour les pouvoirs publics de veiller à une répartition équitable des fruits de ce revenu national en instaurant les bases d'une égalité entre les territoires et d'une justice sociale en général.

En droit marocain, la prévision du seuil de 50 millions de Dh réalisé individuellement par au moins l'une des parties à l'opération constitue une nouveauté importante en faveur des PME désirant adhérer à une opération de concentration externe, et se prémunir contre les risques concurrentiels et aux contraintes du marché. Cette adhésion constitue pour cette catégorie d'entreprises une opportunité pour faire face à l'agressivité commerciale des concurrents ayant une taille plus grande.

Pour ce qui est des autres seuils de 1,2 milliards de Dh et 400 millions de Dh, ceux-ci traduisent la volonté des pouvoirs publics de permettre aux opérateurs nationaux d'inscrire davantage leurs activités dans le sens d'une intégration continentale africaine à travers un investissement permanent dans des secteurs générateurs de valeurs ajoutées réciproques. Cette intégration progressive telle que nous la souhaitons est de nature à permettre de fédérer les efforts et les forces afin de constituer des structures de marché capables de faire face à la concurrence internationale.

La présence des opérateurs nationaux dans le continent africain est d'ores et déjà assurée dans plusieurs secteurs économiques, particulièrement dans le secteur financier, à travers les groupes bancaires marocains performants. Cette présence est plus particulièrement marquée dans l'espace de l'Union économique et monétaire ouest africaine (UEMOA), où ces groupes bancaires représentent 21, 8% de parts de marché. On se félicite de ce retour aux racines africaines des entreprises marocaines dans la mesure où nous partageons avec l'Afrique, un même destin commun et des valeurs communes. Certes, le capital n'a pas de frontière, de couleur, de sexe ou de race, mais en matière économique où le capital prend une place importante, il y'a lieu de souligner néanmoins que dans ce contexte économique international incertain, il est primordial de choisir les partenaires avec qui l'on partage les mêmes valeurs communes dans le sens de l'intérêt réciproque.

Il y'a lieu de signaler par ailleurs que les seuils de 1,2 milliards de Dh et 50 millions de Dh prévus par le projet de décret, vont dans le sens d'une harmonisation avec ceux prévus avec nos divers partenaires économiques. Ils répondent également à l'impératif de convergence avec les législations des pays européens, et traduisent la taille exprimée en chiffre d'affaires au-delà de laquelle le risque de restriction de concurrence peut survenir. Ce risque est vérifiable lorsque la concentration est de nature à créer ou à renforcer une position dominante déjà existante. Dans ce cas, l'appréciation du Conseil de la concurrence s'impose avec plus de rigueur pour la sauvegarde du processus concurrentiel, et la protection des intérêts des consommateurs, que cela soit dans le cadre des concentrations verticales horizontales ou conglomérales.

Le relèvement des seuils a une autre finalité fondamentale permettant de désengorger le Conseil de la concurrence soumis à une charge de travail importante en ne subordonnant à son autorisation préalable que les concentrations d'une certaine ampleur. Par ailleurs, ce relèvement permet aux entreprises nationales de choisir les partenaires économiques avec qui se concentrer dans le sens d'une coopération mutuelle fructueuse et surtout fiable, et orienter la configuration de la structure des marchés vers des effets heureux pour la collectivité.

Partie 2 Régulation de la puissance économique en droit de la concurrence

La régulation de la puissance économique est une mission du juge comme des autorités administratives indépendantes. L'outil de cette régulation dont on s'efforcera de donner une définition, est le droit qui peut être présenté comme un mode de régulation sociale, c'est-à-dire de mise en ordre de la société. La régulation s'impose là où les rapports de force, libérés par la mondialisation, sont sans limite. Celle-ci met en distance la personne titulaire d'une puissance économique et l'exercice que celle-ci en fait : la régulation contraint le détenteur de puissance économique à suivre des règles dans l'usage qu'il en fait. D'une autre façon, par transposition à la matière économique, le détenteur d'une puissance économique est contraint par le biais d'un ensemble de régulations techniques et économique d'en faire un usage conforme au droit.

Historiquement, l'objet de la régulation est avant tout politique, contraignant à des règles instaurées par les pouvoirs publics. Ce sens renvoie d'une façon générale, à la régulation comme une politique d'équilibre des pouvoirs, dont la matière économique n'en est pas si éloignée. Ce sens large de la régulation, renvoie à un droit qui demeure politique par la prise de position qu'il exprime : la désignation des intérêts légitimes, l'articulation des pouvoirs. Mais peu importe désormais dans cette définition que l'objet sur lequel s'exerce la régulation soit de nature publique ou non. La régulation a quitté alors le champ du droit public pour pénétrer partout où il y'a des pouvoirs unilatéraux exercés, notamment au sein des entreprises.

Mais si une large définition permet difficilement de renvoyer à un corpus de règles unifiées, l'usage du terme régulation demeure alors davantage une façon de parler du droit. En revanche, si l'on rattache en droit la régulation et des secteurs particuliers, en prenant une perspective plus resserrée, la définition devient opératoire parce qu'elle renvoie à des normes techniques communes. En rattachant la définition juridique de la régulation économique aux secteurs techniquement spécifiques ouverts en partie à la concurrence, on peut avancer qu'il s'agit d'une sorte d'appareillage propre à un secteur, dont la réglementation n'est qu'un des outils, qui entrelace règles générales, décisions particulières, sanctions règlements des conflits, et qui inclut la création d'un régulateur indépendant. Par cet appareillage juridique, le système de régulation crée et maintient un équilibre entre la concurrence et autre principe que la concurrence dans des secteurs économiques qui ne peuvent les créer ou les maintenir de leurs propres formes, ou en s'appuyant seulement sur le cadre général du droit de la concurrence, par la mise en place d'autorités de régulation en charge de réguler le secteur.

La réponse à la question de savoir qu'en est –t-il des acteurs de la régulation, est donnée par Jean Jacques Israel, qui préconise qu'il en existe deux catégories. La première, est celle des autorités indépendantes avec parmi elles, un cas particulier, le Conseil de la concurrence, qui a une compétence générale, à côté des autorités sectorielles qui agissent tous ensemble sous le contrôle du juge. La deuxième catégorie est celle du juge, qui intervient à des titres divers dans les fonctions de régulation. Il intervient d'un côté comme contrôleur, c'est sa fonction naturelle, en jugeant les recours qui sont exercés contre les décisions des Autorités Administratives Indépendantes, mais il intervient aussi dans sa propre fonction de régulation. Il existe en effet, une compétence du juge civil et du juge commercial, mais aussi celle du juge administratif et pénal.

On peut schématiquement subdiviser la régulation en deux catégories : une régulation administrative (titre 1) qui est une mission d'une part des acteurs à compétence générale notamment du conseil de la concurrence qui opère une régulation dite de droit commun, et des acteurs à compétence sectorielle, en charge de réguler les secteurs dont ils ont la charge par le biais de réglementations techniques et économiques, d'autre part la régulation judiciaire qui est l'œuvre strictement du juge ; nous analyserons dans cette perspective les procédures de régulation devant le juge et devant les Autorités Administratives Indépendantes (Titre 2)

Titre 1 : Régulation administrative de la puissance économique

La régulation administrative désigne de prime abord, la régulation concurrentielle de droit commun, opérée par le Conseil de la concurrence dans sa lutte contre les pratiques anticoncurrentielles, et son contrôle des structures des marchés par le biais des concentrations d'une part ; d'autre part la régulation sectorielle qui est l'œuvre des institutions administratives indépendantes créées dans le but d'accompagner un secteur démonopolisé où les seules règles de la concurrence de droit commun ne suffisent pas à le faire fonctionner de façon optimale. La régulation sectorielle consiste donc à ré réglementer [1] _ un secteur d'activité économique ouvert à la concurrence à minima, par le biais des régulateurs sectoriels, qui disposent également de missions de régulation de la concurrence des secteurs dont ils ont la charge, mais qui agissent à travers des instruments différents de ceux déployés par le Conseil de la Concurrence. Selon Laurence Boy, la régulation sectorielle est liée à l'essor des autorités administratives indépendantes[2]. Cette constatation a conduit certains auteurs à vouloir identifier exclusivement la régulation à ces autorités en mettant l'accent sur les caractéristiques de ces institutions marquées par de larges pouvoirs d'investigation, de contrôle et de sanction ; A l' opposé M. A. Frison. Roche préconise que la régulation ne peut être ramenée exclusivement aux autorités administratives indépendantes et que celles-ci n'en constituent qu'un indice parmi d'autres[3]. Dans cette conception, la régulation constitue une construction, un appareillage juridico-économique et

---

[1]. M.H. Bouayad, articulation entre régulateurs sectoriels et autorités de la concurrence, p. 70 mai 2013*op.cit* ; Medjnah. Mourad, Les rapports entre autorités de régulation en matière de concurrence, Ed l'Harmattan, p. 16 : L'auteur met l'accent sur le fait, que si la régulation se distingue de la réglementation, c'est parce qu'elle a pour objectif d'instaurer la concurrence sur les marchés, là où elle n'est pas naturelle et d'en assurer le maintien. Pour ouvrir par exemple les industries de réseaux à la concurrence, les acteurs de la régulation ne se servent pas de politique réglementaire traditionnelle définie par les services centralisés de l'Etat. La régulation se manifeste au contraire par de nouvelles réglementations sectorielles dont l'application se veut plus souple, plus rapide, plus démocratique, que l'usage des réglementations traditionnelles. C'est sur la base de ces réglementations sectorielles que les autorités indépendantes de régulation vont pouvoir faciliter l'accès au marché en supprimant les monopoles légaux et les autres entraves à la concurrence comme les abus de position dominante sur les marchés régulés.

[2]. Laurence Boy, Le droit de la concurrence : régulation et / ou contrôle des restrictions à la concurrence. Revue Contrats Concurrence Consommation n°11 novembre 2004. Banque de données Electronique (Lexis Nexis, Edition Jurisclasseur) http://www.lexisnexis.com, (page consulté le 9/09/2014).

[3]. « …La régulation ne se réduit pas à l'existence d'un régulateur mais que celui-ci constitue un indice d'une régulation mise en place, permettant d'en reconnaitre l'existence à défaut d'en saisir l'essence… » M.A. Frison. Roche. Hypothèse de l'interrégulation. In Frison-Roche, Marie Anne et autres. Risque de régulation. Paris, Presse de Sciences Po et Dalloz, 2005, p. 70.

institutionnel qui contrôle, surveille un secteur d'activité, et en anticipe les dérives.

Indéniablement avec la libéralisation de l'économie marocaine à partir des années 90, les marchés ont connu des dysfonctionnements dus à l'internationalisation des échanges commerciaux et à l'ouverture à la concurrence des marchés nationaux. Le but des autorités fut de réactiver le droit, pour encadrer ce mouvement d'envahissement des marchés. D'où l'apparition de nouvelles branches de droit qui font partie de la famille du droit économique [1], dont le droit de la concurrence et le droit de la régulation. L'objectif principal de ces deux branches de droit est d'organiser et de réguler le fonctionnement concurrentiel de ces marchés. Mais d'autres objectifs non strictement concurrentiels caractérisent le droit de la régulation dans les secteurs régulés, tels le maintien en équilibre des secteurs à risque comme le secteur bancaire, la promotion de la pluralité médiatique, l'accès aux infrastructures essentiels, l'accès à la boucle locale, le contrôle des prix pour le cas des télécommunications.

Or, la puissance économique est un fait essentiel pour l'application des deux droits. Le dénominateur commun en autre de ces deux branches de droit, est la régulation de la puissance économique dans les marchés[2], quoique le droit de la régulation dans certains secteurs poursuive en outre d'autres objectifs. L'exemple illustratif est celui de

---

[1]. Plusieurs auteurs ont tenté de définir les contours de la notion de droit économique. Selon Claude CHAMPAUD, le droit économique est « le droit de l'organisation et du développement économique, que ceux-ci relèvent de l'Etat, de l'initiative privée ou du concert de l'un et de l'autre ». C. CHAMPAUD. Contribution à la définition du droit économique, » Dalloz 1997, Chronique. P : 215. D'autres auteurs dont Gérard FARJT l'ont érigé en véritable nouvelle branche du droit, voir « un droit de l'organisation de l'économie ». Paradoxalement cet auteur estime qu'en réalité, le droit économique vit sans définition ». G. FARJAT. L'analyse substantielle du droit économique. Revue Internationale du Droit Economique (RIDE). N°1, 1986, p. 9. Voir également à ce sujet : Marie. Anne. Frison. Roche. Le droit économique donne la priorité à son objet et en épouse les contours, Petites Affiches, 30 mars 2005, pp. 3-8 ; Laurence. Boy. Droit économique. L'Hermès, Volume 1, Lyon, 2002, p. 30 ; Emmanuel. Claudel. Ententes anticoncurrentielles et droit des contrats. Thèse de doctorat en droit présentée et soutenue publiquement le 14 décembre 1994 à l'Université de Paris X-Nanterre. Page. 8 (page consultée le 8/5/2013) www.glose.ROG/th002.pdf.

[2]. M. S. Payet, « Puissance économique, droit de la concurrence et droit des contrats », in Contrat et marché, RDC 2006/4, page 4.

l'opérateur historique dans les télécommunications disposant d'une position dominante, sur lequel pèsent des obligations particulières qui l'astreignent à garantir un accès équitable non discriminatoire au réseau aux autres opérateurs. A cet égard la régulation sectorielle et la régulation de la concurrence participent toutes deux à la régulation de la puissance économique sur les marchés. Cependant des nuances subsistent pour caractériser la régulation de la concurrence et la régulation sectorielle.

En effet la régulation de la concurrence est une régulation à géométrie variable selon les marchés dont le degré de concentration est l'élément précurseur à l'aune duquel on qualifie la situation concurrentielle à l'œuvre sur un marché, on caractérise une situation de position dominante , voire on constate des collusions et des ententes . Ainsi, certains marchés peuvent être soumis aux seules règles du droit de la concurrence. Il s'agit en l'occurrence des marchés où la concurrence pourra produire ses effets bénéfiques sur la base de la seule confrontation de l'offre et de la demande. Sur ces marchés, le Conseil de la concurrence qui dispose d'une mission transversale de régulation de la concurrence qu'on appelle régulation de droit commun, n'intervient que pour corriger les éventuels dysfonctionnements concurrentiels, dus à des comportements anticoncurrentiels compromettant l'équilibre concurrentiel naturel du marché. En somme la régulation de la concurrence opérée par le Conseil, consiste à lutter contre les abus de puissance anticoncurrentiels et à contrôler les structures de marché.

A l'opposé, d'autres marchés ne peuvent engendrer leurs propres équilibres par le seul jeu de la concurrence. En raison de l'existence de plusieurs imperfections inhérentes à leurs structures[1] (ex oligopole télécoms) , de l'existence de fortes barrières à l'entrée, ces marchés bénéficient d'un dispositif de régulation sectorielle qui vise à assurer un juste équilibre entre les valeurs marchandes liées à l'ouverture à la concurrence de ces marchés, et les valeurs non marchandes dictés par des considérations d'intérêt général, et de cohésion social (service universel par exemple, généralisation des services internet haut débit exigés par l'impératif de solidarité sociale).

Pour autant, la régulation sectorielle lorsqu'elle existe n'a pas vocation à se substituer au droit de la concurrence, mais s'applique

---

[1]. M.H. Bouayad, Op. Cit, Articulation entre régulateurs sectoriels et autorités de la concurrence, p. 137, mai 2013op. cit.

simultanément avec ce dernier. Cette situation se traduit institutionnellement par une superposition des contrôles exercés d'une part par l'autorité de régulation sectorielle en charge du secteur et d'autre part, par l'autorité de concurrence qui symbolise l'esprit de régulation concurrentielle de droit commun.

On mettra au préalable en exergue, les spécificités des acteurs de la régulation en distinguant les acteurs à compétence générale (Chapitre 1) et les acteurs à compétence sectorielle (chapitre 2) et en élucidant les objectifs de la régulation concurrentielle et ceux de la régulation sectorielle, les modes, et les champs d'action différenciés de l'autorité de la concurrence et des régulateurs sectoriels. Ensuite on exposera les lacunes du dispositif légal qui constituent de véritables obstacles à une meilleure articulation des compétences notamment entre le conseil de la concurrence et les régulateurs sectoriels, ceux-ci cumulant des missions de régulation technique et économique, et de régulation concurrentielle, en mettant une attention particulière sur le secteur des télécommunications.

Chapitre 1 : Acteur à compétence transversale de régulation concurrentielle de la puissance économique

Les acteurs de la régulation sont des organes administratifs originaux en ce que, par la volonté du législateur et tout en faisant partie intégrante de l'État, ils bénéficient de garanties d'indépendance par rapport au gouvernement, qui ne dispose à leur égard, de manière générale, ni de pouvoir de contrôle hiérarchique ni de pouvoir de tutelle, d'où l'appellation d'Institutions Administratives Indépendantes AAI[1].

Or, la régulation dans les secteurs régulés peut être définie, comme la mise en équilibre entre le principe de concurrence, qui demeure parfaitement acquis et accueilli dans une conception d'ensemble libéral, et un principe d'une autre nature, pour des motifs techniques ou politiques[2]. En effet lorsque le phénomène économique de libéralisation, n'est pas suffisant pour que s'établisse une concurrence effective, la régulation s'impose. Dans cette conception la régulation

[1]. J. Marimbert, L'office des autorités de régulation, LPA, n°110, 3 juin 2002, p. 73.

[2]. M. A. Frison, Roche, « Régulation », in les 100 mots de la régulation, Coll, « Que sais-je », 2011.

est le chemin qu'emprunte toute construction concurrentielle, et n'est en principe que transitoire. D'une autre façon la régulation ne renvoie pas à l'économie administrée mais s'insère dans une conception libérale de l'économie, la régulation a à faire avec la concurrence. Elle en est l'outil lorsque la concurrence est décidée par le droit, ou lorsque le droit rattrape une concurrence qui a sauvagement mis ses crocs sur un secteur qui ne peut pas le supporter, parce que des équilibres doivent être préservés. La régulation suppose toujours la présence de la concurrence, parfois c'est garce à la régulation que la concurrence advient[1].

Schématiquement, les acteurs de la régulation administrative se subdivisent en deux catégories : D'une part les acteurs à compétence générale ou transversale, de régulation de la concurrence (Section 1), il s'agit en l'occurrence du Conseil de la concurrence au Maroc que la loi a doté de pouvoirs décisionnels en matière de contrôle des comportements (lutte conte les ententes, et les abus de position dominante), et des structures (contrôle des concentrations)[2]. D'autre part les acteurs à compétence sectorielle (section 2) qui sont multiples, et qui ont principalement pour missions d'établir une régulation économique et technique, et parfois même concurrentielle des secteurs dont ils ont la charge. Ces régulateurs sont nés à l'occasion de la libéralisation et la démonopolisation de certains marchés dont le fonctionnement nécessite un accompagnement pour leur construction et leur organisation, en raison des barrières à l'entrée élevées qui caractérisent ces marchés. Ainsi dans la perspective de l'ouverture totale de certains marchés autrefois monopolistiques à la concurrence, la régulation sectorielle est devenue l'instrument adéquat voire même nécessaire pour suivre l'évolution de ces marchés, et réguler la puissance économique en leur sein. Octroyer des licences, résoudre des litiges d'interconnexion, octroyer les agréments pour accéder au marché, se prémunir contre le risque systémique, veiller à l'accès aux infrastructures essentielles, telles sont à titre d'exemples les missions des régulateurs sectoriels.

Il est à noter que le mode d'intervention de l'autorité de la concurrence doit être distingué de celui des régulateurs sectoriels. En effet, on reconnait traditionnellement au Conseil de la concurrence une intervention ex post, c'est-à-dire postérieurement à la commission

---

[1]. M. A. Frison. Roche, La régulation versus concurrence, p. 2.

[2]. Loi 20-13 sur le Conseil de la concurrence marocain.

des pratiques anticoncurrentielles, tandis qu'aux régulateurs sectoriels une intervention ex ante, c'est-à-dire une intervention sur un phénomène avant qu'il ne se cristallise. C'est ainsi que plusieurs recherches qui se sont penchées sur le phénomène de régulation concurrentielle et sectorielle, ont consacré le couple ex ante et ex post comme critère de distinction entre les deux sphères de régulation et les institutions chargées de les mettre en œuvre.

L'une des problématiques qui retient notre attention concerne les marchés soumis à une régulation sectorielle. On note que ces marchés sont soumis[1] à la fois, d'une part à une régulation en amont dite « *exan te* » visant à accompagner le secteur d'une logique de monopole à celle d'une maturité concurrentielle via un ensemble de régulation techniques, économiques et parfois concurrentielles, d'autre part à une régulation en aval du marché dite « *ex post* »[2] qui vise à sanctionner les abus de comportements et les abus de structure par le Conseil de la concurrence. Cette situation se traduit par la superposition d'un double contrôle opéré respectivement par les autorités de régulation sectorielle et le Conseil de la concurrence. Dans le secteur des télécommunications particulièrement, la régulation de la puissance économique opéré par le régulateur sectoriel, requiert une intervention *exan te* pour déterminer les acteurs disposant d'une puissance significative, et leur imposer des obligations particulières en raison de cette puissance, d'une part, d'autre part une intervention ex post, relativement aux missions de régulation de la concurrence dont ils sont investis.

Cette hypothèse renvoie à plusieurs questions : quel devrait être les missions et l'étendue des pouvoirs des deux institutions ? Quelle articulation des actions des deux types d'autorités et les moyens

---

[1]. Il y'a des secteurs qui sont au carrefour de plusieurs régulations sectorielles et relèvent par conséquent de la juridiction de plusieurs institutions de régulations en meme temps. Le mouvement de convergence technologique que connait le secteur de l'audiovisuel et des télécommunications par exemple fait soumettre certaines activités des opérateurs au contrôle conjoint des régulateurs des télécommunications et de l'audiovisuel. Cet aspect d'interaction entre plusieurs régulations sectorielles verticales ne sera pas abordé dans notre travail, pour des raisons méthodologiques.

[2]. M.H. Bouayad, *Op. Cit,* articulation entre régulateurs sectoriels et autorités de la concurrence, p. 185, mai 2013, sur la distinction ex ante/ Ex post.

permettant d'éviter un dédoublement des compétences entre ces d'institutions ?

L'analyse des textes de lois régissant les régulateurs sectoriels, permet de déceler que certains de ces derniers, disposent de prérogatives pour la régulation de la concurrence dans les secteurs dont ils ont la charge semblables à celles du Conseil de la concurrence. Cette situation est de nature à créer une tension caractéristique du modèle institutionnel de régulation concurrentiel, que les pouvoirs publics ont choisi de mettre en place, et qui demeure marqué très souvent par une structure bicéphale. Pour apaiser cette tension, le législateur est dans l'obligation d'instaurer des procédures de coopération effectives, entre le conseil de la concurrence et ces régulateurs sectoriels.

Section 1 : Conseil de la concurrence

Les acteurs à compétence générale sont des AAI chargés d'appliquer le droit de la concurrence à tous les secteurs y compris les secteurs régulés. Il s'agit notamment du conseil de la concurrence doté d'une large compétence horizontale mais dans le seul droit de la concurrence à l'exclusion du droit de la régulation, c'est-à-dire de conflits mettant en jeu, a priori, des valeurs purement marchandes que l'on peut rattacher à des logiques concurrentielles, et subsidiairement consuméristes.

Paragraphe 1 : Renforcement des prérogatives du conseil de la concurrence, prélude à une régulation concurrentiel effective.

Il existe des liens profonds entre régulation des marchés et droit de la concurrence. La thèse selon laquelle le Conseil de la Concurrence ne participerait pas à la régulation au motif que celui-ci ne construit pas les marchés, mais les contrôle ex post, nous semble erronée sur le plan des principes. Certains travaux [1], démentent cette thèse, en mettant l'accent sur deux arguments fondamentaux. D'abord, et compte tenu, d'une définition des marchés en constante évolution, le

---

[1]. R. POESY, Aspects procéduraux du droit français des pratiques anticoncurrentielles : Etude des rapports entre juge judiciaire et le Conseil de la concurrence, Thèse Nice, 2000 ; F. RIEM, La transparence et le droit de la concurrence, L'Harmattan, 2002.

Conseil de la concurrence construit le marché, et ne se contente pas de le contrôler ; il le régule. Ensuite, en se reconnaissant juge du contrat, le conseil de la concurrence est conduit à remodeler le contrat, et ainsi à construire la concurrence, en régulant la puissance économique. Ce remodelage du contrat via le pouvoir d'injonction, de suppression ou de modification des stipulations contractuelles, vise le maintien de l'ordre public concurrentiel, et se substitue à la nullité du droit civil, qui se révèle inadaptée aux rapports contractuels anticoncurrentiels. L'ensemble des règles du droit de la concurrence, est volontairement mobilisé par ces autorités non seulement pour contrôler, mais pour construire la concurrence. Eliminer le conseil de la concurrence, et prétendre qu'il ne participe pas à la régulation, et ne construit pas les marchés, nous paraît excessif[1].

L'émergence d'une «régulation de la concurrence», existe substantiellement nous semble-t-il, et a été rendu effective par le nouveau rôle dévolu au Conseil de la concurrence. Ainsi selon Laurence Boy « les règles du droit de la concurrence sont mobilisés par les autorités de concurrence non seulement pour contrôler mais pour construire la concurrence »[2]. Un rappel historique des acteurs compétents en matière de régulation de la concurrence, s'impose.

En effet la régulation de la concurrence au Maroc était caractérisée par une dualité des institutions chargés d'appliquer les réglementations nationales sur la concurrence. En général la mission assignée à ces organismes, est d'assurer une concurrence libre, loyale et transparente[3]. Ces organismes se considèrent les gardiens de l'ordre

---

[1]. Laurence. Boy, Le droit de la concurrence : Régulation et ou/ Contrôle des restrictions à la concurrence,2004, p. 8.

[2]. Ibid, p. 9.

[3]. C'est ce qui ressort de la lecture de l'article 166 de la constitution qui stipule que « Le Conseil de la Concurrence est une autorité administrative indépendante chargée, dans le cadre de l'organisation d'une concurrence libre et loyale, d'assurer la transparence et l'équité dans les relations économiques, notamment à travers l'analyse et la régulation de la concurrence sur les marchés, le contrôle des pratiques anticoncurrentielles, des pratiques commerciales déloyales et des opérations de concentration économique et de monopole » Dahir n°1.11.91 du 29 juillet 2011 promulguant la constitution, B.O, n°5964 bis 30 juillet 2011 ; En France l'autorité de la concurrence française est « … spécialisée dans le contrôle des pratiques anticoncurrentielles, l'expertise du fonctionnement des marchés et le contrôle des opérations de concentration. Au service du consommateur, elle a pour objectif de veiller au libre jeu de la concurrence

public concurrentiel et protègent celui-ci contre les dérives comportementales et structurelles qui peuvent l'entacher.

En effet, antérieurement à la constitutionnalisation du conseil de la concurrence en 2011, et à l'entrée en vigueur de la loi 20-13 relative à ce dernier, la configuration institutionnelle était marquée par une structure, qui répartit les compétences de la régulation concurrentielle des marchés entre plusieurs organes administratifs, chacun en ce qui le concerne et dans la limite des prérogatives qui lui ont été reconnues, d'appliquer les règles du droit de la concurrence. Il s'agit d'une part du Conseil de la concurrence, et d'autre part de la Direction de la Concurrence et des Prix relevant du ministère des Affaires Générales et de la Gouvernance[1].

De même, le conseil de la concurrence ne disposait que d'attributions consultatives relativement au domaine de l'antitrust et au contrôle des opérations de concentrations. Le pouvoir de prendre des décisions revenait au premier ministre[2]. La régulation de la concurrence présentait des dysfonctionnements, à cause de la multiplicité des acteurs en charge de la mise en œuvre du droit de la concurrence.

Cette configuration institutionnelle tricéphale a connu un changement radical grâce à la réforme qu'a connu le système de la régulation concurrentielle au niveau substantiel et institutionnel. Cette réforme a abouti en 2014 à l'adoption de la loi 104-12 sur la liberté des prix et de la concurrence qui a modifié en profondeur la loi 06-99, ainsi que par la promulgation de la loi 20-13 sur le Conseil de la Concurrence.

La refonte institutionnelle introduite a érigé le Conseil de la concurrence en une institution constitutionnelle indépendante de

---

et d'apporter son concours au fonctionnement concurrentiel des marchés... », www.autoritédelaconcurrence.fr/user/standard.php ?id_rub=12 (page consulté le 14/5/2013).

[1]. M.H. Bouayad, *Op. Cit*, articulation entre régulateurs sectoriels et autorités de la concurrence, p. 257, mai 2013,

[22]. Alinéa premier de l'article 36 de la loi 06-99 sur la liberté des prix et de la concurrence abrogée par la loi 104-12 sur la prise d'injonction ; deuxième alinéa de l'article 36 de la loi 06-99, sur la saisine du procureur du Roi ; Article 10, 15 et 24 de la loi 06-99 sur la saisine par le Premier ministre du Conseil de la concurrence ; Article 43 de la loi 06-99, sur l'autorisation ou l'interdiction des opérations de concentrations par le Premier ministre.

gouvernance[1], d'une part, d'autre part celui-ci à l'exclusion de la Direction de la concurrence et des Prix, a pour mission transversale[2] d'assurer la transparence et l'équité dans les relations économiques, notamment à travers l'analyse de la régulation de la concurrence sur les marchés, le contrôle des pratiques anticoncurrentielles, des pratiques commerciales déloyales, et des opérations de concentration économiques et de monopole[3]. L'architecture institutionnelle de la régulation concurrentielle est désormais polarisée, autour d'une seule autorité de concurrence aux pouvoirs élargis au lieu du schéma institutionnel caractérisé par la pluralité d'intervenants dans le champ concurrentiel[4].

Par ailleurs, le conseil de la concurrence qui disposait auparavant d'attributions exclusivement consultatives voit ses prérogatives renforcées, et acquiert le pouvoir décisionnel et de sanction dans les domaines de l'antitrust (ententes et abus de position dominante, abus de dépendance économique), et du contrôle des concentrations[5]. Dans le domaine des pratiques anticoncurrentielles, les décisions du Conseil peuvent, se traduire par des injonctions, des mesures conservatoires et des sanctions administratives pouvant atteindre 10% du chiffre d'affaires annuel de l'entreprise ou groupe d'entreprise contrevenantes[6]. Il a en outre, acquis la compétence dans le domaine des concentrations anciennement dévolue au premier ministre qui ne garde qu'un droit d'évocation de réviser les décisions du conseil pour des motifs d'intérêt général, autres que la concurrence[7]. Ce choix est

---

[1]. Article 166 de la constitution.

[2]. La mission transversale de régulation de la concurrence s'étend à toutes les activités de production, de distribution et de services, y compris y compris celle qui sont le fait de personnes morales de droit public, lorsqu'elles agissent comme opérateurs économiques et non dans l'exercice de prérogatives de puissance publique ou de missions de services public. De même cette compétence transversale concerne aussi les secteurs régulés, où le Conseil de la concurrence peut intervenir pour corriger ex post les éventuels dysfonctionnements de la concurrence.

[3]. Article1[er] de la loi 20-13 sur le Conseil de la concurrence.

[4]. Le fait d'avoir désinvesti le Chef du Gouvernement et la direction des prix, ne veut pas dire que le Conseil de la concurrence dispose à lui seul d'une mission de régulation de la concurrence. D'autres régulateurs sectoriels sont investis également de cette mission comme l'ANRT.

[5]. Article 2 de la loi 20-13 sur le Conseil de la Concurrence.

[6]. Article 39 de la loi 104-12 sur la liberté des prix et de la concurrence.

[7]. Article 18 de la loi 104-12.

concordant avec les pratiques de la majorité des pays européens où l'autorité indépendante instruit le dossier de concentration et tranche, laissant éventuellement au responsable politique un droit de véto pour les affaires comportant des éléments stratégiques pour le pays.

Enfin, le nouveau cadre juridique consolide le rôle du Conseil dans la promotion de la concurrence. Ainsi le Conseil est obligatoirement consulté par le gouvernement au sujet des projets de lois en relation avec la concurrence. Cette obligation existait déjà dans l'ancienne loi mais elle acquiert une dimension nouvelle dans le nouveau dispositif. Les projets de loi ayant fait objet de cette consultation doivent, en effet, être publiés, accompagnés de l'avis du Conseil de la concurrence, et des motifs de refus de prise en compte, le cas échéant, de ses propositions[1].

Paragraphe 2 : Le nouveau dispositif légal institutionnel de régulation de la concurrence

Il convient au préalable de circonscrire le champ et les modalités d'intervention du Conseil de la concurrence dans la régulation concurrentielle

Champ et modalités d'intervention du Conseil de la concurrence

L'action du conseil de la concurrence, porte, d'une part sur des marchés dont le mode de fonctionnement est axé sur la liberté économique dans tous ses aspects (liberté d'accès et de sortie, liberté de mise sur le marché, liberté d'exercice, liberté de fixation des prix). Il s'agit de marchés dont la régulation est assurée par le fonctionnement spontané de l'ordre concurrentiel [2] issu de la

---

[1]. Projet de décret d'application de la loi 20-13.

[2]. Selon Thierry KIRAT : « L'ordre concurrentiel, si l'on suit le texte de présentation du colloque en l'honneur d'Antoine Pirovano, rend compte de deux mouvements : a) la marchandisation du monde, c'est-à-dire l'extension de la logique concurrentiel dans de nombreux champs de l'activité humaine, b) la marchéisation du monde, c'est-à-dire l'expansion de la logique du marché. L'ordre concurrentiel est à n'en pas douter un moyen utile et légitime de qualifier, d'un point de vue général, macro social, les transformations des systèmes économiques dans un contexte où les économies centralement planifiées se sont écroulées politiquement, il y'a plus de dix ans, où les services publics sont ouverts à la concurrence, et la société de marché étend son emprise ». Th. KIRAT. L'ordre concurrentiel au sein de la science juridique : l'analyse économique du

confrontation de l'offre et de la demande. D'autre part sur les marchés soumis à une régulation sectorielle, qui ont une structure caractérisée par la présence de fortes barrières à l'entrée et à la sortie[1], en l'occurrence les barrières naturelles et structurelles qui dissuadent les nouveaux entrants et les empêche de concurrencer efficacement l'ancien monopole. La nature et la structure de ces marchés, ne fait pas obstacle, à l'intervention du Conseil de la concurrence, s'il constate des comportements de nature à compromettre le fonctionnement normal du processus concurrentiel. En théorie, la double soumission des secteurs régulés au Conseil de la concurrence, et à l'autorité de régulation sectorielle, semble tracer à première vue la frontière de l'action des deux types de régulateurs, le premier intervenant strictement sur le volet « concurrence », le second sur le volet « technique et économique », pour favoriser le passage à la concurrence (enjeux marchands), et pour assurer d'autres enjeux autres que concurrentiels. Mais la réalité est toute autre puisqu'on verra que les régulateurs sectoriels, interviennent aussi sur ce volet « concurrence », en passant outre les missions le Conseil.

Toutefois, il est à noter que si la liberté de la concurrence constitue le mot d'ordre dans les marchés non régulés de manière sectorielle, c'est-à-dire dont le fonctionnement est assuré par la simple confrontation de l'offre et de la demande, cela n'implique aucun à priori quant à leur « concurrentiabilité »[2]. Autrement dit, ce n'est pas parce qu'un marché est libre qu'il est concurrentiel. En effet, même si un marché n'est pas soumis à une régulation sectorielle, cela n'exclut

---

droit, In L'ordre concurrentiel, Mélanges en l'honneur d'Antoine Pirovano, Editions Frison. Roche, 2003, p. 339.

[1]. Sur la notion de barrières à la sortie, V. Les couts à la sortie. Rapport de mission confie à Philippe NASSE par le ministre de l'Industrie, 22 septembre 2005, http://www.autoritedelaconcurrence.fr/doc/rapportnasscoutsdesorite.pdf (page consultée le 6/6/2012)

[2]. A noter que ce néologisme crée par le Président du Conseil de la concurrence, n'est défini nulle part et n'est pas reconnu dans le jargon doctrinal ou jurisprudentiel du droit de la concurrence. Il est en revanche très souvent utilisé par le Président du Conseil dans ses déclarations pour désigner l'état de la concurrence sur un marché ou un secteur déterminé. D'ailleurs, les monographies sectorielles lancées et réalisées par le Conseil de la concurrence entre 2009 et 2010 dans le cadre de sa mission d'Advocasy portent ce nom. Exemple : Etude sur le concurrentiabilité du marché de la téléphonie mobile, étude sur la concurrentiabilité du secteur des huiles de tables…

pas l'existence de dysfonctionnements concurrentiels au sein de celui-ci. La pratique révèle que les marchés soumis au contrôle du Conseil de la concurrence sont souvent des marchés imparfaits souvent oligopolistiques[1], terrain favorable à la commission des pratiques anticoncurrentielles notamment, les abus de position dominante collective, et les ententes.

De même, la compétence transversale du Conseil dite aussi horizontale, s'étend à tous les secteurs de l'activité économique et tous les marchés au sens économique, c'est-à-dire tout lieu où se confronte l'offre et la demande quel que soit le statut des opérateurs (publics et privés)[2].

L'expérience comparée, révèle que certaines législations sur la concurrence prévoient des exceptions à l'application des règles de la concurrence[3] en soustrayant certains secteurs d'activité économiques, aux rigueurs du droit de la concurrence. C'est le cas lorsque les autorités préconisent que certains secteurs doivent échapper à l'emprise du droit de la concurrence pour des considérations d'intérêt général qui dépasserait la logique concurrentielle[4].

---

[1]. Voir sur les interactions stratégiques coordonnées entre les firmes dans une structure oligopolistique : Oligopoly, OCDE ; Michel, Rainilli. Concentration/oligopolisation des marchés et politique de la concurrence, Revue Internationale de Droit Economique, n°1, 2006, p.7.

[2]. L'article 1er de la loi 104-12 dispose que celle-ci s'applique : 1- à toutes les personnes physiques ou morales qu'elles aient ou non leur siège ou des établissements au Maroc, dès lors que leurs opérations ou comportements ont pour objet ou peuvent avoir un effet sur la concurrence sur le marché marocain ou une partie substantielle de celui-ci ; 2- à toutes les activités de production, de distribution et de services, y compris celles qui sont le fait de personnes morales de droit public lorsqu'elles agissent comme opérateurs économiques et non dans l'exercice de prérogatives de puissance publique ou de missions de service public; 3- aux accords à l'exportation dans la mesure où leur application a une incidence sur la concurrence sur le marché intérieur marocain.

[3]. Le rôle de la politique de la concurrence dans la réforme réglementaire, examens de l'OCDE de la réforme de la réglementation en France, OCDE, 2004, p 31 à 33. www.oecd.org/dataoed/36/34/32482723.pdf (page consulté le 08/6/2014; Voir également: Réforme de la réglementation : bilan des examens du droit et de la politique de la concurrence dans les pays de l'OCDE et intérêt de cette expérience pour les pays en développement, OCDE, Forum mondial de l'OCDE sur la concurrence, 17 février 2004, Paris, p.3 : www.ocde.org (page consulté le Le8/6/2014.

[4]. Les secteurs et les matières les plus concernés par ces mesures d'exemptions sont les secteurs de l'agriculture, les coopératives, les

La compétence transversale de régulation de la concurrence conférée au Conseil tire ses fondements de deux arguments :

-Le premier tient au caractère indivisible du droit de la concurrence. L'application des règles du droit de la concurrence doit être uniformisée, et préservée[1]. S'appliquant à l'ensemble des acteurs économiques, le droit de la concurrence ne peut s'appliquer différemment à chaque secteur, sinon cela reviendrait à l'asservir à des fins qu'il ne poursuit pas[2].

-Le second, tient à la place réservée à la concurrence dans les priorités étatiques. Erigée en principe constitutionnel, la concurrence guide la vision de l'Etat et détermine sa politique économique. Il en

---

services de l'emploi, les droits de propriété intellectuelle et droits d'exécution d'œuvre, les secteurs des infrastructures, les médias et les organismes de réglementation des services professionnels (ordres professionnels).Ibid.

[1]. Dans ce sens, l'Autorité de la concurrence française dans son avis n° 03-A-07 du 21 mai 2003 a considéré que « … L'unité du droit de la concurrence peut, seule, garantir la sécurité juridique des acteurs et permettre à la régulation sectorielle de trouver sa juste place dans le champ plus large de la régulation économique. C'est pourquoi il est souhaitable de rappeler, notamment dans les motifs du projet de loi, que la régulation sectorielle s'applique sans préjudice des dispositions du livre IV du code de commerce. Le rôle du conseil de la concurrence, régulateur de droit commun, devra également etre affirmé, particulièrement aux étapes essentielles de la procédure de régulation ex ante… ». Avis du Conseil de la concurrence n°03-A-07 du 21 mai 2003 relatif à une demande d'avis du ministre de la Culture et de la communication et de la Ministre déléguée à l'Industrie concernant un projet de loi relatif aux communications électroniques. http://www.autoritedelaconcurrence.fr/pdf/avis/04a17.pdf (page consulté le 5/3/2013). L'autorité de la concurrence française a rappelé sa position dans son avis n°04-A-17 du 14 octobre 2004 et a précisé « …qu'il convient d'éviter que ne se développent des règles de concurrence propres au secteur des communications électroniques. L'unicité du droit de la concurrence peut seule garantir la sécurité juridique des acteurs… ». Avis de l'Autorité de la Concurrence n°04-A-17 du 14 octobre 2004 relatif à une demande d'avis présentée par l'Autorité de régulation des télécommunications en application de l'article L. 37-1 du code des postes et communications électroniques. http://www.autoritedelaconcurrence.fr/pdf/avis/03a07.pdf (page consulté le 13/aout/2013.

[2]. Jérome GALLOT, Synthèse, In La régulation : monisme ou pluralisme ? Equilibres dans le secteur des services publics concurrentiels, article précité Bouayad 178.

découle que les différentes organisations et politiques sectorielles doivent se conformer aux impératifs du droit de la concurrence.

Dans ce sens, il nous semble important que la loi ait doté le Conseil d'une mission horizontale de régulation de la concurrence pour assurer, une homogénéité dans l'application des règles de droit de la concurrence.

Les compétences du conseil de la concurrence contrastent avec celles des autorités de régulation sectorielle. En effet si le conseil n'a pas un degré de spécialisation sectorielle comparable à celui des autorités de régulation sectorielle en matière technique et économique, il dispose d'une expertise incontestable en matière d'analyse concurrentielle. Cela s'explique par la nature des missions confiées à cette institution qui n'est pas considérée comme une autorité de réglementation chargée de fixer les conditions techniques, tarifaires et économiques. Son intervention est donc limitée aux paramètres concurrentiels liés au fonctionnement des marchés. Ainsi, l'analyse du Conseil de la concurrence obéit à une appréciation uniforme qui lui permet d'appréhender les dysfonctionnements concurrentiels des marchés quel que soit le secteur d'activité économique. Cette appréciation comprend une analyse des éléments communs à tous les marchés, entre autres, la structure de l'offre et de la demande, le degré de concentration, les barrières d'accès au marché… ainsi qu'une analyse des comportements des opérateurs sur ces marchés (stratégie concurrentielle des firmes). Pour ce faire, le conseil de la concurrence dispose de plusieurs instruments et indicateurs quantitatifs et qualitatifs des marchés[1].

Le Conseil de la concurrence se fonde donc sur une vision unifiée du processus concurrentiel transposable à tous les marchés, tout en tenant compte des spécificités sectorielles, de la nature des pratiques

---

[1]. Ces outils quantitatifs et qualitatifs d'analyse économique sont souvent utilisés dans les avis du Conseil de la Concurrence, notamment l'indice Herfindhal et ratio concentration (avis n°5/9 du 7 septembre 2009 sur la situation de la concurrence dans le marché du livre scolaire), le test du verrouillage du marché (avis n°17/11 du 26 septembre 2011 sur le projet de concentration Shelle-Vitol-Helios dans le secteur pétrolier), le test des prix prédateurs (avis n°11/19 du 22 décembre 2011 relatif à l'affaire de l'insuline) ; voir également à ce sujet : Penelope, PAPANDROPOULOS. L'analyse économique des effets unilatéraux dans quelques cas récents de fusions. Revue Concurrences, n°2, 2007 ; Anne.Lise.Sibony, Op.cit, p. 480, 309 ; Nicolas PETIT. Oligopoles, collusion tacite et droit communautaires de la concurrence. Bruylant, 2008,p. 32, 45, 56.

relevées, ainsi que des éléments propres à chaque cas d'espèce qui lui est soumis.

Au niveau du déroulement temporel de l'action du Conseil de la concurrence, on peut dire qu'à l'exception du contrôle des opérations de concentration basé sur un système de notification préalable obligatoire, le Conseil intervient « ex post », une fois une pratique anticoncurrentielle constatée. Autrement dit, l'action de celui-ci est tributaire de la commission et la détection de l'acte matériel constitutif d'une pratique d'entente, d'un abus de position dominante, ou d'un abus de dépendance économique lorsque ces infractions ont pour objet, ou peuvent avoir pour effet de restreindre ou de fausser la concurrence.

L'intervention du conseil de la concurrence est postérieure au déclenchement d'une procédure contentieuse et subséquente à la commission de faits qualifiés juridiquement d'anticoncurrentiels. Cela explique que les mesures prises par le conseil de la concurrence (sanctions pécuniaires, injonctions...) ont des effets rétroactifs, dans le sens ou ses sanctions s'appliquent à des infractions antérieurement commises.

Ce caractère « ex post » de l'intervention du Conseil de la concurrence trouve sa justification dans le caractère limitatif des missions qui lui sont conférées. L'action du conseil étant limitée à lutter contre les pratiques anticoncurrentielles qui sont de nature à empêcher le fonctionnement concurrentiel des marchés. Au-delà de cet aspect, c'est à ces derniers de générer leurs propres équilibres par la confrontation spontanée des mécanismes de l'offre et de la demande[1].

La régulation ex post du Conseil est conditionnée par l'introduction des plaintes suivie par des enquêtes. Elle vise à faire appliquer le droit commun de la concurrence à l'ensemble des secteurs économiques. La régulation ex post, est pérenne contrairement à la régulation ex ante qui n'est que transitoire, le temps de faire émerger une concurrence effective dans un secteur. La politique de la concurrence fait office de garde-fou pour assurer le bon fonctionnement des marchés en

[1]. M.H. BOUAYAD. *Op. Cit*, articulation entre régulateurs sectoriels et autorités de la concurrence, p. 187, mai 2013,

prévoyant la sanction à postériori des comportements anticoncurrentiels[1].

D'une autre façon, l'intervention ex post du Conseil de la concurrence évoque un système économique qui se développe dans la liberté d'action où il n'est pas nécessaire de créer des règles spécifiques de fonctionnement à charge pour les opérateurs de répondre des effets potentiels de leurs comportements nuisibles. L'ex post incarne un choix de liberté d'action. Les règles du droit de la concurrence incarnent un choix libéral marqué par un interventionnisme minimaliste visant à corriger les dysfonctionnements constatés « ex post », sans astreindre les agents économiques à des prescriptions préalables, comme c'est le cas pour la régulation sectorielle[2].

De même, l'action du Conseil est conditionnée par la constatation, l'établissement, et la qualification des pratiques comme étant anticoncurrentielles. Du coup, hormis le cas du contrôle des concentrations, la simple constatation d'un dysfonctionnement concurrentiel dans un marché ne peut suffire à lui seul pour déclencher l'appareil répressif[3]. La régulation concurrentielle, se caractérise par son aspect répressif, lequel aspect quoique présent pour la régulation sectorielle aussi, mais présente un caractère secondaire et ne constitue pas le mode le plus fréquent d'intervention des autorités de régulation sectorielle dans leurs relations avec les entités régulées.

Section 2 : Avancés et défis du dispositif juridique de régulation de la concurrence.

La configuration institutionnelle qui prévalait avant l'adoption de la constitution de 2011 et, la loi 20-13 sur le Conseil de la concurrence, faisait obstacle à une régulation effective de la concurrence et était en discordance avec la tendance internationale quasi unanime pour conférer aux instances de la concurrence un statut indépendant et les doter de pouvoirs importants. La nouvelle constitution donne une impulsion nouvelle à la régulation de la concurrence, qui sous-tend la

---

[1]. Lettre mensuelle du centre marocain de la conjoncture, n°272, aout, septembre 2015, p. 15.

[2]. M.H. BOUAYAD. *Op. Cit*, articulation entre régulateurs sectoriels et autorités de la concurrence, p. 218, 219, mai 2013.

[3]. Anne, Perrot, Les frontières entre régulation sectorielle et politique de la concurrence, p. 88.

régulation de la puissance économique. D'une part, elle réaffirme la liberté de la concurrence qu'elle hisse au rang de principe constitutionnel et d'autre part, elle consacre la mission de régulation de la concurrence. Qualifié d'autorité administrative indépendante, le Conseil est, conformément aux termes de la constitution, chargé d'assurer la transparence et l'équité dans les relations économiques, notamment à travers l'analyse et la régulation de la concurrence sur les marchés. La nouvelle Constitution a de ce fait marqué la première étape d'une évolution importante de la politique de la concurrence au Maroc.

Le cadre légal de la concurrence a connu pour sa part une mutation profonde, qui s'est traduite par la consolidation de la régulation de la concurrence et le renforcement des prérogatives de l'institution qui en est chargée. Indéniablement ce nouveau dispositif apporte une modernisation importante dans le domaine de la régulation et de la politique de la concurrence et répond à plusieurs insuffisances du cadre précédent. L'une des nouveautés de ce cadre est, l'introduction de la composante judiciaire, en prévoyant la nomination de juges parmi les membres du conseil de la concurrence, qui est de nature à booster son action, et à le hisser au rang d'une institution quasi juridictionnelle.

Cependant des défis subsistent, pour consolider une régulation effective de la concurrence. Il en est ainsi du renforcement des capacités du Conseil pour la mise en œuvre du cadre juridique, de la formation des juges appelés à trancher les affaires du contentieux de la concurrence, et d'autre part de l'articulation entre régulation sectorielle et régulation de la concurrence[1].

---

[1]. Politique européenne de voisinage : Plan d'action Maroc pour la mise en œuvre du statut avancé (2013-2017), Conseil de l'Union européenne, 2013, il s'agit des recommandations relatives à la politique de la concurrence. Il préconise ainsi d'établir un cadre moderne pour la politique de la concurrence et de renforcer la capacité des autorités de régulation de la concurrence pour sa mise en œuvre. Il recommande de :

- Réformer le cadre légal dans le sens de consolider le schéma institutionnel actuel de la concurrence en donnant à une institution unique toutes les compétentes dans l'application de la politique de concurrence, un statut assurant autonomie de gestion et un pouvoir d'auto-saisine, avec possibilité d'investigations sous contrôle judiciaire. Et doter le régulateur des pouvoirs décisionnels et coercitifs, avec la possibilité d'octroyer des avis contraignants, pas seulement consultatifs.

Pour s'acquitter de ses nouvelles missions, qui ne manqueront pas d'accroitre les plaintes de la part des opérateurs économiques, le Conseil devrait disposer de moyens humains, et matériels appropriés. Si le Conseil est en train d'étoffer ses équipes, encore faut-il qu'il arrive à attirer les profils adéquats, avec des compétences juridiques et économiques en accord avec ses missions.

Par ailleurs, le conseil n'a pas l'exclusivité dans l'application du droit de la concurrence. Dans les secteurs régulés, et les télécommunications en particulier, le régulateur sectoriel possède des prérogatives importantes de régulation de la concurrence du secteur dont il a la charge. Si le nouveau cadre de la concurrence prévoit des consultations mutuelles entre les deux régulateurs, il ne tranche pas le problème d'articulation des compétences, ce qui compromet le principe de sécurité juridique, et de prévisibilité dont ont besoin les opérateurs. Il n'est alors pas exclu de voir émerger des différends institutionnels et des divergences d'interprétation des principes de concurrence entre les deux régulateurs.

Un autre défi important a trait à la formation des juges qui sont des acteurs importants de la régulation. Un des enjeux à ce sujet consiste en la formation économique des juges, car l'approche économique devient, au niveau international, une composante fondamentale de la régulation de la concurrence. L'analyse économique est devenue, l'une des préoccupations des autorités en charge de la concurrence, et son rôle est de plus en plus important. Cela conduit à des changements notables dans la pratique de ces autorités ; les comportements des entreprises sont désormais évalués sur la base de leur bilan économique et leurs effets sur les consommateurs en tenant compte des effets statiques et dynamiques, et non plus sur des catégories juridiques préétablies. Cela amplifie d'autant plus le besoin de formation des juges comme des analystes du Conseil de la concurrence. Enfin le cout de mise en œuvre d'une régulation effective de la concurrence constitue un défi important.

- Coordination et concertation entre l'autorité de la concurrence et les régulateurs sectoriels en réservant une compétence exclusive au Conseil de la Concurrence en matière de lutte contre les pratiques anticoncurrentielles et de contrôle des concentrations économiques.
- Assurer la formation spécialisée des juges appelés à traiter des affaires et des recours en matière de concurrence.

Chapitre 2 : Acteurs à compétence sectorielle de régulation technique et concurrentielle de puissance économique

Le processus de changement économique et d'ouverture à la concurrence qu'a connu le Maroc a été accompagné par une refonte juridique [1] et institutionnelle, afin d'accompagner les secteurs anciennement monopolistiques vers un régime concurrentiel. Dans ce but, le législateur a en conséquence mis en place des régulateurs sectoriels, notamment :

- L'autorité marocaine des marchés de capitaux anciennement appelée Conseil Déontologique des Valeurs mobilière pour le secteur boursier
- L'Agence Nationale de Réglementation des Télécommunications dans le secteur des télécommunications
- La Haute Autorité de la Communication Audiovisuelle dans la communication audiovisuelle
- Banque Al Maghrib dans le secteur bancaire.

Certes cette liste n'est pas exhaustive. D'autres organes de régulation sectorielle peuvent être recensés, nous préconisons de limiter notre champ de recherche à ces quatre régulateurs sectoriels pour des considérations méthodologiques.

Il convient avant de circonscrire les objectifs de la régulation sectorielle, d'essayer de définir ce que la régulation dans la branche du droit économique. L'on retiendra la définition proposée par Marie Anne Frison. Roche qui définit la régulation comme « un moyen dynamique de faire passer un secteur d'un état à un autre ». Plus précisément elle serait, dans ce cas, « une technique de passage d'un système monopolistique à un système pluraliste », c'est-à-dire d'un système « a-concurrentiel » à une économie de marché. L'auteur

[1]. Promulgation de plusieurs dahirs notamment : Dahir n° 1-05-178 portant promulgation de la loi n°34-03 relative aux établissements de crédit et organismes assimilés. BO.n° 5400 du 2 mars 2006 ; Dahir n°1-97-162 du 2 Rabii II 1418 portant promulgation de la loi n°24-96 relative à la poste et aux télécommunications (BO 18 septembre 1997) telle qu'elle a été modifiée et complétée par le dahir n° 1-04-154 du 21 ramadan 1425 portant promulgation de la loi n°55-01 modifiant et complétant la loi n°24-96 relative à la poste et aux télécommunications, BO. N° 5266 du 18 novembre 2004 ; Dahir n° 1-04-18 du 1er rabii I 1425 (21 avril 2004) portant promulgation de la loi n° 52-01 modifiant et complétant le dahir portant loi n° 1-93-211 du 4 rabii II 1414 (21 septembre 1993) relative à la bourse des valeurs, Bon°5210 du 6 mai 2004. ; Dahir n° 1-04-257 du 25 dou KAADA 1425 portant promulgation de la loi n°77-03 relative à la communication audiovisuelle, BO. N°5288 du 3 février 2005.

illustre son propos par l'exemple des télécommunications en soulignant que « dans ces situations, la configuration du secteur est telle que la simple libéralisation (sic) (privatisation ?) ne suffit pas ». Dans ce cas, la régulation a pour but de conduire à bonne fin la mutation économique du secteur considéré[1]. Elle est confiée à un organisme qui agit pragmatiquement et dont l'existence est par essence transitoire. En partant de cette définition retenue, notre point de vue contraste avec celui de l'autrice, à trois niveaux :

-Le but de la régulation n'est pas strictement cantonné à l'accompagnement d'un monopole vers une maturité concurrentielle.

-Toutes les régulations sectorielles ne sont pas justifiées par des considérations concurrentielles. Il en est ainsi des systèmes de régulation adoptés pour accompagner un secteur vers une situation concurrentielle, mais en réponse à d'autres objectifs, étrangers à toute préoccupation concurrentielle ou économique. C'est le cas du secteur bancaire, où l'intervention du régulateur consiste principalement à lutter contre le risque systémique irréversible[2], et non à se préoccuper de la concurrence. Ainsi dans ce secteur, un excès de concurrence non régulé peut encourager une prise de risque excessive de la part des banques et donc un risque de crise systémique[3]. La conséquence est

---

[1]. Claude. Champaud, Régulation et droit économique, .R.I.D.E, numéro anniversaire, p. 6 disponible sur l'adresse suivante : http://forde-association.com/FORDE/La_concurrence_et_la_regulation/Entrees/2012/4/17_Entree_1_1_files/Regulation%20en%20droit%20economique.pdf « page consultée le 6/9/2014.

[2]. Marie. Anne. Frison. Roche. Le couple ex ante-ex post, justification d'un droit propre et spécifique de la régulation. In Marie. Anne. Frison. Roche et autres, p. 40.

[3]. Ce risque peut etre accrue à cause d'une régulation inadéquate. Selon les auteurs Thomas CAZENAVE, David MARTIMORT et Jérome POUYET « … Dans le même ordre d'idée, la crise asiatique de 1997 est imputable en après aux défauts de la régulation financière. En Thaïlande pays où s'est déclenchée la crise, les autorités apportaient un soutien explicite aux institutions financières en difficultés en garantissant leur refinancement, incitant ainsi à une prise de risque excessive de la part des investisseurs. En effet ces derniers prennent habituellement leurs décisions sur l'espérance de gains. S'ils anticipent une intervention publique en cas de réalisation d'état de la nature défavorables, ils ne prennent en compte que la valeur du gain en cas de succès, ce que Paul Krugman nomme la valeur de Pangloss. Par conséquent les choix d'investissements sont biaisés en faveur des projets risqués ». T. CAZENAVE et autres. Crise de régulation. In Marie. Anne. Frison. Roche et autres. Risque de régulation, p. 3.

d'assurer la permanence du dispositif de régulation accompagnant ce secteur et sa continuité pour maintenir les équilibres du secteur et ce quel que soit le degré de concurrentiabilité du secteur. D'ailleurs comme l'a souligné Laurence Boy dans sa critique de la thèse défendue par Marie. Anne
Frison Roche, la régulation sectorielle ne peut être ramenée exclusivement aux seuls secteurs anciennement monopolistiques, comme elle ne peut être réduite à un simple phénomène institutionnel lié à l'avènement des autorités administratives indépendantes. [1]

Or en sens inverse, à s'en tenir à la définition donnée par le Professeur Marie Anne Frison Roche la démonopolisation d'un secteur, s'accompagne d'une déréglementation de ce dernier[2]. Il s'agit d'ouvrir le secteur aux forces du marché, et de supprimer toutes sortes de réglementations qui font obstacle à l'émergence des libertés économiques fondamentales : liberté d'établissement, d'accès au marché, et liberté des prix[3]. Mais, en réalité dans la pratique, la régulation économique et sectorielle en particulier, ne signifie pas pour autant une déréglementation absolue. Le retrait de l'Etat en tant qu'agent économique, et l'ouverture du secteur à la concurrence, implique un renforcement de son rôle de régulateur. L'Etat encadre cette ouverture à la concurrence de façon que ce processus ne génère des effets pervers (risque systémique…). Il en découle, que la

---

[1]. Selon M.A. Frison. Roche : « …la régulation ne se réduit pas à l'existence d'un régulateur mais que celui-ci constitue un indice d'une régulation mise en place, permettant d'en reconnaitre l'existence à défaut d'en saisir l'essence… », Marie. Anne. Frison. Roche, Hypothèse de l'inter-régulation, p. 70 ; V également, Laurence. Boy, Le droit de la concurrence, régulation et/ou contrôle des restrictions à la concurrence, p. 4.

[2]. « Parti des Etats Unis au cours des années 1970, le mouvement de déréglementation a ensuite gagné l'Europe, via la Grande Bretagne, le Japon et la plupart des pays du monde. On le retrouve ainsi, au titre des politiques d'ajustement structurel imposées par le FMI… dans nombre de pays dont le sous-développement économique et social s'accompagne pourtant encore d'un encadrement juridique insuffisant dans de nombreux domaines (notamment en matière de santé publique, de travail, d'environnement). Au role jusqu'alors croissant de l'Etat s'est substitué le mouvement inverse, au nom de la liberté, de l'efficacité, de l'aspiration généralisée à l'individualisme, où semblaient se rejoindre les valeurs traditionnellement opposées du conservatisme et du progressisme… » Jean-Philippe, COLSON, p. 503.

[3]. Ibid, p. 506.

régulation consiste à ré réglementer un secteur économique ouvert à la concurrence plutôt que de le déréglementer, et le laisser entre les mains du libéralisme économique dans sa version la plus orthodoxe[1]. L'expérience montre que malgré le retrait de l'Etat en tant qu'agent économique[2] de certains secteurs et leur ouverture à la concurrence, cette déréglementation s'est accompagnée par l'introduction d'une panoplie de réglementations complexes, pour fixer les règles de jeu concurrentielles. La régulation, définie en tant que ré réglementation d'un secteur, contraste avec la réglementation interventionniste classique de l'Etat, et son mode régalien de fixation générale et autoritaire des conditions auxquelles interviennent des échanges économiques (mécanismes de réglementation des prix, restrictions quantitatives à la concurrence, octroie de monopoles légaux ou de droits exclusifs aux entreprises publique). L'émergence des régulateurs sectoriels et leur substitution à ce mode régalien témoigne de l'essor d'une nouvelle normativité distincte de la réglementation classique[3] . Ces régulateurs sont des acteurs de la régulation au même titre que le Conseil de la concurrence, mais dont la compétence reste

---

[1]. Selon Abdelali Banamour, « l'école libérale…a été à l'origine d'un grand renforcement du système productif jusqu'au moment où les inégalités sociales et les crises de surproduction générées par l'orthodoxie libérale aboutissent au grand chambardement de 1929 et à l'alternance du pouvoir au profit des interventionnistes… » Abdelali Benamour, Concurrence et régulation économique, vecteurs d'émergence. In Culture et de la Concurrence, l'An I du conseil de la concurrence, REMALD, Collection « Thèmes actuels », p. 91 et 91.

[2]. Cette condition n'est pas nécessaire. En effet, l'intervention de l'Etat en tant qu'agent économique ou actionnaire n'est pas toujours incompatible avec le système libérale à condition que l'Etat respecte les règles de la concurrence et ne les faussent par des pratiques de subventions croisées, de privilèges discriminatoires ou d'aides d'Etat. En tout état de cause, les entreprises publiques demeurent soumises aux règles du droit de la concurrence dès lors qu'elles exercent une activité économique et que cette activité ne s'inscrit pas dans le cadre de l'exercice de ses prérogatives de puissance publiques. (article 1er alinéa 2 de la loi 104-12).

[3]. « Le charme du « franglais »ajoute d'ailleurs à l'ambigüité réglementaire-régulation, puisque le mot régulation figure dans le vocabulaire anglo saxon et se traduit par « réglementation », alors même que la meilleure expression rencontrée pour exprimer notre régulation est celle de « fine tuning ».Jeaun-Michel, HUBERT. Le cas de l'autorité de régulation des télécommunications. In la régulation nouveaux modes, nouveaux territoires ? Actes du colloque organisé par l'Ecole Nationale de l'Administration le 29 janvier. RFAP, n°109, 2004, p. 100.

cantonnée aux secteurs dont ils ont la charge. De par leurs moyens d'action et leur mode d'administration, ces régulateurs sectoriels révolutionnent le cadre administratif classique de l'intervention de l'Etat dans la sphère économique. Cette nouvelle configuration institutionnelle a tracé une frontière entre l'Etat entrepreneur et l'Etat régulateur, symbolisé par les AAI. Autrement dit elle traduit un processus de transition selon les termes de Medjnah Mourad, d'un « «Etat acteur », vers un « Etat régulateur » ou (Etat arbitre)[1].

L'intégration de la logique concurrentielle, dans les secteurs régulés, consiste à rompre avec cette réglementation interventionniste étatique, et de la substituer par une déréglementation accompagnée d'une ré- réglementation[2].

Par ailleurs, l'introduction de la régulation sectorielle notamment dans les industries de réseau, se justifie entre autres par le fait que, l'égalité des moyens de concurrence est, au départ biaisé en faveur de l'opérateur historique. Celui-ci bénéficie d'un écart concurrentiel important par rapport aux nouveaux entrants (infrastructure publique, renommée et connaissance du marché…). Cette situation oblige à une crédibilisation des conditions de la concurrence à l'égard des nouveaux entrants, à une impartialité des pouvoirs publiques, et une visibilité par rapport aux conditions de concurrence, à travers une politique de régulation transparente.

En outre, les différents systèmes de régulation visent à assurer une spécialisation accrue de l'action de l'Etat pour gouverner un secteur dont la technicité est également accrue. Ainsi la technicité de certains secteurs d'activités (financier, télécommunications…) crée une situation d'asymétrie d'information au détriment de l'Etat. Ce dernier, pour réduire la fracture informationnelle qui le sépare des entités régulées, crée des autorités de régulation spécifiques plus proches de la réalité économique des secteurs et capables de suivre les évolutions technologiques et les avancées techniques qu'ils connaissent. C'est ainsi qu'il est reconnu aux autorités de régulation sectorielle un degré de spécialisation accru, qui trouve sa justification dans le caractère vertical de ces autorités, par opposition au conseil de la concurrence

---

[1]. L'expression « Etat arbitre » désigne la situation dans laquelle l'Etat « troque » sa casquette d'acteur du marché avec celle d'arbitre du marché.

[2]. *Op.cit.* M.H. BOUYAD. Articulation entre régulateurs sectoriels et autorités de la concurrence, p 70.

qui a un spectre d'activité plus large, puisqu'il englobe tous les secteurs de l'activité économique.

Sans s'attarder à approfondir les soubassements théoriques de naissance des AAI, notamment les régulateurs sectoriels, il convient de traiter de leurs objectifs, de leur mode d'intervention, et d'élucider leurs missions notamment, en ce qui concerne la régulation économique et concurrentielle; Les deux sortes de régulation participant, ensemble à la régulation de la puissance économique. L'intervention des régulateurs sectoriels dans le champ concurrentiel, normalement dévolu au Conseil de la concurrence, n'est pas à l'abri de tensions institutionnelles, et de chevauchement de compétences.

Cela dit les objectifs poursuivis par les régulateurs sectoriels ne constituent pas un ensemble homogène.

Section 1 : Hétérogénéité des objectifs poursuivis par les régulateurs sectoriels.

A la pluralité des régulateurs sectoriels, correspond une pluralité d'objectifs. Malgré les convergences qui peuvent réunir les systèmes de régulation sectorielle au niveau institutionnel et substantiel, des différences d'objectifs rejaillissent. Ces différences compromettent la cohérence d'ensemble du droit de la régulation. Cette constatation, permettra d'affirmer que le droit de la régulation coiffe plusieurs systèmes de régulation, et poursuit des objectifs dissemblables selon les secteurs. Mais qu'est ce qui justifie d'abord la régulation sectorielle et pourquoi l'hétérogénéité des objectifs qu'elle poursuit?

En effet, la régulation vise des secteurs économiques particuliers, dont le point commun est d'être des secteurs qui n'ont pas en l'état, la capacité intrinsèque de produire leur propre équilibre. Le secteur doit alors être régulé, parce qu'il souffre de faiblesses requérant une tutelle des marchés. Cette faiblesse peut avoir trois natures, trois sources. Elle peut venir simplement du fait qu'il s'agit de secteurs en transition dans leur organisation. C'est le cas de secteurs naguère construits sur des monopoles publics, qui migrent vers une organisation libérale et concurrentielle. La régulation est alors le moyen de permettre cette transition. Il est possible que la régulation en matière de télécommunications, si elle atteint ses objectifs, relève de cette idée d'une contrainte passagère sur le secteur.

Mais cette faiblesse peut aussi être plus congénitale. C'est le cas de secteurs dont l'efficience requiert le respect de principes que les opérateurs ont spontanément tendance à contourner : par exemple, la transparence des marchés financiers, qui est une clé de la prospérité des places, mais qu'il faut imposer par la contrainte aux opérateurs. Le secteur financier, qu'on évoque souvent comme le plus pur des marchés, est par nature un marché régulé. C'est encore le cas de secteurs dont la structuration économique produit des effets qu'il faut, si ce n'est contrarier, à tout le moins organiser. Ainsi, lorsqu'il existe des monopoles naturels au sens économique du terme, c'est-à-dire un réseau d'infrastructures essentielles, qui ne sera pas dupliqué par les autres opérateurs quand bien même ils auraient le droit de le faire, les distorsions de concurrence engendrées par cet état de fait sont telles, qu'il faut une régulation permanente, évitant la dégénérescence du marché par des abus de position dominante ou des ententes. L'organisation du secteur énergétique en France fut avant d'atteindre une maturité concurrentielle pour cela exemplaire, ainsi que le secteur des télécommunications dans une certaine mesure.

Enfin, cette faiblesse peut être une incapacité naturelle d'un secteur économique de concrétiser un objectif auquel les opérateurs sont, quant à eux, totalement indifférents. Ce sera le cas du pluralisme des opinions, auquel le secteur de l'audiovisuel doit faire place, et place centrale, quand bien même les opérateurs ne sont pas directement en charge de cet objectif. C'est là où service public et régulation se jouxtent. Il y a donc toujours de la contrainte dans la régulation, pour le bien du secteur concerné, pour le bien de l'évolution de ce secteur, ou encore pour un intérêt général qui dépasse les intérêts, même bien compris, des opérateurs du secteur[1].

A. L'ouverture à la concurrence des industries de réseau : L'ANRT

Certains auteurs résument la régulation à la réalisation de cet objectif. Cela tient au fait que le droit de la régulation n'a connu son essor qu'avec l'avènement des AAI dont l'objectif de création est d'accompagner les secteurs ouverts à la concurrence, particulièrement les industries de réseau vers une maturité concurrentielle.

Dans ce contexte la création d'une autorité de régulation sectorielle, était de nature à rompre avec la notion de l'Etat patron qui ne peut être juge et partie. La crainte éprouvée, lors de la

[1]. Descoings. Richard, La nécessité d'une réflexion générale et croisée sur la régulation, Petites Affiches, 23 janvier 2003 n° 17, P. 4

démonopolisation d'un secteur, est que l'Etat favorise sous pression politiques ou économiques l'opérateur public sur les autres opérateurs[1], ce qui compromet l'égalité de la concurrence.

Ces secteurs d'activité étaient naturellement caractérisés par des dysfonctionnements, et la présence de fortes barrières à l'accès[2] au marché, qui empêchaient ce qu'ils puissent s'autoréguler par les seuls mécanismes concurrentiels du marché.

Faute de dispositif de régulation permettant d'introduire des mesures à même de protéger les nouveaux entrants sur le marché, l'opérateur historique supposé en position dominante, pourra évincer facilement ses concurrents grâce aux avantages dont il a pu obtenir (facilités essentielles). La régulation ex ante constitue le mode d'intervention courant du régulateur, et n'est en principe que transitoire, le temps que le secteur acquiert une maturité concurrentielle. De même la régulation de la puissance économique dans les télécommunications, donne la priorité au partage des infrastructures essentielles. On mettra en exergue le nouveau contexte global et national caractérisant le secteur des télécommunications en mettant l'accent sur les enjeux de la régulation dans ce secteur.

La régulation exan te mode d'intervention du régulateur.

Les industries de réseau exigent un dispositif de régulation dont l'objet est d'assurer une manipulation par le régulateur de l'organisation économique du marché, pour favoriser la pénétration des nouveaux entrants, via une politique de régulation asymétrique[3]. Le mode classique de régulation des réseaux de télécommunications est dit « asymétrique », parce qu'il ne s'impose pas uniformément à tous les opérateurs présents sur le marché concerné. Il s'applique en effet aux seuls opérateurs détenant une position dominante - en pratique, l'opérateur historique - qui, au terme d'analyses de marché, se voient imposer des obligations spécifiques. Il s'agit par exemple

---

1. Abdessadeq Rabiah, Régualtion et régulateurs : concepts et usages, In Etat, Régulation et Autorités indépendantes, Acte du Colloque précité, p. 23.

2. V. Sur cette question, conseil de la concurrence, 20ème rapport annuel 2006. La documentation française, juillet 2007, p. 140 ; Concurrence et barrières à l'entrée, OCDE, Synthèses, février 2007, « www. Oecd.org/dataoecd/23/9/38077106.pdf » (consulté le 20/06/2014).

3. M.H. BOUAYAD. *Op. Cit*, articulation entre régulateurs sectoriels et autorités de la concurrence, p. 171, mai 2013,

d'obligations spécifiques en matière d'accès à son réseau, du contrôle a priori de ses tarifs de détail ou de ses obligations au regard du service universel.

Au Maroc, la loi impose des obligations spécifiques aux exploitants désignés annuellement par l'ANRT comme exerçant une influence significative sur un marché particulier des télécommunications. Le régulateur est habilité à déterminer, au regard notamment des obstacles au développement d'une concurrence effective, les marchés particuliers dont les caractéristiques peuvent justifier l'imposition de règles spécifiques. La liste des marchés particuliers peut être révisée à l'initiative de l'ANRT, après consultation des opérateurs, lorsque l'évolution du marché le justifie et, dans tous les cas, au terme d'un délai de trois ans. L'ANRT fixe, alors, en les motivant, les obligations relatives à la fourniture de prestations par les exploitants exerçant une influence significative sur un marché particulier.

Deux nouveaux marchés ont rejoint la liste des marchés particuliers depuis 2013. Il s'agit du marché de gros de l'accès aux infrastructures constitutives de la boucle locale filaire et le marché de gros de l'accès à l'infrastructure de Génie civil qui correspond à l'ensemble des infrastructures physiques dont l'accès constitue une ressource matérielle nécessaire pour la fourniture des services de télécommunication.

Sur ces deux marchés, comme sur les autres marchés pertinents considérés, IAM est le seul opérateur exerçant une influence significative. De ce fait, l'ANRT a pu lui imposer des obligations dans le domaine du dégroupage et de l'accès à son infrastructure de génie civil.

En 2018 l'ANRT a rendu une décision étendant la liste des marchés particuliers notamment aux :

- Marché de la terminaison d'appel voix fixe y compris mobilité restreinte.
- Marché de la terminaison d'appel mobile voie
- Marché de la terminaison mobile SMS
- Marché de gros des liaisons louées

La régulation est dite symétrique quand elle adopte des obligations générales qui s'appliquent à tous les opérateurs. C'est le principe de la régulation « symétrique », qui impose à tout opérateur déployant une infrastructure de boucle locale en fibre optique une obligation d'accès en faveur des opérateurs concurrents, de sorte que ces derniers puissent proposer leur offre de service aux clients finaux.

Les industries de réseau correspondent bien aux secteurs des télécommunications au Maroc, et bien d'autres tels l'énergie, poste, transport ferroviaire dans d'autres pays.

L'OCDE[1], dresse une liste des missions des autorités de régulation sectorielle dans ces secteurs, il s'agit de :

- Supprimer les barrières à l'entrée.
- Supprimer l'accès privilégié d'une entreprise à des moyens de production rares.
- Attribuer les ressources aux entreprises capables d'en faire l'usage le plus efficace
- Assurer les missions de service universel.

Les objectifs de la régulation sectorielle dans les industries de réseau, consiste à construire la concurrence, à suivre son évolution et non seulement à la surveiller.

Au Maroc, la mise en place de la régulation technique et économique opéré par l'ANRT, participe à la construction du marché,

---

[1]. Selon l'OCDE : «…Il est préférable de confier certaines des tâches à accomplir à des organismes autres que les organismes chargés de la concurrence ou les organismes de réglementation et l'une d'entre elles qui constitue la toute première étape est celle qui consiste à supprimer les obstacles à l'entrée. Les importantes taches suivantes font également partie de cette liste : 1. Lorsque l'entreprise en place est une entreprise publique, prendre des mesures pour garantir aux nouveaux entrants qu'elle fonctionnera selon les pratiques commerciales normales et en particulier qu'elle ne bénéficiera pas d'aides automatiques et permanentes de l'Etat pour couvrir ses déficits ; 2. Supprimer l'accès privilégié de l'entreprise en place à des moyens de productions rares contrôlés ou détenus par l'Etat tels que le spectre radio et faire en sorte que ces ressources soient aux attribuées aux producteurs qui peuvent en faire l'usage le plus efficace ; 3. Procéder aux divisions verticales et horizontales jugées nécessaires pour faire face à des situations dans lesquelles l'entreprise en place détient des « installations essentielles » qui sont nécessaires aux nouveaux entrants pour opérer mais qu'ils ne peuvent pas reproduire dans des conditions économiques ; 4. Traiter les dépenses à fond perdus et abandonner ou restructurer les obligations concernant le service universel afin d'éviter que les entreprises en place ne perdent des clients au profit de nouveaux entrants moins efficients ; 5. Prendre des mesures pour neutraliser les avantages artificiels des entreprises en place (autres que ceux liés à la détention de moyens de production essentiels … » In, Relationship between regulators and competition authorities, OCDE, 29 juin 1999, Paris. 'www.oecd.org/dataoecd/35/37/1920556.pdf', (page consultée le 9/7/2013.)

et l'introduction de la concurrence, dans le secteur des télécommunications qui a fait l'objet de la nouvelle loi n°121-12 modifiant et compétent la loi 24-96 relative à la poste et aux télécommunications. De même la régulation économique, participe à la régulation de la puissance économique dans le secteur (exemple obligations particulières aux entreprises disposant d'une puissance significative).

Il est à rappeler, que la régulation dans le secteur des télécommunications, requiert une intervention ex ante, de l'ANRT, afin de permettre la transition d'une situation de monopole historique vers une situation de concurrence, et de lutter contre les entorses à la concurrence.

D'une autre façon la régulation dans les télécommunications procède en général en deux étapes :

-l'identification des marchés qui vont être soumis à une régulation ex ante, ceux souffrant d'un déficit avéré de concurrence réelle et potentielle et des opérateurs qui détiennent un puissant pouvoir de marché.

-Pour ensuite négocier ou imposer des remèdes visant à corriger les défaillances du marché. Ces remèdes peuvent prendre alors la forme d'obligations (de transparence, d'accès, de non-discrimination…), d'une régulation par les structures de marché (par exemple démanteler l'ancien monopole pour le séparer en deux entités distinctes, l'une gérant les infrastructures de réseau, l'autre les services), ou d'une régulation par les prix (les prix de gros, entre l'opérateur historique et les nouveaux entrants, ou les prix de détail)[1].

Or, il est unanimement admis que la régulation sectorielle, dans les industries de réseau particulièrement les télécommunications, présente un caractère transitoire et exceptionnel, et ne se justifie que dans les situations où le droit de la concurrence se révèle incapable, à lui seul de faire face aux défaillances du marché et que la régulation devrait limiter ses interventions au strict nécessaire. Comme l'a récemment rappelé l'Autorité de la concurrence française, « l'adoption d'un cadre de régulation sectorielle doit rester l'exception, soumise à trois conditions :

- Le fonctionnement de la concurrence sur le marché considéré se heurte à des obstacles avérés ;

---

[1]. Lettre mensuelle du centre marocain de la conjoncture, n°272, aout, septembre 2015, p. 15.

- Le droit de la concurrence n'est pas en mesure d'y apporter une réponse adaptée et suffisante ;
- Les mesures de régulation envisagées doivent rester proportionnées aux obstacles démontrés ».

La régulation ex ante étant dérogatoire au fonctionnement normal des marchés, elle doit rester proportionnée, dans son champ comme dans ses outils. En Europe, les directives européennes ont apporté une clarification dans le secteur des télécommunications en instaurant une procédure visant à déterminer ex ante les marchés susceptibles d'être régulés. Le principe général édicté par la Commission est que la réglementation sectorielle ne se justifie que « lorsque le droit de la concurrence n'est pas capable de remédier à lui seul à des défaillances persistantes des marchés concernés »[1].

La régulation sectorielle a par ailleurs une vocation temporaire, l'ouverture du marché devant conduire à sa disparition ou, tout le moins à se recentrer sur une partie de ses missions (par exemple la gestion des questions d'intérêt général ne pouvant être livrée au seul marché). A l'opposé, la fonction des autorités de la concurrence est permanente. Si le marché devient pleinement concurrentiel, la régulation sectorielle disparait et passe le relais au droit commun de la concurrence. Sa réussite crée les conditions de son effacement progressif au bénéfice de l'application du droit commun de la concurrence. Entre 2002 et 2007, la Commission européenne a ainsi réduit de dix-sept à sept le nombre de marchés qui devaient faire l'objet d'une régulation sectorielle, en raison des progrès accomplis en matière de concurrence. Elle avait alors recentré la régulation dans le haut débit, domaine dans lequel subsistaient encore des entraves à la concurrence. La Commission vise ainsi à alléger considérablement le poids que représente la régulation pour le secteur privé et les régulateurs. Plus tard en France, l'ARCEP a allégé en 2011 les obligations de dégroupage d'Orange au profit de l'application du droit de la concurrence. La régulation devient actuellement moins asymétrique et largement centrée sur le déploiement des réseaux de fibre optique[2].

Nous n'envisageons pas de traiter dans le détail les enjeux de régulation technique et sectorielle posés par le secteur des télécommunications, dans la mesure où cette thématique ne rentre pas

---

[1]Ibid, p. 16
[2].Ibid. p.17.

dans l'objet de recherche de cet ouvrage qui s'attache à comprendre strictement les enjeux de régulation concurrentielle.

B. Dépolitiser la gestion sectorielle : Haute Autorité de la Communication Audiovisuelle (secteur audiovisuel)

Le secteur de l'audiovisuel se caractérise par une forte connotation politique. Or le but recherché à travers l'instauration de mécanismes de régulation juridiques et institutionnels est de dépolitiser la gestion sectorielle en mettant en place un régulateur sectoriel notamment la HACA au Maroc, afin de minimiser le spectre de l'action du gouvernement par crainte de son impartialité. La pluralité des médias, figue parmi les objectifs caractérisant la régulation sectorielle dans le secteur de l'audiovisuel.

L'objectif de dépolitisation de la gestion sectorielle de ce secteur, consiste à se prémunir contre les risques de propagande, d'instrumentalisation ou de dénigrement[1] dont est susceptible d'être tenté le parti politique au pouvoir.

Cette dépolitisation s'est accompagnée par la rupture avec les modes administratifs classiques de gestion par la mise en place de la HACA, qui a été un élément précurseur de la diversité d'opinion et du pluralisme médiatiques. Le régulateur sectoriel garantit ainsi, l'accès équitable et équilibré aux ressources audiovisuelles.

---

[1]. Abdelali Benamour considère à cet égard: « … aussi a-t-on pensé à mettre sur pied un régulateur qui répond à des saisines éventuelles mais qui peut s'autosaisir de ces cas de pratiques anticoncurrentielles… Un problème majeur a dès lors émergé ; étant donné que les gouvernements en démocratie émanent de partis politiques où peuvent etre représentés des intérêts privés, l'administration peut s'avérer juge et partie dans ses décisions. C'est alors qu'on a pensé à des procédures d'indépendance avec, dans une grande majorité des cas, une délégation de pouvoirs au profit d'autorités de la concurrence indépendantes vis-à-vis aussi bien des sphères économiques que politiques. Elles ont été dotées d'un pouvoir décisionnel et peuvent s'autosaisir de cas de pratiques anticoncurrentielles et contrôler les concentrations… ». Abdelali BENAMOUR. Le sens et la dimension institutionnelle de la régulation concurrentielle. In Les autorités de la concurrence : interrelation et apports avec les pouvoirs exécutif et judiciaires, Actes de colloque organisé par l'Ecole Nationale d'Administration le 29 janvier 2004. RFAP, n°109, 2004, p. 19, In la régulation nouveaux modes, nouveaux territoires ? p. 19.

La régulation du secteur audiovisuel, poursuit en outre des finalités marchandes. L'autorité compétente est ainsi chargée d'instruire les demandes d'autorisation et de création des entreprises de communication audiovisuelle et en fixer le nombre et les modalités d'accès[1]. L'accès au marché par les opérateurs n'est pas libre, et est conditionné par le respect des clauses d'un cahier de charges. Elle est également chargée de veiller au respect de la réglementation en matière de publicité audiovisuelle dans sa dimension éthique et économique[2] liée à la lutte contre les comportements déloyaux susceptibles d'induire les consommateurs en erreur.

Les aspects marchands de la régulation du secteur, ainsi décrits, participent à la régulation de la puissance économique, et à la construction de la concurrence dans le secteur.

---

[1]. L'article 3 du dahir n°1-02-212 du 31 aout 2002 portant création de la Haute Autorité de la Communication Audiovisuelle (HACA) dispose que : « Le conseil supérieur de la communication audiovisuelle... instruit les demandes d'autorisation de création et d'exploitation des entreprises de communication audiovisuelle, selon les procédures légales et réglementaires en vigueur et accorde les autorisations y afférentes, conformément à la législation et la réglementation en vigueur ; accorde les autorisations d'utilisation des fréquences radioélectriques affectées par l'Agence Nationale de Réglementations des Télécommunications au secteur de la communication audiovisuelle. A cette fin, et en cas de besoin, le conseil est habilité à créer une commission de coordination avec les autres organismes publics chargés de gérer le spectre des fréquences et d'en assurer le contrôle... » ; V. également, Jean. Jaques, BIOLAY, droit de la concurrence en matière audiovisuelle. Jurisclasseur Concurrence consommation, fascicule 140, 2002, p. 15.

[2]. Dans cette perspective, l'article 3 du dahir n°1-02-212 du 3& aout 2002 portant création de la haute autorité de la communication audiovisuelle HACA dispose : « Le Conseil Supérieur de la Communication Audiovisuelle : ... veille au respect, par les organismes de communication audiovisuelle, de la législation et de la réglementation en vigueur en matière de publicité... » Voir également, Chifae El MOUDDEN, LA régulation des télécommunication entre le droit et les règles de bonne conduite, p. 141 ; LANGLOISGRANDIER, L'expérience comparée des régulateurs en matière d'audiovisuel, In, Formes et institutions de régulation dans l'espace méditerranéen, Actes du colloque organisé le 15-16 avril 2005 à Fès, p. 335 ; Jean Jacques BIAOLAY, Aspects du droit de la concurrence appliqué à la publicité, Jurisclasseur Concurrence consommation, fascicule 145, 1996, p. 5.

C. Se prémunir contre le risque systémique et maintenir en équilibre des secteurs à risque : Le secteur bancaire

Certains secteurs d'activité économiques présentent des niveaux élevés de risque. Il en est ainsi du secteur financier en général et bancaire en particulier qui présentent un risque systémique important. On peut définir le risque systémique comme le risque de propagation d'une difficulté financière d'un opérateur aux autres opérateurs, du fait de la compensation multilatérale des flux financiers, et des relations financières que ces derniers entretiennent entre eux.

Le risque systémique peut engendrer la faillite d'une banque, laquelle peut se répercuter sur tout le secteur, et l'économie tout entière.

L'objectif de l'autorité régulatrice Bank Al Maghreb notamment, est de préserver la solidité du secteur en limitant la prise de risques excessifs par les acteurs à travers la mise en place de règles prudentielles, élément indispensable au fonctionnement des marchés financiers.

L'une des principales missions confiées à Bank Al-Maghrib dans le cadre de la régulation du secteur dont elle a la charge, est de veiller au bon fonctionnement et à la sécurité des systèmes de paiement, en l'occurrence le système interbancaire marocain de télé-compensation. Pour assurer pleinement cette mission, Bank Al-Maghrib procède à l'organisation et à la surveillance de ces systèmes. Le bon fonctionnement des systèmes de paiement est essentiel à la stabilité financière, car il contribue notamment à la prévention du risque systémique, pouvant toucher le secteur dans sa totalité.

Par ailleurs le régulateur sectoriel, veille à garantir l'accès au marché, à travers l'octroi des agréments aux établissements de crédit, et leur retrait.

La concurrence étant associée au risque, elle peut parfois s'avérer contradictoire avec les objectifs de régulation du secteur bancaire. Plus la concurrence est acharnée plus le risque systémique accroit.

Les autorités de régulation sectoriels poursuivent une pluralité d'objectifs dont certains sont liés à la concurrence, d'autres non, voire parfois à concurrentiels (service universel par exemple) c'est ce qui nous conduit à partager la même opinion avec Marie Anne Frison. Roche lorsqu'elle lie la régulation strictement à la démonopolisation d'un secteur pour le muer vers une maturité concurrentielle ; L'auteur ajoute en effet que la régulation est « …la concurrence et autre chose que la concurrence »[1].

Dans cette situation, même si les autorités de régulation sectorielle parviennent à réussir un passage vers une situation concurrentielle de leur marché, ce qui constitue le volet transitoire de la régulation asymétrique, l'intervention du régulateur est toujours sollicitée pour agir sur les autres aspects à titre permanent, car le marché ne peut à lui seul assurer ces objectifs.

Section 2 : Articulation des compétences de régulation concurrentielle entre chevauchement et indifférence.

Parallèlement aux missions de régulation techniques et économiques assumées par les régulateurs sectoriels, ces derniers sont confrontés à des problèmes de concurrence en raison de la dynamique des marchés soumis à des rivalités concurrentielles qui déstabilisent les structures de marchés nouvellement ouverts à la concurrence. En réponse à cette situation, le législateur a chargé certains AAI outre le conseil de la concurrence, de compétences de régulation concurrentielle. Ce partage de compétence entre le conseil de la concurrence disposant d'une mission horizontale de régulation concurrentielle et ces régulateurs sectoriels, débouche sur un chevauchement de compétences, et sur des tensions institutionnelles relativement à l'application des règles de droit de la concurrence.

On décèle à travers l'analyse du cadre légal régissant les régulateurs sectoriels, et celui régissant le Conseil de la concurrence, que les rapports entre ces deux types de régulateurs, varient en fonction des secteurs régulés. Les rapports entre ces institutions, sont caractérisés tantôt par un chevauchement de compétence, tantôt par une indifférence selon qu'il s'agisse respectivement des secteurs de la communication audiovisuelle, des marchés de capitaux et téléphonique (1) ou du secteur financier (bancaire). Ainsi n'étant pas investi expressément de missions de régulation des abus de domination, le régulateur sectoriel notamment BAM ne fera pas

---

[1]. Claude. Champaud, Régulation et droit économique, .R.I.D.E, numéro anniversaire, p. 6 disponible sur l'adresse suivante : http://forde-association.com/FORDE/La_concurrence_et_la_regulation/Entrees/2012/4/17_Entree_1_1_files/Regulation%20en%20droit%20economique.pdf « page consultée le 6/9/2014.

l'objet de notre étude. Toutefois le secteur financier notamment dans ses deux dimensions bancaire et boursière demeure toutefois soumis au droit commun de la concurrence, malgré l'attribution par le législateur au président de l'AMMC, dans le cadre de sa mission de contrôle, du pouvoir de prononcer des sanctions, lorsqu'il constate des faits de nature à fausser le fonctionnement du marché ou procurer un avantage qui n'aurait pas pu être obtenu dans le cadre du fonctionnement normal du marché ou de l'exercice normal de l'activité[1]. L'absence d'un dispositif dérogatoire à la loi sur la concurrence, confirme la plénitude de compétence du Conseil de la concurrence à juger de toute pratique considérée comme anticoncurrentielle dans le secteur des marchés de capitaux, puisque le législateur n'attribue nullement d'attributions expresses de lutte contre l'anti-trust à l'AMMC . Ce qui n'est pas le cas principalement pour le secteur des télécommunications dans la mesure ou le législateur dote l'ANRT expressément du pouvoir de régulation concurrentielle pour l'instruction des abus de domination et de contrôle des concentrations ; le régulateur sectoriel se dispute ainsi les missions de régulation concurrentielle et de lutte contre l'anti-trust, concurremment avec le Conseil de la concurrence. On se focalisera principalement sur le secteur des télécommunications, celui de la communication audiovisuelle, ainsi que celui des marchés de capitaux, pour traiter du problème de l'articulation de compétences de régulation de concurrence entre ces derniers et le Conseil de la Concurrence.

Faute d'un modèle optimal d'articulation de compétence entre le Conseil de la concurrence et lesdits régulateurs sectoriels, le modèle institutionnel actuel de la régulation dans ces secteurs doit être repensé (2).

---

[1]. Article 16 de la loi 53-08 instituant l'autorité marocaine des marchés de capitaux.

Paragraphe 1 : Chevauchement de compétences entre dédoublement et tension : cas des secteurs de la communication audiovisuelle, des marchés de capitaux et des télécommunications

Pour accompagner le secteur de la communication audiovisuelle et celui de la téléphonie vers une maturité libérale, le législateur a mis en place un système de régulation sectorielle, qui s'est traduit par la création de la Haute Autorité de la Communication Audio Visuelle, et l'Agence Nationale de Réglementation des Télécommunications.

A. Le Cas de l'ANRT :

Créée en 1998, l'ANRT est chargée de veiller à favoriser le développement du secteur des télécommunications et de l'application de la législation en vigueur.

Outre ses missions de régulation technique et économique, et dans un cadre historique marqué par l'inertie du Conseil de la concurrence, cette institution a été investie de missions de régulation concurrentielle par le législateur [1], qui a réitéré son choix en maintenant les dites missions et en conférant un pouvoir décisionnaire au régulateur sectoriel[2] consacré par un nouveau décret approuvé en 2016 par le conseil du gouvernement.

En effet bien avant l'adoption dudit décret, l'article 8 bis de la loi 55-01 modifiant et complétant la loi 24-96 relative aux postes et aux télécommunications, reconnait à l'ANRT des missions normalement dévolues au Conseil de la concurrence. Il s'agit en l'occurrence d'appliquer les articles 6 et 7 de la loi 104-12 à savoir la lutte contre les abus de position dominante, les ententes, et les abus de dépendance économique d'une part, d'autre part du contrôle des concentrations, dans le secteur des télécommunications.

Il importe de préciser que ce transfert de compétences liées à l'application des règles de la concurrence n'est pas exempt de critiques. Il est ainsi reproché à la loi 55-01 d'être sélective puisqu'elle fait allusion strictement aux articles 6, 7 et 10 de la loi -06 99 abrogée par la loi 104-12, sans prendre en compte les autres

---

[1]. Dahir n°1-04-154 du 21 ramadan 1425 portant promulgation de la loi 55-01 modifiant et complétant la loi 24-96 relative à la poste et aux télécommunications (B.O n°5266 du 18 novembre 2004).

[2]. Décret n°2-16-347 modifiant et complétant le décret n°2-05-772 du 13 juillet 2005 relatif à la procédure suivie devant l'ANRT en matière de pratiques anticoncurrentielles et d'opérations de concentration économique.

articles qui détaillent les modalités pratiques de leur mise en œuvre. Cette situation est de nature à impacter négativement l'application de cette loi. Détacher ces articles de leur contexte général, risque de nuire à la cohérence d'ensemble, et à déboucher sur des lacunes dans leur mise en œuvre. Il en est ainsi par exemple de l'article 6 de la loi 06-99 relatif à l'interdiction des ententes. Son application unitaire et stricte, risque de déboucher sur des interdictions *per se* de tout accord et convention ayant un effet ou un objet anticoncurrentiel. Le non-renvoi à l'article 8 de la loi 06-99, devenu 9 de la loi 104-12, par la loi 55-01, nous permet d'affirmer que cette loi ne se soucie pas des exceptions à la règle, et ne prend pas en compte les exemptions compte tenu dans la loi sur la liberté des prix et de la concurrence. Nous avons souligné que certains accords même s'ils sont restrictifs à la concurrence peuvent avoir des effets pro concurrentiels positifs, et peuvent donc être autorisés par le droit de la concurrence sur la base de l'analyse de leur bilan économique.

Les lacunes de la loi 55-01 concernent aussi le renvoi à l'article 10 de la loi 06-99 devenu 11 de la 104-12, stricto sensu, sans transposer l'intégralité du régime du contrôle des concentrations compte tenu dans la loi sur la liberté des prix et de la concurrence. De même, elle ne prévoit aucune définition de la concentration contrôlable, telle que défini par la loi 06-99 ou la loi 104-12, qui l'a modifié. Par ailleurs la loi 55-01 ne détaille pas les modalités et procédure de notification des projets de concentration dans le secteur. Aucune allusion n'est au surplus faite au sujet des délais de traitement des dossiers de concentrations ni au contenu de la notification.

Les carences de la loi 55-01 relativement aux missions de régulation concurrentielle accordées à l'ANRT, compromet la sécurité juridique des entreprises pour lesquelles l'élément temps est crucial.

L'ANRT piétine ainsi sur les compétences du conseil de la concurrence, malgré le fait que celui-ci demeure investie en commun avec la première de réguler la concurrence dans le secteur des télécommunications. Le Conseil peut mener des enquêtes concurrence sur le secteur, et solliciter l'ANRT pour mener celles-ci et lui en remettre les résultats.

Les litiges d'interconnexion bien que relevant un aspect technique, peuvent entraîner des répercussions sur le volet concurrence, et déboucher sur des abus de positions dominante, de la part de l'opérateur historique, et être suivis d'une saisine du conseil de la concurrence.

Le législateur est appelé à mettre en place un mécanisme optimal d'articulation de compétences entre les deux autorités, à défaut de quoi, un risque de conflits de compétence, de tensions entre les deux institutions, et d'une interprétation contrastée du droit de la concurrence de leur part, compromettant la sécurité juridique, risquent de surgir.

La coexistence de deux institutions chargées concurremment de la régulation concurrentielle, notamment le conseil de la concurrence et l'ANRT du secteur des télécommunications, n'est pas à l'abri des critiques de la doctrine.

B. Le cas de la HACA :

La suppression du monopole de l'Etat en matière de radiodiffusion et de télévision, et l'ouverture à la libre concurrence du secteur de communication audiovisuelle, s'est accompagnée par la mise en place de la HACA pour réguler ce dernier.

Le dahir n 1-02-212 du 31 aout 2002 portant création de la HACA, lui confère les missions suivantes [1] : instruire les demandes d'autorisation de création et d'exploitation des entreprises de communication audiovisuelle, accorder les autorisations d'utilisation des fréquences radioélectriques, donner son avis sur toute question relative au secteur.

A côté de ces missions, la loi 77-O3 relative à la communication audiovisuelle, attribue en outre à la HACA la mission de « restreindre ou prohiber tout type de contrats ou de pratiques commerciales qui entravent la libre concurrence ».

Cette mission de régulation concurrentielle risque de piétiner sur la compétence du Conseil de la concurrence, du fait qu'elle ne s'exerce pas ex ante, pour définir les conditions d'accès au marché par exemple, mais ex post, en aval du marché.

En conférant à la HACA, une mission de veiller à la libre concurrence par l'interdiction des contrats et des pratiques commerciales susceptibles de la restreindre, sans préciser davantage s'il s'agit de pratiques commerciales déloyales, qui renvoient au domaine de la concurrence déloyale, le législateur ne circonscrit pas clairement le domaine d'intervention de la HACA. De même, l'interdiction des contrats restreignant la concurrence, renvoie-t-elle à

---

[1]. Article 3 du dahir n° 1-02-212 du 31 aout 2002 portant création de la Haute Autorité de la Communication audiovisuelle (HACA).

l'hypothèse de contrats qui sont le support ou le moyen de pratiques anticoncurrentielles. La HACA dispose-t-elle d'un savoir-faire pour mener à bien une expertise concurrentielle, qui appelle des connaissances en matière d'analyse économique, d'économie industrielle, de théorie des jeux, et des concepts économiques tels le pouvoir de marché, la concurrence potentielle qui lui sont étrangers ? La réponse par l''affirmative semblerait inadaptée, puisque la mission phare pour laquelle était instituée la HACA est de veiller à la pluralité médiatique.

La loi 77-03 confère à la HACA de surcroit, une mission de contrôle de toutes les opérations sur capital des entreprises de communication audiovisuelle susceptibles de remettre en cause la diversité des opérateurs et à déséquilibrer le secteur[1], de porter atteinte à l'expression pluraliste ou d'induire une position dominante sur le marché[2].

Il y'a lieu de préciser le sens de ces idées en apportant les nuances nécessaires pour porter un regard critique. Il y'à lieu ainsi de rappeler de prime abord que les opérations sur capital ne constituent pas toutes des concentrations au sens du droit de la concurrence. On a vu qu'en cas de dépassement des seuils c'est l'exercice d'une influence déterminante qui justifie le contrôle en droit de la concurrence. Les opérations sur capital peuvent ne constituer qu'une restructuration interne, qui ne requiert pas le contrôle opéré par le Conseil de la concurrence. Mais si les conditions de contrôlabilité d'une concentration dans le secteur sont remplies, la notification du projet de croissance externe au Conseil de la concurrence s'impose.

Nous considérons en règle générale, que ce régime de contrôle des « concentrations » propre au secteur de l'audiovisuel n'induit pas un droit spécifique, dérogatoire aux règles du droit de la concurrence et n'exclut pas pour autant les concentrations économiques au sens de l'article 11 de la loi 104-12, de la compétence du Conseil de la concurrence.

En second lieu, les deux dispositifs contrastent quant à leur objectif. Contrairement au contrôle des concentrations opéré par le

---

[1]. Article 19 du dahir n° 1-04-257 du 25 Dou Al Kiada1425 portant promulgation de la loi 77-03 relative à la communication audiovisuelle (B.O n°5288 du 3 février 2005).

[2]. Article 21 du dahir n°1-04-257 du 25 Dou Al Kiada 1425 portant promulgation de la loi n°77-03 relative à la communication audiovisuelle.

Conseil de la concurrence axé strictement sur des considérations concurrentielles et économique, celui prévu par la loi 77-03 est inspiré par des préoccupations purement politiques et culturelles. Quoique l'article 21 de la loi précité évoque les opérations sur capital susceptibles d'induire une position dominante, cette allusion à ce concept purement concurrentiel, doit être comprise dans le sens global de l'article ; Les opérations sur capital induisant une position dominante ne doivent pas compromettre la pluralité médiatique et culturelle.

En outre, les articles 20 et 21 de la loi 77-03 prévoit des restrictions au droit de propriété des entreprises audiovisuelle en prévoyant notamment :

-qu'il est interdit à une entreprise audiovisuelle de détenir directement ou indirectement plus de 51% du capital et des droits de vote d'une société titulaire d'une licence relative à un service de communication audiovisuelle.

- Toutefois la détention d'une limite de 30% du capital et des droits de vote d'une société ayant le même objet social reste permise, sous réserve que cette participation ne confère le contrôle à l'entreprise participante.

Contrairement à la loi sur les télécommunications qui ne prévoit qu'une simple information du Conseil de la concurrence après décision finale de l'ANRT (article 8 bis), la loi instituant la HACA, prévoit un mécanisme de saisine entre l'autorité de la concurrence et la HACA. L'article 4 consacre cette coopération en prévoyant que le Conseil supérieur de la Communication Audiovisuelle est habilité à saisir les autorités compétentes pour connaitre des pratiques contraire à la loi sur la liberté des prix et de la concurrence. Les mêmes autorités peuvent le saisir pour avis. Cet article prévoit un cadre global de coopération, via les saisines réciproques du conseil de la concurrence, et le Conseil Supérieur de la Communication Audiovisuelle, mais doit être complété pas des dispositions qui clarifient les délais de saisine, et d'échange d'information.

C. Le cas de l'AMMC :

L'article 9 de la loi 43-12 instituant l'Autorité marocaine des marchés de capitaux dispose « dans le cadre de la mission de contrôle de l'AMMC, lorsque cette dernière constate des faits de nature à :

-Fausser le fonctionnement du marché ou,

-procurer un avantage qui n'aurait pas pu être obtenu dans le cadre du fonctionnement normal du marché ou de l'exercice normal de l'activité…

Le Président de l'AMMC prononce en fonction de la gravité des faits et selon l'avis conforme du collège des sanctions une sanction disciplinaire…, ou une sanction pécuniaire dont le montant est en fonction de la gravité des manquements commis et en relation avec les avantages ou les profits tirés de ces manquements… Lorsque des profits ont été réalisés, cette sanction peut atteindre le quintuple du montant desdits profits.

Il ressort de cet article que l'AMMC dispose de mission de régulation de la concurrence sur le marché. Les entités soumises au contrôle de l'AMMC demeurent certes soumises au droit commun de la concurrence, mais on se demande qu'en est –t-il des affaires relatives à l'anti-trust et au contrôle des concentrations, susceptibles de fausser le marché, L'AMMC pourrait-elle instruire ces affaires. L'article 9 semble ne pas attribuer expressément à cette autorité le pouvoir d'instruire ces affaires ; d'ailleurs la pratique a montré que l'AMMC n'a jamais instruit ce genre de pratiques.

Néanmoins l'on pourrait soutenir le contraire, et c'est pourquoi, faute d'un mécanisme d'articulation de compétence, les entités auteurs du dysfonctionnement du marché, peuvent encourir une double sanction s'agissant des pratiques; l'une prononcée par l'AMMC, et l'autre par le Conseil de la concurrence, s'il s'agit de pratiques anticoncurrentielles.

Il semble ainsi fondamental à l'état actuel pour les autorités, de mettre en place un régime optimal d'articulation des compétences entre le régulateur à compétence général et les régulateurs à compétence sectorielle.

Paragraphe 2 : Régime optimal d'articulation des compétences.

Dans les secteurs régulés, une répartition claire des compétences entre le régulateur à compétence générale, et les régulateurs sectoriels s'impose. De même, le législateur doit prévoir des modalités de coopération, notamment en termes de délais de saisine réciproque, et de communication d'informations, pour simplifier les procédures de régulation, et veiller à la garantie de la sécurité juridique.

L'examen des expériences comparées révèle qu'il existe plusieurs modèles institutionnels de régulation. Certains pays investissent leur autorité de la concurrence de prérogatives en matière de régulation sectorielle (Australie)[1], d'autres font l'inverse et investissent leurs régulateurs sectoriels de compétences en matière d'application du droit de la concurrence (Grande Bretagne).

Dans le premier modèle, l'autorité de la concurrence est investie outre de missions de régulation concurrentielle, de missions de régulation sectorielles. Ainsi l'Autorité australienne de la concurrence, fixe les conditions d'accès à certaines infrastructures essentiels dans les secteurs de télécommunications, de gaz et d'électricité[2].

Le second modèle est celui inspiré du modèle Britannique, où l'autorité de la concurrence partage ses missions, avec les autorités de régulation sectorielle dans le secteur des télécommunications, d'électricité, de l'eau, du gaz, et du transport ferroviaire. Ces autorités sont également investies des mêmes compétences que l'autorité de la concurrence en matière de contrôle des concentrations de lutte contre les pratiques anticoncurrentielles et des abus de monopole[3]. La nuance qui existe avec notre modèle institutionnel actuel (notamment les télécommunications) est que ces autorités qualifient les faits qui leur sont soumis à partir de leur texte sectoriel de base et non sur la base du texte sur la concurrence.

Ces deux modèles nous semble inadaptés au contexte marocain, pour des raisons tenant aux difficultés de leur mise en œuvre qui nécessite de rompre avec l'architecture institutionnelle actuelle, et opérer une nouvelle redistribution des compétences soit en supprimant les autorités de régulation sectorielle et en transférant leurs pouvoirs au Conseil de la concurrence suivant le modèle australien, soit au contraire de dupliquer l'exemple de l'ANRT en dotant toutes les autres autorités de régulation sectorielle des compétences en matière d'application des règles du droit de la concurrence.

Pour mettre en place un modèle optimal d'articulation de compétence entre les autorités de concurrence et les régulateurs

---

1. Australian competition and consumer commission (ACCC).
2. Interrelations between antitrust and regulatory authorities, International Competition Network (ICN), Bonn, Juin 2004 http://www.internationalcompetitionnetwork.org/uploads/library/doc381.pdf, page consultée le 30 juin 2015 ; V. également : contribution de l'Australie, In Relationship between regulators and competition authorities, OCDE, p. 105.
3. Contribution de Grande Bretagne, In relationship between regulators and competition authorities, OCDE, p. 241.

sectoriels, Bouayad Hicham préconise une séparation institutionnelle entre les fonctions de régulation technique, économique et concurrentielle, d'une part, d'autre part de développer les mécanismes d'inter régulation[1]. De même dans le cadre de ses recommandations destinés à l'Etat marocain pour la convergence réglementaire avec l'acquis communautaire en matière de droit de la concurrence, le plan d'action Maroc pour la mise en œuvre du statut avancé (2013-2017), conseille de conférer à une institution unique les missions de régulation concurrentielle.

Doter les autorités de régulation sectorielle de mission de régulation technique et économique, et le Conseil de la concurrence d'une mission de régulation concurrentielle, permet –t-il de tracer une frontière entre les compétences de ces acteurs ?

Répondre par l'affirmative et dire que les régulateurs sectoriels ne participent pas à la régulation concurrentielle des secteurs dont ils ont la charge, serait erroné sur le plan des principes. En effet les mesures ex ante constituent des aspects de régulation concurrentielle, la seule différence avec la régulation concurrentielle menée par le Conseil de la concurrence, c'est que celle-ci vise à protéger la concurrence ex post, alors que la première vise à promouvoir et construire la concurrence et à prévenir l'émergence de structures anticoncurrentielles.

S'en tenir à la réglementation technique et économique, qui couvre des aspects concurrentiels liés aux conditions d'accès au marché, doit à notre sens être un domaine réservé aux autorités de régulation sectorielles. Tandis que la protection de la concurrence en appliquant les règles de droit de la concurrence doit être une mission permanente et exclusive du Conseil de la Concurrence pour éviter les télescopages de compétences générateurs de tensions institutionnels, et de différences d'interprétation des règles du droit de la concurrence.

Pour tracer cette frontière entre les compétences des régulateurs sectoriels et du conseil de la concurrence, le législateur doit faire

---

[1]. Cette expression est empruntée à M.A. FRISON.ROCHE. Elle a été également utilisée par Antoine Gosset. GRAINVILLE pour désigner « … l'articulation de plusieurs régulations cohérentes en elles même mais poursuivant des finalités différentes et s'appliquant à une situation donnée, permet d'appréhender la superposition cohérente de ces règles … ». Antoine, Gosset. GRANIVILLE, Le droit de la concurrence peut-t-il jouer le rôle d'inter-régulateur ? In Marie-Anne FRISON.ROCHE et autres. Risque de régulation, p. 153.

preuve de détermination pour procéder à un rapatriement des compétences concurrentielles accordées à d'autres autorités sectorielles. En cela, le modèle français, pourrait service d'enseignement au contexte marocain. En effet la compétence transversale de l'Autorité de la Concurrence française s'étend aux secteurs régulés. Le modèle institutionnel français de régulation est à l'abri des dédoublements de compétences entre l'Autorité de la concurrence et les régulateurs sectoriels. La loi française prévoit des mécanismes de coopération entre l'autorité de concurrence et des régulateurs sectoriels.

Il nous semble qu'une séparation fonctionnelle s'impose pour éviter les conflits de compétences et les décisions contradictoires, d'une part, d'autre part pour favoriser un renforcement et une efficacité de la légitimité des deux types d'organismes, ce qui traduit davantage d'efficience dans les secteurs régulés, et enfin d'éviter d'éventuelles discordances au niveau de l'application de la politique de la concurrence. D'ailleurs l'une des recommandations prévue dans le cadre du plan d'action pour la mise en œuvre du statut avancé pour la période 2013-2017, dans le cadre du rapprochement réglementaire avec l'acquis communautaire, est la nécessité de coordination et concertation entre l'autorité de la concurrence et les régulateurs sectoriels en réservant une compétence exclusive au Conseil de la Concurrence en matière de lutte contre les pratiques anticoncurrentielles et de contrôle des concentrations économiques. L'article 109 de la loi 104-12, prévoit d'étendre la compétence du conseil aux secteurs régulés à une date qui sera fixée par voie réglementaire. L'urgence d'une réforme, s'impose pour résoudre ces problématiques de régulation.

Par ailleurs, les mécanismes d'inter régulation[1] s'imposent lorsque les questions de régulation économique et technique sont susceptibles d'avoir un effet direct sur la concurrence dans les secteurs régulés. C'est le cas en matière de fixation des modalités d'accès au réseau ou

---

[1]. Cette expression est empruntée à Marie Anne Frison Roche. Elle a été également utilisée par Antoine Gosset GRAINVILLE pour désigner « … l'articulation de plusieurs régulations cohérente en elle-même mais poursuivant des finalités différentes et s'appliquant à une situation donnée, permet d'appréhender la superposition cohérente de ces règles ». Antoine. Gosset. GRAINVILLE, le droit de la concurrence peut-t-il jouer un rôle d'interrégulateur » ? In Marie Anne Frison Roche et autres. Risque de régulation, p. 153.

en matière d'interconnexion, notamment par rapport à la définition et l'analyse des marchés qui seront soumis à une régulation asymétrique du fait de l'existence d'opérateurs disposant d'une position dominante. Bien qu'il s'agisse de mesures de régulation technique et économique, la définition des obligations particulières incombant aux opérateurs puissants repose sur une approche purement concurrentielle, d'où l'intérêt d'associer l'autorité de la concurrence qui dispose d'une expertise en la matière.

A l'opposé, lorsque le Conseil de la concurrence est saisi d'un projet de concentration ou d'une plainte pour pratique anticoncurrentielles, dans les secteurs régulés, il est souhaitable de prévoir des mécanismes de coopération entre les deux types d'autorités afin de mettre à profit l'expertise technique et l'expérience des uns et des autres, sans pour autant dépasser les prérogatives propres à chaque institution.

Définie comme un procédé qui permet de « dégager des solutions qui prennent en considération plusieurs régulations autarciques, égalitaire et divergente ayant chacune une légitimité à régir la situation en cause », l'interrégulation peut constituer une solution adéquate afin d'améliorer la coopération entre le Conseil de la concurrence et les autorités de régulation sectorielle.

Titre 2: Procédures de régulation de la puissance économique devant les AAI et le juge

Aux modes d'action temporels et aux objectifs différenciés des régulations opérées par le Conseil de la concurrence et les régulateurs sectoriels, s'ajoutent des spécificités quant aux règles de procédures devant eux. En effet les règles de saisine des régulateurs sectoriels, prévoient que ces derniers ne peuvent être saisis que par les opérateurs du secteur concernés à l'exception des tiers (consommateurs ou acteurs économiques qui opèrent dans d'autres secteurs connexes avec le secteur régulé). De même l'auto-saisine leur est interdite, excepté l'ANRT pour qui le décret modifiant et complétant le décret n°2-05-772 du 22 juin 2005 relatif à la procédure suivie devant elle en matière de litiges, de pratiques anticoncurrentielles et d'opérations de concentration économique, prévoit la possibilité de s'auto saisir. A l'opposé, le droit de saisine du Conseil de la concurrence est ouvert à une multiplicité d'acteurs, de même qu'il peut s'auto saisir lui-même sur des questions relatives à la concurrence dans tous les secteurs.

Quant aux enquêtes, elles varient selon qu'il s'agisse d'enquête diligentée par le Conseil de la concurrence ou par les régulateurs sectoriels. En outre les décisions des régulateurs, ne sont pas inattaquables devant la justice, et demeurent susceptibles de recours devant les juridictions. L'exposé des procédures devant les autorités de régulation, consistera à faire le point sur les procédures contentieuses d'une part, d'autre part à clarifier les nouveaux apports de la loi 104-12 en matière de procédures négociées, en droit de la concurrence. Ces dernières ont été introduites dans le dispositif légal pour favoriser la négociation et la coopération entre les opérateurs et l'autorité de la concurrence, pour la dénonciation des pratiques anticoncurrentielles.

Plusieurs autres problématiques auxquelles nous tenterons de répondre en filigrane se cristalliseront concernant la question de la régulation au Maroc en général. La première consiste à se poser la question de savoir si le juge est-il apte à exercer un contrôle d'opportunité sur les décisions du régulateur ? De même est-il suffisamment qualifié pour décider à la place du régulateur ? La première question est celle de la portée du contrôle : contrôle de légalité ou contrôle d'opportunité ? La seconde est celle de la nature du contentieux : annulation ou de pleine juridiction ?

C'est en effet, l'aptitude du juge à comprendre les domaines et les techniques de la régulation, son intelligence des données économiques, qui gouverne la nature et la portée du contrôle qu'il exerce. La démarche, qui consiste à déterminer la nature et l'intensité du contrôle du juge, sans examiner au préalable, son aptitude technique à l'exercer, est dangereuse. Ainsi, plus le contrôle est large plus le juge doit être techniquement formé.

L'aptitude technique du juge à comprendre l'économie et les mécanismes de la régulation dans les secteurs où elle s'applique, pose une autre question. Celles des instruments critiques dont il dispose pour contrôler la pertinence de la politique de régulation. Ainsi, le juge est-il apte à comprendre le contexte du secteur, les enjeux du litige, les paramètres à examiner, la portée de la solution ? A vrai dire on ne peut donner au juge le pouvoir d'analyser les faits complexes soumis à l'autorité de régulation et d'en tirer des conséquences différentes sans se poser la question de sa capacité à exercer un contrepoids, un contrepouvoir dans le mécanisme de régulation. En outre le juge a –t-il la capacité de contester pertinemment l'analyse, économique, concurrentielle ou technique à laquelle l'autorité de régulation a procédé ? Ces questions sont essentielles, elles gouvernent l'existence d'un contrôle démocratique, par la voie judiciaire sur la politique économique mise en œuvre par le régulateur et méritent de plus amples développements. Dans l'objectif d'élucider ces problématiques, nous analyserons les procédures de régulation devant les AAI (chapitre 1) et devant le juge (Chapitre 2).

Chapitre 1 : Les procédures de régulation devant les autorités de régulation (AAI)

Les procédures de régulation devant les autorités de régulation sont soit contentieuses (section 1) soit négociées (section2).

Les procédures contentieuses devant les autorités administratives de régulation se démarquent de celles engagées devant les juridictions judiciaires, à plusieurs égards. Pour ce qui est des procédures devant les acteurs à compétence générale, il s'agit de prime abord des règles gouvernant l'administration de la preuve, qui diffèrent selon qu'il s'agisse du contentieux objectif de la concurrence ou du contentieux subjectif de la concurrence[1]. Reposant sur le système inquisitoire, le contentieux objectif de la concurrence porté devant le conseil de la concurrence confère au rapporteur de larges pouvoirs dans la conduite des investigations, en lui permettant de mener une enquête préparatoire. A l'opposé, lors du contentieux subjectif porté devant les juridictions, les parties ont la charge de prouver leurs allégations ; c'est là une différence avec la procédure de la concurrence, et le juge ne dit le droit que dans la limite des demandes formulées par les parties. Le rôle de l'autorité de la concurrence est donc plus étendu que celui du juge civil qui se limite au contrôle de l'instruction[2]. De même, dans le cadre de la fixation du cadre de l'instance, l'autorité de la concurrence, ayant la faculté de s'autosaisir, elle n'est pas tenue par les demandes de ceux qui ont introduit l'instance ; elle peut étendre sa

---

[1]. Sophie. Choné distingue entre le contentieux subjectif de la concurrence qui est destiné à réparer le dommage causé aux intérêts particuliers, du contentieux objectif de la concurrence destiné à la protection de l'intérêt économique général, en mettant le point sur le fait que celui-ci n'est pas affecté par la réparation du dommage causé aux acteurs économiques individuels, S. Choné, Les abus de domination, *op.cit*, p. 222.

[2]. G. Couchez, « toute faute contractuelle est une faute délictuelle, mais encore faut-t-il s'entendre sur le préjudice réparable ? RDC 2007/02, ,°156 et 227 ; .

saisine initiale à d'éventuelles pratiques anticoncurrentielles affectant un marché voisin ou connexe. La mission d'ordre public économique dont elle est investie explique qu'elle ne soit pas tenue par le principe dispositif[1]. Elle doit pouvoir sanctionner des pratiques dont l'existence se révélerait à l'examen d'autres pratiques.

Devant les acteurs à compétence sectoriels, ces procédures sont assignées de délais qui permettent de garantir les droits personnels et d'assurer la sécurité juridique des transactions contre l'arbitraire issu de l'administration. Autrement dit, les régulateurs sectoriels sont astreints à des délais d'action qui constituent non seulement un élément de sécurité juridique pour les entités régulés, mais un préalable qui conditionne leurs propres décisions, car c'est en fonction de la décision prise par le régulateur, que seront modelées les stratégies des opérateurs. Pour cette raison, l'autorité de régulation sectorielle est généralement soumise à des pressions importantes pour prendre des décisions rapides[2] ; l'exemple de la procédure devant l'ANRT astreinte à des délais courts pour prendre une décision est pertinent. A l'opposé, le conseil de la concurrence n'est pas tenu par des délais rigoureux dans son instruction contre les pratiques anticoncurrentielles, hormis le cas du contrôle des concentrations, où des délais doivent impérativement être respectés.

Quant aux procédures négociées, ces dernières sont au cœur des politiques de régulation de la concurrence, et se présentent comme une alternative, aux dispositions exclusivement sanctionnatrices des normes de la concurrence. L'envahissement du droit négocié, de la branche du droit de la concurrence, est l'une des nouveautés apportées par la loi 104 -12. La consécration des procédures d'engagement, de clémence et de transaction, par cette loi, hisse le Maroc au rang des pays qui se sont dotés d'instruments normatifs et substantiels conformes aux standards internationaux, en vue de permettre, une régulation efficace des marchés.

Le rôle poursuivi par les autorités à travers l'introduction des procédures négociées en matière de régulation de la concurrence, est

---

1. S. Guinchard et F. Ferrand, Procédure civile. Droit interne et droit communautaire, Dalloz, 28è éd, 2006, n°667 ; G. Bolard, Rapport, in Principes de procédure et efficacité : Du droit commun civil et pénal et Droit de la concurrence et de la bourse, JCPE 1993, CDE n°5, p. 40.

2. Anne, Perrot, Les frontières entre régulation sectorielle et politique de la concurrence. Revue française d'économie n°4, volume XVI, avril 2002, p. 92.

de permettre aux autorités de régulation de se doter d'outils flexibles associant davantage les acteurs du marché à leur processus décisionnel, et de renforcer ainsi leur rôle de régulateur, en dehors des contraintes procédurales de la régulation contentieuse[1].

Les nouvelles procédures négociées ainsi introduites dans le dispositif légal de la régulation de la concurrence, constituent une rupture avec le droit imposé, qui a perduré sous l'impulsion de l'ancienne loi 06-99, et un outil permettant au Conseil de la concurrence d'engager de véritables négociations avec les acteurs du marché, en vue de lutter efficacement contre les pratiques anticoncurrentielles.

Section 1 : Les procédures contentieuses

La différence de culture institutionnelle qui oppose les autorités de régulation sectorielle et les autorités de concurrence ne peut qu'influencer au niveau de leur mode de fonctionnement. Ainsi les délais de procédures qui encadrent leur action contrastent, selon qu'il s'agisse des premiers ou des seconds. La question des saisines et des enquêtes devant ces autorités, est intimement liée aux procédures, et contraste également selon qu'il s'agisse du Conseil de la concurrence, ou des régulateurs sectoriels

Parce que la concurrence est une composante fondamentale de la régulation[2], les affaires de concurrence, présentent toutes une dimension procédurale très marquée et parce que l'on débat souvent davantage de cette dernière que du fond même[3], tous ceux qui réfléchissent aujourd'hui aux moyens d'accroitre l'effectivité du droit de la concurrence, sont conscients du rôle essentiel joué par la question procédurale. Et c'est parce que le droit de la concurrence constitue le noyau du droit du marché, que l'on prêtera une attention particulière aux procédures devant le Conseil de la concurrence. Aborder la question des procédures devant les autorités de régulation en général, revient à se demander quelles actions s'offrent à la

[1]. Noureddine. Toujgani, Les procédures négociées, Revue du droit économique, n°4, éd, 2011,p. 72.

[2]. E. Claudel, « La processualisation du droit de la concurrence », in La modernisation du droit de la concurrence, LGDJ, 2006, p.285.

[3]. C. Nourissat, « A propos des procédures judiciaires de concurrence : proposition raisonnable au service d'une justice apaisée », RLC oct. 2008, n°17.

victime ? Le droit de saisine de ces autorités est-il conféré à une multiplicité d'acteurs. ?. Le déroulement des procédures et des enquêtes devant l'autorité régulatrice obéit-il aux mêmes principes gouvernant la procédure devant les juridictions ? Enfin quelle est la valeur des décisions rendues par les autorités régulatrices, et quels sont les recours contre ces dernières ?

Sophie Choné précise dans son exposé des procédures dans sa thèse sur les abus de dominations, que les actions, se répartissent en deux catégories : action publique pour le contentieux objectif de la concurrence et action privée pour le contentieux subjectif de la concurrence. L'initiative de ces actions revient selon les cas, à des personnes publiques ou à des personnes privées[1].

La distinction entre l'action publique et l'action privée, trouve son origine dans la matière pénale qui a inspiré sur ce point le droit de la concurrence. Le dictionnaire de l'Association Capitant définit l'action publique comme « l'action exercée au nom de la société (…), qui a pour objet l'application de la loi pénale », et l'action civile comme « l'action ouverte à la victime d'une infraction pénale, en réparation du dommage que celui-ci lui a causé ». Ces deux actions répondent à des finalités différentes : « l'action publique est destinée à réprimer le trouble causé à l'ordre social ; l'action civile a pour but de réparer le préjudice éprouvé par la victime[2].

Pour circonscrire le champ de recherche, l'on se contentera d'analyser l'action publique devant les autorités de régulation, la valeur des décisions rendues par ces dernières et les questions de droit de saisine, (paragraphe 1) l'action privée ayant une vocation réparatrice, et étant engagée devant les tribunaux judiciaires, on traitera cette dernière dans le chapitre de la régulation judiciaire de la puissance économique. Méritent en outre de plus amples développements, l'exposé des enquêtes devant les autorités régulatrices, ainsi que des recours contre les décisions rendues par les régulateurs. (Paragraphe 2).

---

[1]. Sophie. Choné, Les abus de domination Essai en droit des contrats et en droit de la concurrence, Economica, 2010, p. 197 et 198, *op. cit.*

[2]. B. Bouloc, Procédure pénale, Dalloz, 20e éd., 2006, n°158.

Paragraphe 1 : La mise en mouvement de l'action publique devant les autorités régulatrices

Alors que l'action privée s'exerce devant le juge judiciaire, l'action publique s'exerce devant les autorités administratives indépendantes. On se demande pourquoi ne pas avoir attribué, le contentieux relatif à la régulation exclusivement aux juridictions de droit commun ? La réponse tient surtout à la spécificité de la matière qui, en requérant des raisonnements économiques complexes, justifie l'attribution de ce contentieux à des organes spécialisés ; Le Conseil de la concurrence, pour la régulation du contentieux de la concurrence, plus spécifiquement l'anti-trust et le contrôle des concentrations au côté de l'ANRT, et les régulateurs sectoriels, pour le contentieux relatif aux missions de régulation dont ils sont investis. Le fait qu'il s'agisse d'organes non juridictionnels, renforce la spécificité de ce choix de politique économique : avant d'être des organes de répression, ces autorités sont avant tout des organes de régulation. Mais rien n'empêche, les agents économiques y compris, ceux soumis à une régulation sectorielle de saisir directement les juridictions sans passer par un régulateur, pour résoudre leurs litiges, seulement les sanctions prononcées par les tribunaux contrastent avec celles prononcées par les autorités de régulation.

En principe l'action est ouverte à tous ceux qui ont intérêt à agir. Cependant le fait que l'action publique intervienne pour la défense de l'intérêt général, commande une ouverture plus large que celle attribuée à l'action privée devant les tribunaux judiciaires, cantonnée à la défense des intérêts particuliers par le biais de l'action en réparation ou en dommages et intérêts. L'ouverture de l'action publique (A) devant les autorités administratives de régulation est assortie de délais (B). Agissant en complément du juge et inversement, ces autorités s'en démarquent néanmoins à plusieurs égards (C).

A- L'ouverture de l'action publique :

On analysera l'initiative de l'action respectivement devant le Conseil de la concurrence et devant les régulateurs sectoriels. La titulairité de droit de saisine devant le Conseil de la concurrence est plus large que devant les autorités de régulation sectorielle. Ce droit étendu de saisine à plusieurs acteurs, s'explique par la volonté du législateur de permettre au Conseil de la concurrence une meilleure détection des infractions à la concurrence, notamment en cas d'inertie ou de conflits d'intérêts de l'un de ces acteurs.

A.1 Devant le Conseil de la concurrence

. **Extension du droit de saisine et auto-saisine :** La saisine constitue le premier acte de déclenchement de la compétence du Conseil de la concurrence, et d'ouverture de l'action publique. Antérieurement à l'entrée en vigueur de la loi 104-12, et de la loi 20-13 relative au Conseil, on constate un verrouillage des mécanismes de saisine du Conseil, à la lecture de la loi 06-99, ce qui ligotait sa capacité d'action. Les entités habilitées à saisir le conseil y sont énumérées à titre limitatif dans les articles 15 et 24 abrogés par la loi 104-12, qui excluent les entreprises du champ du droit de saisine du Conseil. Cette anomalie de la loi 06-99 a été corrigée par les rédacteurs de la loi 104-12 qui permet désormais à ces dernières de saisir le conseil, pour les pratiques anticoncurrentielles dont elles sont victimes. Les entreprises constituent en effet des sujets directs du droit de la concurrence et sont donc les plus concernées par l'action des autorités de la concurrence. Ainsi pour se prévaloir de leurs droits, les entreprises étaient obligées sous la loi 06-99 de faire un détour processuel pour acheminer leurs doléances, en transitant par une association ou une chambre professionnelle. Ce mécanisme de saisine, alourdissait inutilement la procédure et aboutissait souvent à des blocages, puisque l'association ou la chambre professionnelle compte souvent parmi ses membres à la fois l'entreprise victime, et celle ou celles dont les comportements sont mis en cause[1]. L'extension du droit de saisine aux victimes, renforce l'efficacité de la régulation concurrentielle opérée par le Conseil de la concurrence.

Le Conseil peut en outre être saisi par l'administration[2], pour se prononcer sur des pratiques anticoncurrentielles, comme il le peut par le biais des commissions permanentes du Parlement, des conseils des collectivités territoriales, des chambres de commerce, d'industrie et de services, des chambres d'agriculture, des chambres d'artisanat, des chambres des pêches maritimes, des organisations syndicales et professionnelles, des instances de régulation sectorielle ou des

---

[1]. Abdelali, BENAMOUR. Concurrence et régulation : quelle stratégie ? Table ronde organisée par la chambre de commerce britannique (British Chamber of commerce for morroco », le 06 décembre 2011.

[2]. Article 3 de la loi 20-13 sur le Conseil de la concurrence.

associations de consommateurs reconnues d'utilité publique, dans la limite des intérêts dont ils ont la charge[1].

La loi consacre à l'opposé des restrictions de saisine inutiles pour les associations de consommateurs, en maintenant le critère de l'utilité publique figurant dans l'ancienne loi 06-99. Il est à signaler qu'à ce jour aucune association ne bénéficie de cette qualité. Cette situation est de nature à priver le Conseil d'une source d'information importante qui peut révéler les dysfonctionnements concurrentiels des marchés[2], et prive les consommateurs de pouvoir se faire entendre, sachant que c'est eux qui paient le prix d'une pratique anticoncurrentielle, plus particulièrement en cas d'entente[3].

La faculté d'auto-saisine du Conseil, fut désormais consacrée par la nouvelle loi 20-13 sur le conseil de la concurrence. Il s'agit là du pouvoir d'agir *ex officio*, et engager une instruction s'il constate un dysfonctionnement concurrentiel ou en cas de forte présomption d'existence d'une pratique anticoncurrentielle dans un marché déterminé. Autrement dit l'auto-saisine, peut être définie comme la faculté accordée à une autorité de la concurrence de décider de son propre chef de déclencher d'office une procédure d'instruction et d'enquête ou d'auto saisir pour avis dans un secteur qui présente les symptômes d'un dysfonctionnement anticoncurrentiel et ce, sans

---

[1]. Article 5 de la loi 20-13.

[2]. L'exemple qu'on peut citer à cet égard est celui de la décision du Conseil de la concurrence français n°05-65 du 30 novembre 2005 relative à des pratiques constatées dans le marché de la téléphonie mobile. Dans cette décision, le Conseil a infligé aux trois opérateurs mobiles, Orange France, SFR, et Bouygues télécom une amende de 534 millions d'euros pour avoir mis en œuvre deux types de pratiques d'entente ayant restreint le jeu de la concurrence sur le marché. A l'origine ces pratiques ont été révélé à la suite d'une saisine de l'association de protection des consommateurs « UFC-Que-Choisir » en date du 22 février 2002 après une enquete menée par cette association. Cette affaire a fait également l'objet d'une saisine d'office de la part du Conseil en date du 28 aout 001.

[3]. Selon les études faites par les économistes Lveinstein et Suslow (2001), l'estimation du surprix payé par le consommateur du fait d'un cartel peut aller jusqu'à 90% du prix du marché (cartel Electrode au graphite au canada), 50% (cartel de l'acide cytrique), 30% (Cartel des vitamines aux Etats unis et Canada. H. M. Bouayad, Le plaidoyer face aux rentes indues du fait des structures socioéconomiques, In, le plaidoyer dans la politique de la concurrence et la lutte contre les rentes, Actes des troisièmes assises de la concurrence organisées par le Conseil de la concurrence marocain le 14 et 17 décembre 2011 à Tanger.

besoin qu'elle soit saisie par une enquête ou une plainte. Ce mécanisme permet ainsi aux autorités de concurrence, d'être proactives et de décider d'elles-mêmes de leurs priorités et de leur programme de travail optimal, ainsi que l'affectation optimale des ressources dont elles disposent.

Toutefois, l'efficacité de la mise en œuvre de l'auto-saisine est intimement liée à la présence de règles de minimis. A défaut, l'encombrement du Conseil de la concurrence par des dossiers de maigre incidence sur la concurrence, risquerait d'absorber son attention, ses efforts et ses moyens d'action[1], ce qui ne lui laissera ni le temps, ni les moyens pour s'auto saisir et cibler les secteurs prioritaires auxquels il doit s'attaquer.

Ces problèmes ne se posent guère aux autorités de régulation sectorielles. Ces dernières, en raison de leur caractère vertical et des missions et outils qui leur sont confiés, ont plus de latitude au niveau du choix de leur programme d'action et ont la discrétion d'entreprendre les actions qui leur semblent pertinentes et prioritaires quand cela est nécessaire.

La possibilité de s'autosaisir, est une qualité essentielle à toute autorité de la concurrence, lui permettant d'agir et non seulement de réagir aux saisines qui lui parviennent.

D'une autre façon, la consécration de l'auto-saisine, dote le Conseil de la concurrence de la capacité d'initiative, en agissant de son propre chef, en choisissant les affaires qui seront traitées en priorité, et celles qui seront reléguées en deuxième rang.

Par ailleurs, au niveau de l'expérience comparée, le pouvoir de saisir l'autorité de la concurrence française, a d'abord été réservé aux autorités publiques : ministre chargé de l'économie[2], Etats membres de la Communauté européenne, Commission européenne[3]. Ce pouvoir a ensuite été attribué à l'Autorité de la concurrence[4] et à la Commission européenne[5] qui peuvent se saisir d'office, témoignage de leur mission d'intérêt général.

---

[1]. Anne Perrot, Les frontières entre régulation sectorielle et politique de la concurrence, op. cit p. 93.

[2]. Article L. 462-5 du code de commerce.

[3]. Article 7-2 du règlement 1/ 2003 du 16 décembre 2002 relatif à la mise en œuvre des règles de concurrence prévues aux articles 81 et 82 du traité.

[4]. Article L. 462-5 code de commerce.

[5]. Article 7-2 du règlement 1/ 2003.

De même l'ordonnance du 1 er décembre 1986, a élargi les possibilités de saisine au profit des organismes intéressés par l'ordre public économique (organisations professionnelles et associations de consommateurs) et des entreprises concernées[1].

. L'action publique : Principe d'opportunité des poursuites.

Une fois saisie, le Conseil de la concurrence ne dispose pas du pouvoir d'apprécier l'opportunité des poursuites : pour chaque saisine, il doit rendre une décision. La déclaration d'irrecevabilité de la saisine, comme son rejet sont soumis à de strictes conditions. L'autorité ne peut déclarer sa saisine irrecevable que dans un nombre limité de cas : le demandeur n'a pas qualité ou intérêt à agir, les faits sont couverts par la prescription, le Conseil s'est déjà prononcé sur les mêmes pratiques, les faits n'entrent pas dans le champ d'application matériel du droit de la concurrence ou sont manifestement insusceptibles d'être qualifiés de pratiques anticoncurrentielles[2]. Il peut, en outre, rejeter la saisine si les faits invoqués ne sont pas suffisamment probants[3]. En aucun cas, le Conseil ne peut invoquer un motif de pure opportunité.

L'obligation qu'a le conseil de la concurrence de statuer sur toutes les affaires dont il est saisi, suscite une difficulté, en raison de l'accroissement du nombre de demandes qu'il connait suite à son activation, et l'attribution du pouvoir décisionnel dont il a fait l'objet, ainsi qu'au manque de moyens et à la complexité des investigations à mener.

Au lieu de consacrer le principe d'opportunité des poursuites pour désengorger le Conseil, on peut s'intéresser à l'expérience française, qui a doté le Ministre de l'économie par l'ordonnance du 13 novembre 2008 [4], de la faculté de statuer sur les « micro pratiques », anticoncurrentielles[5]. Le principal problème posé par ce système, est

---

[1]. Article L. 462-5 C. com.

[2]. M.C. Boutard, Labarde, G. Canivet, E. Claudel, V. Michel- Amsellem, j. Vialens, L'application en France du droit des pratiques anticoncurrentielles, LGDJ, 2008, n° 382.

[3]. Voir article L. 462-8 al. 2 du code de commerce.

[4]. Ordonnance n°2008-1161 du 13 novembre 2008 portant modernisation de la régulation de la concurrence.

[5] . Article 464-9 du code de commerce. Les micros pratiques anticoncurrentielles sont définies par l'article L. 464-9 comme celles qui affectent un marché de dimension locale, qui ne concernent pas des faits relevant des articles 101 et 102 du TFUE et sous réserve que le chiffre d'affaires de chacune des entreprises en cause ne dépasse pas 50 millions

celui de la légitimité des services du ministre de l'Économie à prononcer des sanctions et à assurer ainsi une mission juridictionnelle, à rebours du principe de séparation des pouvoirs. Le système d'opportunité des poursuites, qui est susceptible de répondre également au problème d'engorgement, nous parait préférable[1]. La critique essentielle qui pourrait lui être adressée porte sur le sort des pratiques à propos desquelles le Conseil aura choisi de ne pas statuer. Il nous parait que si l'atteinte au marché générée par la pratique ne lui semble pas considérable, le Conseil doit avoir la possibilité de ne pas statuer, puisque l'absence de traitement de sa part laisserait intact le droit de la victime à introduire une action civile devant le juge judiciaire.

A.2 Devant les régulateurs sectoriels :

Le législateur marocain a délimité le champ des personnes et des organes habilités à saisir les autorités de régulation sectorielles. Ainsi l'article 52 de la loi 53-08 relative à l'autorité marocaine des marchés de capitaux dispose que « L'AMMC est habilité à recevoir de tout intéressé et de toutes associations de porteurs d'instruments financiers régulièrement constituées, les réclamations ou plaintes qui entrent par leur objet dans sa compétence ». De même le dahir du 31 aout 2002 stipule dans son article 4 que « Le conseil supérieur de la communication peut recevoir des plaintes émanant des organisations politiques, syndicales ou des associations reconnues d'utilité publique, relatives à des violations, par les organes de communication audiovisuelle, des lois ou règlements applicables au secteur de la communication audiovisuelle ».

Par ailleurs, pour ce qui est du droit de saisine de l'Agence Nationale de Réglementation des Télécommunication, le décret du 13 juillet 2005 relatif aux procédures suivies devant l'ANRT, concernant les litiges et les pratiques contraires aux règles de la concurrence et des opérations de concentration économiques dispose dans son article 2, que pour l'application des dispositions des articles 8 et 8 ter de la loi 24-96, l'ANRT peut prendre à la demande d'une ou de plusieurs parties une décision afin de résoudre le litige dans les

---

d'euros lors du dernier exercice clos et que leurs chiffres d'affaires cumulés ne dépassent pas 100 millions d'euros.

[1]. L. Idot et Ch. Lemaire, « L'avant-projet d'ordonnance portant création de l'autorité de la concurrence ». JCP 2008, Act., 441.

meilleurs délais. La formule « D'une ou plusieurs parties » figurant dans le décret, signifie tout exploitant (s) de réseaux publics de télécommunication.

En outre, l'article 18 du même décret dispose qu'en « application de l'article 8bis de la loi précitée n°24-96, l'ANRT peut, à la demande du chef du Gouvernement, d'un exploitant de réseaux publics de télécommunications, d'un fournisseur de services à valeur ajoutée ou d'une association de consommateurs reconnue d'utilité publique, être saisie de faits qui paraissent susceptibles de constituer des infractions aux dispositions des articles 6 et 7 de la loi n° 6. 99.

Il ressort de la lecture de ces articles, que le domaine de la qualité est plus étendu pour ce qui est de la procédure suivie devant l'AMMC, car il englobe tout ce qui a intérêt ou concerné par le litige, et toute association de porteurs de valeurs mobilières, tandis que ce domaine se restreint, quant au Conseil supérieur de la communication audiovisuelle, et l'Agence nationale de réglementation des télécommunications, puisque seuls les personnes énumérées à titre limitatif peuvent porter le litige devant l'autorité de régulation, excepté le cas des pratiques anticoncurrentielles instruites par l'ANRT lui permettant de s'autosaisir.

. L'auto-saisine restreinte aux régulateurs sectoriels excepté l'ANRT:

L'auto-saisine se définit comme la faculté de se saisir d'office, pour statuer sur un litige sans recevoir de plainte ni renvoi relatifs aux faits objet de l'instruction. Il s'agit d'une procédure efficace qui confère à l'autorité concernée le pouvoir d'enquêter, d'instruire le dossier de son propre chef, et de rendre une décision contraignante à l'égard des parties, pour protéger l'ordre publique économique.

On déplore le fait que le législateur n'a pas étendu cette prérogative à toutes les autorités de régulation, puisque seule l'ANRT peut s'autosaisir.

Ainsi l'article 45 du décret modifié et promulgué, le 13 juillet 2005 , concernant les procédures suivies devant l'ANRT, pour ce qui est des litiges et pratiques contraires aux règles de la concurrence et des opérations de concentration économique dispose «

A l'initiative des services de l'ANRT et lorsqu'il apparait que des faits, des pratiques ou des agissements auraient pu ou peuvent porter atteinte, perturber ou nuire, à court, moyen ou long terme, au bon fonctionnement des marchés de télécommunications ou à l'exercice d'une concurrence loyale en application de la réglementation en vigueur, le directeur de l'ANRT peut se saisir d'office des éléments portés à sa connaissance et en informer la ou les parties concernées ».

Avant de déclarer l'auto-saisine, l'ANRT demande et/ou recherche, par ses soins ou par des experts qu'elle désigne, toute information ou tout élément ou acte, auprès des parties concernées, pour fonder sa décision

Par ailleurs, le dossier par lequel l'ANRT s'auto saisi, comporte un exposé des faits et des pratiques susvisées, ainsi que les éléments de preuves. Ce dossier est envoyé aux intéressés, par lettre recommandée avec accusé de réception, ou par tout moyen permettant d'attester de la date de ladite réception. La partie mise en cause, est invitée à présenter ses observations écrites, dans le délai fixé par l'ANRT.

Enfin l'article 23 de la loi instituant le CDVM devenu l'AMMC, n'ayant pas été abrogé dispose que « Dans le cas où des inexactitudes ou des omissions auraient été relevées dans la mise en œuvre des obligations d'information mentionnées à l'article 20, après leur publication, l'AMMC peut exiger des personnes morales concernées qu'elles procèdent à des publications rectificatives. L'AMMC peut, porter à la connaissance du public les observations qu'elle a été amenée à faire ou les informations qu'elle estime nécessaires ».

Pour l'ANRT, l'article 45 du décret promulgué le 13 juillet 2005, dispose « A l'initiative des services de l' ANRT et lorsque des faits portent une atteinte grave et immédiate au secteur des télécommunications, le directeur de 1 'ANRT peut se saisir d'office des éléments portés à sa connaissance qui entrent dans le champ d'application des compétences dévolues à l' ANRT par la loi précitée n° 24-96 ». De même pour assurer sa mission de régulation concurrentielle, et sa lutte contre les pratiques anticoncurrentielles dans le secteur des télécommunications l'article 19 du même décret dispose qu' « En application de l'article 8 bis de la loi précitée n° 24-96, l' ANRT peut soit d'office, soit à la demande du Premier ministre, d'un exploitant de réseaux publics de télécommunications, d'un fournisseur de services à valeur ajoutée ou d'une association de consommateurs reconnue d'utilité publique, être saisie de faits qui paraissent susceptibles de constituer des infractions aux dispositions des articles 6 et 7 de la loi susvisée n° 06-99 ».

Il découle de la lecture de ces articles, qu'hormis l'ANRT qui peut se saisir d'office, les autres autorités de régulation sectorielle ne peuvent être saisies que par les opérateurs du secteur concernés, et ne peuvent recevoir de plaintes ou de requêtes émanant d'autres entreprises autres que celles provenant des entités régulées elles mêmes. Ce mécanisme de saisine sélectif et partiel, ne peut assurer une prise en charge suffisante des intérêts des tiers, ou des autres acteurs économiques qui opèrent dans d'autres secteurs d'activités qui interfèrent avec le secteur régulé. De même l'exigence du critère de l'utilité publique pour les associations de protection des consommateurs, prive cette catégorie d'agents économique d'une protection effective. Dans cet état de fait, ces acteurs économiques restent sans protection et ne peuvent se prévaloir de leurs droits devant les autorités de régulation sectorielles, sauf à saisir l'autorité de tutelle ou encore le Conseil de la concurrence, s'il s'agit d'un problème qui touche le droit de la concurrence ou enfin en recourant à la justice.

B. Délais de procédures devant les autorités administratives de régulation :

Les procédures contentieuses devant les autorités de régulation sont assignées de délais légaux, qui permettent de garantir les droits personnels et d'assurer la sécurité juridique des transactions contre l'arbitraire de l'administration.

En matière de régulation sectorielle, les délais d'action constituent non seulement un élément de sécurité juridique pour les agents économiques, mais un préalable qui conditionne leurs propres décisions, car c'est en fonction de la décision prise par le régulateur, que seront modelées les stratégies des opérateurs.

Pour cette raison, l'autorité de régulation sectorielle est généralement soumise à des pressions importantes pour prendre des décisions rapides. Le législateur marocain, n'a malheureusement pas donné d'importance à la question des délais devant être respectés par les régulateurs pour rendre une décision relativement aux contentieux portés devant elles, hormis le cas de l'ANRT, et du Conseil de la concurrence.

Ainsi dans le secteur des télécommunications, la loi 24-96 complété et modifié par la loi n°121-12 astreint l'ANRT à observer plusieurs délais dans sa prise de décision. Il en est ainsi des articles 12, 13, 14, 15 qui fixent un délai maximum de deux mois pour que le décret portant l'attribution de la licence, de l'agrément ou de l'autorisation soit notifié aux parties bénéficiaires. Il en est de même de l'article 30 de la même loi qui oblige le régulateur à donner un délai fixé par son directeur général aux entreprises contre lesquelles des sanctions prévues à cet article ont été prononcées. La loi n°121-12 renforce la mission de sanction de l'ANRT qui pourra dorénavant, adresser des sanctions pécuniaires directement à parties concernées par les infractions. Cela n'était possible auparavant que via recours à la justice.

Dans ce sens, il est à noter que les sanctions pourront s'établir de 2 % jusqu'à 5 % du chiffre d'affaires des entités concernées. Lesdites sanctions seront prononcées par un Comité des infractions constitué à cet effet. Il est à noter que le domaine d'intervention de l'Agence se limitait à adresser des mises en demeure, des avertissements, ainsi que le retrait partiel ou définitif de licences aux opérateurs auteurs des infractions.

Par ailleurs, l'article 2 du décret du 13 juillet 2005, relatif aux procédures suivies devant l'ANRT, concernant les litiges et les pratiques contraire aux règles de concurrence, et des opérations de concentration économique, dispose que « l 'ANRT peut prendre à la demande d'une des parties une décision afin de résoudre le litige dans les meilleurs délais. En tout état de cause, la décision intervient dans un délai maximum de quatre mois, sauf dans des circonstances exceptionnelles ». De même, l'article 44 bis du même décret, dispose que « Le comité des infractions dispose d'un délai maximum de deux (2) mois à compter de la date de sa saisine par le directeur de l'ANRT pour prendre une décision exécutoire au fond. Sa décision doit être motivée ».

Il est à noter, que si une entreprise éprouve un dommage résultant du retard imputable au régulateur de rendre une décision ou de son refus de statuer malgré sa compétence, il dispose du droit de saisir la justice administrative, dans le cadre de l'action en responsabilité administrative, pour être dédommagé, comme il peut intenter une action en annulation contre la décision de refus de statuer. Dans cet objectif l'article 21 de la loi 41-90 portant création des tribunaux administratifs, dispose « La requête en annulation pour excès de pouvoir doit être accompagnée d'une copie de la décision administrative attaquée. Au cas où un recours administratif préalable a été formé, la requête doit être également accompagnée d'une copie de la décision rejetant ce recours ou, en cas de rejet implicite, d'une pièce justifiant son dépôt ».

Pour ce qui est du Conseil de la concurrence, celui-ci n'est pas astreint à des délais de procédures légaux, au niveau de ses décisions. A l'exception du contrôle des opérations de concentration économique, qui pour des considérations de protection des droits des entreprises, sont régies par des délais rigoureux[1], les procédures contentieuses déclenchées en matière de lutte contre l'anti trust, ne sont soumis à aucun délai légal, si ce n'est celui de deux mois figurant à l'article 26 de la loi 104-12, fixé au Conseil de la concurrence pour se prononcer sur l'irrecevabilité, et celui relatif aux règles générales de prescription des actions pénales[2].

L'explication de cet état de fait, réside dans la nature du contentieux mené devant cette autorité[3] qui a une forte connotation répressive. Ainsi il incombe à ces autorités, dans le cadre d'une procédure de nature inquisitoire, de prouver, établir qualifier et sanctionner les faits délictuels, qui peuvent dans certains cas avoir des retentissements pénaux, en étant assortis de sanctions privatives de liberté ou d'amendes pénales, comme c'est le cas dans le système actuel.

Le défaut de prévision de délais légaux de procédure de la part du législateur, en droit de la concurrence, se justifie aussi par la nature des faits répréhensibles, notamment les ententes anticoncurrentielles. En effet, ces pratiques sont sournoises et se commettent clandestinement. Seules 15% des ententes sont détectés[4], ce qui rend

---

[1]. Voir à cet égard article 15 et 17 de la loi 104-12 relativement aux délais devant être respectés par le Conseil de la concurrence, pour se prononcer sur une opération de concentration économique.

[2]. Article 5 du dahir n°1-2. 255 du 3 octobre 2002 portant promulgation de la loi 21-02 relative à la procédure pénale (B.O 5078 du 30 janvier 2003).

[3]. Selon Jean Jacques Menuret « ... On peut donc hésiter quant à la nature juridictionnelle ou pas de la fonction exercée par le Conseil de la concurrence, de laquelle découle la nature du contentieux. Cet organe apparait en effet comme un véritable Janus du droit, prisonnier de ses deux visages opposés, l'un tourné vers l'administratif, l'autre vers le juridictionnel, auxquels on pourrait d'ailleurs un troisième orienté vers le judiciaires. Pour autant la constatation de cette double face est bien peu satisfaisante et éclairante lorsque l'on s'intéresse à la mise en œuvre du contentieux… », J.J. Menuret, Le contentieux du conseil de la concurrence, Paris, LGDJ, 2002, p. 124.

[4]. Ainsi l'étude de référence de Bryant, Eckard (1991), basé sur un échantillon de cartels aux 2tats Unis détectés au cours des années 1961-1988, conclut à une probabilité comprise entre 13% et 17%. De même sans pour autant fournir d'indications précises sur la méthode de calcul, l'OCDE estime que « pas plus d'une entente sur six ou sept est détectée et poursuivie », ce qui correspond à une probabilité de l'ordre de 15%. In Emmanuel Combe. Quelles sanctions dans la lutte contre les cartels ? Une perspective économique, R.I.D.E n°1, 2006, p. 6.

leur démonstration difficile surtout avec les moyens classiques de preuve (écrit, aveu, serment...), et nécessite une sophistication probatoire via des preuves indirectes ou ce qui communément appelé faisceau d'indices graves et concordants dont l'établissement dure dans le temps[1]. Pour cette raison, il n'y'a pas de délai type pour le traitement des infractions aux règles de la concurrence. Ce qui est certain c'est que les affaires concurrence sont traitées au cas par cas en fonction des données propres à chaque dossier, en fonction des éléments de preuves recueillis.

C. Juge et régulateurs : existe-t-il un conflit de compétence entre ces organes

Il est naturel de constater que, face à la multiplicité des autorités de régulation, et au chevauchement de leurs compétences, de voir surgir des conflits de compétences entre elles comme précédemment évoqué particulièrement pour l'ANRT et le Conseil de la concurrence, ou entre elles et le juge. Cette situation impose de rechercher des procédés, pour résoudre la problématique de conflits de compétence, à défaut desquels l'autorité de la chose jugée se trouve affectée, ce qui porte atteinte à la sécurité juridique, et induit des divergences d'interprétation des textes et des décisions rendues par ces acteurs de la régulation. La problématique interpellant le lecteur est de savoir, est ce que la compétence des autorités de régulation est une compétence absolue, qu'elle ne partage pas avec le juge ? Les parties peuvent-ils saisir directement la justice et passer outre les régulateurs ? La nature de la faute n'a-t-elle pas des conséquences sur le traitement des affaires portées devant le juge pénal civil, et les régulateurs ?

On considère que les parties peuvent saisir directement le juge, tant qu'il n'y'a aucun texte qui le désinvestit de cette compétence. D'ailleurs l'article 15 de la loi 06-99 qui n'a pas été abrogé par la loi 104-12, dispose que « : Le Conseil de la concurrence est consulté par : les juridictions compétentes sur les pratiques anticoncurrentielles définies aux articles 6 et 7 ci-dessus et relevées dans les affaires dont elles sont saisies. »

Par ailleurs les autorités judiciaires compétentes, saisies des affaires concernant des contraventions mettant en cause des personnes, ou des organismes relevant du contrôle de l'AMMC, peuvent demander l'avis du l'autorité, dans toutes les étapes de la procédure

---

[1]. Marie. Stéphane. Payet, op. cit p. 88.

(article 38 de la loi 43-12). Cela signifie que les parties peuvent saisir directement la justice, sans passer par le régulateur.

Il est à signaler que la compétence du juge s'étend aux affaires relevant de la compétence des autorités de régulation. Tant que le législateur, ne les dote pas d'une compétence exclusive, le juge demeure compétent.

Il est à rappeler en outre que l'action publique est portée devant les autorités de régulation tandis que l'action civile devant les tribunaux judiciaires. Nous réserverons de plus amples développements aux spécificités du procès civil devant les juridictions dans le deuxième chapitre de l'ouvrage. La régulation de la puissance économique est aussi bien l'œuvre des autorités de régulation que du juge, mais les actions portées devant eux contrastent à plusieurs niveaux. Sophie Choné distingue entre l'action autonome et l'action consécutive en matière de contentieux de la concurrence [1]. La première désigne l'action introduite par la victime devant les juridictions civiles sans avoir mis en mouvement l'action publique. Tandis que la seconde désigne l'action civile intentée par la victime, postérieurement à l'action publique introduite devant l'autorité de régulation. L'autrice préconise que l'action civile ne devrait pas être intentée de manière autonome, car il lui serait alors attribuée une mission concurrentielle, qu'elle est incapable de remplir ; seule l'action civile consécutive à l'action publique mené devant l'autorité de la concurrence devrait subsister.

Cela étant dit On examinera les conditions de formes des décisions rendues par les autorités de régulation **:**

- Les conditions de formes de régularité des décisions rendues par les autorités de régulation :

Le conseil supérieur de la communication audiovisuelle se réunit sur convocation de son président, selon une périodicité précisée par le règlement intérieur du conseil et, en tout cas, au moins une fois par mois. Le président convoque les réunions du conseil en application des dispositions du règlement intérieur, ou de sa propre initiative, ou à la demande de la moitié au moins des membres du conseil.

Dans tous les cas, le conseil se réunit pour examiner et délibérer des questions inscrites à un ordre du jour précis, préparé par le président avec l'assistance du directeur général de la communication audiovisuelle.

---

[1]. A. S. Choné, Les abus de domination. Op. cit. p. 285 et 288.

Le conseil délibère valablement lorsque le président et quatre de ses membres sont présents. Le conseil prend ses décisions à la majorité des voix des membres présents. En cas de partage égal des voix, celle du président est prépondérante. Les délibérations du conseil sont secrètes.

Pour l'ANRT, son conseil d'administration ne délibère valablement que si les deux tiers de ses membres sont présents. Ses décisions sont prises à la majorité des voix présentes ou représentés.

Quant à l'AMMC, son Conseil d'administration se réunit sur convocation de son président, ou à au moins le quart de ses membres. Il se réunit autant que nécessaire, et au moins une fois par trimestre.

Il délibère valablement lorsqu'au moins, quatre de ses membres sont présents. Les décisions du conseil d'administration sont prises à la majorité des voix. En cas de partage égal des voix, celle du président est prépondérante.

Pour le Conseil de la concurrence, la loi 20-13, dispose dans son article 14 que le conseil peut siéger soit en formation plénière, soit en commission permanente, soit en sections.

La commission permanente est composée du président et des quatre (4) vice-présidents.

Le conseil ne peut valablement siéger et délibérer en formation plénière que si au moins huit (8) membres dont un membre magistrat sont présents.

Le règlement intérieur du conseil détermine les règles de quorum applicables aux autres formations du conseil.

Les formations du conseil délibèrent à la majorité des membres présents. En cas de partage égal des voix, celle du président de la formation est prépondérante.

Pour ce qui est de la valeur juridique des décisions rendues par les régulateurs, ces dernières bénéficient d'une force juridique dénommée « force de la chose décidée », à l'instar des décisions administratives en général.

L'autorité de la chose décidée signifie, que la décision administrative est devenue définitive, immunisé contre toute révision ou recours judiciaire, en vue de son annulation à moins qu'il n'y'ait excès de pouvoir. Si elle est rendue conformément à la loi, l'autorité ne peut revenir sur sa décision.

L'autorité de la chose jugée des jugements se distingue de l'autorité de la chosé décidée des décisions administratives. Le jugement dénoue un litige, et acquiert la force d'une vérité juridique ; autrement dit on ne peut remettre en cause directement ou indirectement le fond d'un litige, qui a fait l'objet d'un jugement définitif, tandis que la décision administrative ne tranche pas un litige mais vise à servir un intérêt général, et n'a d'immunité que formelle, ce qui fait qu'elle n'acquiert pas la force matérielle de la chose jugée, malgré l'extinction du délai de recours.

Les mentions devant figurer impérativement dans les décisions rendues par les autorités de régulation sont les suivantes :

- Les faits : l'exposé des faits, les écrits et les réponses, les PV, et les preuves
- Les enquêtes et les mesures d'instruction prises.
- La motivation : après avoir auditionné les intéressés, et siégé en formation collégiale, l'autorité argumente sa décision, en fonction des faits, et des prescriptions légales les régissant.
- La décision prononcée.
- Le lieu et la date ou la décision a été rendue, ainsi que les signatures des membres participant au déroulement du procès.

Après avoir exposé la nature juridique, et les règles de forme présidant à la régularité des décisions prises par les régulateurs, on proposera de doter ces dernières d'une force contraignante comme le préconise Sophie Choné, pour le cas des décisions du Conseil de la Concurrence. Cette proposition résoudra la problématique d'articulation de l'action publique et l'action civile comme nous le verrons dans le chapitre relatif à la régulation judiciaire, et crédibilisera l'action du juge et du régulateur.

Paragraphe 2 : Des enquêtes et des recours contre les décisions des régulateurs.

Après avoir été saisi, ou s'être auto saisi, pour les régulateurs qui disposent de cette faculté, l'instruction des dossiers commence par l'ouverture des enquêtes, diligentées par les agents affectés à cet effet par ces autorités (A). Il s'agit des investigations menées par les enquêteurs, en vue d'apporter les preuves de la commission des actes répréhensibles. Le pouvoir d'enquête constitue l'un des éléments indispensables d'action des autorités de régulation. Les enquêteurs disposent d'une liberté assez large pour mener à bien leurs missions. Cependant, certains aspects de ces pouvoirs d'enquête sont lourds de conséquence juridiques, ce qui nécessite l'intervention de l'appareil judiciaire pour autoriser certaines enquêtes, notamment lorsqu'elles sont attentatoires aux libertés fondamentales. Tel est le cas, lorsque l'enquête implique l'élément de surprise via des visites inopinées dans les locaux professionnels, et parfois personnels des entreprises régulés, ce qui se traduit par des perquisitions accompagnées de saisies de documents. Dans ces cas, l'autorisation des juges, notamment du parquet est requise.

Par ailleurs, la possibilité offerte aux titulaires du droit de saisine d'introduire des recours contre les décisions des régulateurs, constitue un contrepoids de leur pouvoir sanctionnateur. En effet, il ne peut y avoir une légitimité et de crédibilité des autorités de régulation, que si elles sont contrôlées.

Certes, on pourrait penser que l'indépendance de ces autorités pourrait faire obstacle à leur soumission à un quelconque contrôle, sous peine de compromettre cette indépendance. Mais puisque ces autorités agissent dans le cadre de l'Etat et des règles de droit, il est tout à fait légitime de questionner leur action pour en mesurer l'efficacité, et le bon usage des pouvoirs dont elles sont investies. C'est pourquoi les décisions rendues par les autorités sont soumises à un contrôle juridictionnel dans le cadre des voies de recours (B).

A. Le déroulement des enquêtes.

L'ensemble des autorités de régulation est doté des pouvoirs d'enquête, qui obéissent à des procédures strictes dans leur déroulement. On analysera les enquêtes diligentées par le Conseil de la concurrence, et celles diligentées par les régulateurs sectoriels.

A.1 Diligentée par le Conseil de la concurrence.

Pour l'instruction des affaires portées devant le Conseil, le rapporteur général désigne un rapporteur pour chaque affaire. Celui-ci est doté de larges pouvoirs pour mener à bien sa mission. Ainsi, il dispose selon l'article 29 de la loi 104-12 du pouvoir d'exiger la communication de documents et informations qu'il juge utiles à l'instruction, sous peine d'astreinte. C'est là une nouveauté apportée par cette loi, dans la mesure où le Conseil aura dorénavant un accès facile aux informations pertinentes à l'analyse concurrentielle des dossiers instruits. Cette nouvelle disposition comblera la lacune qui a perduré sous la loi 06-99, et le besoin accru en informations viables et pertinentes sur les différents aspects du fonctionnement du secteur en question pour pouvoir se prononcer sur les questions de concurrence soulevées, par le Conseil. Le pouvoir d'information constitue l'élément cardinal d'effectivité de toute autorité de régulation de la concurrence. Pour cette raison, le droit conféré au Conseil de la concurrence d'exiger des opérateurs la communication d'informations constitue, un élément fondamental obligatoire à toute activité de régulation de la puissance économique.

Le pouvoir d'exiger la communication d'information présuppose de ne pas se voir opposer les obligations de réserves ou de secret d'affaires. En contrepartie, la levée de ces obligations exige à ce que les membres du Conseil soient astreints à la confidentialité, et à la préservation du secret et de prévoir même des sanctions pénales et civiles pour les réfractaires.

Pour la garantie des droits des contrevenants, la loi prévoit, dans le cadre de l'exercice par les enquêteurs de leurs missions notamment lors de la visite des locaux, terrains, ou moyens de transport à usage professionnel, que les PV doivent indiquer que le contrevenant, a été informé de la date et du lieu de leur rédaction, et que sommation lui a été faite d'assister à cette rédaction. L'intervention de la justice est obligatoirement requise en cas d'enquête sous autorisation judiciaire diligentée par le Conseil ou l'administration. C'est ainsi que, l'article 72 de la loi 104-12, dispose que « les enquêteurs ne peuvent procéder aux visites en tous lieux ainsi qu'à la saisie des documents que dans le cadre d'enquêtes demandées par le président du Conseil de la concurrence, ou par l'administration sur autorisation motivé du procureur du Roi dans le ressort duquel sont situés les lieux à visiter ». L'objectif de cette disposition, est de faciliter le travail des enquêteurs, et de garantir les droits de la défense.

L'article 28 de la loi 104-12 dispose que le président du Conseil peut demander à l'administration, de procéder à toute enquête qu'il juge utile. Cet article nous semble critiquable à plusieurs égards :

- Primo, ce renvoi d'ascenseurs entre le Conseil et l'administration alourdie la procédure, et allonge inutilement son délai avec le risque de déperdition des preuves. Les complications procédurales risquent davantage d'être aggravées par l'éventualité de l'intervention de l'appareil judiciaire qui est obligatoirement requise pour la réalisation des enquêtes lourdes, puisqu'elles supposent l'aval du parquet.
- Secundo, il semble que puisque c'est l'administration qui procède à l'enquête, il est naturel que celle-ci soit effectuée par les soins des services du chef du gouvernement. Cette situation est de nature à affaiblir d'un point de vue organisationnel le

Conseil, et affaiblit son efficacité d'action et son indépendance en l'exposant à la capture politique.

Par ailleurs, l'article 68 de la loi 104-12, recèle une suspicion d'atteinte à l'indépendance lors du déroulement des enquêtes, en disposant que « pour l'application, des dispositions de cette loi, les rapporteurs et les enquêteurs du conseil de la concurrence, les fonctionnaires de l'administration habilités spécialement à cet effet et les agents du corps des contrôleurs des prix, appelés tous « enquêteurs », dans la suite de la présente loi, peuvent procéder aux enquêtes nécessaires. Cette suspicion résulte de la dualité des services d'enquêtes, appelés à enquêter sur les affaires concurrence, relevant de la compétence du Conseil de la concurrence. Il nous semble que hormis les enquêteurs du conseil de la concurrence, introduits par ladite loi dans les services d'enquêtes, et qui sont soumis dans l'exercice de leurs fonctions à la hiérarchie du rapporteur général puisque c'est lui qui ordonne l'instruction, les autres catégories d'enquêteurs n'agissent pas sous l'ordre de celui-ci, mais en principe sous l'ordre de leurs supérieurs hiérarchiques.

La référence par cet article à une variété d'enquêteurs constituant le corps des enquêteurs, ne clarifie pas les missions des uns et des autres, et l'organe sous l'autorité duquel ces derniers agissent.

De même pour mener à bien les enquêtes, la loi confère, aussi bien à l'administration qu'au conseil le pouvoir de désigner un expert, pour procéder à toute expertise contradictoire nécessaire.

On déplore ce dédoublement de compétences conférées simultanément au Conseil et à l'autorité gouvernementale. Le fait que la loi, n'ait pas prévu un mécanisme permettant au Conseil de la concurrence, d'ordonner aux enquêteurs toute catégorie confondue, de mener des enquêtes, et ce sans en faire la demande à l'administration nous semble également critiquable. Demander à l'administration de mener des enquêtes sous sa tutelle de la part du conseil, compromet son indépendance vis-à-vis de cette dernière. D'ailleurs ce mécanisme alternatif consistant à demander à l'administration de procéder à toute enquête que le Conseil juge utile a auparavant montré ses limites à l'occasion de l'affaire des pratiques mises en œuvre dans le secteur de l'importation du beurre [1] et comporte un risque de fuites informationnelles et de pertes de temps considérables incompatibles

---

[1]. Y'a-t-il une mafia du beurre importé au Maroc, La vie éco du 30 avril 2010, p. 10.

avec les exigences de célérités que nécessite l'appréhension des pratiques anticoncurrentielles.

Malgré les avancées apportées par la loi 104-12, et la création d'un corps d'enquêteurs du conseil de la concurrence, distinct des enquêteurs de l'administration, la possibilité de confier de mener les enquêtes à ces derniers peut être source de capture politique, compromettant l'indépendance du Conseil. Il aurait été souhaitable, de mettre en place un corps d'enquêteurs unifié, doté de pouvoirs de plus en plus étendues, agissant sous la tutelle exclusive du Conseil de la concurrence, à l'instar de l'Autorité de la concurrence française, qui disposent de services d'enquêtes et d'instruction autonomes de l'administration, agissant sous l'autorité du rapporteur général. Ainsi la loi LME de 2008, a destitué la DGCCRF du pouvoir de mener des enquêtes simples régies par l'article L 450-3 du code de commerce français, et a chargé les agents de l'Autorité de la concurrence de les mener. De même organiquement, et depuis la réforme de 2008, la compétence en matière d'entente et d'abus de position dominante est dévolue aux agents des services d'instruction de l'ADLC, habilités à cet effet par le rapporteur général (article 450-1 c.com) sachant que les enquêteurs de la DGCCRF, peuvent procéder à des investigations à la demande de l'ADLC et sous l'autorité de cette dernière (article 450-6 du C. com).

On propose, de confier la tâche de mener les enquêtes aux enquêteurs du Conseil de la Concurrence, tout en réservant la possibilité de recourir aux autres catégories d'enquêteurs à condition que ceux-ci agissent sous l'autorité du rapporteur général du Conseil, et non sous l'autorité de leur supérieur hiérarchique.

A.2 Diligenté par les régulateurs sectoriels :

Le pouvoir d'enquête constitue un élément fondamental pour les autorités de régulation sectorielles, dans la mesure où c'est un moyen nécessaire leur permettant d'avoir accès à l'information. En matière de régulation sectorielle, le régulateur qui n'a pas l'information, n'a pas le pouvoir. Ce pouvoir d'enquête présente une acuité particulière dans les secteurs soumis à une régulation asymétrique. En effet, ces derniers se démarquent par le fait que les entités régulés, cherchent au cours de la communication d'informations sollicitées par les régulateurs, à désinformer ces derniers, notamment sur les couts supportés en les gonflant afin d'augmenter leurs marges bénéficiaires. L'analyse de la véracité des informations ainsi communiquées, présuppose un pouvoir d'enquête et d'expertise, qui permettra d'assoir et de crédibiliser l'action des régulateurs auprès des opérateurs soucieux de leur sécurité juridique, mais aussi auprès de l'opinion public. Pour ce faire, les autorités de régulation sectorielles disposent de services d'enquête qui leur sont attachés[1], qui peuvent recueillir des informations sur pièce et sur place dans des conditions respectant le principe du contradictoire et, dans certains cas, après autorisation du parquet, notamment lorsque ces enquêtes sont attentatoires aux libertés fondamentales. Tel est le cas, lorsque l'enquête se traduit par des visites surprises dans les locaux professionnels, et même personnels des entités régulées, accompagnés de perquisitions et de saisies des documents.

Afin de mener à bien la procédure d'instruction des affaires portées devant elles par les entités régulées ou dont elles se sont auto saisies, les autorités de régulation sectorielles, disposent de larges pouvoirs d'enquêtes. Ainsi l'article 11 du décret du 13 juillet 2005, sur la procédure suivie devant l'ANRT dans sa lutte contre les pratiques anticoncurrentielles et de contrôle des concentrations, dispose « Dans le cas où 1 'ANRT fait appel à des experts, ces derniers peuvent tenir des réunions de travail avec les parties concernées par la saisine et ce après accord du directeur de l' ANRT. Les parties concernées sont tenues d'accepter la tenue de ces réunions. En cas de refus non motivé, les parties sont réputées acquiescer aux faits ».

Il est à noter, que le Directeur de l'ANRT est habilité à ordonner d'office de mener des opérations d'instructions, notamment celles concernant la demande d'informations et de documents complémentaires, et d'ordonner aux parties de présenter les éléments

---

[1]. Pour l'AMMC, cette institution dispose d'une cellule « enquête et surveillance » directement rattachée à la présidente de l'institution ; Pour la BAM c'est la direction de la Supervision bancaire qui assure le contrôle et les missions d'enquête. Quant à l'ANRT, ses missions d'enquête sont partagées entre la direction de la réglementation et la direction de la concurrence et du suivi des opérateurs. Enfin pour la HACA, l'article 15 de son texte de création prévoit que « afin de remplir les missions qui lui sont assignées par le présent dahir et les textes prix pour son application et exécuter les décisions du conseil de la communication audiovisuelle, la direction générale de la communication audiovisuelle dispose d'un corps de contrôleurs, placé sou l'autorité du directeur général, chargé d'enquêter en tant que de besoin, sur pièces et sur place, afin de constater les infractions aux dispositions des cahiers de charges visés à l'article 3 et aux lois ou règlements en vigueur ».

de preuve qu'ils détiennent. Le Directeur peut à cet effet convoquer les parties pour leur audition.

Par ailleurs, si l'intérêt l'exige et à la demande des parties, le Directeur de l'ANRT peut ordonner d'engager une seule procédure d'instruction pour des affaires qui présente un lien de connexité, à l'issue de laquelle l'ANRT rend une décision unique. A l'opposée le Directeur de l'ANRT peut ordonner le démantèlement et la division d'une procédure d'instruction relative à une affaire portée devant l'Agence, en plusieurs affaires ; les parties ont l'obligation de répondre à toute demande complémentaire demandée par l'agence au cours de l'instruction, et d'assister aux réunions tenues par cette dernière.

En outre, l'article 42 dudit décret dispose que le rapporteur chargé d'instruire l'affaire procède à ·l'instruction avec le concours des services de 1 'ANRT. La personne mise en cause est invitée à présenter ses observations écrites, dans un délai imparti par l'ANRT. Elle est aussi entendue à sa demande ou si le rapporteur l'estime nécessaire. Elle peut se faire assister ou représenter par toute personne de son choix. Le rapporteur peut également entendre toute autre personne susceptible de contribuer à son information.

Enfin le Directeur peut mandater des auxiliaires de l'agence, ou des experts pour mener des investigations et constater les faits objet des litiges, en se déplaçant aux lieux concernés. Il est dressé un PV constatant ces faits, et signé par les parties, dont une copie leur est adressée, afin de leur permettre de formuler leurs observations en cas de nécessité.

Pour ce qui est de l'AMMC, l'article 23 de la loi 53-08 dispose « Pour la recherche et la constatation des infractions à la présente loi et aux législations prévues à l'article 12 ci-dessus, l'AMMC est habilitée à procéder à des enquêtes auprès des organismes et personnes soumis à son contrôle. Outre les officiers et agents de police judiciaire, la recherche et la constatation des infractions précitées sont effectuées par des agents spécialement commissionnés à cet effet par l'AMMC » Lesdites enquêtes peuvent se faire sur pièces et sur place.

De même, demeurant un organe de l'AMMC malgré l'omission du législateur de ne pas l'avoir évoqué dans la nouvelle loi, une commission paritaire[1] est instituée auprès de cette institution chargée

---

[1]. L'article 7-1 du dahir portant loi n° 1-93-212 DU 4 rabii II 1414 (21 septembre 1993) relatif au conseil déontologique des valeurs mobilières et

d'instruire les faits qui paraissent susceptibles de donner lieu à une décision disciplinaire pouvant être prononcée par ladite Autorité ; La commission est saisie par le président de l'AMMC pour avis. De même, l'article 64 de l'arrêté du ministre de l'économie et des finances n° 822-08 du 7 rabii II 1429 (14 avril 2008) approuvant le règlement général du Conseil déontologique des valeurs mobilières qui demeure celui de l'AMMC dispose que « Durant la période d'examen par la commission paritaire d'examen, celle-ci peut procéder à toutes investigations qu'elle estime nécessaires.

La commission peut également si elle l'estime nécessaire, procéder à l'audition de la personne mise en cause.

Elle peut éventuellement faire appel à toute autre personne dont elle juge utile la collaboration, afin de lui donner un avis sur les dossiers dont elle est saisie.

Dès sa saisine, la commission paritaire d'examen procède à l'examen des faits selon une procédure contradictoire. Cette procédure doit permettre à la personne mise en cause d'être en mesure de présenter ses observations ou explications éventuelles, soit par écrit si la commission la saisit par écrit, soit oralement dans le cadre d'une audition par la commission paritaire d'examen.

La commission paritaire d'examen peut également, dans le cadre de ses investigations, solliciter le concours des agents spécialement commissionnés à cet effet par l'AMMC afin qu'ils procèdent à des investigations supplémentaires ».

Il est à signaler, que le législateur a encadré le déroulement des procédures d'instructions opérés par ces régulateurs sectoriels, en garantissant les droits de la défense dont le droit d'information du mis en cause par la notification et sa convocation le cas échéant, le droit de recevoir ses dires et ses allégations ainsi que le droit de communication des documents des preuves et des arguments, au cours d'une procédure respectant le principe du contradictoire ; de même l'audition des parties se fait de manière publique.

Ainsi, l'article 65 de l'arrêté du ministre des finances sus évoqué, fait peser sur ladite commission paritaire l'obligation d'informer le mis en cause des faits en disposant que «Dans un délai maximal de 15 jours ouvrables à compter de sa saisine, la commission notifie à la personne mise en cause l'ouverture d'une procédure d'examen par le

---

aux informations exigées des personnes morales faisant appel public à l'épargne modifié et complété par les lois 23-01, 36-05, 44-06, 43/12.

secrétaire de la commission, par lettre recommandée avec accusé de réception ou remise en mains propres contre récépissé.

La lettre de notification doit notamment comprendre :

- Un exposé des faits et des manquements reprochés ;
- Un rappel des dispositions légales, réglementaires ou des circulaires susceptibles d'avoir été enfreintes par la personne et les sanctions disciplinaires et/ou pécuniaires qui sont applicables dans ces cas ;
- Fixer à la personne mise en cause un délai dans lequel elle peut présenter ses observations par lettre recommandée avec accusé de réception ou remise contre récépissé au siège de l'AMMC. Ce délai ne peut être inférieur à 10 jours ouvrables de la date de réception de la notification ;
- Fixer éventuellement à la personne mise en cause une date de convocation devant la commission paritaire d'examen, si celle-ci envisage une audition ;
- Informer la personne mise en cause de ses droits dans le cadre de cette procédure, et notamment du droit d'être entendue en séance par le conseil d'administration, conformément aux articles 73 et suivants du présent règlement général ;
- Informer la personne mise en cause de son droit d'être assistée ou représentée devant la commission paritaire d'examen et le cas échéant devant le conseil d'administration par un conseil de son choix.

Par ailleurs, l'audition de la personne mise en cause est soumise à des conditions et des délais qui doivent être respectés, pour garantir la régularité de la procédure ; ainsi l'article 67 du dit arrêté dispose que « Dans le cas où la commission paritaire d'examen souhaite entendre la personne mise en cause, le secrétaire de la commission adresse par lettre recommandée avec accusé de réception une convocation qui doit être notifiée à la personne au moins 48 h avant la date fixée pour l'audition.

La lettre de convocation informe la personne mise en cause de son droit de se faire assister par le conseil de son choix et rappelle les faits qui lui sont reprochés.

Lors de toutes les séances d'audition, trois au moins des membres de la commission paritaire d'examen doivent être présents.

Durant une séance d'audition, les membres de la commission paritaire d'examen sont tenus de rappeler à la personne mise en cause les faits qui lui sont reprochés, et d'écouter ses observations. La personne mise en cause répond obligatoirement aux questions et aux demandes de clarification des membres de la commission paritaire d'examen.

Un procès-verbal de la séance d'audition est établi et signé par les membres de la commission paritaire d'examen, dans un délai ne dépassant pas 15 jours calendaires. La personne mise en cause est appelée à signer le PV de la séance d'audition. En cas de refus, mention en est faite au procès-verbal.

L'article 68 de l'arrêté, permet en outre au mis en cause de communiquer les preuves matérielles en sa possession à tout moment de la procédure, au secrétaire de la commission paritaire et au président de l'AMMC. Par ailleurs, ladite commission peut à l'occasion de l'instruction, relever des faits susceptibles de constituer une infraction aux dispositions légales en vigueur. Elle peut donner son avis sur la qualification, éventuellement pénale, desdits faits et proposer, le cas échéant, au conseil d'administration de l'AMMC la saisine de l'autorité judiciaire compétente.

Après avoir terminé l'étude du dossier par la commission, l'alinéa 2 de l'article 70 de l'arrêté dispose que celle-ci « transmet par écrit ses recommandations au conseil d'administration et ce dans un délai maximum de trois mois à compter de sa saisine ». De même, l'article 7-1 dispose qu' « A l'issue de l'examen du dossier, et dans un délai maximum de trois mois à compter de sa saisine, la commission transmet par écrit ses recommandations au Conseil d'administration. Les recommandations de la commission sont présentées en séance au conseil d'administration préalablement à l'examen de la décision relative à la sanction par ledit conseil ».

En outre il est à préciser que l'article 7-2 fait peser sur le conseil d'administration l'obligation d'écouter toute personne susceptible de faire l'objet d'une décision disciplinaire, qui en formule la demande.

Pour ce qui est de la HACA, l'article 15 du dahir n° 1-02-212 du 22 joumada II 1423 (31 août 2002 portant création de la Haute Autorité de la communication audiovisuelle modifié par le dahir n° 1-03-302 du 16 ramadan 1424 (11 novembre 2003) et par le Dahir n° 1-07-189 du 19 kaâda 1428 (30 novembre 2007) et par le Dahir n°1-08-73 du 20 chaoual 1429 (20 octobre 2008), dispose « Afin de remplir les missions qui lui sont assignées par le présent dahir et les textes pris pour son application ou exécuter les décisions du conseil supérieur de la communication audiovisuelle, la direction générale de la communication audiovisuelle dispose d'un corps de contrôleurs, placé sous l'autorité du directeur général, chargé d'enquêter, en tant que de besoin, sur pièces et sur place, afin de constater les infractions aux dispositions des cahiers de charges visés à l'article 3 ci-dessus et aux lois ou règlements en vigueur.

Ces contrôleurs sont habilités à :

- procéder à l'enregistrement de toutes les émissions de radiodiffusion et télévision, selon des moyens appropriés ;
- recueillir, tant auprès des administrations que des personnes morales ou physiques titulaires des autorisations délivrées aux entreprises de services de communication audiovisuelle, toutes les informations nécessaires pour s'assurer du respect des obligations qui sont imposées aux titulaires d'autorisations ;
- procéder auprès des mêmes personnes physiques ou morales à des enquêtes.

Ils sont assistés dans leurs missions, en tant que de besoin, d'officiers de police judiciaire désignés, à cette fin, par l'autorité compétente.

Les renseignements recueillis par les contrôleurs, en application des dispositions du présent article, ne peuvent être utilisés à d'autres fins que pour l'accomplissement des missions qui leur sont confiées par le présent dahir. Leur divulgation est interdite, et ils ne peuvent être produits que devant les juridictions compétentes, saisies sur plainte du directeur général de la communication audiovisuelle ou de l'autorité judiciaire compétente.

De même, pour la garantie des droits de la défense l'article 17 du même dahir dispose dans son dernier alinéa que « Les sanctions ne sont prononcées que lorsque les griefs retenus contre l'intéressé lui ont été notifiés, et qu'il a été à même de consulter le dossier et de présenter ses justifications écrites ou verbales ».

B. Des recours contre les décisions des autorités de régulation.

Etant des autorités administratives indépendantes, il apparait logique que les autorités de régulation soient soumises à un contrôle juridictionnel. Le qualificatif « administratives », semble de prime abord renvoyer au contrôle opéré par la justice administrative, mais celui-ci peut être aussi l'apanage de la justice de droit commun, ou commerciale. La soumission des décisions des régulateurs au contrôle juridictionnel est fondée sur plusieurs considérations, qui constituent la légitimité et l'essence même de ces institutions.

En effet l'action de ces autorités résidant principalement dans leur pouvoir de rendre des décisions et de prononcer des sanctions et des injonctions à l'égard des entités régulées nous amène au constat de « la régularisionnalisation de la justice »[1], comme le préconise le Professeur Toujgani Noureddine. Cette régularisionnalisation de la justice comporte un double aspect : il s'agit de l' appropriation par le juge des instruments normatifs utilisés par le régulateur, d'une part, d'autre part du contrôle du régulateur par le juge devant s'inscrire dans le principe de légalité. L'impératif qui commande à soumettre les décisions des régulateurs à la censure et au contrôle juridictionnel, se justifie par le fait qu'étant qualifiées d'indépendantes du pouvoir exécutif, il semble que l'alternative est de les soumettre au contrôle du juge. Cette alternative est justifiée, par le fait qu'en matière de régulation , il n'existe pas de recours hiérarchique, de recours gracieux ou de contrôle de tutelle sur les décisions des régulateurs ; A l'opposé au sein d'une administration classique, ces différents recours concourent à l'exercice d'un contrôle de légalité, ce qui commande à ce que le juge remplisse cette fonction en matière de régulation.

Par ailleurs, l'intervention du juge remplit une autre fonction, qui est celle de rappeler à l'ordre le régulateur lorsqu'il outrepasse ses limites de la légalité ; c'est bien là un aspect fondamental de la sécurité juridique dans un secteur. Il s'agit de rappeler au régulateur le respect de la règle de droit et en sanctionner les débordements[2].

En outre, il apparait que dès lors que l'on a conféré à ces autorités un pouvoir de mise en œuvre de règles de droit, il a fallu instaurer un mécanisme de contrôle de la régularité de cette mise en œuvre. On a ainsi assigné au juge une mission de contrôler à la fois la régularité de la mise en œuvre de la procédure et la régularité dans la mise en œuvre de la règle de fond. Sur le terrain procédural, le juge veille au respect des délais, aux questions de droit de saisine, ainsi qu'au bon déroulement des enquêtes dans le respect des droits de la défense[3].

---

[1]. Noureddine Toujgani. Formes et institutions de régulation dans l'espace euro-méditerranéen, Contributions aux : colloque du 15 et 16 avril 2005, Forum de régulation du 9 décembre 2005, p. 178

[2] . Daniel, Labetouille, Le contrôle juridictionnel des autorités administratives indépendantes, In le contrôle démocratique des autorités administratives indépendantes à caractère économique, Paris, Economica, p. 15.

[3]. Noureddine Toujgani. Formes et institutions de régulation dans l'espace euro-méditerranéen, op.cit, p. 177.

Quant au contrôle exercé par le juge au fond du litige, celui-ci présente une certaine complexité. Ainsi faisant appel à la fois à des concepts juridiques et économiques, ce contrôle doit se limiter à un contrôle minimum, qu'on désignera sous le nom « contrôle de l'égalité » conduisant à vérifier si l'autorité de régulation qui a pris la décision initiale n'a pas commis d'erreur d'appréciation manifeste. Le juge est appelé dans ce cas à vérifier si le régulateur, a bien motivé sa décision, et qu'il a bien appliqué la règle qu'il a définie en ne commettant pas une erreur manifeste. Le contrôle opéré par le juge peut être plus poussé lui permettant de requalifier l'affaire et la rejuger autrement en motivant sa décision ; En conséquence, le juge sera dans ce cas amené à exercer non seulement un contrôle de légalité, mais aussi un contrôle d'opportunité de la décision, et donc de décider à la place du régulateur.

S'agissant des juridictions habilitées à connaitre des recours contre les décisions des régulateurs, il importe de rappeler que puisque ces autorités sont par essence administratives, leur contrôle devrait relever du juge administratif[1]. Toutefois ce dernier n'a pas un monopole total en la matière. En France par exemple, le Conseil Constitutionnel a admis que le législateur puisse attribuer la compétence du contrôle des AAI au juge judiciaire[2]. D'ailleurs ce choix est vérifié en France par

---

[1]. Selon l'article 8 du dahir n°1-91-225 du 10 septembre 1993, portant promulgation de la loi 41-90 instituant les tribunaux administratifs : « les tribunaux administratifs sont compétents sous réserve des dispositions des articles 9 et 11 de la présente loi, pour juger, en premier ressort, les recours en annulation pour excès de pouvoir formés contre les décisions des autorités administratives, les litiges relatifs aux contrats administratifs et les actions en réparation des dommages ». (BO n° 4227 du 3 novembre 1993, p. 595).

[2] . Dans sa décision n° 86-224 du 23 janvier 1987, le Conseil Constitutionnel a estimé que : « considérant que, si le Conseil de la concurrence, organisme administratif, est appelé à jouer un rôle important dans l'application de certaines règles relatives au droit de la concurrence, il n'en demeure pas moins que le juge pénal participe également à la répression des pratiques anticoncurrentielles sans préjudice de celle d'autres infractions intéressant le droit de la concurrence, qu'à des titres divers le juge civil ou commercial est appelé à connaitre d'actions en responsabilité ou en nullité fondées sur le droit de la concurrence ; que la loi présentement examinée tend à unifier sous l'autorité de la Cour de Cassation l'ensemble de ce contentieux spécifique et ainsi à éviter ou à supprimer des divergences qui pourraient apparaitre dans l'application et dans l'interprétation du droit de la concurrence ; considérant dès lors que

l'attribution aux juridictions judiciaires le recours contre les décisions de l'Autorité de la concurrence, notamment la Cour d'appel de Paris. Le législateur marocain a pareillement confié la compétence de statuer sur les recours contre les décisions du conseil de la concurrence, relativement aux pratiques anticoncurrentielles compte tenu dans les articles 6 et 7 de la loi 104-12, à la Cour d'appel de Rabat. A l'opposé les recours contre les décisions relatives aux concentrations des entreprises relèvent quant à elles de la compétence de la chambre administrative de la Cour de Cassation[1].

Hormis ces cas où le législateur a prévu les juridictions habilitées à connaitre des recours contre les décisions du conseil de la concurrence, il est à préciser que les recours contre les décisions prises par les autres régulateurs sont portés devant le tribunal administratif, conformément aux règles de compétence territoriale. L'intérêt de la distinction entre les deux voies juridictionnelles n'est pas sans intérêt et comporte des conséquences juridiques qui se présentent à deux niveaux. D'un côté, l'objectif du contrôle opéré par le tribunal administratif est principalement lié à un contrôle de légalité des décisions prises par les autorités de régulation à compétence sectorielle et générale, concernant le recours contre les refus d'autorisation d'opérations de concentration. L'action du juge administratif serait alors cantonnée à annuler la décision sans la modifier, puisqu'il ne dispose pas d'un pouvoir de réformation[2]. De l'autre côté, porter le recours contre les décisions de ces autorités vers le juge judiciaire présente l'intérêt de mieux garantir les éléments d'un procès équitable, puisque le juge judiciaire est plus sensibilisé à ces

---

cet aménagement précis et limité des règles de compétence juridictionnelle, justifié par les nécessités d'une bonne administration de la justice, ne méconnait pas le principe fondamental de séparation des pouvoirs, tel qu'il est reconnu par les lois de la République », Décision du Conseil Constitutionnel n°86-224 DC du 23 janvier 1987 sur la loi transférant à la juridiction judiciaire le contentieux es décisions du conseil de la concurrence ; Voir également, J. Jacques, Menuret, Le contentieux de la concurrence, Paris, LGDJ, 2002, p. 442 et 443.

[1]. Article 44 de la loi 104-12

[2]. B. Rajot, Pouvoir d'annulation et de réformation des décisions du Conseil de la concurrence par la Cour d'Appel de Paris. JCP. E, 2003, Edition électronique ; Voir également, Yves Gaudemer, Le pouvoir de réformation de la CA de Paris dans le contentieux des décisions du Conseil de la Concurrence, JCP, G, 199, Edition électronique ; Michel Rousset et Jean Garagnon, Droit administratif marocain, 6ème édition, la porte 2003, p. 689.

questions ; pour ce faire le juge judiciaire est en mesure d'exercer un contrôle d'opportunité, en disposant du pouvoir de réformation de la décision, là où le juge administratif ne peut que l'annuler.

En conclusion, il nous parait que le choix d'opter pour la justice administrative ou judiciaire est sans importance, puisque l'essentiel tient en la formation technique des magistrats, pour assumer leur rôle dans la régulation puisqu'il s'agit d'une matière économique, qui requiert une technicité particulière.

Section 2 : Les procédures négociées :

Les procédures négociées et les procédures contentieuses participent de concert, à la régulation de la puissance économique sur le marché.

En effet à côté des procédures contentieuses évoquées plus haut, les systèmes juridiques consacrent les procédures négociées qui présentent l'avantage de parer à la lourdeur des procédures contentieuses, et de pallier la difficulté d'apporter les preuves pour la démonstration des pratiques anticoncurrentielles. Au Maroc la loi 104-12 consacre les différentes procédures négociées, de clémence de transaction et d'engagement, en attribuant au conseil de la concurrence la compétence de les mettre en œuvre. Constituant une thématique d'actualité nous aborderons dans ce chapitre principalement les procédures négociées mises en œuvre par le Conseil de la concurrence, puisque les lois régissant les autres régulateurs sectoriels ne les prévoient pas comme modes alternatifs de résolution des conflits, exceptée pour l'ANRT qui peut veiller à la conclusion d'une conciliation, comme voie alternative consensuelle à la résolution des litiges, sans passer par les procédures contentieuses. Ainsi l'article 14 et suivant du décret n° 2-05-772 du 6 joumada II 1426 (13 juillet 2005) relatif à la procédure suivie devant l' ANRT en matière de litiges, de pratiques anticoncurrentielles et d'opérations de concentration économique, dispose « Avant toute décision du comité de gestion de l' ANRT, le directeur organise une procédure de conciliation et favorise la recherche et la conclusion d'un accord entre les parties ». A l'issue de la procédure de conciliation, un procès-verbal est signé par l'ANRT et les parties. L'article 16 du même décret dispose « En cas d'accord des parties, le directeur de l'ANRT, au vu du procès-verbal qui vaut accord entre les parties prend une décision de conciliation consacrant la solution à l'amiable du litige.

La décision de conciliation est notifiée aux parties.

Hormis ce cas de conciliation prévu par la loi, celle-ci n'en prévoit pas d'autres ; d'où notre focalisation sur les procédures négociés du droit de la concurrence. Or, en quoi se distinguent ces procédures, des procédures ordinaires de régulation ? Contrairement à ces dernières, où l'autorité de la concurrence est chargée de prouver les pratiques anticoncurrentielles imputables aux entreprises, selon une instruction respectant les règles du contradictoire, les procédures négociées, consistent en l'amnistie et l'exemption de sanction pénale ou du moins sa réduction, lorsque les entreprises coopèrent ou dénoncent les pratiques d'entente et d'abus de position dominante dont elles étaient parties. D'une autre manière, il s'agit de dépénaliser le droit de la concurrence, largement mais pas complètement pour atteindre l'efficacité de celui-ci[1]. Autrement dit, on peut avancer que deux facteurs étaient à la base de la consécration législative du droit négocié de la concurrence. D'une part la dangerosité des pratiques anticoncurrentielles pour le fonctionnement normal du marché, d'autre part l'inefficacité des politiques exclusivement sanctionnatrices en raison d'une sophistication des pratiques anticoncurrentielles difficiles à prouver[2]. On peut classer les procédures négociées en droit de la concurrence en trois catégories que l'on définira scrupuleusement: la clémence[3], la transaction[4] et l'engagement[5]

---

[1]. V. Selinsky, « dépénaliser les pratiques anticoncurrentielles ? », article disponible sur l'adresse électronique suivante : http://avocats.fr/space/veronique.selinsky/tag/ententes?searchText=%C3%A9viction+&orderBy=creation(consulté le 9/8/2014; L'OCDE affirme pour sa part que « la voie pénale n'est possible que sous certaines conditions: obtenir un soutien public très large, convaincre les juges que la poursuite pénale des ententes est nécessaire, et établir une coopération étroite entre les autorités de la concurrence et les procureurs publics.

[2]. N. Toujgani, Les procédures négociées en droit de la concurrence, revue marocaine de droit économique, p. 71, op. cit.

[3]. La procédure de clémence a été introduite en droit communautaire en juillet 1996 par la communication de la commission concernant la non-imposition d'amendes ou la réduction de leur montant dans les affaires portant sur les ententes(JOCE C 207 du 18 juillet 1996, p4). Les lacunes de la première communication ont été corrigées dans la communication de la commission sur l'immunité d'amendes et la réduction d'amendes portant sur les ententes (JOCE C 45 du 19 fév. 2002, p. 3) ; Voir : « Le programme modèle du Réseau Européen de la Concurrence en matière de clémence du 29 septembre 2006, disponible sur le site de l'Autorité de la concurrence : www.autoritedelaconcurrence.fr; En France les grandes lignes de la

Ainsi, les programmes de clémence ne concernant que l'entente entre entreprises, permettent à un membre participant à celle-ci, d'être amnistié de toute ou partie des amendes, en l'échange d'informations concourant à prouver celle-ci. Ces programmes sont une illustration d'une politique optimale cherchant à faire révéler et à détecter à moindre coût des pratiques illicites. Cette procédure qui ambitionne de lutter efficacement contre les cartels, pratique particulièrement dommageable à l'économie, vise trois objectifs qui s'articulent entre eux [1] : d'une part, la clémence permet une détection rapide et efficace des cartels, les contrevenants apportant les preuves difficiles à apporter par le régulateur. D'autre part, elle permet de sanctionner les auteurs du cartel, le délateur quant à lui, bénéficie d'une exonération totale ou partielle des sanctions pécuniaires à condition qu'il ait contribué à établir la réalité de la pratique prohibée et à identifier ses auteurs, en apportant des éléments d'information dont le conseil de la concurrence ne disposait pas antérieurement[2]. Et enfin, la clémence participe de la dissuasion en adjoignant la récompense de la délation à la sévérité de la sanction, diminuant ainsi le bénéfice espéré[3] d'une entente.

---

procédure de clémence ont été prévues par la loi du 15 mai 2001sur les nouvelles régulations économiques. Elles figurent aux articles L. 464-2 et R. 464-5 du code de commerce.

[4].La transaction dans les affaires de cartel : fiches pratiques. Informations juridiques en droit belge. URL. Html :file : c/:/Documentation and setting/pc/bureau/fiches pratiques information juridique, consulté le 30/6/2013 ; La non-contestation des griefs ou transaction a été introduite en droit français par la loi NRE du 15mai 2001(JO 16 mai 2001, p. 7776) ; Buno Lassere, « La non contestation des griefs en droit français de la concurrence : bilan et perspective d'un outil pionnier » disponible sur le site de l'autorité de la concurrence : http:///wwww. Autoritédelaconcurrence.fr/doc/transaction afec 10avril2008.pdf.

[5]. Cette procédure est prévue au niveau communautaire par l'article 5 du règlement n°1/2003 du Conseil relatif à la mise en œuvre des règles de la concurrence prévues aux articles 81 et 82 du traité CE et au niveau du droit français de la concurrence par les articles L.464-2 et R.464-2 du code de commerce.

[1] Toujgani Nourddine, les procédures négociées en droit de la concurrence, revue marocaine de droit économique, n° 4, éditée par le centre de droit des obligations et des contrats, 2011, p78.

[2] Article 41 de la loi 104-12 sur la liberté des prix et de la concurrence

[3] Au sens mathématique du terme. La clémence augmentant la probabilité de détection de l'entente, elle va dans le sens de diminuer l'espérance de

La procédure de non-contestation des griefs appelée également transaction, permet aux entreprises de renoncer volontairement à contester les griefs notifiés par le régulateur, en contrepartie d'une réduction de la sanction encourue. Contrairement à la procédure d'engagement, la procédure de transaction intervient au stade contentieux. L'entreprise en reconnaissant les faits qui lui sont reprochés et en acceptant de prendre certains engagements obtient une diminution du montant de l'amende.

La procédure d'engagement permet aux entreprises d'élaborer, de façon volontariste et négociée, des solutions répondant aux préoccupations de concurrence du Conseil de la concurrence. Les entreprises peuvent, en vertu de cette procédure, s'engager à modifier leur comportement –voire leur structure au moyen d'une séparation comptable ou d'une filialisation- pour l'avenir et bénéficier, d'une réduction de sanction. Usuellement, quand elles sont acceptées, ces propositions d'engagements établies en réaction à une évaluation préliminaire du régulateur, permettent de mettre fin à la procédure avant tout constat d'infraction.

Il est important d'observer en conséquence que les procédures de transaction, de clémence et d'engagement sous-tendent une négociation entre entreprises et autorité de concurrence, négociation qui concerne selon les cas des montants financiers (réductions de sanctions), la révélation d'informations et des contraintes sur les comportements futurs (engagements). Comme l'a souligné Marie-Anne Frison-Roche (2005), on assiste à une évolution notable vers des formes de contractualisation entre entreprises et autorités de concurrence.

Dans l'esprit d'une « transaction », les deux procédures de clémence et d'engagement accélèrent le traitement des dossiers d'entente et d'abus de position dominante, dans l'intérêt mutuel des entreprises, qui réduisent leur sanction, et du régulateur, qui peut consacrer ses ressources à l'instruction d'autres affaires plus graves. Elles sont donc en mesure de concourir à l'efficacité de la régulation de la concurrence, au bénéfice des entreprises et des consommateurs[1].

---

gain d'une entente et aura donc pour effet de dissuader les ententes anticoncurrentielles.

[1] Les vertus des procédures négociées, Petites Affiches, 20 juillet 2005 n° 143, P. 4.

Autrement dit, la volonté d'échapper ou d'atténuer la sanction pénale, conditionnée par la coopération des agents économiques, est une incitation en faveur des systèmes de clémence, d'engagement, et de transaction. Le bénéfice de ces procédures, appelle à ce que les entreprises ne se défendent contre les accusations, mais à négocier le meilleur traitement, souvent au détriment des plaignants ou des coparticipants, d'où l'appellation « procédures négociées ».

Les procédures négociées permettent une régulation efficace de la concurrence sur le marché, en ce qu'elles permettent au conseil de la concurrence de remplir opportunément sa mission de régulation en se déroulant plus rapidement que les procédures contentieuses. Cependant ces procédures posent le problème de sécurité juridique ; en effet les coparticipants à une entente se trouvent dépourvus de la possibilité de se défendre à arme égale, à cause de la délation, qui produit prématurément la preuve de condamnation aux autorités de la concurrence. Les délateurs profitent d'un moyen certain de se défendre au détriment de leurs complices, en échappant complètement ou partiellement à la sanction[1].

Nous analyserons successivement les procédures d'engagement (paragraphe 1), ensuite les procédures de transaction (non-contestation des griefs), (paragraphe 2), et enfin la procédure de clémence qui ne concerne que les ententes (paragraphe 3), tout en élucidant leurs soubassements légaux et leurs effets juridiques.

Paragraphe 1 : La procédure d'engagement.

La procédure d'engagement, permet aux entreprises de s'engager à mettre fin à des effets antérieurs, et prévenir de façon anticipée des impacts futurs résultant de leurs comportements préjudiciables à la concurrence ; ainsi avant qu'il ne soit procédé, à la notification des griefs à l'entreprise dominante, celle-ci peut s'engager à remédier aux « préoccupations de la concurrence », issue de son comportement, qui lui sont adressées par le Conseil de la Concurrence[2]. Celui-ci

---

[1]. Gérasimos. A. Sofianatos, injonction et engagement en droit de la concurrence-étude du droit communautaire-français et grec, Coll. thèses. LGDJ, 2009.

[2]. M. H. Bouayad, Les procédures négociées en droit de la concurrence, efficacité et limites dans le contexte marocain, Colloque, « la justice négociée en droit économique dans l'espace francophone », organisé par le laboratoire Centre de droit des obligations et des contrats en partenariat

renoncera à prononcer une sanction si les engagements proposés par l'entreprise satisfont lesdites préoccupations de la concurrence. Evidemment, si l'infraction commise par l'entreprise est particulièrement grave ou si elle a déjà produit des effets irrémédiables non susceptibles d'être compensés, cette procédure n'est pas adaptée. C'est ainsi que l'article 36 de la loi 104-12 autorise le Conseil de la concurrence à accepter des engagements formulés par les entreprises ou organismes, de nature à mettre un terme à ses préoccupations de la concurrence, susceptibles de constituer des pratiques prohibées au titre des articles 6, 7 et 8 de la même loi. En droit comparé, la procédure d'engagement résulte en droit français de l'article L. 464-2, I du code de commerce issu de l'ordonnance du 4 novembre 2004 et en droit communautaire de l'article 9 du règlement 1/2003. De même, le législateur marocain prévoit dans l'article 17 de la loi 104-12, la possibilité pour les parties à une concentration, pouvant déboucher sur une création ou un renforcement de la position dominante de l'entité(s) qui en est issue, de s'engager d'une manière précoce avant toute poursuite de l'opération qui serait préjudiciable à la concurrence, à changer son (leurs) comportements, et à prendre toutes les mesures nécessaires pour empêcher à ce que la concentration ne soit à la source d'une atteinte sensible au libre jeu de la concurrence sur le marché. Notons que les parties peuvent demander au Conseil de suspendre les délais lors de l'examen approfondi de l'opération dans la limite de 30 jours pour la finalisation des engagements, et que le respect de ceux-ci par les parties débouche sur l'autorisation de la concentration[1]. De même, afin de prévenir l'abus pouvant résulter de la création ou du renforcement de la position dominante d'une entité (s) issue d'une opération de concentration, le conseil de la concurrence peut désormais user de la procédure d'engagement pouvant remettre en cause les conditions tarifaires de l'entreprise par exemple, mesure destinée à protéger la concurrence sur le marché.

Par ailleurs, l'autorisation des concentrations nécessitant un examen approfondi de la part du Conseil de la concurrence, est conditionnée par le caractère sérieux et l'acceptation des propositions faites par les parties au Conseil, sous réserve que les engagements pris

---

avec UPVD-IDCDM (Université de Perpignan Via Domitia-DCDM) Fès le 13/06/2013.

[1]. Article 17 de la loi 104-12 3ème alinéa.

par ces dernières compensent les effets anticoncurrentiels des pratiques concernées en mettant fin au dysfonctionnement de la concurrence.

En outre, dans le cadre de l'exercice de son droit d'évocation pour des motifs d'intérêt général autre que le maintien de la concurrence, la décision d'autorisation de la concentration par le chef du gouvernement, peut être conditionnée par la mise en œuvre effective des engagements par les parties[1].

Enfin, une autre forme d'engagement est déduite des dispositions de l'article 37 de la loi 104-12, qui fait allusion à la procédure de non-contestation des griefs ou transaction. Cette forme d'engagement est inhérente aux engagements ultérieurs à la procédure de transaction, à l'issu desquels les entreprises s'engagent cette fois-ci, non pas seulement à réparer dans le futur les conséquences de leurs pratiques, mais aussi à modifier leurs comportements pour l'avenir. Cet engagement consécutif à une transaction est de nature atténuer davantage la sanction, tel qu'il résulte de l'article 37 de la même loi.

Il est à rappeler que l'intérêt porté à la procédure des engagements existait antérieurement, à l'acquisition par le Conseil de la concurrence du pouvoir décisionnel. Ainsi, en matière de concentration sous la loi 06-99 abrogée, la procédure était mise en œuvre par le Premier Ministre, dès lors que l'opération projetée était susceptible d'avoir pour résultat un abus de position dominante. Ce constat découle de l'article 12 de la loi 06-99 qui dispose que « la notification des projets de concentrations au Premier Ministre peut être assortie d'engagements ».

Par ailleurs, la capacité des engagements à résoudre plus efficacement les problèmes de concurrence a en effet été soulignée par le conseil de la Concurrence français dans sa décision n°04-D-65 du 30 novembre 2004 où il est affirmé que « le prononcé des sanctions et l'acceptation des engagements pris par les entreprises sont, pour le Conseil de la concurrence, deux outils qui, s'ils ne correspondent pas aux mêmes situations économiques et n'ont pas des effets similaires, répondent au même objectif de rétablissement et de maintien, pour l'avenir, d'une situation normale de concurrence »[2]. Irène LUC,

---

[1]. Dernier alinéa de l'article 18 de la loi 104-12.

[2]. Irène Luc, « A propos de la pratique des engagements : Une nouvelle Procédure, vers une Résolution Négociée des Problèmes de concurrence », Concurrences RDLC n°1-2005, p. 9 ; Antoine Winckler, La pratique

semble privilégier l'efficacité des engagements aux sanctions, notamment si ces engagements traduisent une modification notable des pratiques susceptible de dysfonctionner la concurrence de la part d'une entreprise, et si les autorités de concurrence sont mises en mesure d'en vérifier l'application effective[1] ; C'est là une condition importante à défaut de quoi les sanctions se substitueront auxdits engagements non respectés.

Autrement dit en guise de conclusion, la décision d'acceptation des engagements permet de constater, que puisque les pratiques sur lesquelles pèse une suspicion de porter atteinte à la concurrence ont donné lieu à des engagements, il n'y'a plus lieu d'agir à l'encontre de ou des entreprises impliquées, sauf omission du respect desdits engagements, entrainant en conséquence une sanction pécuniaire prononcée par le conseil de la concurrence et éventuellement d'autres sanctions accessoires.

Cela étant dit, il est en principe normal de constater que lorsqu'un agent utilise sa puissance économique, se traduisant par un abus de domination, le conseil de la concurrence interviendra pour qualifier son acte anticoncurrentiel, par l'ouverture d'une instruction à son encontre. Néanmoins en réalité deux scénarios s'offrent à cet agent. Le premier consiste à le convoquer en vue de répondre au chef d'inculpation qui lui est adressé. Le deuxième, lui permet de renoncer aux griefs qui lui sont adressés par le Conseil, et à son droit de défense en plaidant coupable. C'est justement cette dernière possibilité résidant dans la non-contestation des griefs, qui permet à l'entreprise qui en est l'acteur de bénéficier d'un traitement de faveur, qui se traduit par une réduction partielle de la sanction, qui fera l'objet de notre Paragraphe 2.

---

communautaire du contrôle des concentrations, p. 68 : ainsi partant de l'analyse des solutions proposées par les entreprises il apparait que les remèdes proposés peuvent être structurels (cessions d'actifs à un concurrent actuel ou potentiel, élimination de liens structurels, licences de marques ou de brevets) jusqu'à des aménagements de nature comportementale (approvisionnement non discriminatoire de concurrents non intégrés, libre accès à des réseaux de distribution…) Ce qui permettrait le rétablissement de la concurrence et la prévention des effets d'abus de position dominante ; il peut s'agir en ce qui concerne les types d'engagement pris par les organismes concernés, d'engagements structurels et d'autres comportementaux, ainsi que d'engagements hybrides.

[1]. Ibid.

Paragraphe 2 : La non-contestation des griefs (transaction).

La transaction permet à une entreprise poursuivie par le Conseil de la Concurrence pour une pratique anticoncurrentielle, d'accepter le chef d'accusation qui lui est imputable, tout en s'abstenant de se défendre et de contester les griefs qui lui sont notifiés, en contrepartie d'une réduction de l'amende. Au Maroc l'article 37 de la loi 104-12, prévoit la possibilité de conclusion d'une transaction relativement à des pratiques anticoncurrentielles imputables à une entreprise, qui reconnait les griefs qui lui sont adressés par le conseil de la concurrence, en renonçant à son droit de se défendre moyennant une réduction de l'amende dans la limite de la moitié. Cet article prévoit en outre, l'intérêt des engagements pris par les entreprises consécutivement à une procédure de transaction. Lesdits engagements portent principalement sur la modification des comportements préjudiciables à la concurrence pour l'avenir. Le deuxième alinéa du même article précise que la prise d'engagements portant sur la cessation des pratiques incriminées dans l'avenir par l'entreprise, est une condition allégeant d'avantage le montant de l'amende encourue.

Autrement dit, pour bénéficier de cette procédure deux conditions cumulatives doivent être remplies ; D'une part l'entreprise poursuivie doit renoncer à contester les griefs qui lui sont notifiés de manière explicite, tout en reconnaissant que le chef d'accusation lui est dans sa totalité imputable, d'autre part, la souscription d'engagements à modifier son comportement pouvant notamment porter sur la modification des clauses contractuelles, l'abstention de pratiquer des prix imposés ou minimax, qui sont à l'origine des griefs notifiés. Il parait de ce point de vue logique de constater que pour bénéficier de la transaction, l'entreprise poursuivie doit s'engager à modifier son comportement dans le futur pour la cessation des pratiques incriminées.

Présentant l'avantage de la rapidité, cette procédure est bénéfique à toutes les parties à plusieurs égards. D'une part, elle permet à l'entreprise poursuivie de bénéficier d'un allègement de sanction ; d'autre part elle apporte pour la société les garanties de sécurité juridique grâce aux engagements consistant à s'abstenir de récidiver de la part des entreprises. Enfin, elle permet au Conseil de la

Concurrence de faire une économie de temps dans sa recherche des preuves de ces pratiques anticoncurrentielles sournoises[1].

En droit européen[2], la transaction est destinée essentiellement au traitement des ententes, là où le droit américain et le droit marocain l'utilisent pour le traitement des abus de domination également.

S'agissant du processus de conclusion d'une transaction, celui-ci est matérialisé de prime abord, par l'invitation par l'autorité de la concurrence faite aux entreprises, en vue de la notification des griefs, qui peuvent être acceptés quand l'entreprise est consciente de ses agissements en plaidant coupable, ou refusés si cette dernière ne se prétend pas responsable. Ce deuxième cas manifeste le début de la phase contentieuse qu'on a vu plus haut. Cependant dans le deuxième cas, lorsque les parties ne contestent pas les griefs, ils vont proposer à l'autorité de la concurrence une transaction, qui dispose en réponse aux propositions des parties d'un droit d'option ; soit elle accepte la transaction dans les conditions arrêtées avec les entreprises concernées, soit elle décide autrement en notifiant de nouveaux griefs invitant les parties à la pratique d'exercer leur droit de défense ce qui déclenche la phase contentieuse. Il en découle que l'autorité de la concurrence dispose d'un pouvoir discrétionnaire en matière d'appréciation des propositions des parties, et que rien ne l'oblige à accepter en bloc les propositions des parties, sauf s'ils présentent un caractère proportionnel relativement aux faits incriminés.

Au Maroc un autre cas de transaction découle de l'article 43 de la loi 104-12, qui précise que les modalités de la transaction sont fixées par voie réglementaire, en confiant le soin de proposer aux entreprises soupçonnées d'avoir faussées la concurrence de transiger, à l'autorité gouvernementale compétente et non au Conseil de la concurrence. En outre le même article arrête le montant maximum de la transaction qui ne peut excéder 500 000dh ou 5% du dernier chiffre d'affaires réalisé au Maroc si cette valeur est plus faible.

Plusieurs critiques sont à formuler concernant les articles de la loi 104-12 régissant la transaction : il y'a lieu en premier lieu de signaler que l'article 37 de la loi en confie la conclusion au Conseil de la concurrence lorsqu'il s'agit de transaction suivie consécutivement

---

[1]. N. Toujgani, les procédures négociées en droit de la concurrence, revue marocaine de droit économique, p. 76, op. cit.

[2]. Règlement (CE) n° 622/2008, modifiant le règlement CE n°773-2004 relatif à la procédure de transaction.

d'engagements pris par l'entreprise, tandis que l'article 43 habilite l'autorité gouvernementale compétente pour la conclure ; ce scénario sème la confusion compromettant la compétence transversale du conseil de la concurrence en le désinvestissant de la prérogative de conclure une transaction de manière expresse. De même l'article 43 précise le montant de la transaction qui ne peut excéder 500 000 DH ou 5% du dernier chiffre d'affaires réalisé au Maroc. Cette disposition nous semble réductrice du bénéfice et du profit pouvant être réalisé par suite d'une pratique anticoncurrentielle commise par une entreprise ou un groupe d'entreprise dont la puissance économique exprimée en termes de pouvoir de marché est significative. Il est à signaler que les grands groupes réalisent des chiffres d'affaires exprimés en centaines de milliards de dirhams, comment admettre l'application à ces derniers d'un montant de transaction n'excédant pas 500 000 DH ou de 5% du chiffre d'affaires bien qu'elles soient susceptibles avoir réalisé des gains largement supérieurs à ces montants. D'ailleurs, dans le cadre de l'entente relevée dans le secteur des prestations architecturales tout récemment il nous parait que le montant de transaction de 500 000 DH conclu entre le conseil et l'Ordre national des architectes reste insignifiant. Ce dernier ne peut nullement compenser le dommage causé à l'économie en général et aux consommateurs en particulier, et atteste d'un abandon par le régulateur du rôle prioritaire de dissuasion dont il doit faire preuve.

On se demande si l'article 43 de la loi ne vise que les micros pratiques anticoncurrentielles, qui ne requiert pas l'intervention du Conseil de la concurrence ; est-ce la raison pour laquelle la loi a donné le soin de conclure une transaction leur afférente à une autorité gouvernementale ? D'ailleurs en France c'est le Ministre chargé de l'économie qui prononce des sanctions à l'égard des micros pratiques anticoncurrentielles ; s'agit-t-il là d'un alignement du législateur marocain sur son homologue français.

En conclusion l'intérêt de la transaction est doublement envisagé. Primo en accélérant le traitement des pratiques anticoncurrentielles, cette procédure est de nature à faire une économie des enquêtes qui présentent une lourdeur dans leur déroulement s'agissant des procédures contentieuses. Cette économie se manifeste principalement par la coopération des entreprises auteures d'un abus de domination, en vue de l'établissement des preuves moyennant une réduction d'amende. Secundo, la transaction permet au conseil de la concurrence une allocation optimale de ses ressources, tout en lui permettant de se focaliser sur les affaires complexes contentieuses.

Une dernière procédure négociée présentant un intérêt notable en droit de la concurrence qui est la clémence mérite de plus amples développements.

Paragraphe 3 : La clémence.

Destinée au traitement négocié des ententes anticoncurrentielles, la procédure de clémence s'inscrit dans l'objectif d'éradication des cartels fléau de l'économie du marché. Elle consiste à permettre à un auteur ayant participé à une entente de se repentir, en dénonçant ses coauteurs moyennant une réduction partielle ou totale de l'amende normalement encourue en l'absence d'une telle dénonciation[1]. Il est à préciser que la clémence est destinée exclusivement au traitement des ententes en raison de la difficulté incombant au conseil de la concurrence de les détecter, ainsi que de leur instabilité dans l'espace et dans le temps et du caractère dommageable à l'économie, et la collectivité qu'elles présentent.

Le bénéfice de la procédure est soumis par un certain nombre de conditions incombant au délateur qui doit être le premier à avoir apporter la preuve de la commission d'une entente secrète, en coopérant activement avec le régulateur, et en s'engageant à mettre fin à sa participation au cartel, sans en informer les coparticipants[2].

Le Conseil de la concurrence demeure souverain d'apprécier, le caractère réel et sérieux de la coopération ainsi que des preuves divulguées par le délateur, pour décider soit de l'octroi d'une exonération totale ou partielle de la sanction, soit du refus de cette exonération.

S'inscrivant à l'instar des autres procédures négociées dans le but de la détection rapide des pratiques anticoncurrentielles à travers la coopération, la clémence présente en outre certains traits saillants consistant à remplir un double objectif. Le premier étant la détection des pratiques anticoncurrentielles, à travers la délation et les dénonciations des auteurs de l'entente, qui dispense du fardeau probatoire auquel est confronté l'Autorité de la concurrence. La

[1]. N. Toujgani, les procédures négociées en droit de la concurrence, revue marocaine de droit économique, p. 78, *op. cit.*

[2]. Ibid

clémence permet à cet égard une détection plus rapide du cartel. Le deuxième consiste en l'amnistie totale ou partielle du délateur qui apporte les preuves de la commission de l'infraction, ce qui permet une sanction sévère ayant un effet de dissuasion des coparticipants. D'où le caractère négocié de cette procédure, qui consiste pour l'entreprise d'obtenir un meilleur traitement, en s'abstenant de se défendre, et pour le Conseil de la concurrence d'optimiser ses ressources[1].

Conclusion du chapitre 1 :

Sans doute l'examen des procédures contentieuses devant les autorités de régulation, montre que ces dernières sont soumises à des règles d'organisation, de déontologie et de fonctionnement comparables à celle qu'on applique aux juridictions , mais leurs décisions ne sont pas des décisions de justice. Les décisions des autorités de régulation sont des décisions administratives prises collégialement suite au déclenchement des enquêtes et obéissent aux mêmes principes que celles prises au niveau des juridictions, dans le respect des règles déontologiques, comme celle de l'indépendance à l'égard des intérêts économiques dont elles ont la surveillance, ainsi que l'impartialité et le respect du cadre législatif dans lequel se meuvent les entreprises du secteur économique dont elles ont la charge. Dans leur fonctionnement elles doivent respecter les règles de procédures qui s'apparentent à celles auxquelles le juge est astreint, comme le respect du contradictoire et la motivation des décisions. Les procédures devant les autorités de régulation sont inquisitoires, et non accusatoire comme celles se déroulant devant les juridictions. Ces autorités notamment le conseil de la concurrence, ne sont pas soumises au principe dispositif à l'instar du juge judiciaire. Il demeure certain que leurs décisions font l'objet d'un contrôle juridictionnel pour crédibiliser leur action.

Les procédures négociées prévues principalement par le droit de la concurrence, permettent à l'autorité de la concurrence de passer outre la lenteur des procédures contentieuses et les difficultés liées aux preuves. Celles-ci sont au nombre de trois : la transaction, la clémence et la procédure d'engagements. La transaction permet au rapporteur de proposer au collège une diminution du montant de la sanction

---

[1]. S. El Hlimy, L'abus de position dominante, thèse pour l'obtention du doctorat, 2014/2015, p293 et 295.

encourue dès lors que la société ne conteste pas les griefs qui lui sont imputés et accepte de prendre des engagements pour l'avenir. La clémence offre quant à elle une exonération de sanction à l'entreprise qui révèle l'existence d'un cartel et permet d'y mettre fin, à condition qu'elle soit la première à apporter des informations et qu'elle accepte de coopérer totalement avec les services d'enquête. La clémence a le mérite non seulement de découvrir des ententes mais aussi de les fragiliser en faisant peser sur elles le risque d'une révélation. Enfin, les engagements permettent à une société, dès le stade de la première évaluation du dossier et avant la notification des griefs, de proposer d'amender son comportement pour mettre fin à la procédure.

Chapitre 2 : Procédures de la régulation judiciaire

Le juge participe à l'activité de la régulation économique tout d'abord, tout d'abord en tant que contrôleur des régulateurs. En effet les recours contre les décisions des régulateurs étant des recours de plein contentieux, les autorités judiciaires en charge de ces recours sont conduites à faire de la régulation de « deuxième niveau ». Il est en effet incontestable que lorsqu'un juge réforme la décision d'un régulateur, il participe ainsi à l'activité de régulation même si cette participation n'est qu'indirecte.

Ensuite, les juges de droit commun sont de plus en plus fréquemment saisis de litiges qu'ils doivent trancher sur le fondement du droit de la concurrence ou de lois économiques spécifiques. Dès lors, ils sont conduits à devenir eux-mêmes des acteurs de « premier niveau » de la régulation économique.

Cette nouvelle dimension donnée à l'activité juridictionnelle amène les juges à sortir de leurs rôles traditionnels et de leurs modes habituels de raisonnement, puisque cette fonction de régulation suppose non seulement d'avoir en permanence à l'esprit l'intérêt général, mais également très souvent de faire œuvre de, création et d'innovation. Il s'agit là, d'une mutation profonde du monde judiciaire.

Se pose par conséquent, la question des champs d'intervention respectifs du juge et des régulateurs, afin de dégager les traits caractéristiques de la régulation judiciaire. Ces traits ce cristallisent à travers l'examen de l'action du juge en complément de celle du régulateur et inversement.

Ainsi, lorsqu'un litige est tranché par un régulateur, le juge peut être appelé à intervenir de manière complémentaire pour prendre des sanctions qu'un régulateur n'a pas le pourvoir d'ordonner. Il en est ainsi lorsque le juge prend des sanctions de nature civile, contractuelle suite actions civiles introduites devant lui, et/ ou de nature pénale pour la sanction des abus de puissance économique.

De même, il est incontestable que l'intervention du juge en complément du régulateur soit nécessaire, car les pouvoirs quasi juridictionnels des régulateurs sont limités. Ainsi il est incontestable que la plénitude des pouvoirs juridictionnels relève du juge, et que l'octroi de pouvoirs en ce domaine à un régulateur ressort de l'exception. Par conséquent, les pouvoirs ainsi attribués à un régulateur sont toujours strictement limités par des textes législatifs, et à chaque fois qu'un texte ne lui donne pas expressément le pouvoir d'intervenir dans le champ de l'action juridictionnelle, seul le juge peut sanctionner le comportement dénoncé ou régler le litige en cause.

De surcroit, lorsque l'on accorde des pouvoirs de nature juridictionnelle à des régulateurs, on ne réduit pas pour autant le domaine de compétence des juges et, de ce fait, l'action quasi juridictionnelle des régulateurs s'exerce toujours de manière concurrente à la possible intervention du juge.

Ainsi, l'intervention du juge en complément de celle du régulateur tient d'abord à ces limites affectant les pouvoirs des régulateurs.

Les régulateurs ne se voient jamais par exemple accorder le droit de condamner à la réparation du dommage subi par les acteurs du marché. Seul le juge de droit commun, le juge administratif ou le juge civil, selon l'auteur ou la nature du dommage, ont le pouvoir d'évaluer les indemnités qui doivent être accordées aux opérateurs victimes de pratiques contraires aux règles de politique économique, et de condamner l'auteur de telles violations à réparer le préjudice subi par les victimes.

Afin d'apprécier l'existence de la violation de la règle de régulation économique, qui permet de qualifier la faute au regard du droit de la responsabilité, le juge peut soit s'appuyer sur la constatation faite par le régulateur de cette violation, soit opérer ce constat lui-même.

Par ailleurs, la complémentarité de l'action du juge tient également à l'initiative du régulateur. Ainsi les lois qui organisent la régulation économique contiennent des dispositions spécifiques permettant aux régulateurs sectoriels de saisir le juge ou d'autres régulateurs, comme le conseil de la concurrence. Il y'a à cet égard des dispositions permettant aux régulateurs de dénoncer au parquet les faits qualifiables d'infractions pénales.

Cette action du juge en complément de celle du régulateur, touche aussi bien le juge administratif que le juge judiciaire et aussi bien le juge civile que le juge pénal ; et encore tant le juge du fond que le juge du référé. Cette complémentarité est donc totale.

La complémentarité de l'action du régulateur de celle du juge, est vérifiée, dans le cadre de l'expertise que le premier apporte au second. Ainsi, dans la régulation de « deuxième niveau », le juge contrôlant les régulateurs se situe au-dessus de celui-ci et non dans une relation coopérative, alors que dans cette régulation de « premier niveau », le juge se situe à côté du régulateur et le dialogue ou la coopération entre eux apparaissent plus naturels. C'est ainsi que le juge dispose de la faculté de solliciter lui-même l'avis du régulateur. C'est le cas lorsque la loi permet au juge de droit commun de consulter le Conseil de la concurrence sur certaines pratiques anticoncurrentielles.

Dans le traitement des litiges associés à la régulation économique, il est fréquent que le règlement d'un litige puisse être confié au régulateur sectoriel ou au conseil de la concurrence ou encore au juge de droit commun. Il en résulte une concurrence entre juridictions de droit commun et régulateurs, ainsi qu'entre régulateurs sectoriels et généraux, qui permet aux justiciables de choisir de règlement du différend le plus efficace.

Nous nous intéresserons dans ce chapitre au traitement des actions judiciaires contre les abus de puissance économique en droit de la concurrence (Section 1), ainsi qu'à l'exposé des sanctions de ces abus (Section 2).

Section 1 : Actions judiciaires contre les abus de puissance économique en droit de la concurrence

L'étude des actions offertes aux victimes des abus de puissance économique en droit de la concurrence, nécessite de s'intéresser à celles introduites par les opérateurs victimes de pratiques anticoncurrentielles et de pratiques restrictives de concurrence. Par ailleurs, s'agissant des actions collectives, celles-ci sont strictement intentées par les associations de protection de consommateurs reconnues d'utilité publique ; celles-ci ont pour finalité la réparation du préjudice subi collectivement par un groupe de consommateurs. L'on mettra au point, l'inefficacité de cette action pour résoudre les préjudices de masse subis par les consommateurs, et les avantages de la class action ou l'action de groupe prévue dans les législations comparés et qu'on a opportunément rattaché aux actions prévues par le droit de la concurrence, puisqu'il s'agit d'une action introduite dans le cadre des pratiques anticoncurrentielles dont sont victimes les consommateurs.

Dans le cadre des actions prévues en droit de la concurrence (section 1), on mettra en exergue les actions contre les abus de puissance anticoncurrentielles (paragraphe 1) en mettant l'accent sur la nécessité du renforcement de l'action consécutive à l'action publique introduite devant le régulateur, en vue de permettre une lutte efficace contre les abus. A cet effet, une distinction entre les abus sur le marché dont les victimes peuvent être simplement concurrents, disposant de la qualité pour agir dans le cadre d'une action civile, et les abus dans le contrat c'est-à-dire intervenu seulement entre contractants, permet de retenir soit la responsabilité contractuelle soit délictuelle de l'auteur de l'abus.

On s'attachera par ailleurs à l'exposé des actions introduites pour la lutte contre les pratiques restrictives de concurrence (paragraphe 2), où l'intervention du parquet est requise pour le prononcé de sanctions de nature pénale.

L'analyse des effets des abus de puissance économique en droit de la concurrence, incite à s'intéresser aux actions offertes aux victimes en vue de s'en prémunir. On a vu que l'action publique est ouverte devant les autorités administratives, et que l'action civile l'est devant les juridictions judiciaires. Comme précédemment évoqué, aux actions de nature concurrentielle (action publique), s'oppose les actions de nature contractuelle (action privée).

Ainsi, si l'action publique est ouverte de manière étendue à une multiplicité d'acteurs[1], l'action privée portée devant les juridictions judiciaires, civiles ou commerciales en fonction de la nature du litige commande une ouverture plus restreinte, obéissant aux règles de procédure civile, tenant à l'intérêt et à la qualité du plaideur[2]. Il est à rappeler, que l'intérêt doit être légitime, né et actuel, personnel et

---

[1]. Le pouvoir de saisine des autorités de concurrence par exemple a été réservé en France aux autorités publiques : ministre chargé de l'économie, Etats membres de la communauté européenne, commission européenne.

[2]. S. Guinchard et F. Ferrand, Procédure civile, Droit interne et droit communautaire, Dalloz, 28 e éd, 2006, n°99.

direct. La qualité est définie comme « le titre juridique permettant à une personne d'invoquer en justice le droit dont elle demande la sanction »[1]. Les victimes d'un abus de puissance économique sont donc recevables à l'action, qu'ils soient contractants ou seulement concurrents, à l'exception du ministère public dans la mesure où l'action privé a vocation à régler les conséquences civiles d'une pratique. En d'autres termes, les personnes ayant intérêt à agir sont les victimes de l'abus de puissance économique : concurrents en cas d' « abus sur le marché », contractants en cas d' « abus dans le contrat » et consommateurs dans tous les cas.

Par ailleurs, le rôle du juge au cours de l'action privé se limite à trancher un « duel judiciaire »[2] reposant sur le système accusatoire, et se distingue du rôle des autorités administratives en l'occurrence le Conseil de la concurrence dont les décisions sont rendues conformément à une procédure inquisitoire.

En outre, la loi 104-12 confère une compétence exclusive aux tribunaux judiciaires pour statuer sur l'action relative à une pratique restrictive de concurrence. En France le décret n° 2009- 1384 du 11 novembre 2009 a mis en place une spécialisation des tribunaux compétents en la matière.

En définitive, les actions civiles contre les abus de puissance économique permettent d'accorder un droit à réparation aux victimes par l'établissement de la responsabilité civile de l'auteur. Outre les objectifs de sauvegarde de l'intérêt général, du rétablissement des conditions optimales de fonctionnement du marché et de la concurrence poursuivis par l'action publique, d'autres objectifs telles l'indemnisation des victimes des abus et la protection des intérêts particuliers caractérisent l'action privée qui renforce l'effet de dissuasion.

Paragraphe 1 : Actions contre les abus de puissance anticoncurrentiels

Nous traiterons dans ce paragraphe des actions contre les abus de puissance anticoncurrentiels, en élucidant l'une des voies procédurales les plus novatrices conférée aux consommateurs

---

[1]. G. Coucher, Procédure civile, Sirey. 15 e éd., N° 156, 2008

[2]. C'est ainsi que G. Couchez, *op. cité*, n° 227 présente le système accusatoire.

subissant un préjudice de masse résultant d'un abus de puissance anticoncurrentiel, qu'est l'action de groupe ou class action (A). En dépit du constat selon lequel les objectifs poursuivis par l'action publique et l'action privée sont en apparence opposés, il apparait en revanche qu'ils remplissent le même objectif commun, qui est celui de la dissuasion. Nous proposons à cet égard, de renforcer l'action civile consécutive à l'action publique, en conférant aux décisions rendues par les autorités administratives de régulation un effet contraignant à l'égard du juge judiciaire(B).

A. L'action de groupe : class action

La question de l'accès au juge est récurrente, particulièrement dans le cadre des relations de dépendance. Par exemple en droit de la consommation, des prérogatives sont données au consommateur mais leur effectivité est mise en péril par l'insuffisance des droits procéduraux. Lorsque le dommage est de faible ampleur, la longueur et le cout d'une procédure judiciaire découragent de nombreuses victimes d'agir. En ne demandant pas réparation pour les abus subis, celles-ci laissent s'installer chez leurs contractants, conscients de leur force contractuelle, un sentiment d'impunité les incitant à produire indéfiniment les mêmes pratiques. L'action de groupe, en transférant la responsabilité de la procédure à un représentant en mutualisant les couts, incite opportunément les victimes à agir.

Ni le droit de la consommation, ni le droit de la concurrence n'offrent aux consommateurs de droits procéduraux adaptés aux dommages de masse. La réflexion sur l'instauration d'une action de groupe[1] sur le modèle américain[2], permettant une ouverture plus élargie de représentants incluant les cabinets d'avocats constitue l'alternative ultime pour la réparation des dommages de masse subis

---

[1]. Pour une bibliographie générale sur l'introduction d'une action de groupe en droit français : F. Caballero, « plaidons par procureur ! De l'anarchisme procédural à l'action de groupe », RD Civ. 1985, p. 245 ; L. Boré « L'action en représentation conjointe : class action française ou action mort née ? ». D. 1995, chron. P. 267 ; J. Calais. Auloy, « Pour mieux réparer les préjudices collectifs. Une « class action à la française ? », Gaz. Pal. 28 et 29 sept. 2001, doct., p. 1478.

[2]. Droit américain : article 23 du code fédéral de Procédure civile, 1937, amendé en 1966. V. Amiller, « Of Frankenstein Monstrs and Schining Knights : Myth, Reality and the class action problem », Harvard Law Review 1979, 664 ; S. Guinchard et al., Droit processuel, Dalloz, 4e éd., 2007, n° 307 ter.

par les consommateurs. En effet, la doctrine préconise que l'une des causes de l'inefficacité de l'action en représentation conjointe, est son ouverture restreinte aux seules associations de protection des consommateurs.

En Europe les débats sur l'action de groupe ont amené beaucoup de pays à l'introduire dans leurs systèmes juridiques[1]. La réparation des dommages de masse éprouvés par les consommateurs victimes de pratique anticoncurrentielle, constitue l'objectif primordial de l'instauration d'une telle action. Cela dit, l'action de groupe est soumise à certification par le juge.

- Certification de l'action de groupe

Dans la pratique, la class action comporte obligatoirement une phase de certification, où le juge est appelé à se prononcer sur la recevabilité de l'action, avant toute participation des victimes. C'est l'absence d'une telle phase, qui conduit à ne pas qualifier de class action, l'action en représentation conjointe. Différentes solutions sont envisageables : demander au juge de n'examiner que la recevabilité procédurale du recours (solution américaine)[2], lui permettre d'évaluer les chances de succès de l'action (solution québécoise)[3], ou encore lui demander d'établir la faute du défendeur[4]. Le projet français présenté en 1985 pour la réforme du droit de la consommation adoptait cette dernière solution, faisant de cette première phase une action déclarative en responsabilité pour préjudice de masse. Pour les abus sur le marché, cette solution ne convient pas, car l'Autorité de la concurrence notamment européenne comme évoqué plus haut, qui se sera déjà prononcée sur la qualification d' « abus sur le marché », lie le juge civil sur la question du fait générateur de responsabilité. Nous considérons que la première phase de l'action de groupe, sera uniquement destinée à certifier la recevabilité procédurale de l'action c'est-à-dire, à reconnaitre la qualité à agir du représentant, à vérifier que la faute concurrentielle a été établie devant l'Autorité de la

---

[1]. Introduction de l'action de groupe en Allemagne par le 7e amendement du GWB (Geetz gegen Wettbewerbs-chranbungen) entré en vigueur le 1er juillet 2005.

[2]. Article 23 du code fédéral de procédure civile, 1937, amendé en 1966.

[3]. Article 1003 du code de procédure du Québec.

[4]. Cette solution correspond à ce qui est appelé la « class action à la française » : Commission de refonte du droit de la consommation, présidée par M. Calais. Auloy, propositions pour un nouveau droit de la consommation, La documentation française, 1985, p. 165.

concurrence, et à établir l'existence d'un dommage de masse résultant de l'abus.

- Modalités de participation à la procédure des consommateurs : *opt in* ou *opt out.*

La participation des consommateurs à la procédure s'articule autour de deux modalités. D'une part il y'a l'option d'inclusion (l'opt in), d'autre part il y'a l'option d'exclusion (l'opt out) adoptée aux Etats Unis[1]. Ainsi, dans le système de l'opt in, après la certification de l'action, ne deviennent membres du groupe que les personnes qui ont expressément exprimé le souhait d'en faire partie. Au contraire, dans le système de l'opt out, toutes les personnes victimes du dommage sont membres du groupe sauf à exprimer le souhait d'en sortir. Il est évident que le groupe sera de taille plus importante dans un système d'exclusion qui garantit davantage d'efficacité. Cependant, cette modalité entre en contradiction avec la maxime « nul ne plaide par procureur » et avec la liberté individuelle d'agir en justice, reconnue par le Conseil constitutionnel français[2]. De plus, il n'est pas certain que l'opt out respecte les droits de la défense et le principe du contradictoire, puisque le défendeur ne connait pas précisément son adversaire[3]. Ces obstacles rendent le système de l'opt-in préférable. C'est d'ailleurs la solution choisie par la Commission européenne dans son livre blanc sur les actions en dommages intérêts[4]. Ainsi, mentionnons que l'action de groupe en droit suédois qui est réputée particulièrement efficace adopte le système de l'opt-in : seuls ceux qui ont notifié par écrit leur volonté d'exercer l'option peuvent participer à la procédure[5]. Par ailleurs, l'efficacité de l'action dépend de l'information que recevront les consommateurs concernés. Pour l'action en représentation conjointe, on constate en France que

---

[1]. Federal Rules of civil Procedure, Rule 23 : Le système américain est passé de l'opt-in à l'opt-out en 1966.

[2]. Cons. Constit. 25 juillet 1989, Dr. Soc. 1989, p. 627.

[3]. Principal obstacle pour Mme Frison. Roche (« les résistances mécaniques du système juridique français à accueillir la class action : obstacles et compatibilités », LPA 10 juin 2005, p. 22.) ; V. Magnier, « Les règles de procédure, frein ou cadre pour l'action de groupe ? », Concurrences 2008/02, p. 46.

[4]. Commission Staff Working paper, accompagnant le livre blanc sur les actions en dommages intérêts du 2 avril 2008.

[5]. Group Proceedings Act, 2002, disponible sur le site : http:// www. Sweden.gov.se/conten/1/c6/2/77/67/bcbe1f4f.pdf.

l'article L 422-1 du code de la consommation interdit que le mandat des consommateurs soit sollicité « par voie d'appel public télévisé ou radiographique, ni par voie d'affichage, de tract ou de lettre personnalisé ». La transposition de cette interdiction rendrait l'action inefficace. A partir du moment où l'on choisit l'opt-in, il faut donner au représentant les moyens d'avertir les consommateurs de leur possibilité d'intégrer le groupe.

Au Maroc, on constate que le législateur n'a pas détaillé ni dans la loi ni dans son décret d'application, si le mandat des consommateurs peut être sollicité par tout moyen pour faciliter une participation élargie de ces derniers à l'action.

Cela étant, le prononcé du jugement ayant acquis l'autorité de la chose jugée, ou dont l'exécution provisoire est ordonnée, doit être exécuté soit à l'amiable soit de manière forcée pour permettre une indemnisation des victimes. Se pose à cet égard la question de l'indemnisation des victimes du préjudice à la suite d'une action collective des consommateurs.

- L'indemnisation des consommateurs :

L'évaluation du préjudice supporté par chaque victime doit être individualisée. Le jugement établira la somme à allouer à chacune selon les situations qui feront l'objet d'un travail de catégorisation. Il suffira de calculer le surcout supporté par le consommateur par quantité unitaire, que l'on multipliera ensuite par la quantité achetée, ou bien le taux d'intérêt élevé supporté par le consommateur que le juge abaissera avec effet rétroactif. Pour faciliter l'indemnisation, le représentant recevra la somme globale qu'il sera ensuite chargé de distribuer aux victimes selon la répartition prévue dans le jugement.

Ce mode d'indemnisation laisse intact le droit de recours individuel des victimes qui ne se seraient pas déclarés à la procédure. En effet, l'auteur de la pratique n'ayant versé au représentant que la somme correspondant aux préjudices des victimes déclarées, rien n'exclut de le condamner à réparer, par la suite, le dommage causé à une victime non encore dédommagée.

B. Valeur contraignante souhaitable des décisions rendues par l'autorité de la concurrence à l'égard du juge judiciaire, et renforcement de l'action consécutive.

Au Maroc, la mise en mouvement de l'action publique en matière d'abus de puissance anticoncurrentiels en vue du prononcé des sanctions pénales, est confiée au Procureur du Roi au vu des PV établis par les enquêteurs du Conseil de la concurrence attestant de la preuve de la commission des infractions aux articles 6 et 7 de la loi 104-12. Suite au déclenchement de l'action publique devant les autorités administratives aux fins de prononcer des sanctions, on propose de donner un effet contraignant aux décisions rendues par ces dernières vis-à-vis du juge judiciaire, qui aura à se prononcer sur l'action civile introduite par les victimes qui demandent réparation.

Ainsi, en droit communautaire les décisions adoptées par la commission européenne ont une valeur contraignante à l'égard du juge judiciaire. En effet, l'article du règlement 1/2003 adopté le 16 décembre 2002, précise que la juridiction civile appelée à se prononcer sur les conséquences civiles de la pratique anticoncurrentielle ne peut aller à l'encontre de la décision adoptée par la Commission[1].

Il est à rappeler que les litiges relatifs aux abus de puissance anticoncurrentiels, relèvent de la compétence des tribunaux au Maroc qui statuent sur ces derniers en fonction des règles de compétence territoriale et des compétences en raison de la matière, tel qu'il résulte des règles de procédure civile. Le contentieux civil de la concurrence relève ainsi de la compétence des juridictions du Royaume. De même le juge pénal peut mettre en mouvement l'action publique à l'instar du Conseil de la concurrence pour prononcer des amendes pénales ou des peines d'emprisonnement. Par ailleurs le droit de l'Union Européenne donne l'exclusivité aux juridictions internes en matière de contentieux civil. En outre en France, pour répondre à l'hyper technicité de la matière, une spécialisation des tribunaux annoncée par l'ordonnance du 4 novembre 2004 (article 420-7 du code de commerce) a été réalisée par le décret du 30 décembre 2005 : seul huit tribunaux de commerce et huit tribunaux de grande instance peuvent connaitre désormais du contentieux civil de la concurrence. En dépit de cette spécialisation, la règle de compétence géographique offre aux tribunaux judiciaires un atout par rapport à l'Autorité de la concurrence. En effet, sauf dans le cas où le demandeur réside à Paris, l'Autorité de la concurrence sera plus éloignée de son domicile que ne l'est la juridiction judiciaire. On considère qu'une telle spécialisation des tribunaux, offre l'avantage de sécurité juridique aux justiciables

---

[1]. Adde, Communication de la commission sur la coopération entre la Commission et les juridictions nationales pour l'application des articles 81 et 82 du traité CE, JOUE, n°C. 101 du 27 avril 2004, p. 54.

vue la technicité de la matière que les juges sont amenés à maitriser. On souhaiterait que le législateur marocain s'aligne sur son homologue français, en consacrant une telle spécialisation, car elle concourrait à une régulation plus efficace de la puissance et par une meilleure lutte contre les abus de cette dernière.

Les décisions rendues par l'autorité de la concurrence française ne sont pas revêtues de la même valeur contraignante. En cas d'action consécutive, le juge judiciaire n'a pas l'obligation de se conformer à la position de l'Autorité de la concurrence, sa décision n'ayant qu'une « autorité morale de fait »[1]. De nombreux pays adoptent la règle opposée, attribuant un effet liant à la décision rendue par leur autorité nationale de la concurrence[2]. Par exemple, en droit allemand, le GWB (Gesetz gegen Wettbewerbschranbungen) a été amendé par le 7e amendement de la loi relative aux restrictions de la concurrence, entré en vigueur le 1er juillet 2005, afin de rendre contraignantes les décisions rendues par l'Autorité de la concurrence à l'égard des juridictions civiles[3]. Le droit anglais connait la même règle, les décisions de l'autorité de la concurrence s'imposant tant aux juridictions ordinaires qu'au Competition Appeal Tribunal[4]. Deux inconvénients de la solution inverse retenue en droit marocain : le risque d'une divergence d'appréciation entre le Conseil de la concurrence et le juge civil d'une part, la difficulté à apporter la preuve de la pratique anticoncurrentielle lors de l'action civile d'autre part.

Nous proposons en réponse à ces problèmes, d'attribuer un effet contraignant à la décision rendue par l'autorité de régulation qui aura ainsi autorité de la chose décidée à l'égard du juge judiciaire. En droit américain la règle de « *prima facie evidence* » permet de retenir le

---

1. A Bénabent, « La mise en jeu de la responsabilité civile », LPA 20 janvier 2005, p. 31.

2. Pour une comparaison des actions civiles en droit fraçais, droit anglais et droit allemand, au regard de leur conformité aux principes d'équivalence et d'effectivité requis par le droit communautaire : G. Cumming, B. Spitz and R. Janal, Civil Procedure Used for Enforcement of EC Competition Law by the English, French and German Civil Courts, Kluwer law, 2007.

3. Bundesgesgesetzblatt, partie I,12 juillet 2005, n°42, p. 1954, spéc. Nouvel article 33, al. 4. V. Dr Ulf Boge, « cinq ans à la tete du Bundeskartellamt », Concurrences 2005/03, p. 6.

4. Depuis l'Entreprise Acte de 2002, l'action civile qui était de la compétence exclusive des tribunaux civils ordinaires, peut dorénavant être également exercée devant la Competition Appeal Tribunal.

jugement rendu dans le « *public enforcement* » comme preuve dans le procès en réparation du dommage subi [1]. Le livre blanc de la Commission sur les actions en dommages et intérêts pour infraction aux règles communautaires sur les ententes et les abus de position dominante, la retient en proposant de lier les juridictions civiles nationales par les décisions définitives rendues sur le fondement du droit communautaire de la concurrence par toute Autorité nationale de la concurrence du réseau européen[2].

Si la proposition de conférer force contraignante aux décisions rendues par l'autorité de la concurrence voit le jour, celle-ci sera la seule ou la première autorité administrative indépendante à disposer d'une telle pratique. D'autres régulateurs ont, certes le pouvoir de proposer des sanctions, comme l'AMMC, l'ANRT, la HACA. Mais pour des faits qui auront ainsi été sanctionnés, le juge judiciaire, saisi en réparation du dommage causé, n'est pas tenu par la décision ni la qualification rendue par l'autorité de régulation.

Par ailleurs, pour assurer une meilleure articulation entre l'action publique et l'action civile pour une meilleure dissuasion des auteurs des abus, nous proposons de renforcer l'action civile consécutive à l'action publique malgré la possibilité pour les justiciables d'intenter l'une ou l'autre de manière indépendante. D'ailleurs, le modèle français et marocain ne semble pas s'opposer à la possibilité d'intenter une action autonome, c'est-à-dire sans avoir au préalable introduit une action publique. Au niveau communautaire, la communication du 27 avril 2004 sur la coopération entre la commission et les juridictions fait état de la faculté d'introduire une action civile autonome[3]. En sens inverse, le système espagnol interdit au juge civile de se prononcer si l'action devant l'autorité espagnole de la concurrence n'a pas été

---

[1]. C. Prieto, « Les enseignements de l'expérience américaine en matière de private enforcement », Concurrences 2008/ 04, p. 50.

[2] Livre blanc, p. 7 ; « Les juridictions nationales devant statuer sur des actions en dommages intérêts concernant une décision définitive concluant à l'existence d'une infraction à ces articles, ou sur laquelle une instance de recours a rendu un jugement définitif confirmant la décision de l'ANC ou constatant elle-même une infraction, ne peuvent prendre des décisions qui iraient à l'encontre de cette décision de ce jugement ».

[3]. Communication de la commission sur la coopération entre la commission et les juridictions nationales pour l'application des articles 81 et 82 du traité CE, JOUE n° C. 101 du 27 avril 2004, p. 54.

exercé , interdisant ainsi les actions civiles autonomes[1]. Par ailleurs, le modèle américain, préconise de sanctionner le comportement anticoncurrentiel davantage par l'exercice de l'action civile que par l'exercice de l'action publique.

La possibilité d'intenter une action autonome nous semble critiquable à plusieurs égards :

Le premier est d'ordre procédural : le juge civil est mal placé pour accomplir une mission d'intérêt général. En effet, un doute subsiste sur ses compétences en droit de la concurrence et de la régulation, en dépit de la spécialisation du Conseil de la concurrence et des régulateurs sectoriels. Ses moyens d'investigation sont insuffisants face à des infractions économiques souvent complexes. De même l'arsenal des sanctions qu'il a à sa disposition est inadéquat pour réprimer efficacement la violation d'une règle d'intérêt général. L'avis rendu par le Conseil de la concurrence français le 21 septembre 2006 (relatif à l'introduction de l'action de groupe en matière de pratiques anticoncurrentielles) est en ce sens pertinent : tout en se prononçant en faveur du maintien de l'action civile autonome, le Conseil affirme paradoxalement que « le traitement au civil ne s'avère en réalité efficace que lorsque l'affaire a été préalablement traitée par le Conseil de la Concurrence »[2].

La deuxième raison de la critique, tient au fait que l'action publique est mise en péril par l'existence d'une action civile autonome. D'une part, le risque de déperdition des preuves à la suite de l'action civile a été justement dénoncé [3] . En effet, les auteurs d'une pratique anticoncurrentielle peuvent être tentés de faire disparaitre les éléments de preuve non saisis par le juge civil, par crainte de l'action publique qui pourrait être intentée consécutivement à l'action civile. D'autre part, permettre aux victimes de ne faire sanctionner que le contentieux subjectif nuit à la prise de conscience de la réalité de l'infraction. La politique de dissuasion qu'est censée mener le conseil de la concurrence, est rendue confuse par l'existence de l'action autonome. En effet, l'auteur de l'abus qui ne sera sanctionné qu'à hauteur du

---

[1]. Ley 16/ 1989,de 17 de julio, de Defensa de la competencia ; Adde, L. Idot, « Regards sur les droits étrangers », LPA 20 janvier 2005, p. 46.

[2]. M. Chagny, « L'action de groupe vue par le Conseil de la concurrence : oui, lais… », RLC 2007/ 01, n°10.

[3]. C. Lemaire et D. Blanc, « Un nouvel essor des relations entre le Conseil de la concurrence et les juridictions en droit de la concurrence », JCPE 2006, p. 2590.

préjudice causé à la victime, risque de ne pas percevoir la gravité de son comportement. Les acteurs économiques doivent rester conscients que l'atteinte portée au marché, justifie des sanctions plus sévères que la seule réparation du dommage causé.

Pour assurer une meilleure articulation de l'action publique et l'action civile, nous proposons de renforcer la coordination entre les autorités de régulation et les autorités judiciaires afin de donner davantage d'efficacité à l'action civile exercée à la suite de l'action publique. Pour ce faire, nous proposons de donner une valeur contraignante à la décision rendue par le Conseil de la concurrence, et les autorités sectorielles, à l'égard du juge civile, et d'offrir à ce dernier un meilleur accès aux éléments de preuve. L'effet contraignant ainsi accordé à ces décisions, est de nature à consolider la sécurité juridique, et d'éviter les divergences d'interprétation des textes. Même si la loi confère au juge et aux régulateurs la faculté de se consulter mutuellement [1], et de coopérer pour l'application correcte des dispositions, cette consultation n'a pas d'effet contraignant à l'égard de l'autorité saisie.

Enfin, l'indemnisation des victimes comme conséquence de l'action civile demeure soumise à l'évaluation du dommage dans le contentieux civil de la concurrence. En principe le dommage résulte de la perte éprouvée et le cas échéant du gain manqué. Or, il existe souvent un décalage entre le dommage réellement subi, et le dommage établi. Au vu des difficultés d'évaluation du gain manqué, on aboutit presque toujours à une fourchette. Le dommage n'est véritablement établi que pour le bas de celle-ci. Le recours à la notion de perte de chance permet de retenir un montant moyen.

Pour éviter le dommage consécutif à l'abus de puissance anticoncurrentiel, la victime peut être tentée d'utiliser la technique du *passing on* qui consiste à répercuter son dommage sur ses propres contractants. Ainsi, lorsque l'abus consiste en des prix excessifs demandés par le fournisseur à son distributeur, ce dernier va tenter de répercuter ces couts sur le consommateur final qui paiera plus cher le produit. *Le passing on défense* est soulevé par l'auteur de la pratique (le fournisseur), qui souhaite ne pas indemniser un dommage que la victime directe (le distributeur) n'aura en définitive pas supporté. Quant au consommateur final, dans les faits, il subira le dommage

---

[1]. Voir à cet égard article 4 dahir du 31 aout 2002, article 6 de la loi 20-13 et l'article 38 de la loi 53-08 instituant l'AMMC.

sans intenter une action car son dommage ne sera pas suffisamment important. Savoir s'il faut permettre à l'auteur de l'infraction d'invoquer la répercussion des surcouts comme moyen de défense revient à s'interroger sur les finalités de la responsabilité civile. Si la responsabilité civile est un outil de réparation, il faut admettre le *passing on défense* afin de ne pas indemniser un préjudice inexistant. Si la responsabilité civile est un outil de punition, il ne faut pas admettre *le passing on défense* afin de ne pas exempter un comportement qui reste fautif.

Paragraphe 2 : Actions contre les pratiques restrictives de concurrence

Les actions contre les pratiques restrictives de concurrence sont engagées par les victimes de ces dernières et certaines autorités publiques, et comprennent à l'instar des actions contre les abus de puissance anticoncurrentiels d'une part, une action publique destinée à la protection de l'ordre public et l'intérêt général et dont l'exercice est accordé au procureur du Roi près du TPI après avoir recueilli les PV des enquêteurs constatant les infractions objet des poursuites ; d'autre part une action civile portée par la victime devant le tribunal judiciaire intentée dans l'objectif est d'obtenir réparation du préjudice subi et soumise aux conditions de la qualité et de l'intérêt pour agir. L'article 90 de la loi 104/12 précise que l'action publique est interrompue dans les conditions de droit commun, y compris par la rédaction des PV établis par les enquêteurs.

Nous mettrons en revue à travers l'une des rares jurisprudences répertoriées, les carences du dispositif jurisprudentiel marocain en matière de lutte contre les pratiques restrictives, en mettant l'accent sur la spécificité des actions contre ces dernières en droit comparé.

A. Carence du dispositif jurisprudentiel en matière d'actions contre les pratiques restrictives.

Une jurisprudence de la Cour de Cassation de Rabat nous renseigne sur les actions offertes à la victime pour se prémunir contre les pratiques restrictives et sur l'intérêt que revêtent les enquêtes en la matière. Ainsi, un arrêt de la chambre commerciale de la Cour[1], a

[1]. Arrêt n° 362 de la chambre commerciale de la Cour de Cassation marocaine, rendu le 04/03/2009, n° du dossier 1520/3/1/2006.

cassé la décision rendue par la Cour d'appel de commerce de Casablanca, relativement au montant des dommages intérêts accordés à la victime d'un refus de vente non constaté par les enquêteurs de l'administration ou le corps des agents de contrôle des prix. Pour rappel des faits ; la défenderesse la société Tract Afrique dispose d'un monopole dans la vente de matériel et pièces de rechanges (gaterbilar), pour la réalisation des travaux publics ; La demanderesse société Imatrac opérant dans le secteur des ponts chaussés, et barrages étant en redressement judiciaire.

La société Imatrac s'approvisionnant exclusivement auprès de Tract Afrique, oppose un refus de vente des pièces de rechanges à cette dernière, qui en subit un préjudice matériel et demande réparation de ce dernier d'un montant d'un million de dirhams.

Le tribunal de commerce de Casa alloue un montant de 20 000 DH à la société Imatrac, que la Cour d'appel de commerce n'a pas infirmé.

La société Imatrac invoque le moyen de défense découlant de l'article 49 de la loi 06-99, qui dispose que « Il est interdit de : - refuser à un consommateur la vente d'un produit ou la prestation d'un service, sauf motif légitime », et ajoutant que l'article 1er du titre 8 de la même loi désigne l'organe habilité à mener les enquêtes à savoir les enquêteurs de l'administration ou le corps des agents de contrôle des prix , de même l'article 84 de la même loi habilite ces derniers à apporter la preuve de la commission des infractions figurant à l'article 49 (le refus de vente), et à rédiger des PV . Il s'agit là d'une procédure spéciale compte tenu dans la loi 06-99.

Le tribunal reconnait la responsabilité de la société Tract Afrique, et accorde des dommages et intérêts à Imatrac à raison de 20 000 DH. Les critères suivis dans la détermination de ce montant de réparation ne sont pas élucidés dans la motivation du tribunal. Sa décision est cassée par la Cour de Cassation et renvoyé au même tribunal pour être jugé de nouveau.

Il découle de cette jurisprudence, que le refus de vente sans motif légitime doit être prouvé par les enquêteurs de l'administration ou les agents du corps des contrôleurs des prix, prévu à cet effet, qui doivent établir un procès-verbal constatant la contravention, et qui est transmis au procureur du Roi qui met en mouvement et exerce l'action publique.

La responsabilité de l'auteur est établie par un procès-verbal de l'administration, néanmoins en matière civile, le tribunal peut retenir la responsabilité de l'auteur et évaluer la réparation du dommage causé même en l'absence de procès-verbal constatant l'infraction ; il s'agit là de l'action civile réparatrice.

Plusieurs éléments retiennent notre attention à travers l'analyse de cette jurisprudence.

Le premier tient au fait qu'en prononçant ce montant de réparation en défaveur de la société Imatrac qui est largement en deçà de ses demandes, le tribunal n'a pas pris en compte l'étendue du dommage que cette société prétend avoir subi. La censure de la Cour de cassation s'est manifestée en cassant la décision, et en renvoyant l'affaire devant le même tribunal pour être rejugée, et pour se prononcer sur l'action civile.

Le second trait revient à l'abstention du tribunal de consulter le Conseil de la concurrence pour constater l'infraction du refus de vente qui est susceptible d'être une pratique restrictive symptôme d'une pratique anticoncurrentielle, puisque la société défenderesse dispose d'un monopole dans la vente des pièces de rechanges objet du refus de vente. Or, le monopole évoqué présume que la société Tract Afrique est en position dominante sur le marché des pièces de rechange. D'après l'article 38 de la loi 06-99, la consultation du Conseil par les juridictions, n'est rendue possible que pour des pratiques anticoncurrentielles dont ces dernières sont saisies. Or, dans cette affaire le tribunal n'a pas consulté le Conseil pour vérifier s'il s'agit en l'espèce d'un abus de position dominante.

Il est à signaler que la loi 104-12 a revu à la hausse les montants des amendes pénales prononcés par les tribunaux en cas de refus de vente, puisque l'article 78 de la loi 104 prévoit une amende allant de 5000 à 300 000 dh ; le montant de l'amende est porté au double s'il y'a eu récidive dans un intervalle temporel de 5 ans.

L'expérience française en matière de pratiques restrictives nous semble plus instructive à plusieurs égards. En effet en la matière, la Commission d'Examen des Pratiques Commerciales, créée par la loi NRE du 15 mai 2001 émet des avis et des recommandations sur le caractère abusif des pratiques commerciales. Elle dispose d'une faculté d'auto-saisine ; elle peut également être saisie par tout opérateur qui s'estime lésé par une pratique commerciale ou depuis l'entrée en vigueur de la loi de Modernisation de l'économie du 4 aout 2008, par toute juridiction sur les affaires dont elle a la charge. Par ailleurs, le décret du 9 novembre 2009 énumère les tribunaux compétents dans le domaine des pratiques restrictives mettant en place une spécialisation de ces juridictions. Le délai accordé à la CEPC est de 4 mois dans le cadre de sa consultation par une juridiction saisie pour pratique restrictive, pour se prononcer sur sa licéité ou son illicéité. Son avis ne lie pas le juge qui reste libre de s'en écarter[1]. Le système ainsi instauré est l'équivalent de celui prévu par le décret du 10 mars 1993 codifié à l'article R. 132-6 du code de la consommation français, aux termes duquel le juge judiciaire peut demander un avis à la commission des clauses abusives lorsque le caractère d'une clause est soulevé.

B. Spécificités des actions contre les pratiques restrictives en droit comparé.

En droit comparé, l'initiative de l'action pour pratique restrictive contraste avec le dispositif légal marocain, dans la mesure où elle est accordée indifféremment aux victimes et à certaines autorités publiques[2]. L'objectif d'efficacité poursuivi par cette large ouverture de la saisine la rend opportune et efficace. La titularité du droit d'agir conféré à la victime concorde avec les finalités attribuées au dispositif. Ainsi, si l'on considère que ce droit sert l'intérêt des agents économique faibles, il est logique de leur donner la possibilité de saisir le juge. Tandis que si l'on considère qu'il sert l'intérêt économique général, à l'instar de ce qui a lieu en droit des pratiques anticoncurrentielles, l'ouverture de l'action à la victime est opportune car elle facilite la détection et la répression de la pratique. Par ailleurs, si le droit des pratiques restrictives de concurrence est compris comme visant, au-delà de la protection du contractant réputé faible, un intérêt économique supérieur, l'initiative de l'action laissée aux autorités publiques est légitime. L'article L 442-6, III du code de commerce confère de manière exceptionnelle le pouvoir d'intenter l'action au Ministre chargé de l'économie, au Ministère public et au président de

---

[1]. Si ses avis n'ont certes qu'une valeur indicative, ils pourraient à terme constituer à terme une source de soft law : Y. Auguet, « Nouvelles régulations économiques et nouveaux contentieux du droit de la concurrence devant les tribunaux de commerce », LPA 2 septembre 2004, p. 3, spéc. N°35.

[2]. Notamment au ministre chargé de l'économie, au parquet, et au président de l'Autorité de la concurrence ; V.Y. Auguet, « nouvelles régulations économiques et nouveaux contentieux du droit de la concurrence devant les tribunaux de commerce », LPA 2 septembre 2004, p. 3, spéc. N° 29 et s, selon qui sont alors attribuées aux autorités et pouvoirs publics des « prérogatives de puissance privée ».

l'Autorité de la concurrence. Peu clair sur ce point, la loi ne précise pas s'ils exercent une action qui leur est propre, en défense d'un intérêt collectif, ou une action en substitution de la victime.

Si l'action est menée pour la défense de l'intérêt collectif des victimes, elle répond à un ordre public de protection. Or en procédure civile français, l'article 423 donne compétence au ministère public pour agir chaque fois que l'ordre public est en jeu. L'exercice de l'action par le ministère public est donc conforme aux principes de la procédure civile[1], et son extension à d'autres autorités spécialisées en matière de concurrence est la bienvenue.

S'il s'agit d'une action en substitution, l'intervention des autorités publiques se justifie par la passivité des victimes ; mais elle suppose alors d'avoir obtenu l'accord exprès de la partie représentée puisque « nul ne plaide par procureur »[2]. Or sur ce point une difficulté surgit, puisque la loi n'a rien prévu concernant les rapports entre la victime représentée et autorité de substitution[3]. Si l'action est une action en substitution pour la défense des intérêts privés d'autrui, l'absence d'information de la victime rend la procédure incompatible avec les principes fondamentaux[4].

Le manque de clarté de la loi dans la distinction s'il s'agit d'une action civile ou d'une action publique intentées par les autorités publique ne résout pas la problématique. A notre sens, si l'action est une action civile, elle ne doit être ouverte qu'aux victimes, non aux autorités publiques ; si l'action est une action publique, elle peut être ouverte à des personnes publiques, lesquels, logiquement devraient uniquement avoir la faculté de demander des sanctions répressives comme l'amende civile. Néanmoins, la faculté de demander le prononcé des sanctions civiles a été accordé par la loi NRE de 2001 à ces autorités publiques, malgré le refus de la Cour de Cassation française de leur permettre une telle faculté[5]. La réponse à la question

---

[1]. S. Guinchard et F. Ferrand, Procédure civile, précis Dalloz, 28 e éd., 2006, n°158 et 160.

[2]. Y. Auget « nouvelles régulations économiques et nouveaux contentieux du droit de la concurrence devant les tribunaux de commerce », LPA 2 septembre 2004, p. 3., spéc n° 32.op. cit

[3]. A. Penneau, « la sanction civile de contrats commerciaux déloyaux par l'effet de l'action en substitution d'une autorité publique », D. 2003, p. 1278.

[4]. A. S. Choné , les abus de domination, LGDJ, 2010, infra 358 et 359.

[5]. A. S. Choné, les abus de domination, LGDJ, 2010 infra 355, p. 231.

de la nature de l'action exercée par les autorités publiques fut apportée par un arrêt de la Cour de cassation française du 8 juillet 2008 qui précise que l'action dont il s'agit est « une action autonome de protection du marché » dont l'exercice respecte les principes de l'article 6, §1 de la convention européenne de sauvegarde des droits de l'homme et des libertés fondamentales[1]. Mais les juges suprêmes ne reconnaissent aux victimes, ni le droit de s'opposer à la procédure, ni le droit d'en être informées.

Section 2 : Les sanctions des abus de puissance économiques :

La sanction des abus de puissance économique est à la fois l'œuvre du juge comme des régulateurs. L'efficacité de la régulation est subordonnée à la condition que le juge agisse en complément des régulateurs et inversement. La nature de ces sanctions prononcées par ces acteurs de la régulation tantôt s'opposent tantôt s'apparentent en fonction de la finalité qu'elles poursuivent. Ainsi, poursuivant l'objectif de protection des intérêts particuliers, les sanctions contractuelles et civiles des abus de puissance économique peuvent comprendre la disparition du contrat et sa nullité, le cas échéant sa résolution, la réparation du préjudice, l'allocation de dommages-intérêts ou enfin la responsabilité civile délictuelle.

A l'opposé, les sanctions concurrentielles peuvent être réparties entre sanctions répressives revêtant une dimension à la fois administrative à travers le prononcé des amendes par l'autorité régulatrice, mais aussi pénale par le biais du prononcé en outre d'une amende pénale et/ou d'une peine d'emprisonnement par le juge pénal. Rappelons que la finalité de ces dernières sanctions, réside dans la protection de l'intérêt de la collectivité et du marché, ainsi que le rétablissement des conditions d'une concurrence effective.

La pluralité des sanctions d'abus de puissance économiques en droit de la concurrence qui peut comprendre à la fois des sanctions civiles, concurrentielles et même pénales, et la possibilité de leur cumul démontre l'imbrication entre plusieurs disciplines telles le droit de la concurrence, le droit des contrats et le droit pénal. Il est à préciser par ailleurs, que la sanction des abus de puissance économiques rattachés au droit des contrats se déroulant

[1]. Cass. Com, 8 juillet 2008, Bull. IV, n° 143; CCC 2008, comm. 237, obs. M. Malaurie Vignal.

exclusivement à l'intérieur du contrat, tels qu'évoqués plus haut ne peut être prononcée que par le juge, contrairement aux abus sur le marché ou l'intervention de l'autorité régulatrice est en outre requise, en prononçant des sanctions de nature strictement administrative.

Que l'application du droit de la concurrence emporte des effets de nature civile est loin de révéler une confusion ou une incohérence de la discipline ; elle en assure au contraire l'efficacité.

Les interférences de ces disciplines démontrent la présence d'effets contractuels en droit de la concurrence, qui prévoit des sanctions de nature contractuelle, et qui illustre la dépendance de ce droit à l'égard du droit commun des obligations. Inversement, ce dernier emprunte au premier des instruments pour sanctionner les abus qui lui étaient à l'origine étrangers telle la réfaction ou la technique d'injonction (réputé non écrit).

En définitive, le législateur marocain opte pour un faisceau de sanctions pour la lutte contre les abus de puissance économique, qui remplissent des objectifs distincts et qui concourent cumulativement à renforcer l'effet de dissuasion. Si les sanctions administratives et pénales visent la protection de l'ordre concurrentiel et l'intérêt général, les sanctions civiles ont pour finalité la protection des intérêts particuliers, en permettant aux victimes un droit à réparation en vertu de la responsabilité civile et contractuelle.

On analysera d'une part dans une (paragraphe 1) la pluralité des sanctions concurrentielles et contractuelles des abus de puissance économique on en donnant une typologie et en élucidant les fondements et les caractéristiques de chaque catégorie de sanctions, d'autre part on mettra l'accent sur l'exposé des sanctions pénales en étudiant leurs finalités et leurs caractéristiques tout en examinant leur efficacité (paragraphe 2).

Paragraphe 1 : Pluralité des sanctions des abus de puissance économique

A la multiplicité des organes compétents en matière de répression des abus de puissance économique, répond la variété des sanctions prévues : des sanctions concurrentielles (amendes administratives, civiles ou pénales, injonction) auxquelles viennent s'adjoindre des sanctions civiles (nullité, dommages-intérêts), démontrent l'imbrication entre les deux disciplines : droit de la concurrence et droit des contrats. Par ailleurs, pour contrôler les abus de puissance économiques rattachés au droit des contrats tels qu'étudiés plus haut, le juge civil est l'unique organe de contrôle qui prononce exclusivement des sanctions de nature civile. En revanche les abus dans le contrat peuvent être un moyen pour la commission de pratique anticoncurrentielle se répercutant sur le marché et les concurrents ; dans ce cas l'abus dans le contrat se transforme en abus sur le marché, ce qui appelle l'intervention de l'autorité régulatrice pour prononcer en outre des sanctions concurrentielles. Il est à noter qu'aux sanctions traditionnelles de la nullité, de la résolution ou de la responsabilité contractuelle, s'adjoignent aujourd'hui des sanctions plus modernes dont l'objectif est de permettre la survie du contrat plus souvent : réputé non écrit et réfaction judiciaire. Sur ce terrain le droit de la concurrence a pu enrichir le droit civil.

Les sanctions prévues répondent à des logiques différentes, ce qui démontre que ces sanctions ne sont pas de même nature. Les sanctions prévues en droit des contrats répondent à une logique contractuelle tandis que les sanctions concurrentielles répondent quant à elles à une logique concurrentielle. Ainsi, en droit de la concurrence, les autorités de contrôle doivent s'assurer du bon fonctionnement du marché et le cas échéant, rétablir une saine concurrence. Comme le contrôle des abus de puissance économique se fait à postériori, l'intervention des autorités de concurrence entraine sanction pour le passé, régulation pour le futur[1]. La référence à l'action répressive[2] et régulatrice » de l'autorité de la concurrence souligne la coexistence de ces deux missions. En droit des contrats à l'inverse, le juge n'intervient que pour sanctionner la formation ou l'exécution de l'accord ; il reste cantonné à l'extérieur du contenu contractuel. La différence de degré quant au contrôle du « juge »s'explique par la différence des finalités poursuivies. Aux sanctions concurrentielles prévues en droit de la concurrence, s'opposent les sanctions contractuelles prévues en droit des contrats (A). De même on constate

---

[1]. A. Sophie. Choné, les abus de domination, LGDJ, 2010, p. 215 et 216 *op.cit.*

[2]. Les mesures répressives assurent un rôle dissuasif non seulement à l'égard de l'entreprise en cause, mais également à l'égard de l'ensemble des entreprises sur le marché. Pour cela la sanction, doit etre exemplaire. Cette mission de dissuasion aboutit également à une régulation du marché ; c'est pourquoi la frontière entre la répression et la régulation n'est pas complètement étanche.

une dualité des sanctions des abus de puissance économique résultant des pratiques restrictives de concurrence (B).

A : Pluralité des sanctions des abus de puissance économique résultant des pratiques anticoncurrentielles et ceux résultant strictement du contrat

Les autorités de concurrence remplissent une double mission : répression des comportements anticoncurrentiels et régulation du marché. En effet, il faut s'assurer que les entreprises sont dissuadées d'adopter un comportement anticoncurrentiel (or la dissuasion passe par la répression) et vérifier que le marché affecté par les pratiques anticoncurrentielles est réparé. Les sanctions concurrentielles (A.1) sont donc tantôt répressives, tantôt régulatrices. A l'opposé, les sanctions civiles et contractuelles (A.2) varient selon qu'elles concernent la formation ou l'exécution du contrat[1]. S'il s'agit d'un abus commis lors de la formation du contrat, la sanction prévue sera la nullité éventuellement accompagnée de la mise en œuvre de la responsabilité délictuelle[2]. Si l'abus intervient en cours d'exécution du contrat, les sanctions seront la résolution (ou la résiliation) et la responsabilité contractuelle. Appliqués aux abus de puissance économiques rattachés au droit des contrats, ces sanctions assurent la disparition du contrat et la réparation du préjudice.

A.1 Les sanctions concurrentielles des abus de puissance anticoncurrentiels

Les sanctions concurrentielles se répartissent en sanctions répressives qui comprennent l'amende administrative, et en sanctions régulatrices comprenant les mesures imposées où l'autorité de la concurrence prononce des mesures provisoires, des injonctions et des sanctions structurelles. A noter que les mesures négociées telle que traités plus haut, font partie des mesures régulatrices. On réservera de plus amples développements aux sanctions pénales qui remplissent aux cotés des sanctions concurrentielles l'objectif de répression.

- A.1.1. L'amende prononcée par l'autorité de la concurrence est davantage une sanction répressive.

---

[1].Ch. Jamin, « le renouveau des sanctions contractuelles : post pourri introductif », in le renouveau des sanctions contractuelles, sous la dir. De F. Collart-Dutilleul et C. Coulon, Economica, 2007, p. 3.

[2]. La responsabilité ne saurait être contractuelle dès lors que le contrat annulé est censé ne jamais avoir existé.

Selon la définition prononcée par le Conseil d'Etat français, une sanction administrative est une « décision unilatérale » infligeant « une peine sanctionnant une infraction aux lois et règlements », « prise par une autorité administrative agissant dans le cadre de ses prérogatives de puissance publique »[1]. Les amendes prononcées par les autorités de la concurrence[2] respectent ces caractéristiques. Il s'agit bien d'amendes administratives. Ces amendes sont la sanction privilégiée en droit de la concurrence. Prononcées au terme de l'action publique les amendes sont adaptées à l'objectif de répression des pratiques anticoncurrentielles et se révèlent comme l'outil privilégié de punition[3].

La détermination du montant de l'amende à infliger aux auteurs des abus de puissance économique obéit à certaines conditions. L'évaluation des amendes selon la pratique jurisprudentielle française et européenne se fait selon un procédé mixte, objectif et subjectif. Leur montant doit être proportionné[4] à la gravité objective de la pratique relevée et à la gravité subjective du comportement de son auteur.

En droit communautaire, la détermination du montant de l'amende se fait selon les principes posés par les lignes directrices pour le calcul des amendes du 28 juin 2006. Le montant de base de l'amende dépend de la gravité objective de la pratique (valeur des ventes affectées et durée de la pratique)[5]. Il est ajusté à la hausse en cas de comportements particulièrement fautifs (réitération de pratiques similaires par exemple)[6] ou à la baisse en cas de comportements peu fautifs (absence d'intention anticoncurrentielle par exemple)[7]. Ces

---

1. Conseil d'Etat, les pouvoirs de l'administration dans le domaine des sanctions, La documentation française, 1995, p. 35 et 36.

2. CA Paris, 19 janvier 1999, CCC 1999, n° 41, obs, M. Malaurie. Vignal : Les sanctions administratives prononcées par le Conseil de la concurrence n'ont pas de caractère pénal.

3. La faculté pour l'Autorité de la concurrence d'infliger des amendes est prévue, pour ce qui concerne le droit interne par l'article L. 464-2 du code de commerce, et pour ce qui concerne le droit communautaire, par l'article 5 du règlement 1/2003. Cette faculté accordée à la commission européenne résulte de l'article 23 dudit règlement.

4. Rappr. M-C. Boutard. Labarde, « principe de proportionnalité et fixation des amendes en droit de la cconcurrence », LPA 30 sept 1998, p. 44.

5. Lignes directrices du 28 juin 2006, point 19.

6. Lignes préc., point 28.

7. Lignes préc., point 29.

ajustements reflètent l'importance prise par l'élément subjectif dans le calcul de l'amende.

En définitive, l'évaluation du montant des amendes est d'un côté objective dans la mesure où le montant est proportionné à la gravité objective des faits ; l'appréciation du dommage à l'économie est fonction de la gravité de la pratique, non du préjudice subi par la victime. De l'autre, elle est subjective quand on prend en considération, par exemple, la réitération de pratiques, ce qui est une manière d'apprécier la faute de l'entreprise pour alourdir l'amende. L'autorité de la concurrence tient compte du délai écoulé entre deux pratiques irrégulières[1] afin d'évaluer « la propension de l'entreprise à s'affranchir des règles de concurrence »[2]. En réalité l'appréciation de la gravité subjective du comportement pour la détermination du montant de l'amende, permet d'atteindre les objectifs du droit de la concurrence : une répression assurant la dissuasion de la pratique anticoncurrentielle.

Pour être efficace, l'amende doit être individualisée en fonction des possibilités financières[3] de l'entreprise, d'où sa fixation par référence à un pourcentage du chiffre d'affaires. De même le comportement est aussi sanctionné en fonction du degré de la faute commise, par exemple au vu du caractère délibéré ou non des agissements constatés[4]. Les amendes infligées par l'autorité de la concurrence n'ont pas pour objectif de réparer le dommage causé aux entreprises victimes[5].

---

[1]. Cons. Conc., 15 octobre 2007, O7-D-33, relative à des pratiques mises en œuvre par la société France Télécom dans le secteur de l'accès à Internet à haut débit, RLC janv-mars 2008, p. 18, comm. P. Arhel.

[2]. Comm. P. Arhel, sous cons. Conc., 15 octobre 2007, o7-D-33, relative à des pratiques mises en œuvre par la société France Télécom dans le secteur de l'accès à Internet à haut débit, RLC janv-mars 2008, p. 18

[3]. Lignes directrices du 28 juin 2006, point 30 ; pour une analyse économique du montant nécessaire pour etre dissuasif : Rapport du Conseil de la concurrence pour 2005, « Sanctions, injonctions, engagements, transaction, et clémence : les instruments de la mise en œuvre du droit de la concurrence », études thématiques, p. 99.

[4]. Cons. Conc., n°05-D-63, 17 novembre 2005, relative d'une part, à des pratiques mises en œuvre par la poste et certaines de ses filiales dans le secteur du traitement du courrier et d'autre part, à des pratiques reprochées à la poste et certains syndicats de routeurs dans le secteur de la réparation des objets postaux.

[5]. Rappelé par Rapport du conseil de la concurrence pour 2005, « Sanctions, injonctions, engagements, transaction et clémence : les instruments de la

Nous considérions que l'amende n'est efficace, que si son montant est suffisamment élevé pour dissuader tout contrevenant et tous les contrevenants potentiels d'enfreindre le droit de la concurrence. Actuellement, même si les lignes directrices de la Commission Européenne assignent à l'amende administrative un objectif de dissuasion[1], on reproche à cette sanction de ne pas y parvenir, le montant étant fixé en fonction de la gravité objective et subjective de la pratique non en fonction du profit attendu. Pour assurer pleinement l'objectif de dissuasion, principal objectif poursuivi par les sanctions, le groupe de travail ECA préconise dans son rapport établissant des principes pour déterminer le montant des sanctions pécuniaires à infliger aux entreprises aux dispositions majeurs du droit de la concurrence[2], que le montant de l'amende « devrait excéder tout gain potentiellement attendu de la mise en œuvre des pratiques anticoncurrentielles ». Pour prendre en compte de manière combinée la gravité de la pratique et les gains illicites attendus, il est proposé de calculer l'amende par « un pourcentage de la valeur des ventes affectées par les pratiques, en fonction de leur gravité ».

Le prononcé de l'amende par le Conseil de la concurrence, peut s'accompagner de l'affichage de la décision condamnant les entreprises auteures de pratiques anticoncurrentielles.

Par ailleurs l'objectif de dissuasion poursuivi par le droit de la concurrence, peut être couplé et devancé dans certains cas par un objectif de prévention qui est d'une autre nature ; tel est le cas lorsque le Conseil de la concurrence prononce l'avertissement préalablement au prononcé d'une sanction plus grave.

D'autres sanctions de nature régulatrice apparaissent plus adaptées pour le traitement des abus de puissance économique et la construction du marché, telles, les mesures imposées et structurelles.

---

mise en œuvre du droit de la concurrence », Etudes thématiques, p. 99, spéc.p. 103.

[1]. Lignes directrices pour le calcul des amendes infligées en application de l'article 23, paragraphe 2, sous &), du règlement n° 1/ 2003, JOUE-210 du 01-09-2008, p. 2.

[2]. Conclusions du groupe de travail ECA sur les sanctions pécuniaires, « les sanctions pécuniaires des entreprises en droit de la concurrence. Principes pour une convergence », 7 octobre 2008. L'ECA, Europen Competition Authorities, est un réseau réunissant les autorités de concurrence de l'Union européenne et des pays de l'AELE crée en 2001, il vise à favoriser les échanges sur les sujets de droit de la concurrence.

A.1.2 Les mesures imposés et structurelles sont davantage des sanctions régulatrices

En sanctionnant par le biais des mesures imposées et structurelles, le droit de la concurrence utilise des techniques propres à la régulation et s'immisce dans le marché en l'organisant. L'efficacité du droit de la concurrence dépend de la célérité de l'intervention de ses organes[1]. Pour la sanction des abus de puissance économique, le conseil de la concurrence intervient à posteriori. Si le laps de temps écoulé entre la pratique abusive et la sanction prononcée est trop long, le marché peut s'en trouver irrémédiablement affecté. Les entreprises victimes d'une pratique anticoncurrentielle ont besoin d'une intervention très rapide du conseil, particulièrement dans les marchés émergents ou nouvellement ouverts à la concurrence[2] où la puissance des entreprises n'est pas pérenne comme dans les marchés arrivés à maturité. Les autorités de la concurrence ont à cet égard la possibilité de prononcer des mesures provisoires. La protection des intérêts en présence peut requérir le prononcé de mesures conservatoires par le régulateur. La mesure conservatoire consiste en une injonction de faire cesser la pratique abusive, soit en revenant à l'état antérieur, soit en la suspendant. La pratique décisionnelle marocaine fait état d'une décision d'injonction à l'égard de deux entreprises ayant mis en œuvre des pratiques d'exclusion. Il s'agit notamment de la décision n°2-15 du 26 décembre 2006, relative à des pratiques de vente à perte dans le secteur des huiles de table (décision émanant du ministre délégué auprès du Premier Ministre chargé des affaires économique et générales), enjoignant aux entreprise Savola Maroc, et SIOF de cesser la pratique de prix abusivement bas sous peine de sanctions prévues par la loi 06-99. De telles mesures de régulation sont appropriées aux besoins de la vie économique.

Par ailleurs, l'injonction peut constituer une technique de remodelage du contrat. Faire cesser les pratiques par le biais des

---

[1]. G. Canivet, « Le temps dans le contrôle ex post des pratiques anticoncurrentielles. Le temps, un impératif dans l'organisation des procédures », RCC noc. / déc. 2003, p. 9.

[2]. B. Lassere, « Remedies and sanctions for unlawful unilateral conduct: the French experience », disponible sur le site du conseil français de la concurrence: « Interim measures have proved very adapted to cases that concern markets which evolve rapidly, and above all markets that are undergoing, or have recently undergone, a process of liberalization ».

injonctions permet à l'autorité de la concurrence d'obliger les entreprises en cause de supprimer une clause anticoncurrentielle de leur contrat, ce qui revient à leur conférer, indirectement le pouvoir de réécrire le contrat. Elle peut même aller plus loin en imposant de contracter si c'est la seule solution pour faire cesser l'abus[1]. Alors que le juge judiciaire, en matière contractuelle, s'est toujours refusé à intervenir directement à l'intérieur du contenu contractuel, les autorités de concurrence ont compétence pour remodeler le contrat. M. Poesy parle à ce sujet d'affrontement « entre logique contractuelle et logique concurrentielle »[2] et le Professeur Idot d' « empiètement du droit de la concurrence sur le droit des contrats »[3]. Mais en faisant injonction aux entreprises de modifier les termes de leur contrat, elles « construisent » les conditions de concurrence. Cette construction est nécessaire à la réalisation des objectifs du droit de la concurrence.

En définitive, les injonctions permettent un remodelage du contrat et aboutissent au rétablissement du fonctionnement concurrentiel du marché. Les modifications contractuelles étant réalisées directement par les parties au contrat, le procédé se révèle efficace et adapté à l'objectif concurrentiel.

De manière encore plus interventionniste, l'autorité de la concurrence[4] a la faculté de prononcer des mesures structurelles telle une cession d'actifs. Ces mesures sont utilisées le plus souvent dans le cadre du contrôle des concentrations en soumettant leur autorisation par le Conseil de la concurrence au respect par les entreprises de mesures portant sur la cession d'actifs ou la cession de participation ou de droits de vote.

Cela étant dit, les sanctions peuvent revêtir une nature civile pour les abus sur le marché et/ou contractuelle pour les abus dans le contrat.

A.2 Les sanctions civiles des abus de puissance économique.

Le recours aux sanctions de nature civiles, pour le traitement des abus sur le marché, est une illustration de la dépendance du droit de la

[1]. Rappr. P. Durand, « la contrainte légale dans la formation du rapport contractuel », RTD Civ, 1944, p. 73.

[2]. R. Poesy, « Le Conseil de la concurrence, juge du contrat », LPA 20 octobre 2000, p. 4.

[3]. L. Idot, « L'empiètement du droit de la concurrence sur le droit des contrats », RDC 2004, p. 882

[4]. Ce pouvoir est accordé à l'autorité communautaire par l'article 7 du règlement 1/2003.

concurrence à l'égard du droit commun des obligations. Ainsi le droit de la concurrence prévoit des sanctions civiles en complément des sanctions concurrentielles qui lui sont propres en cas de violation des prescriptions légales.

Ainsi, le concurrent victime d'un abus sur le marché attend de l'action civile la suppression des effets préjudiciables causés par l'abus et leur cessation pour l'avenir. Les sanctions civiles des abus sur le marché sont à cet égard l'annulation et la mise en œuvre de la responsabilité civile. Ces deux sanctions servent à faire disparaitre rétroactivement les conséquences de l'abus sur le marché

A.2.1 L'annulation du contrat

L'article 10 de la loi 104-12 dispose que « tout engagement, convention ou clause contractuelle se rapportant à une pratique prohibée en application des articles 6 et 7 est nul de plein droit ».

Cette nullité peut être invoqué par les parties et par les tiers ; elle ne peut être opposé par les parties aux tiers ; elle est éventuellement constatée par les tribunaux compétents à qui l'avis ou la décision du conseil de la concurrence, s'il en est intervenu un, doit être communiqué ». Cet article parait faire de la nullité la sanction adaptée pour les contrats ou engagements qui ont constitué le support de la pratique anticoncurrentielle. Cependant l'utilité de la nullité comme sanction des abus anticoncurrentiels est fréquemment mise en doute. A la disparition pure et simple du contrat, la doctrine préfère son réaménagement par la voie de l'injonction. Elle oppose ainsi les imperfections de la nullité qui ne satisfait ni les attentes des parties au litige, ni l'objectif de rétablissement du bon fonctionnement concurrentiel, aux vertus de l'injonction qui, en aménageant le contrat sans le faire disparaitre, offrirait davantage de souplesse et d'efficacité[1]. De plus, la nullité parviendrait difficilement à effacer le passé par le jeu des restitutions car la rétroactivité n'est qu'une fiction.

Comparer la nullité à l'injonction mène en partie à une impasse, puisque la nullité fournit essentiellement une réponse pour le passé, tandis que l'injonction ne se préoccupe que de l'avenir[2].

Le choix de la nullité absolue ou relative est dicté par la finalité du texte violé, ce qui justifie le choix d'une nullité absolue[3], pouvant être

---

[1]. L. Idot, « L'empiètement du droit de la concurrence sur le droit des contrats », RDC 2004, p. 882.

[2]. R. Posesy, « Le Conseil de la concurrence, juge du contrat », LPA 20 oct. 2000, p. 4.

invoquée par tous contractants ou tiers. En principe, la victime de l'abus sur le marché, étant un tiers au contrat, elle peut demander l'annulation d'un accord, porteur d'une pratique d'éviction qui lui a causé un préjudice. Mais en réalité si elle dispose de ce droit, elle n'a pas la possibilité de l'exercer pratiquement ; le nombre de contrats qui portent atteinte au concurrent est trop élevé pour que l'annulation de tous les contrats soit envisageable ! Lorsque la pratique d'exclusion a pris la forme d'une offre ouverte ayant donné lieu à la conclusion d'un grand nombre de contrats, il est matériellement impossible de les annuler tous. L'hypothèse de prix prédateurs ou de ventes liées le révèle. Néanmoins, il ne faut pas fermer systématiquement la voie de l'annulation qui offre un intérêt dès lors que matériellement, elle n'entraine pas une remise en cause disproportionnée des droits des contractants. Prenons l'exemple d'un contrat comportant une clause d'exclusivité produisant un effet d'éviction, qui en tant que tel, est constitutif d'un abus sur le marché. Le tiers concurrent qui aura ainsi contracté avec celui qui est tenu par l'exclusivité peut vouloir invoquer la nullité du contrat, afin d'échapper à sa responsabilité délictuelle de tiers complice concernant la violation de l'exclusivité. Dans une telle hypothèse, le contractant qui a agi au mépris de ses obligations contractuelles ne verra aucun inconvénient à ce que cette clause d'exclusivité soit annulée.

La situation dans laquelle le concurrent victime de l'abus est également partie au contrat porteur de l'abus ne soulève aucune difficulté : le contractant d'accès à une ressource essentielle qui, en raison du tarif excessif demandé, constituerait un abus sur le marché, pourrait être annulé à la demande du concurrent.

La question tenant à la nature de la nullité prononcée fait l'objet d'une controverse doctrinale se pose avec acuité. Ainsi la nullité doit-elle être relative ou absolue ?

La réponse est nuancée et nécessite de savoir si la nullité du contrat porteur d'un abus sur le marché sert –t- elle le marché ou le concurrent évincé ? Selon Claude Lucas de Leyssac et Gilbert Parleani « la nullité vise à protéger le marché dans l'intérêt général par le moyen de

[3]. Japitot, Des nullités en matière d'actes juridiques, Paris, 1909, p. 293 et s ; Rappr. C. Lucas. De Layssac et G. Parleani, L'atteinte à la concurrence, cause de nullité du contrat, Mélanges J. Ghestin, 1999, p. 601 : L. Aynès, « Rapport introductif », in l'anéantissement rétroactif du contrat, RDC 2008/01, p. 9

la protection des droits individuels des opérateurs »[1]. Nous avons déjà montré que la protection du marché passe par celle de l'opérateur. « L'abus sur le marché », en évinçant le concurrent, porte atteinte au marché. La nullité en effaçant le préjudice causé au concurrent, sert donc indirectement le marché. L'interdiction de l'abus servant l'intérêt général, il est logique que la sanction qui lui est attaché serve le même objectif. Le choix d'une nullité absolue répond parfaitement à la théorie moderne des nullités[2]. De même, celui qui est en droit de demander la nullité est le concurrent c'est-à-dire sauf hypothèse d'accès à une infrastructure essentielle _ un tiers au contrat. Pour qu'il puisse agir, la nullité doit être une nullité absolue.

Que la nullité soit prononcée par le juge civil ou commercial et qu'elle ne puisse pas l'être par le Conseil de la concurrence, respecte la répartition des missions entre ces deux organes.

L'autre fraction de la doctrine propose en revanche, le prononcé de la nullité relative, en préconisant opportunément que le juge peut seulement amputer le contrat qui a causé l'abus sur le marché, lorsque l'illicéité ne touche qu'une partie de l'accord. Il est à rappeler qu'en droit positif, la nullité partielle suppose la réunion de deux critères : un critère objectif, fonction de la finalité de la règle transgressé, et un critère subjectif, fonction de l'intention des parties[3]. Le seul objectif du droit de la concurrence étant la suppression de l'illicéité, l'intention des parties doit rester indifférent. Ce courant doctrinal propose ainsi la suppression du critère subjectif. Pour ce courant qu'importe finalement que les parties n'eussent pas accepté de contracter sans la clause nulle dès lors que cette amputation du contrat sert le marché[4]. A notre sens, le choix de la nullité totale ou partielle doit être dicté par l'utilité économique de contrat amputé. On remarque de plus, qu'astreindre l'auteur de l'abus à respecter les termes d'un contrat amputé de ce qui faisait, à ses yeux, son intérêt comporte une

---

[1].C. Lucas de Layssac et G. Parléani, L'atteinte à la concurrence, cause de nullité du contrat, mélanges J. Ghestin, 1999, p. 601.

[2]. R. Japito, Des nullités en matière d'actes juridiques. Essai d'une théorie moderne, Th. Dijon, Rousseau, 1909 ; E. Gaudemet, Théorie générale des obligations, 1937, rééd. Dalloz, 2004.

[3]. A. Sophie Choné, les abus de domination LGDJ 2010 supra n°325.

[4]. C. Guelfucci-Thibierge, Nullité, restitution et responsabilité, LGDJ, 1992, n°495 : « si l'illicéité n'entache qu'une clause, un quantum ou une partie d'un acte ou d'une opération, ce n'est que dans cette mesure que leurs effets juridiques devront en être supprimés ».

dimension punitive bénéfique car dissuasive, ce qui justifie l'utilité de la nullité relative.

Par ailleurs, les sanctions des abus de puissance survenues dans le contrat tels que répertoriés revêtent une double dimension ; d'une part l'abus survenu dans le contrat doit disparaitre, d'autre part le préjudice qui en est né issu doit être réparé. Ainsi la disparition du contrat est assurée également par la nullité qui sanctionne son illicéité[1]. Affecté d'un vice, le contrat doit disparaitre rétroactivement. Cette sanction est prévue en cas de violence économique [2] ou de lésion [3] par l'intermédiaire de la rescision, sanction qui à l'instar de la nullité relative fait disparaitre rétroactivement le contrat[4]. La disparition du contrat faisant l'objet d'abus peut également être assurée par la résolution qui sanctionne son inexécution. Le caractère synallagmatique du contrat justifie la rétroactivité, afin de permettre à la partie lésée de récupérer les prestations versées sans contrepartie. S'agissant d'un contrat s'inscrivant dans la durée, et parce qu'il n'y'a aucune raison de revenir sur la période durant laquelle celui-ci a été régulièrement exécuté[5], son anéantissement ne sera pas rétroactif : le contrat ne sera que résilié. L'abus dans la fixation du prix constaté dans un contrat à exécution successive est justifiable de cette sanction[6]. En outre, parallèlement aux sanctions faisant disparaitre le contrat rétroactivement, la responsabilité civile est engagée en tant que

---

[1]. Y-M. serinet, « Le juge et l'illicéité du contrat », in le renouveau des sanctions contractuelles, sous la direction de F. Collart. Dutilleul et C. Coulon Economica, 2007, p. 85 ; F. Terré, Ph. Smiler, Y. Lequette, Les obligations, *op. cit*, n°80.

[2]. Nous avons identifié la violence économique comme un cas d'abus de puissance économique, à l'instar de Anne Sophie Choné qui l'appréhende comme un abus de domination, A. S. Choné, les abus de domination, LGDJ, 2010, supra n°128 *op. cit*

[3]. Nous avons identifié la lésion comme un cas d'abus de puissance économique à l'instar de A. S. Choné, Les abus de domination, LGDJ, 2010, supra n°139, op. cit.

[4]. M. Planiol, et G. Ripert, Traité pratique de droit civil français, T. VI, 1952, n°286.

[5]. F. Terré, Ph. Smiler, Y. Lequette, Les obligations, *op. cit.*, n°665.

[6]. En ce sens, AP, 1er décembre 1995, Bull. n°9 : « Lorsqu'une convention prévoit la conclusion de contrats ultérieurs, l'indétermination du prix de ces contrats dans la convention initiale n'affecte pas, sauf dispositions légales particulières, la validité de celle-ci, l'abus dans la fixation du prix ne donnant lieu résiliation ou indemnisation »

sanction complémentaire pour la réparation de l'intégralité du préjudice.

A.2.2. La responsabilité civile.

S'agissant des abus sur le marché, la victime étant tiers au contrat, la responsabilité civile incombant à l'auteur de l'abus est délictuelle.

La finalité de la responsabilité civile délictuelle, est d'établir la faute de l'auteur de l'abus, afin d'attribuer des dommages-intérêts à la victime pour la réparation de son préjudice subi [1]. Les systèmes juridiques contrastent quant à la nature des dommages intérêts à allouer à la victime. Certains s'accordent à allouer des DI simples, d'autres des DI punitifs. Le contentieux subjectif de la concurrence remplissant une fonction réparatrice contrairement au contentieux objectif poursuivant une fonction punitive, la responsabilité civile doit à notre sens s'attacher strictement à la réparation intégrale du dommage [2]. A l'opposé les DI punitifs, sur le modèle des treble damages du droit américain[3], permettent d'allouer à la victime un montant de DI supérieur à celui qui correspond au dommage subi. L'intérêt du système est non seulement de sanctionner plus sévèrement l'auteur de la pratique, mais d'inciter également les victimes à exercer l'action[4]. Le choix par les autorités américaines des dommages intérêts punitifs, se justifie par l'importance qu'elles accordent à la Privat enforcement dans la sanction des abus de puissance anticoncurrentiels. En revanche, dans notre système juridique l'objectif de dissuasion est assuré par l'exercice de l'action publique en vertu de laquelle l'autorité de la concurrence prononce des amendes administratives, la réparation étant exercée par le biais de l'action consécutive. Enfin, la troisième possibilité est le prononcé par la juridiction d'une amende civile à allouer au trésor public, sans néanmoins être entachée du vice d'enrichissement indu de la victime comme c'est le cas des DI punitifs[5].

---

[1]. G. Viney, Traité de droit civil. Introduction à la responsabilité, LGDJ, 2e éd., 1995, n°36 ; A. Tunc, « La fonction d'indemnisation de la responsabilité civile », Mélanges offerts à Dorhout Mess., P. 143.

[2]. A. S. Choné, Les abus de domination, LGDJ, 2010, supra 485, p. 315.

[3]. Issus du Clayton Act de 1914.

[4]. M. Chagny, « La notion de dommages intérêts punitifs et ses répercussions sur le droit de la concurrence », JCP 2006, I, 149.

[5]. M. Béhar. Touchais, « L'amende civile est-elle un substitut satisfaisant de dommages intérêts punitifs ? », LPA 20 novembre 2002.

Notre choix d'une responsabilité civile cantonnée à la réparation du dommage, est corroboré par le Professeur Bénabent qui préconise que si la responsabilité délictuelle a souvent pour résultat de sanctionner, ce n'est pas sa fonction[1]. Assigner à la responsabilité une fonction de répression, c'est la détourner de sa finalité naturelle de réparation. Ni la punition de l'auteur de la pratique, ni la confiscation du bénéfice qu'il a indument retiré, ne relèvent du domaine de la responsabilité civile. Affirmer le contraire reviendrait à opérer une confusion entre le contentieux subjectif et le contentieux objectif. Pire, ce serait insinuer que les résultats de l'action publique ne sont pas satisfaisants, l'action civile devant prendre alors le relais. Si la répression assurée par l'action publique est jugée insuffisante pour être réellement dissuasive, c'est celle-ci qu'il faut renforcer et non attribuer à l'action civile, une mission qui lui est étrangère.

En définitive, nous proposons de cantonner la responsabilité civile à une fonction de réparation intégrale du dommage de la victime puisque ; c'est cette dernière qui est au centre du mécanisme de réparation[2].

Par ailleurs, pour la réparation intégrale du préjudice, le juge doit prendre en compte la perte éprouvée et le gain manqué issu de la pratique abusive. Les opérateurs économiques devront être replacés dans la situation dans laquelle ils seraient si elle n'avait pas eu lieu. Ainsi si le préjudice est subi par un concurrent, il faudra indemniser sa perte de chance de tirer profit de la clientèle perdue. S'il est subi par les consommateurs, seul le dommage issu d'un éventuel passing pourra être réparé.

---

[1]. A. Bénabent, « La mise en jeu de la responsabilité civile », LPA 20 janvier 2005, p. 31.

[2]. S. Carval, La responsabilité civile dans sa fonction de peine privée, LGDJ 1995, n°118e s, d'après qui le droit de la concurrence devrait tenir compte des profits réalisés par l'auteur de la pratique : « A supposer que le préjudice puisse être exactement évalué, il n'est même pas certain que l'indemnité compensatrice suffise à assurer une sanction suffisamment dissuasive de la faute commise. En matière de concurrence, plus qu'en toute autre, il est en effet irréaliste d'envisager le dommage causé indépendamment de ce qui apparait comme son corollaire, le bénéfice retiré de l'acte fautif par son auteur ». Nous reprochons à l'auteur de ne tirer ses exemples que de la concurrence déloyale, et des pratiques restrictives de concurrence et, de ce fait, de ne pas tenir compte du rôle joué par l'Autorité de la concurrence en matière d'abus anticoncurrentiels.

En outre, l'exonération par le fait de la victime ou du tiers doit être prise en compte dans l'établissement de la responsabilité civile de l'auteur de l'abus. Cette exonération peut être totale ou partielle selon le degré de la faute de la victime excepté celle du tiers. Dans ce dernier cas le défendeur supportera l'intégralité de la réparation même si plusieurs coauteurs ont concouru au dommage. Ce principe de l'obligation (solidium) solidaire vise à éviter de faire supporter à la victime les inconvénients liés à la division des poursuites[1].

Si en droit positif la décision rendue par l'autorité de la concurrence n'a pas d'effet contraignant à l'égard du juge judiciaire ; cette situation signifie que l'identité entre la faute concurrentielle et la faute civile est loin d'être acquise. On souhaiterait que le législateur prévoie une telle identité qui permettrait de déduire la faute civile de la faute concurrentielle, et empêcherait de voir une faute civile, là où l'autorité de la concurrence a décidé qu'il n'y'a pas de faute concurrentielle. Ce principe d'unité, présente l'avantage d'alléger la preuve devant le juge judiciaire, facilitant ainsi l'action civile. Il n'évite cependant pas le risque de contrariété de décisions, puisque l'autorité de la concurrence et le juge civil ne statuent pas sur le même fondement- droit de la concurrence pour le premier, droit civil pour le second.

B. Sanctions des abus de puissance économiques résultant des pratiques restrictives de concurrence

Les sanctions susceptibles d'être prononcées pour lutter contre les abus de puissance économique résultant des pratiques restrictives de concurrence se répartissent en deux catégories : des sanctions civiles, annulation accompagnée de la répétition de l'indu et la responsabilité

[1]. Deux opinions se sont affrontées quant au fondement de l'obligation in solidium. Pour les uns, elle se justifie par l'indivisibilité du lien de causalité (F. Chabas, L'influence de la pluralité des causes sur le droit à réparation, LGDJ, 1967 ; B. Starck, « La pluralité des causes de dommage et la responsabilité civile, JCP 1970, I, 2339. Pour les autres elle vise à offrir une garantie à la victime (J. Boré, Le recours entre coobligés in solidium », JCP 1967, I, 2126 : « L'obligation in solidium se justifie donc surtout comme une garantie de paiement accordée à la victime, lorsque le dommage a plusieurs auteurs : il ne faut pas que cette pluralité d'auteurs rende plus difficile l'action de la victime ; et il est même opportun qu'elle en accroisse l'efficacité, chacun se faisant garant de la solvabilité des autres »). V. G. Viney et P. Jourdain, Traité de droit civil. Les conditions de la responsabilité, sous la dir. J. Ghestin, LGDJ, 3é éd, 2006, n°405 et s.

délictuelle (B.1), et des sanctions répressives que l'on peut qualifier de « para pénales », amende civile et cessation des pratiques (B.2). Au Maroc, les problématiques relevées précédemment en matière d'actions contre les pratiques restrictives et la possibilité pour certaines autorités publiques de demander le prononcé de sanctions de nature civile au lieu et place de la victime ne se posent pas, puisque l'action civile est intenté strictement par cette dernière donnant lieu au prononcé par le juge judiciaire de sanctions de nature civile, tandis que les sanctions répressives sont prononcés à la suite de la mise en mouvement de l'action publique par le procureur du Roi au vu des PV des enquêteurs du Conseil de la concurrence établissant les infractions.

B.1 Les sanctions répressives.

Les pratiques restrictives sanctionnées en tant qu'atteinte à des intérêts particuliers, doivent l'être de manière suffisamment sévère pour que l'objectif de dissuasion soit rempli. Or de simples sanctions civiles sont apparues insuffisantes. L'article 78 de la loi 104-12, prévoit des sanctions allant de 5000 à 300 000 dirhams en cas d'infraction aux dispositions du chapitre I du titre VI, c'est-à-dire à l'encontre de celui qui se rend coupable de pratiques restrictives tel qu'étudié plus haut. Cette amende peut être portée au double en cas de récidive de l'auteur dans une durée de 5 ans. La loi a donc adjoint un dispositif de nature « para pénale »[1] : une amende civile. Son montant est fixé en fonction de la gravité intrinsèque de la pratique. En droit comparé l'article L.442-6, III du code de commerce français fixait seulement un plafond placé à hauteur de 2 millions d'euros. Désormais en France pour éviter que la faute soit lucrative[2], il est prévu que l'amende conformément au même article puisse « être portée au triple du montant des sommes indument versées ». En dépit de l'abandon par le code de commerce français de l'incrimination per se des pratiques restrictives telles que prévues par la loi 104-12, celui-ci en prévoit d'autres comme par exemple « le fait pour une entreprise

[1]. A. Pirovano, « Droit de la concurrence et progrès social (après la loi NRE du 15 mai 2001) », D. 2002, p. 62 : qui emploie la formule de « repénalisation du droit des pratiques restrictives ».

[2] . V. M. Béhar. Touchais, « L'amende civile est-elle un substitut satisfaisant à l'absence de dommages-intérêts punitifs ? » LPA 20 nov. 2002, p. 36

de rompre brutalement, même partiellement, une relation commerciale établie, sans préavis écrit tenant compte de la durée de la relation commerciale et respectant la durée minimale de préavis déterminée, en référence aux usages du commerce, par des accords interprofessionnels ». L'article L. 442-6 III prévoit en outre que l'amende peut atteindre 5 % du chiffre d'affaires hors taxes réalisé en France par l'auteur des pratiques lors du dernier exercice clos depuis l'exercice précédant celui au cours duquel les pratiques mentionnées au présent article ont été mises en œuvre.

Ces amendes doivent à notre sens, être proportionnelles aux gains espérés par l'auteur de la pratique. On constate une sévérité du législateur français, à l'égard des auteurs des pratiques restrictives comparativement avec son homologue marocain qui prévoit des montants d'amende civile qui nous semble susceptible d'être inférieurs aux gains pouvant être réalisés à la suite de la commission des pratiques restrictives.

Il est en outre à noter, que l'amende civile n'est pas attribuée à la victime mais à l'Etat, à l'instar d'une amende pénale. La crainte de l'enrichissement indu de la victime a fait préférer l'amende civile aux dommages-intérêts punitifs qui remplissent le même objectif.

Au Maroc, seul le ministère public a une compétence exclusive pour demander le prononcé de sanctions répressives là où en France le ministre de l'Économie et le Président de l'Autorité de la concurrence disposent également de cette faculté. Cette possibilité correspond à la finalité poursuivie : la répression et la dissuasion des auteurs des pratiques restrictives de concurrence. La prévision d'une sanction para –pénale peut se concilier avec l'objectif de protection des intérêts particuliers. Ainsi s'agissant de l'intervention des autorités publiques pour la répression des pratiques, M. Raynard, considère que « leur pouvoir d'action pour voir juger la cessation des pratiques illicites et le paiement d'une amende civile pourrait se justifier s'agissant de faire respecter un ordre public économique »[1].

B.2 Les sanctions civiles.

Les sanctions civiles visent en premier lieu à réparer les dommages causés aux particuliers. Accessoirement, le marché peut également bénéficier de l'annulation des contrats rattachés à des pratiques

---

[1]. J. Raynard, « Le ministre, le juge et le contrat. Réflexions circonspectes à propos de l'article L. 442-6, III du code de commerce, JCP 2007, p. 1864.

restrictives de concurrence[1]. Mais s'il en bénéficie, ce n'est que de manière contingente ; le droit des pratiques restrictives répond en premier lieu à une logique contractuelle, l'objectif poursuivi étant la protection de l'agent économiquement dominé. La nullité devrait donc être relative[2]. Pour les autres sanctions civiles, répétition de l'indu et réparation du préjudice par le biais de la responsabilité délictuelle, l'objectif est de protéger les intérêts privés.

Cela étant dit, notre réflexion portera sur les sanctions pénales revêtant un aspect répressif et dissuasif en soulignant leur intérêt dans la législation marocaine sur la concurrence.

Paragraphe 2 : Les sanctions pénales des abus de puissances anticoncurrentiels

Le législateur marocain prévoit des sanctions de nature pénale incluant l'amende pénale et l'emprisonnement pour la répression des auteurs des pratiques anticoncurrentielles. Pour ce faire, il exige pour qualifier l'abus, un élément moral sous forme de mauvaise foi et manœuvre frauduleuse et même la simple imprudence. L'approche pénale s'attache à la qualification d'un acte positif ou passif (omission ou commission). La loi institue ainsi une sanction simplifiée ou aggravée. D'une autre façon la mise en œuvre du dispositif pénale ne concerne que les personnes physiques, et est subordonnée à leur participation personnelle et déterminante à la pratique condamnée et au caractère frauduleux de cette participation[3].

En droit comparé, aucun consensus sur l'opportunité de la sanction pénale en droit de la concurrence ne se dégage parmi les Etats menant une politique de la concurrence comme le relèvent les études menées par l'OCDE[4]. La question de la pénalisation du dispositif de concurrence relève de la marge d'appréciation des Etas ; même entre

---

[1]. Contra : C. Koering, « Pratiques restrictives de concurrence : un autre regard sur l'irrecevabilité de l'action propre au ministre de l'économie », JCP 2007, p. 2427.

[2]. V. sur ce point, F. Terré, Ph. Simler, Y. Lequette, Les obligations, op. cité, n°391.

[3]. Article 75 de la loi 104-12 sur la liberté des prix et de la concurrence

[4]. OCDE, Policy roundtables. Remedies and sanctions in abuse of dominance cases, 2003, disponible sur www.oecd.org/

Etats membres les solutions ne sont pas harmonisées[1]. Entre ceux où seule la sanction pénale existe[2], à l'exclusion d'autres sanctions administratives, et ceux où la sanction pénales est absente[3], il y'a diverses manières de combiner la sanction pénale avec d'autres sanctions plus spécifiques comme les sanctions civiles et concurrentielles[4]. Par ailleurs si au Maroc le dispositif pénal ne touche que les personnes physiques, en France avec la loi Perben II du 9 mars 2004, on a assisté à une généralisation de la responsabilité pénale aux personnes morales[5].

Nous analyserons les spécificités et les fondements des sanctions pénales (A) en mettant l'accent sur leur finalité, ensuite nous mettrons en exergue les atouts et les inconvénients de ces sanctions (B).

A : Spécificités et fondements des sanctions pénales

Après avoir mis en revue les finalités la typologie des sanctions civiles et concurrentielles, l'étude des finalités des sanctions pénales s'impose. Pour ce faire l'analyse de leur spécificité et de leurs caractéristiques permet de déceler sur quelles fondements théoriques et pratiques sont basées. La question du pourquoi avoir recours à de telles sanctions pour le traitement des abus de puissance anticoncurrentielles, permettra de prendre position quant à leur efficacité à remplir cet objectif, ou au contraire à leur inadaptation compte tenu de la panoplie des autres sanctions sus étudiées

A.1 Fondements des sanctions pénales

Le droit sanctionne toutes les infractions après leur constatation et leur qualification en tant que pratiques contraires au droit de la concurrence. La sanction de ces pratiques permet en outre de remplir les objectifs d'efficience et d'efficacité poursuivis par la science économique. La répression des pratiques contraire au droit de la concurrence, vise principalement l'instauration d'un processus

---

[1]. I. Idot, « Le droit des Etats membres de l'Union européenne, in la sanction des pratiques anticoncurrentielles par le recours à l'article L. 420-6.com, Colloque Paris du 1 » novembre 2007, Concurrences 2008/01, p. 14.

[2]. L'Irlande et l'Estonie ont opté pour le « tout pénal ».

[3]. La majorité des Etats membres de l'UE notamment : l'Allemagne, l'Italie, l'Espagne, la Belgique.

[4]. Notamment la France, V en ce sens l'article L. 420-6 du code de commerce français.

[5]. B. Bouloc, « une repénalisation sournoise du droit de la concurrence », RLC aout/oct. 2005. P. 53.

concurrentiel où les agents économiques s'abstiennent d'enfreindre les règles établies par la loi.

La prédéfinition des pratiques réputés anticoncurrentielles et des sanctions pénales qui leur sont applicables étant une mission régalienne de l'Etat, trouve son fondement dans le rôle directeur joué par l'Etat. Ce rôle consiste à prohiber toute entrave et distorsion de la concurrence, à lutter contre l'éviction des concurrents ou des partenaires des entreprises disposant d'un important pouvoir de marché, et à prévenir toute modification notable de la structure de la concurrence sur le marché

Il est à rappeler, que c'est en fonction de la dangerosité de l'acte, que dépend la sévérité de la sanction à l'égard des auteurs des infractions aux règles du droit de la concurrence. Poursuivant les objectifs de dissuasion et de punition, la sanction pénale du point de vue du raisonnement économique n'est pas individualisée en considération des gains illicites induis par l'abus. L'approche économique de la sanction, s'articule également autour des préjudices subis et de la probabilité de détection des comportements illicites[1], et considère qu'une sanction ne puisse être efficace que si l'entreprise auteur de l'abus ait pris conscience que la sanction prévisible dépasse les gains réalisables à la suite de la commission de l'abus[2].

A.2 Spécificités des sanctions pénales

La sanction pénale qui devrait être aussi sévère que la gravité de l'infraction, n'est pas seulement composée d'une amende, mais aussi de peines privatives de liberté. Une partie de la doctrine[3] suggère pour des raisons d'efficacité, de ramener l'emprisonnement à un équivalent monétaire. Cette opinion rappelle que l'emprisonnement est d'une nature particulièrement étrangère au domaine des affaires.

La responsabilité pénale des personnes physiques soupçonnées avoir commis des abus est prévue par la loi 104-12 qui pose des conditions très strictes de sa mise en œuvre lorsqu'elle exige que la personne incriminée doive avoir pris frauduleusement une part « personnelle et déterminante « dans la conception ou la mise en œuvre, par n'importe quel moyen, de cette pratique anticoncurrentielle »[4].

---

1. A. Masson, Droit communautaire, Droit institutionnel et droit matériel, Larcier, 29 oct. 2009, p. 449.
2. A. L. Sibony, Le juge et le raisonnement économique, Dalloz, 2009 *op. cit.* p. 210
3. Dominique Grisay, Introduction au droit belge de la concurrence
4. Article 75 de la loi 104-12.

A.3 Finalité des sanctions pénales.

Le traitement pénal des pratiques anticoncurrentielles semble ne pas être la seule condition pour la dissuasion[1], mais il n'en demeure pas moins que la sanction pénale vise à pénaliser les dirigeants d'entreprises lorsqu'ils sont tentés de recourir à des pratiques anticoncurrentielles[2].

De même, les sanctions pénales déterminées par la loi ne sont en fait applicables que si leur qualification ne peut revêtir un caractère plus grave, conformément aux dispositions du code pénal[3].

En outre, la présence d'un dispositif pénal au sein du dispositif légal du droit de la concurrence, est de nature à dissuader les auteurs qui auraient mis en œuvre des pratiques abusives sur le marché. La menace dépassant le côté financier, touche ainsi la personne et la liberté de l'auteur[4].

Si le Maroc a mis en place un dispositif juridique optant pour les sanctions « civiles et pénales », la controverse doctrinale sur la question révèle une divergence manifeste quant à l'application des sanctions revêtant une dimension pénale aux pratiques anticoncurrentielles[5]. En effet, certaines réserves sont formulées quant à l'inadaptation de ces sanctions pour les abus de position dominante. On préconise que la sanction pénale présente une certaine efficacité puisqu'elle touche l'intégrité des personnes et produit un effet que les autres sanctions civiles ou concurrentielles ne parviennent à produire à l'égard des contrevenants et les récalcitrants.

En résumé, dans le cadre d'une politique de concurrence, l'utilité de la peine se mesure en droit comparé à l'aune de son caractère financier dissuasif et pénal, c'est-à-dire sa propriété à inciter les opérateurs économiques à ne pas mettre en œuvre des pratiques anticoncurrentielles et à y renoncer. Le maintien de l'emprisonnement

---

1. J. Dupouey, Passeport pour le Japon des affaires, L'Harmattan, 2008, p. 200, disponible sur books.google.co.ma/books ?isbn=2296061532.

2. B. Bouloc, « La sanction judiciaire des pratiques anticoncurrentielles par voie pénale », Petites affiches, 20 janv. 2005.

3. M. D. A. Machichi, Droit commercial fondamental, Fadela 2006. p. 298

4. J. Alaoui, La justice négociée en droit pénal économique, Colloque, « La justice négociée en droit économique dans 'espace francophone »

5. A. S. Choné, Les abus de domination, LGDJ, 2010, l'auteure souligne des réserves quant à l'application des sanctions pénales aux pratiques anticoncurrentielles et préconise qu'elles ne sont pas compatibles avec ce genre d'infractions économiques.

dont sont passibles les personnes physiques en est le moyen et la manifestation. Cependant on relève à travers la subordination de la sanction au caractère frauduleux de la contribution des dirigeants aux pratiques prohibées, une inadéquation patente du texte de l'article 75 de la loi 104-12 en ce qui concerne les pratiques abusives. Ce texte est d'une application malaisée, dans la mesure où il est difficile d'établir le caractère frauduleux de la participation des auteurs personnes physiques. La sanction pénale est donc peu appliquée et les standards de preuve élevés en matière pénale font que la jurisprudence reste peu abondante pour ne pas dire quasi inexistante.

Il est à préciser, qu'une tendance actuelle, préconisant que la dissuasion ne passe pas nécessairement par la sanction pénale, cherche à dépénaliser le droit de la concurrence en dépit de la persistance d'ordres juridiques défendant le recours à de telles sanctions.

B. Atouts et inconvénients des sanctions pénales :

La présence d'un dispositif pénal n'offre en réalité, qu'un seul atout : son effet de dissuasion. Plusieurs études ont récemment montré que seule la sanction pénale, est susceptible de dissuader certains opérateurs d'adopter des comportements anticoncurrentiels : la menace n'est plus seulement financière, elle touche la personne, via la crainte de l'emprisonnement[1]. Ce constat conduit une minorité de la doctrine en Europe à proposer le renforcement du dispositif pénal[2]. Mais la dissuasion devrait normalement rester une mission propre aux autorités de la concurrence. Et le fait de coupler les sanctions pénales aux sanctions concurrentielles pourrait remettre en cause la crédibilité et la mission des autorités compétentes en la matière, et à dénoncer l'inefficacité des sanctions concurrentielles.

Ensuite, la sanction pénale apparait inadaptée aux pratiques abusives dont le caractère anticoncurrentiel se déduit de l'effet qu'elles produisent. La gravité et l'illicéité commise n'est pas intrinsèque et dépend d'éléments extérieurs à l'auteur de la pratique,

---

[1]. Les travaux réalisés dans le cadre de l'OCDE aboutissent à cette conclusion concernant les ententes : OECD, Policy Roundtables, Cartels sanctions against Individuals, 2003, mais pour les abus de positions dominante, la position est plus nuancée : OECD, Plicy Rountables. Remedies and sanctions in abuse of dominance cases, 2003. Les deux documents sont disponibles sur www. Oecd.org.

[2]. Wouter PJ Wils, Efficiency and justice in European Antitrust Enforcement, Hart. Publishing, 2008.

ce qui ne sied guère à une qualification pénale dont la gravité de la faute commise constitue la raison d'être. C'est ce qui amène un nombre d'auteurs à proposer de cantonner la sanction pénale aux ententes horizontales injustifiables[1], l'utilisation de la sanction pénale ne convenant pas aux abus anticoncurrentiels.

De plus seules les sanctions pénales, produisant un effet différent de celui résultant d'autres sanctions, sont efficaces, ce qui renvoie à dire que seules les sanctions touchant l'intégrité de la personne physique doivent être conservées.

Conclusion du chapitre 2 :

Les actions contre les abus de puissance économique en droit de la concurrence sont multiples. On distingue l'action publique destinée à la protection de l'intérêt général porté devant les régulateurs, et l'action privée qui a vocation à réparer le préjudice subi par la victime intentée devant le juge judiciaire. Ainsi l'action civile est introduite strictement par la victime, malgré le fait qu'elle puisse être intentée par certaines autorités publiques en France notamment le ministre de l'Économie et l'Autorités de la concurrence en matière de pratiques restrictives de concurrence. Cette action permet, tant l'effacement de l'abus, que la réparation de ses conséquences dommageables. Par ailleurs conformément à la mission d'intérêt général qu'elle poursuit, l'action publique est ouverte largement pour faciliter sa mise en œuvre. Nous soulignons que l'action civile renforce l'efficacité du dispositif concurrentiel notamment lorsqu'elle est introduite concomitamment à l'action publique.

Si en droit de la consommation, l'action en représentation conjointe prévue par la loi 31-08 parait inefficace pour assurer la réparation des préjudices de masse subis collectivement par les consommateurs, c'est parce que le mandat de ces derniers est difficile à se procurer. Pour répondre aux carences de cette action, le droit comparé prévoit une nouvelle voie procédurale en prévoyant l'action de groupe ou la classe action qui semble mieux adaptée pour la réparation les préjudices de masse subis par les consommateurs.

Les sanctions prévues par le droit de la concurrence remplissent une double fonction résidant dans la répression des comportements anticoncurrentielle et la régulation du marché. Les sanctions de nature

[1]. L. Idot, « Le droit des Etats membres de l'Union Européenne », art précité.

civile quant à elles permettent de remplir l'objectif de réparation intégrale du préjudice subi par la victime qu'elle soit contractant ou seulement concurrent. Les sanctions pénales s'adjoignent aux sanctions purement concurrentielles et remplissent le même objectif de dissuasion. Il nous semble que le cumul de ces dernières est inefficace notamment l'amende pénale puisqu'elle poursuit la même finalité que l'amende administrative prononcée par le Conseil de la concurrence. A l'opposé, l'emprisonnement des personnes physiques ayant participé à des pratiques recensées par l'article 6 et 7 de la loi 104-12, peut constituer un moyen sûr de dissuasion, qu'il faudrait privilégier vue la dangerosité des infractions au droit de la concurrence.

Conclusion générale

Confié à des autorités de régulation, l'ordre public concurrentiel n'est pas figé. Il s'adapte aux réalités économiques pour parvenir au but qui est le sien : permettre le meilleur fonctionnement des mécanismes économiques par le biais d'une régulation de la puissance économique sur les marchés afin de prévenir et de sanctionner les abus.

L'ordre public concurrentiel n'est pas pour autant qu'un instrument d'une politique économique avec ce qu'une telle politique comporte de circonstanciel, de conjoncturel. Depuis l'entrée en vigueur de la loi 104-12, les pouvoirs publics ne peuvent plus utiliser désormais la politique de concurrence strictement comme moyen de mettre en œuvre la politique économique qu'il leur appartient d'arrêter. La définition de l'ordre public concurrentiel leur est opposable, notamment parce qu'il procède de sources internationales qui priment sur les normes internes. L'attractivité des investissements étrangers est conditionnée par le respect de cet ordre public.

Il est à souligner d'un autre point de vue que, l'ordre public concurrentiel n'est pas une notion abstraite qu'il convient d'isoler du contexte économique général. Ainsi, le contenu de l'ordre public concurrentiel, se trouve-t-il à mi-chemin entre un ordre public d'origine purement juridique, et donc quelque peu figé par la lettre de la loi, et une politique économique susceptible de varier selon les circonstances et les choix de politique générale. La raison de cette profonde originalité se trouve dans la composante économique de l'ordre public concurrentiel qui doit s'adapter aux réalités changeantes de l'économie.

Cela dit, il y'à lieu de souligner que désormais, l'ordre public concurrentiel, conditionne l'agenda des gouvernements en matière de choix de politique économique. D'ailleurs l'attractivité des IDE est tributaire en grande partie de l'instauration d'un ordre public concurrentiel dans notre pays et dans les pays du Sud en général.

Un rapport de la CNUCED sur la politique multilatérale de concurrence et le développement économique préconise que pour les pays en développement, il ne suffit pas de parvenir à l'efficacité statique et de garantir aux consommateurs des prix bas à court terme comme c'est le cas pour les pays industrialisés: il leur est également essentiel, d'assurer la croissance de la productivité à long terme, condition indispensable à l'augmentation des salaires réels. Cela exige notamment, de gros investissements qui, dans une économie fondée sur l'entreprise privée, dépendent du bon vouloir, et des moyens des entrepreneurs. Il faut donc que les profits soient raisonnables et stables pour ne pas les dissuader d'investir.

Nous nous interrogeons, si cette conclusion du rapport de la CNUCED est aussi vérifiable pour les pays prétendant à l'émergence, tel le Maroc qui a réalisé d'importants efforts en termes d'investissements publics et de financement des infrastructures? La réponse est nuancée dans la mesure où notre pays doit veiller doublement à garantir des profits raisonnables aux investisseurs, ainsi qu'à garantir des prix proportionnels au pouvoir d'achat des consommateurs, à travers une régulation de la puissance économique.

Dans ce contexte inflationniste incertain, il nous parait d'ailleurs primordial, que la garantie des prix bas aux consommateurs est aussi bien l'apanage des pays du Nord, que ceux du Sud. Nous soulignons les grands avantages que tireraient les pays du Sud en général et le Maroc en particulier en termes d'attractivité des IDE, en veillant à garantir et renforcer une régulation efficace de l'économie. D'ailleurs, comme notre pays s'est engagé déterminément dans des actions d'envergure pour la captation des IDE, en proposant une offre diversifiée telle l'offre hydrogène vert récemment proposée aux divers investisseurs par le gouvernement, il est fondamental de veiller à assurer une régulation du marché en contrôlant les comportements des acteurs.

Il est toutefois à souligner que, le changement de paradigmes tenant particulièrement à l'adhésion de fait et de droit aux principes de l'économie de marché qui sous entendent le respect de l'ordre public concurrentiel, n'est pas exempt d'obstacles tenant particulièrement aux mentalités résistantes et réactionnaires. Nous soulignons qu'en dépit des difficultés conjoncturelles, ces résistances se dissipent peu à peu grâce aux réformes législatives majeures. Le parachèvement et l'aboutissement de ces réformes, nécessitent en revanche de la maturité, du suivi et une évaluation, capable de changer ces mentalités ainsi que la culture des citoyens, et opérer une refonte institutionnelle qui réponde aux attentes de toutes les parties prenantes. Certes le droit et les politiques sont là, mais la gestation d'une volonté de changement s'inscrit dans la durée, et ne peut émaner de facteurs conjoncturels ou d'un certain pragmatisme opportuniste quelle qu'en soit la nature.

Ce changement et ce besoin d'adaptation sont tant souhaitables à cette nouvelle ère du numérique où le besoin de régulation se fait davantage de plus en plus sentir.

Bibliographie

- Alaoui. J, La justice négociée en droit pénal économique, Colloque, « La justice négociée en droit économique dans 'espace francophone »

Amiller., « Of Frankenstein Monstrs and Schining Knights: Myth, Reality and the class action problem », Harvard Law Review 1979, 664.

Amsellem M, Vialens. J L'application en France du droit des pratiques anticoncurrentielles, LGDJ, 2008, n°178.

Amsellem. M et Vialens. J, L'application en France du droit des pratiques anticoncurrentielles, LGDJ, 2008, n° 382.

Arhel. P, « Les pratiques de prix imposés », étude DGCCRF, 1992.

Arrêt n° 362 de la chambre commerciale de la Cour de Cassation marocaine, rendu le 04/03/2009, n° du dossier 1520/3/1/2006.

Arrêt T 210/01 GE/ Commission, n°65.

Arret T 210/01, n°429 General Electric/ Honeywell du Tribunal de première instance (deuxième chambre élargie) du 14 décembre 2005.

General Electric Company contre Commission des Communautés européennes.

Arrêt T-464/ 04 n° du Tribunal de première instance (troisième chambre) du 13 juillet.

Arrêt T-464/04 point n° 10, du TPICE

Arrêt T-5/02, Tetra Laval/Commission, Rec. P.II-4381.

Arrêt Tetra Laval c/ Commission T-5/ 02, n° 142.

Arrêt T-R/02 n°199 DU TRIBUNAL (première chambre) 25 octobre 2002 entre Tetra Laval/Sidel contre la Commission des communautés européennes relatif au contrôle des concentrations

Auget Y « Nouvelles régulations économiques et nouveaux contentieux du droit de la concurrence devant les tribunaux de commerce », LPA 2 septembre 2004, p. 3., spéc n° 32.

Auguet Y, « Nouvelles régulations économiques et nouveaux contentieux du droit de la concurrence devant les tribunaux de commerce », LPA 2 septembre 2004, spéc. N°35.

Auguet, « Nouvelles régulations économiques et nouveaux contentieux du droit de la concurrence devant les tribunaux de commerce », LPA 2 septembre 2004, spéc. N° 29 et s

Auloy. J. C, « Pour mieux réparer les préjudices collectifs. Une « class action à la française ? », Gaz. Pal. 28 et 29 sept. 2001, doct., p. 1478.

Avis de l'Autorité de la concurrence française n° 03-A-07 du 21 mai 2003 http://www.autoritedelaconcurrence.fr/pdf/avis/04a17.pdf (page consulté le 5/3/2013).-

Avis de l'autorité de la concurrence française n°04-A-17 du 14 octobre 2004 http://www.autoritedelaconcurrence.fr/pdf/avis/03a07.pdf (page consulté le 13/aout/2013.

Avis du conseil de la concurrence français, 07-A-06 n°88-89 : CAFOM/FINCAR.

Avis du Conseil de la concurrence relatif aux conditions d'attribution par les sociétés d'autoroutes des autorisations d'installations commerciales sur les aires autoroutières, n°04-A-06, BOCC, 6 septembre 2004.
Avis n° 23/ 12 du Conseil de la Concurrence marocain rendu le 15 mai 2012, sur la situation de la concurrence dans le secteur du Tabac. Arrêt du TPICE du 30 septembre 2003 dans l'affaire n° T-203/01 TPICE.
Avis n°11/19 du 22 décembre 2011 relatif à l'affaire de l'insuline.
Avis n°17/11 du 26 septembre 2011 sur le projet de concentration Shelle-Vitol-Helios dans le secteur pétrolier.
Avis n°5/9 du 7 septembre 2009 sur la situation de la concurrence dans le marché du livre scolaire
Bain. J, «Relation of profit rate to industry concentration; American manufacturing 1936-1940", Quarterly Journal of Economics, 1951, vol.65.
Beauchard. J, Droit de la distribution et de la consommation, PUF, coll. « Thémis », 1996.
Behar. Touchais M et Virassamy. G, Traité des contrats. Les contrats de distribution, LGDJ 1999.
Béhar. Touchais M., « L'amende civile est-elle un substitut satisfaisant à l'absence de dommages-intérêts punitifs ? » LPA 20 nov. 2002.
Bénabent. A, « La mise en jeu de la responsabilité civile », LPA 20 janvier 2005.
BENAMOUR. A Concurrence et régulation : quelle stratégie ? Table ronde organisée par la chambre de commerce britannique (British Chamber of commerce for Morocco », le 06 décembre 2011.
BENAMOUR. A Le sens et la dimension institutionnelle de la régulation concurrentielle. In Les autorités de la concurrence : interrelation et apports avec les pouvoirs exécutif et judiciaires, Actes de colloque organisé par l'Ecole Nationale d'Administration le 29 janvier 2004. RFAP, n°109, 2004, In la régulation nouveaux modes, nouveaux territoires ? .
Benamour. A, Concurrence et régulation économique, vecteurs d'émergence. In Culture et de la Concurrence, l'An I du conseil de la concurrence, REMALD, Collection « Thèmes actuels ».
BERNITZ. U, « Harmonisation et coordination de législation du marché. La notion du droit du marché », RTD com 1971.
Beyneix. I, « L'unification prétorienne du vice de violence économique en droit privée, LPA 25 aout 2006.
BIAOLAY J. J, Aspects du droit de la concurrence appliqué à la publicité, Jurisclasseur Concurrence consommation, fascicule 145, 1996.
Bigot. Préameneu, in Recueil complet des travaux préparatoires du code civil, A. Fenet T. XIII.
- BIOLAY J. J, droit de la concurrence en matière audiovisuelle. Jurisclasseur Concurrence consommation, fascicule 140, 2002.
BLAISE, Le statut juridique des ententes économiques dans le droit français et le droit des communautés européennes, n° 85 et s.
- BLAISE. J. B, "Le statut juridique des ententes économiques dans le droit français et le droit des Communautés européennes", Thèse Nancy, 1964, § 144.
Boge Dr Ulf, « Cinq ans à la tête du Bundeskartellamt », Concurrences 2005/03.

Bolard. G, Rapport, in Principes de procédure et efficacité : Du droit commun civil et pénal et Droit de la concurrence et de la bourse, JCPE 1993, CDE n°5.

- BONASSIES. P, "Les fondements du droit communautaire de la concurrence : la théorie de la concurrence moyenne", Mélanges Weill, 1983.

Boré. J, Le recours entre coobligés in solidium, JCP 1967, I, 2126

Boré. L « L'action en représentation conjointe : class action française ou action mort née ? ». D. 1995.

Bouayad. M H, articulation entre régulateurs sectoriels et autorités de la concurrence, éd, 2013.

Bouayad. M. H, Le plaidoyer face aux rentes indues du fait des structures socioéconomiques, In, le plaidoyer dans la politique de la concurrence et la lutte contre les rentes, Actes des troisièmes assises de la concurrence organisées par le Conseil de la concurrence marocain le 14 et 17 décembre 2011 à Tanger.

Bouayad. M. H, Les procédures négociées en droit de la concurrence, efficacité et limites dans le contexte marocain, Colloque, « la justice négociée en droit économique dans l'espace francophone », organisé par le laboratoire Centre de droit des obligations et des contrats en partenariat avec UPVD-IDCDM (Université de Perpignan Via Domitia-DCDM) Fès le 13/06/2013.

Bougette. P et Montet. Ch, « Doutes sur les remèdes non structurels dans le contrôle des concentrations », préc., estimant que de tels engagements sont souvent de la « Poudre aux yeux » .

Bouloc. B, « La sanction judiciaire des pratiques anticoncurrentielles par voie pénale », Petites affiches, 20 janv. 2005.

Bouloc. B, « une repénalisation sournoise du droit de la concurrence », RLC aout/oct. 2005.

Bouloc. B, Procédure pénale, Dalloz, 20e éd., 2006, n°158.

BOUTARD-LABARDE M. C, Le droit de la distribution dans la communauté économique européenne, Thèse Paris II, 1981, t.1, n°312 et s.

BOUTARD-LABARDE M. C. et CANIVET. G , Droit français de la concurrence, LGDJ., coll. « Droit des affaires », 1994, n°109.

- Boy. L Droit économique. L'Hermès, Volume 1, Lyon, 2002.
- Brault. D, Politique et pratique du droit de la concurrence en France, LGDJ, 2004, n°849.

Bretzner. J. D, « Le boycottage face à l' « impérialisme du seuil de sensibilité », D. 2000, chron. 411.

- Bruneau. L, Contribution à l'étude des fondements de la protection du contractant th. Toulouse 2005, n° 393.

Brunet. F « Commerce électronique et droit de la concurrence », Les petites affiches, 6 février 2004, n°27.

Brunetti. N, Droit de la concurrence et droit des contrats.

C.A Paris, 30 juin 1998, SARL Héli Inter Assistance, B.O.C.C.R.F, 16 juill. 1998.

- C.J.C.E. 25 oct. 1977, aff. 26/76, Metro S.A.B.A., Rec. 1875.
- C.J.C.E. 28 janvier 1986, aff. 161/84, Rec. 353
- C.J.C.E., 11 décembre 1980, arrêt - "L'Oréal", Rec. C.J.C.E., p.3775.

- C.J.C.E., 11 décembre 1980, arrêt "L'Oréal", Rec. - C.J.C.E., p.3775.
- C.J.C.E., 13 février 1979, arrêt "Hoffman-La Roche" Rec. C.J.C.E., p.461;
- C.J.C.E., 17 décembre 1975, arrêt "Chiquita United Brands", J.O.C.E., 9 avril 1976, n°l-95;
- C.J.C.E., 17 décembre 1975, arrêt "Chiquita United Brands", J.O.C.E., 9 avril 1976, n°l-95;

CA Paris, 13/06/1991, BOCCRF 5 juill.

CA Paris, 19 janvier 1999, CCC 1999, n° 41, obs, M. Malaurie. Vignal.

CA Paris, 1re CH, 12/07/1990, BOCCRF 20 juillet,

CA Paris, 27 sep 1990 : BOCC 1990, p.383.

CA Paris, 6 juillet.1994 : BOCC 1994.

CA Versailles, 27/01/2000, D. Aff. 2000, act. Jur., p.157, JCP éd. E 2000.

CA. Colmar, 30 juin 1970, JCP 1971, II, 16609, note Y. Loussouarn.

Caballero. F, « Plaidons par procureur ! De l'anarchisme procédural à l'action de groupe », RD Civ. 1985.

Canivet. G, « Le temps dans le contrôle ex post des pratiques anticoncurrentielles. Le temps, un impératif dans l'organisation des procédures », RCC noc. / déc. 2003.

Carbonnier. J, Droit civil. Les biens. Les obligations, Coll. Quadridge, PUF, rééd. 2004, n°964.

Cass, civ, 1re, 18-15—242, 30 mai 2000

Cass. civ. 1ère, 4 février 1969, D. 1969, jur. p.601, note J. MAZEAUD.

Cass. Civ. 1re , 10 juill. 1995, D. 1997, p. 20, note P. Chauvel ;

Cass. Civ. 1re, 17 oct. 1973, inédit, pourvoi n° 70-11. 367.

Cass. Civ. 1re, 30 mai 2000, Bull. civ. N°108, D. 2002, p. 1860, note J-P. Gridel et J-P.chazal : JCP 2002, I, 184, n° 6, obs. G. Virassamy.

Cass. Civ. 1re, 30 mai 2000, Bull. civ. N°169.

Cass. Com, 3 mars 2004, Bull. IV, n° 44; RTD Com. 2004, p 463, obs. E. Claudel

Cass. Com, 8 juillet 2008, Bull. IV, n° 143.

Cass. Com. 25 janv. 2000, Sté Héli Inter c/ Sté Jet Systems, Contrats Conc. Consom. 2000, n° 61, note M. MALAURIE-VIGNAL.

Cass. Com., 2 juin 1992, Bull., n° 224.

Cass. Com., 3 oct 1995, Sté Auvray Antivol c/ Mutuelle des motards,

Cass. Com., 4 février 1997, Bull.n° 41.

Cass. Com., 4 mai 1993, Bull n°172.

Cass. com., 5 avril 1994, Bull. civ. IV, n°13, p.10; RTD civ. 1994, p.352, obs. J. MESTRE.

Cass. com., 5 octobre 1993, Bull. civ. IV, n°326, p.234, JCP éd. G. 1994, II, 22 224, note C. JAMIN.

CAZENAVE Tet autres. Crise de régulation. In Marie. Anne. Frison. Roche et autres. Risque de régulation.

Chabas. F, L'influence de la pluralité des causes sur le droit à réparation, LGDJ, 1967.

Chagny. M , « L'action de groupe vue par le Conseil de la concurrence : oui, mais… », RLC 2007/ 01, n°10.

Chagny. M, « La notion de dommages intérêts punitifs et ses répercussions sur le droit de la concurrence », JCP 2006, I, 149.

- Champaud. C, Contrôles indirects des opérations de concentration en France, Juris. Class. Concurrence.

Champaud. C, Régulation et droit économique, .R.I.D.E, numéro anniversaire, p. 6 disponible sur l'adresse suivante : http://forde-association.com/FORDE/La_concurrence_et_la_regulation/Entrees/2012/4/17_Entree_1_1_files/Regulation%20en%20droit%20economique.pdf, page consultée le 6/9/2014.

Chantepie. G, La lésion, préf. G. Viney, LGDJ, 2006, n°6.

CHAZAL J. P, De la puissance économique en droit des obligations, t. 1, n°43 et s.

CHEROT J. Y, Droit public économique, 2ème éd, Economica, 2007.

Chevrier. E, « Boycott, seuil de sensibilité et élément intentionnel », D. 2003.

Choné A.S, Les abus de domination, essai en droit des contrats et en droit de la concurrence LGDJ, édition 2010.

Choné A.S, Les abus de domination, essai en droit des contrats et en droit de la concurrence ,Thèse de doctorat de LGDJ, édition 2010.

CJCE 9 juill. 1969, VOLK c/ VERAECKE, aff. 5/69, Rec. 295.

CJCE, 10 juillet 2008, Bertelsmann AG et Sony Corporation c/ Impala et Commission, aff. C-413/06

CJCE, 11 juillet 1985, Remia BV& a. c/ Commission aff. 42/84 point 45.

CJCE, 11 nov.1986, British Leylan c/Commission, aff. 226/84, Rec. 3263, Point 9

CJCE, 13 févr. 1979, Hoffman-La Rochec/ Commission, aff. 85-76.

CJCE, 13 février . 1979, Hoffman-La Roche c/ Commission, aff. 85/ 76, Rec.

CJCE, 13 juilet 1966, Constern et Grindigc/ Commission Affaires jointes. 56 et 58-64,

CJCE, 13 juill. 1966, aff. 56/64 et 58/64,

CJCE, 13 juillet 1966, Consten et Grundig c/ Commission, aff. 56/ 64 et 58/64, Rec. 429.

CJCE, 14 juillet 1972 Sandoz AG contre Commission, 53-69.

CJCE, 14 juillet 1972, Impérial Chemical Industrie Ltd c/ Commission aff. 48-69.

CJCE, 15 mars 2007, British Airways / Commission, C-95/04 P, Rec. I-2231

CJCE, 16 mars 2000, Compagnie maritime belge transports SA, aff. 395/96, Rec. I-1365, point 44, Europe mai 2000, n°143, comm.L.Idot.

CJCE, 28 janvier 1986, Pronuptia, aff. 161/ 84, Rec. 353, point 25

CJCE, 30 juin 1966, Société technique minière contre Maschinenbau Ulm GmbH (M.B.U.) 56-65.

CJCE, 4 juin 2009, aff. C-8/08, T-Mobile Netherlands, préc.

CJCE, 4 sept. 2008, aff. C-209/07, Beef Industry, pt. 16).

CJCE, 9 juillet 1969, Voelk, aff. 5/69, Rec. 295, point 7.

CJCE, 9nov.1989, Michelin c/ commission, aff. 322/81, Rec. 3461, point 57.

CJCE, Belasko, 11 juillet 1989, 246/86.

CJCE, BNIC 30 janvier 1985, 123/83.

CJCE, Brasserie de Haecht, 12 décembre 1967, 23-67.
CJEC, 1' févr. 1978, United Brands, aff. 27-76, Rec., p. 207 ; RTD eur. 1978, note P. DELANNAY ;
CJEC, 14 février 1978n United Brands, aff. 27/76, Rec.P. 207, point 128.
Claudel. E Ententes anticoncurrentielles et droit des contrats. Thèse de doctorat en droit présentée et soutenue publiquement le 14 décembre 1994 à l'Université de Paris X-Nanterre. Page. 8 (page consultée le 8/5/2013) www.glose.ROG/th002.pdf.

- Claudel. E, « La processualisation du droit de la concurrence », in La modernisation du droit de la concurrence, LGDJ, 2006.
- Claudel. E, Ententes anticoncurrentielles et droit des contrats.

Code civil français.
Code de commerce français.
Code de procédure civile du Québec.
Code du travail français.
Code fédéral de procédure civile, 1937, amendé en 1966.
COLSON J. P, Droit public économique, 3ème édition, Paris, LGDJ, 2001.
Combe. E Quelles sanctions dans la lutte contre les cartels ? Une perspective économique, R.I.D.E n°1, 2006.
Commission Arjowiggins/ M-Real Zanders Reflex M 4513 n° 358.
Commission de la concurrence, Rapport d'activité pour 1963 à 1966.

- Commission Staff Working paper, accompagnant le livre blanc sur les actions en dommages intérêts du 2 avril 2008.

Commission, 14 février 1995, Mercedes Benz/ Kasshoher, JOCE du 6 septembre 1995.
Commission, 16 octobre 2003, ARA, JOUE n° L 75 du 12 mars 2004.
Commission, 17 déc. 1975, United Brands, JOCE n° L 95, 9 avr. 1976.
Commission, 19 juillet 1991, Tetra Pak/ Alfa Laval, déc. N° 91/ 535, JOCE n° L 290 du 22 octobre 1991.
Commission, 19 juillet 2000, Pirelli/ BICC, JOCE n° L 70 du 14 mars 2003. .
Commission, 23 avril 1986, Polypropylène, JOCE n° L. 230 du 18 aout 1986.
Commission, 24 juillet 2002, Promatech/ Sulzer, (COMP/M/268), JOUE n° L 79 du 17 mars 2004.
Commission, 26 juin 1997, Blokker-Toys'R Us, JOCE n°L 316 du 25 novembre 1998
Commission, 3juillet 2001, aff. COMP/JV. 55-Hutchison, JOUE, n° L 223 du 5 septembre 2003.
Commission, 9 déc 1971, Continental Can, JOCE n° L 7, 8 janv. 1972

- Communication de la Commission relative à la notion d'entreprise commune de plein exercice, JOCE, n°C 66 du 2 mars 1998.
- Communication de la commission relative aux restrictions directement liées et nécessaires à la réalisation des opérations de concentration, JOUE n° C 65, du 5 mars 2005.
- Communication de la commission sur la coopération entre la commission et les juridictions nationales pour l'application des articles 81 et 82 du traité CE, JOUE n° C. 101 du 27 avril 2004.

- Communication de la commission, lignes directrices concernant l'application de l'article 81, paragraphe 3, du traité, JOUE, n°C 101/ 97, du 27 avril 2002, point 21.
- Communication de la commission, Lignes directrices sur l'applicabilité de l'article 81 du traité CE aux accords de coopération horizontale (2001/C3/02), JOCE, n°C3 du 6 janvier 2001, point 3.
- Communication de minimis, préc., point 11. Et v. Cons.conc., 30 novembre 2004, Pratiques mises en œuvre dans le secteur des activités annexes des stations-services, n°04-D-63, BOCC, 31 mars 2005, point 25.
- Communication du 27 mai 1970, J.O.C.E. n° C. 64, du 2 juin 1970.
- Communication du 9 février 2009, relative aux orientations sur les priorités retenues par la commission pour l'article 82 du traité CE, aux pratiques d'éviction abusives des entreprises dominantes, JOUE, n° C.45, 24 février, point 11.
- Concentration Enso/ Stora, m 1225, n°89-92.

  Concurrence et barrières à l'entrée, OCDE, Synthèses, février 2007, « www. Oecd.org/dataoecd/23/9/38077106.pdf » (consulté le 20/06/2014).
- Cons. Conc, avis n°97-A-04, 21/01/1997, BOCCRF 17 fév, p 37.
- Cons. Conc, avis n°97-A-04, 21/01/1997, BOCCRF 17 fév.

  Cons. Conc. , 01-D-49, 31 aout 2001
- Cons. Conc. Déc ;n°96-D-44, 18/ 06/1996, BOCCRF 14 nov, p 564, comm. Arhel P, JCP éd. E 1998.
- Cons. Conc., 18 aout 2003, Pratiques mises en œuvre par Suzuki et autres sur le marché de la distribution des motocycles, n°03-D-42, BOCC, 17 décembre 2003, point 46. Et. A. et G. Decocq, n°109.
- Cons. Conc., 2 mai 1989, Sté Chaptal SA, et Sté Mercedez Benz France, n°89-D-16, Bocc, 30 mai 1989. Et, sur cette appréciation, M. Glais, « L'exploitation abusive d'un état de dépendance économique (analyse économique du droit et de la jurisprudence française de la concurrence) ».

  Cons. Conc., 20 septembre 1994, n°94-A-24, Cedest-Holdercim, BOCC, 20 octobre 1994.
- Cons. Conc., 31 aout 2001, Demande de mesures conservatoires présentée par la société Concurrence concernant la société Sony.
- Cons. Conc., Déc.n° 03-D-42, 18/08/2003, Suzulli, Contrats, conc, consom. 2003, n°182.
- Cons. Conc., n°05-D-63, 17 novembre 2005.
- Cons. conc., rapport pour l'année 1992, p. 129.
- Cons.conc, 13 décembre 1994, n°-D-60, secteur des lessives, BOCC, 18 février 1995.
- Cons.conc, 18 juin 1996, Secteur de la publicité, n°96-D-44, BOCC, 14 novembre 1996.

  Cons.conc, 5 mars 2002, Secteur du transport aérien de passagers par hélicoptères sur l'hélistation de Cannes Palm Beach, n° 02-D-16, BOCC, 29 mars 2002.

  Cons.Conc, 93-D-21, 8 juin 1993, Pratiques mises en œuvre lors de l'acquisition de la Société européenne des supermarchés par la Société Grands Magasins B du groupe Cora, CCC 1993, n° 153, obs. L. Vogel.

Cons.conc, déc.n°98-D-76, 9 déc 1998, Secteur du disque ;
Cons.conc, déc.n°98-D-76, 9déc.1998.
Cons.Conc, n° 08-D-31, 10 décembre 2008, Sté Concurrence c/ Sté Philips, CCC février 2009, p. 33, obs. M. Malaurie Vignal.
- Cons.conc., 18 janvier 2001, n° 00-D-53, BOCC, 23 février 2001.
- Conseil, 2 mai 1989, Sté Chaptal SA et Sté Mercedes Benz France.
- Conseil, 25 mars 1987, Sté J. Chapelle c/ Sté Sony France , 87- MC-02, Rapport 1987.
- Conseil, 3 sep. 1996, SARL Héli Inter Assitance.
Conseil, 3 sept. 1996, SARL Héli-Inter Assistance, n°96-D-51, B.O.C.C.R.F., 8 janv. 1997.
- Conseil, 5 oct. 1993, Appels d'offres lancés par la ville de Toulouse pour la construction, la transformation et l'aménagement des trottoirs.
Conseil. Conc, 8 juin 1993, Groupe Cora, n° 93-D-21, B.O.C.C.R.F. , 25 juill. 1993, p. 197.
Constitution marocaine de 2011.
Contrats Conc. Consom. 1998, n° 162, note M. MALAURIE-VIGNAL.
Contrats, conc, consm. 1991, comm. N°12.
Contrats, conc, consom. 1994, comm.n°197, note L.Vogel.
- Contribution de Grande Bretagne, In relationship between regulators and competition authorities, OCDE.
CORNU. G, Vocabulaire juridique.
Coucher. G, « toute faute contractuelle est une faute délictuelle, mais encore faut-t-il s'entendre sur le préjudice réparable ? RDC 2007/02.
Coucher. G, Procédure civile, Sirey. 15 e éd., N° 156, 2008
D. A. Machichi M. , Droit commercial fondamental, Fadela 2006.
D'Ormesson O et Kerjean. S, « Le développement de la pratique des engagements en matière de contrôle communautaire des concentrations », RTD eur. 1998.
Dahir n° 1-02-212 du 31 aout 2002 portant création de la Haute Autorité de la Communication audiovisuelle (HACA).
Dahir n° 1-04-257 du 25 dou Kaada1425 portant promulgation de la loi 77-03 relative à la communication audiovisuelle (B.O n°5288 du 3 février 2005).
- Dahir n°1-04-154 du 21 ramadan 1425 portant promulgation de la loi 55-01 modifiant et complétant la loi 24-96 relative à la poste et aux télécommunications (B.O n°5266 du 18 novembre 2004).
Dahir n°1-2. 255 du 3 octobre 2002 portant promulgation de la loi 21-02 relative à la procédure pénale (B.O 5078 du 30 janvier 2003).
- Daniel, Labetouille, Le contrôle juridictionnel des autorités administratives indépendantes, *In* le controle démocratique des autorités administratives indépendantes à caractère économique, Paris, Economica.
De Layssac C. Lucas et Parléani. G, L'atteinte à la concurrence, cause de nullité du contrat, mélanges J. Ghestin, 1999.
De Leyssac C. L et Parleani. G, Droit du marché, Thémis Droit privé.
Décision 01-D-46 du 23 juillet 2001 relative à des pratiques mises en œuvre par la société France Télécom à l'occasion d'une offre sur mesure conclue en 1999.

Décision 04-D-48 du 14 octobre 2004 relative à des pratiques mises en œuvre par France Télécom, SFR Cegetel et Bouygues Telecom.
Décision de l'Autorité de la concurrence française 01-D-70 du 24 octobre 2001 relative à des pratiques mises en œuvre dans le secteur de la mélasse et du rhum à la Réunion.
Décision de l'Autorité de la concurrence française 01-D-32 du 27 juin 2001 relative à une saisine de Monsieur Henri Faraud dirigée contre des pratiques mises en œuvre dans le secteur des taxis à Saint-Laurent du Var.
Décision de la Commission du 22 juillet 1992 autorisant l'acquisition par le groupe Nestlé de la société Perrier.
Décision du Conseil Constitutionnel n° 86-224 DC du 23 janvier 1987
- Décision du Conseil de la concurrence français n°05-65 du 30 novembre 2005 relative à des pratiques constatées dans le marché de la téléphonie mobile.
- Décision du Conseil de la concurrence français n° 01-D-13 du 19 avril 2001 relative à la situation de la concurrence dans le secteur du transport public de voyageurs dans le département du Pas de Calais.

Decocq A. et Pédamon M, « l'ordonnance du 1er décembre 1986 relative à la liberté des prix et de la concurrence », J. Cl. Conc. Consom, n°spéc. 1987, n°30.
Decocq. A et Pédamon. M , « L'ordonnance du 1er décembre 1986 relative à la liberté de prix et de la concurrence » , J- Cl. Conc.consom, numéro spécial, 1987.
Décret n° 80-473 du 28 juin 1980, fixant les barèmes prévus aux articles 11, 12 et 27 de la loi n° 79-596 du 13 juillet 1979 relative à la protection et à l'information des emprunteurs dans le domaine immobilier et déterminant les sanctions pénales applicables en cas de méconnaissance des dispositions de l'article 30 A de la loi.
Décret n°2-16-347 modifiant et complétant le décret n°2-05-772 du 13 juillet 2005 relatif à la procédure suivie devant l'ANRT en matière de pratiques anticoncurrentielles et d'opérations de concentration économique.
- Décret n°96-499 du 7 juin 1996 pris en application du dernier alinéa de l'article 10 de l'ordonnance n° 86-1243 du 1er décembre 1986 relatif aux accords entre producteurs bénéficiant de signes de qualité dans le domaine agricole.

Décret n°*96-500* du 7 juin 1996 pris en application du dernier alinéa de l'article 10 de l'ordonnance n° 86-1243 du 1er décembre 1986 relatif aux accords entre producteurs agricoles ou entre producteurs agricoles et entreprises concernant des mesures d'adaptation à des situations de crise.
Demontès. E, De la lésion dans les contrats entre majeurs, LGDJ, 1924.
Demontès. E, Observations sur la théorie de la lésion dans les contrats », Mélanges Capitant, Dalloz, 1939.
DREIFUSS-NETTER. F, « Droit de la concurrence et droit commun des contrats », RTD civ. 1989.
Drisi Alami. Machichi. M, Concurrence : droits et obligations des entreprises au Maroc, Effitif, 2004.
Dubois J. B , la position dominante et son abus dans l'article 86 du traité de la CEE, Librairies techniques, 1968.

Dupouey. J, Passeport pour le Japon des affaires, L'Harmattan, 2008, disponible sur books.google.co.ma/books ?isbn=2296061532.

Edelman. B, « De la liberté et de la violence économique », d. 2001.

El Hlimy. S, « L'abus de position dominante, thèse pour l'obtention du doctorat, 2014/2015 ».

El MOUDDEN. C, « La régulation des télécommunications entre le droit et les règles de bonne conduite ». Revue de droit économique.

Ellul. J, Histoire des institutions, t.1 et 2.

Etudes thématiques « Les pratiques de ciseau tarifaire ». Rapport du Conseil de la concurrence français.

- Fabre-Magnan. M, « L'obligation de motivation en droit des contrats », Mélanges Ghestin, LGDJ, 2001.
- FARJAT. G L'analyse substantielle du droit économique. Revue Internationale du Droit Economique (RIDE). N°1, 1986.

FARJAT. G, Droit économique, 2ème édition, P.U.F.

- FASQUELLE. D, "La règle de raison et le droit communautaire des ententes", Thèse Paris II, 1961 .

FLOUZAT. D, Economie contemporaine, t. 1, Les fonctions économiques, PUF, coll. « Thémis », 18e éd. 1997.

FOURGOUX J. C, Un droit de la concurrence ou une éthique de la concurrence pour le troisième millénaire ? Gazette du palais, 2, et 4 janvier 2000.

Frison Roche M.A et Payet M. S, Droit de la concurrence, op.cit, n°126 à 128.

Frison, Roche. M A, « Régulation », in les 100 mots de la régulation, Coll, « Que sais-je », 2011.

FRISON. ROCHE M. A, « Remarques sur la distinction de la volonté et du consentement en droit des contrats », RTD civ. 1995, p. 573 et infra, n°195.

FRISON. ROCHE M. A, et PAYET M. S, Droit de la concurrence, 2006, Ed Dalloz, supra, n°192.

- Frison. Roche. M. A Hypothèse de l'interrégulation. In Frison-Roche, Marie Anne et autres. Risque de régulation. Paris, Presse de Sciences Po et Dalloz, 2005.

Frison. Roche. M. A Le couple ex ante-ex post, justification d'un droit propre et spécifique de la régulation. In Marie. Anne. Frison. Roche et autres.

- Frison. Roche. M. A Le droit économique donne la priorité à son objet et en épouse les contours, Petites Affiches, 30 mars 2005.

Frison. Roche. M. A, « Contrat, concurrence, régulation », RTD civ. 2004.

Frison. Roche. M. A, La régulation versus concurrence.

Gaudemer Yves, Le pouvoir de réformation de la CA de Paris dans le contentieux des décisions du Conseil de la Concurrence, JCP, G, 199.

Gaudemet. E, Théorie générale des obligations, 1937, rééd. Dalloz, 2004.

Gérasimos. A. Sofianatos, injonction et engagement en droit de la concurrence-étude du droit communautaire-français et grec, Coll. thèses. LGDJ, 2009.

Ghestin. J, La formation du contrat, LGDJ, 3e éd. , 1993, n°794

Glais M, « L'état de dépendance économique au sens de l'article 8 de l'ordonnance du 1er décembre », Gazette du Palais
Glais. M, « Analyse typologique des ententes illicites soumises à l'appréciation des autorités concurrentielles françaises et communautaires », Rev. Eco. indus. 1993, n°63.
GLAIS. M, « L'exploitation abusive d'un état de dépendance économique (analyse économique du droit et de la jurisprudence française de la concurrence) », Revue. Eco. Indus. 1994, n°68.
Glais. M, Concentration des entreprises et droit de la concurrence, Ed Economica 2010.
Gosset. A. GRAINVILLE, le droit de la concurrence peut-t-il jouer un rôle d'interrégulateur » ? In Marie Anne Frison Roche et autres. Risque de régulation.
Grisay Dominique, Introduction au droit belge de la concurrence.
Group Proceedings Act, 2002, disponible sur le site : http:// www. Sweden.gov.se/conten/1/c6/2/77/67/bcbe1f4f.pdf.
Guelfucci-Thibierge. C, Nullité, restitution et responsabilité, LGDJ, 1992, n°495.
Guinchard Set Ferrand F Procédure civile, précis Dalloz, 28 e éd., 2006, n°158 et 160.
Guinchard. S Droit processuel, Dalloz, 4e éd., 2007, n° 307 ter. .
Guinchard. S et Ferrand. F, Procédure civile, Droit interne et droit communautaire, Dalloz, 28 e éd, 2006, n°99.
Guinchard. S et Ferrand F, Procédure civile. Droit interne et droit communautaire, Dalloz, 28è éd, 2006, n°667.
GUYON Y , Droit des affaires. Tome I, Paris, Economica, 1998.
Hauser. J, objectivisme et subjectivisme dans l'acte juridique, LGDJ, 1971, n°

- HAWK. B.E, "Un tour d'horizon du droit et de la politique de la concurrence", Cah. Dr. Entr. 1992 / 5.
- HAWK.B.E, La révolution antitrust américaine: une leçon pour la Communauté économique européenne?", R.T.D.E. 1989 /1.
- Hoet. P, « domination du marché ou théorie du partenaire obligatoire », Revue du marché commun, n°235, mars 1989.

HOVENTKAMP. H, "Antitrust", Black letter series west publishing CO, 1986.

- HUBERT J. M. Le cas de l'autorité de régulation des télécommunications. In la régulation nouveaux modes, nouveaux territoires ? Actes du colloque organisé par l'Ecole Nationale de l'Administration le 29 janvier. RFAP, n°109, 2004.

Idot. I, « Le droit des Etats membres de l'Union européenne, in la sanction des pratiques anticoncurrentielles par le recours à l'article L. 420-6.com, Colloque Paris du 1 » novembre 2007, Concurrences 2008/01.

- Idot. L et Lemaire. Ch , « L'avant-projet d'ordonnance portant création de l'autorité de la concurrence ». JCP 2008, Act., 441.
- Idot. L, « l'empiètement du droit de la concurrence sur le droit des contrats », RDC 2004.

IDOT. L, « La protection par la droit de la concurrence », *in* les clauses abusives entre professionnels, Actes du colloque du 23 mai 1997, organisé par le Centre du droit des contrats de l'université de Lille II et le Centre de recherche européen de droit des obligations de l'Université de Paris- Val-de –Marne, sous la direction de Ch. JAMIN et D. MAZEAUD, Economica, 1998, n°3.

- Idot. L, « Une facette de la modernisation du droit communautaire de la concurrence : les nouveaux règlements d'exemption », Les petites affiches, 1er février 2005, n°22. Et v. infra, n° 208 et s. (accords verticaux) et n° 215 et s (accords horizontaux).
- Idot. L, « Regards sur les droits étrangers », LPA 20 janvier 2005.

Interrelations between antitrust and regulatory authorities, International Competition Network (ICN), Bonn, Juin 2004 http://www.internationalcompetitionnetwork.org/uploads/library/doc381.pdf, page consultée le 30 juin 2015 ; V. également : contribution de l'Australie, In Relationship between regulators and competition authorities, OCDE.

J.O.C.E. n° L. 201 du 12 août 1968.

JAMIN. C, note sous Cass. com., 20 janvier 1998.

Jamin. Ch, « le renouveau des sanctions contractuelles : post pourri introductif », in le renouveau des sanctions contractuelles, sous la dir. De F. Collart-Dutilleul et C. Coulon, Economica, 2007.

Japito. R, Des nullités en matière d'actes juridiques. Essai d'une théorie moderne, Th. Dijon, Rousseau, 1909 ;

Japitot, Des nullités en matière d'actes juridiques, Paris, 1909.

- Kaplow. Louis, On the choice of welfare standards in competition law, Discussion Paper No. 693, 05/2011 Harvard Law School.

KIRAT. Th L'ordre concurrentiel au sein de la science juridique : l'analyse économique du droit, In L'ordre concurrentiel, Mélanges en l'honneur d'Antoine Pirovano, Editions Frison. Roche, 2003.

- Koering. C, « Pratiques restrictives de concurrence : un autre regard sur l'irrecevabilité de l'action propre au ministre de l'économie », JCP 2007.

KOVAR. R, "Le droit communautaire de la concurrence et la règle de raison", R.T.D.E. 1987/2.

Lachiez. C, « La rupture des relations commerciales à la croisée du droit commun et du droit de la concurrence », JCPE 2004, n°4 ;

Laithier Y. M, « Remarques sur les conditions de la violence économique », LPA 22 et 23 nov. 2004.

Laithier. YM , « Remarques sur les conditions de la violence économique », LPA 22 et 23 nov. 2004.

LANGLOISGRANDIER, L'expérience comparée des régulateurs en matièr d'audiovisuel, In, Formes et institutions de régulation dans l'espace méditerranéen, Actes du colloque organisé le 15-16 avril 2005 à Fès.

Laroumet. C, Droit civil. Les obligations, n° 368.

LARROUMET.C, Les obligations, Le contrat, n°690.

Lassere. B, « Remedies and sanctions for unlawful unilateral conduct : the french experience », disponible sur le site du conseil de la concurrence français.

Lasserre. B, Contribution à l'étude des fondements de la protection du contractant th. Toulouse 2005, p 346, n° 393.
Lasserre. BRUNEAU, « La non contestation des griefs en droit français de la concurrence : bilan et perspective d'un outil pionnier » disponible sur le site de l'autorité de la concurrence : http:///wwww. Autoritédelaconcurrence.fr/doc/transaction afec 10avril2008.pdf.
- Laurence Boy, Le droit de la concurrence : régulation et / ou contrôle des restrictions à la concurrence. Revue Contrats Concurrence Consommation n°11 novembre 2004. Banque de données Electronique (Lexis Nexis, Edition Jurisclasseur) http://www.lexisnexis.com, (page consulté le 9/09/2014).

• Laurent. P, « La bonne foi et l'abus du droit de résilier unilatéralement les contrats de concession », LPA 8 mars 2000.
- Laurent. Ph, « La légitimation de l'entente par l'article 85, paragraphe 3, du traité de Rome », D. 1979, chron.
Lemaire. C et Blanc.D, « Un nouvel essor des relations entre le Conseil de la concurrence et les juridictions en droit de la concurrence », JCPE 2006.
Lepage. H, « Distribution sélective : une défense économique des clauses de prix imposés », RRJ 1987.
- Les barrières à l'entrée, Etudes thématiques. Rapport annuel du conseil de la concurrence 2006.
- Lettre mensuelle du centre marocain de la conjoncture, n°272, aout, septembre 2015.
- Lettre mensuelle du centre marocain de la conjoncture, n°272, aout, septembre 2015.
- Lettre Min. 17 mars 2000, Clemessy-EDF-Cogema-Siemens, BOCC, 23 mai 2000.
- Lettre Min. 28 janvier 2003, SNCF Participations-IPE : Ermewa, BOCC, 31 janvier 2003.
- Lettre Min., 20 aout 2002, Financière Argassi, BOCC, 31 décembre 2002.
Lettre Min., 22 octobre 2003, Delachaux/ Pandrol, BOCC.
Levet. J. L, L'économie industrielle en évolution, Les faits face aux théories, Economica 2004.
- Lignes directrices concernant l'application de l'article 81, paragraphe 3, du traité CE
- Lignes directrices de l'Autorité de la concurrence relatives au contrôle des concentrations, p. 9, disponible sur le site : http://www.autoritedelaconcurrence.fr/doc/ld_concentrations_juill13.pdf.
- Lignes directrices de la DGCCRF 2007 n°321.
- Lignes directrices du 28 juin 2006 pour le calcul des amendes infligées aux entreprises qui contreviennent aux dispositions du traité CE interdisant les ententes et autres pratiques commerciales restrictives (article 81) ainsi que les abus de position dominante (article 82),
- Lignes directrices pour le calcul des amendes infligées en application de l'article 23, paragraphe 2, du règlement n° 1/ 2003, JOUE-210 du 01-09-2008.

- Lignes directrices relatives au contrôle de la concentration. Direction générale de la concurrence, de la consommation et de la répression des fraudes, 1997.
- Lignes directrices sur l'applicabilité de l'article 81 du traité CE aux accords de coopération horizontale.
- Lignes directrices sur l'applicabilité de l'article 81 du traité CE aux accords de coopération horizontale.
- Lignes directrices sur l'appréciation des concentrations horizontales, JOUE 2004/ C 31/03.
- Lignes directrices sur les restrictions verticales.
- Lignes directrices sur les restrictions verticales.

Loi 06-99 sur la liberté des prix et de la concurrence abrogée par la loi 104-12 sur la prise d'injonction.

Loi 104-12 sur la liberté des prix et de la concurrence.

Loi 20-13 sur le Conseil de la concurrence.

Loi 53-08 instituant l'autorité marocaine des marchés de capitaux.

Magnier, « Les règles de procédure, frein ou cadre pour l'action de groupe ? », Concurrences 2008/02.

Magnin. F, « Réflexions critiques sur une extension possible de la notion de dol dans la formation des actes juridiques. L'abus de situation », JCP 1976,I, 2780

Malaurie-Vignal. M, Droit de la distribution, coll. Sirey, 2006.

Marimbert. J, L'office des autorités de régulation, LPA, n°110, 3 juin 2002.

Mason. E « Prices and production policies of large- scale entreprises », American Economic Review, 1939, vol.29.

Masson. A, Droit communautaire, Droit institutionnel et droit matériel, Larcier, 29 oct. 2009.

Mazeaud. D, « Plaidoyer en faveur d'une règle générale sanctionnant l'abus de dépendance en droit des contrats », Mélanges P. Didier, Economica, 2008.

MAZEAUD. D, Les clauses pénales en droit du travail, Dr. soc. 1994.

Médan P et Warin. Th, Economie industrielle, Une perspective européenne, Dunod, 2000.

Medjnah. Mourad, Les rapports entre autorités de régulation en matière de concurrence, Ed l'Harmattan.

Menuret J. J, Le contentieux du conseil de la concurrence, Paris, LGDJ, 2002.

Menuret. J. JAQUE, Le contentieux de la concurrence, Paris, LGDJ, 2002.

- Michalet. A, *Typologie des firmes multinationales*, in Cahiers Français, Documentation française, 1976.

Montels. B, « La violence économique, illustration du conflit entre droit commun des contrats et droit de la concurrence », RTD Com. 2002.

Mousseron J. M et Sélinsky. V, *Le droit français nouveau de la concurrence*, Litec, 1987.

Mserinet. Y, « Le juge et l'illicéité du contrat », in le renouveau des sanctions contractuelles, sous la direction de F. Collart. Dutilleul et C. Coulon Economica, 2007.

Müller. E, *L'abus de position dominante*, G.P., 1991, doct.351.

- Nourissat. C, « A propos des procédures judiciaires de concurrence : proposition raisonnable au service d'une justice apaisée », RLC oct. 2008, n°17.
  Nourissat. C, « La violence économique, vice de consentement : beaucoup de bruit pour rien », D. 2000, chron. 369.
  OCDE, Policy roundtables. Remedies and sanctions in abuse of dominance cases, 2003, disponible sur www.oecd.org/
  Ordonnance n°2008-1161 du 13 novembre 2008 portant modernisation de la régulation de la concurrence.
  Oubejja Y « Hydrocarbures au Maroc : un secteur stratégique au carrefour de la concurrence et de la sécurité d'approvisionnement » Maroc Diplomatique Aout 2022.
  Oubejja Y « Regards critiques sur la décision du Conseil de la concurrence relative aux pratiques anticoncurrentielles entre architectes » Maroc Diplomatique Mars 2023.
  Oubejja Y « Hausse des prix des denrées alimentaires : Quelles perspectives pour un enjeu hétéroclite » Maroc Diplomatique Février 2023.
  Oubejja Y « Le Maroc entre quête d'une politique de concentration inclusive accommodante et contraintes liées au contexte de crise internationale » Maroc Diplomatique Juin 2023.
  Oubejja Y « Partenariat Maroc Afrique à l'épreuve du nouvel ordre économique mondial » Maroc Diplomatique Juin 2023.
  Oubejja Y « Regards croisés sur les enjeux concurrentiels posés par les structures de marchés oligopolistiques » Maroc Diplomatique Octobre 2022.
  Oubejja Y « Théorie de l'imprévision à l'épreuve de la pandémie Covid 19 » Maroc Diplomatique Mai 2020.
  Oubejja Y « L'économie du marché au Maroc à la lumière de la loi 104-12 : exemple des pratiques restrictives de concurrence de ventes liées » Maroc Diplomatique Septembre 2021.
  Pagnerre, L'extinction unilatérale des engagements, Thèse Paris II, 2008.
  PAISANT. G, Clauses pénales et clauses abusives après la loi n°95-96 du 1er février 1995, D. 1995.
  PAPANDROPOULOS. Penelope, L'analyse économique des effets unilatéraux dans quelques cas récents de fusions. Revue Concurrences, n°2, 2007
- PAYET M. S. Droit de la concurrence et droit de la consommation, Dalloz, 2001, *infra* 94.
  Payet. M.S , « Puissance économique, droit de la concurrence et droit des contrats », in Contrat et marché, RDC 2006/4.
  Payet. M.S, « Puissance économique, droit de la concurrence et droit des contrats », in Contrat et marché, RDC 2006/4.
  Penneau. A, « la sanction civile des contrats commerciaux déloyaux par l'effet de l'action en substitution d'une autorité publique », D. 2003.
  PEROCHON. F, « Responsabilité et dépendance économiques : tendances récentes en faveur des distributeurs », Cah. Dr. Entr. 1989, n°42, n°17.
  PERROT. A et VOGEL. L, « Entente tacite, oligopole et parallélisme de comportement », n°1.

PERROT. A et VOGEL. L, « Entente tacite, oligopole et parallélisme de comportements », JCP 1993, éd. E, I, 299, n°7 et s.
Perrot. A, Les frontières entre régulation sectorielle et politique de la concurrence. Revue française d'économie n°4, volume XVI, avril 2002.
Perroux. F, *L'économie du XXème siècle*, P.U.G., 3ème éd., 1969.
Peruzzeto. S, « La validité des réseaux de distribution au regard du droit français et communautaire », in Les aspects contractuels du droit de la distribution et de la concurrence, Montchrestien 1996.
PETIT. Nicolas. Oligopoles, collusion tacite et droit communautaire de la concurrence. Bruylant, 2008.
PIROVANO. A et SALAH. M, « L'abus de dépendance économique : une notion subversive ? », Petites affiches, 21 et 24 sept. 1990, n°114.
Pirovano. A, « Droit de la concurrence et progrès social (après la loi NRE du 15 mai 2001) », D. 2002.
Planiol. M , et Ripert. G, Traité pratique de droit civil français, T. VI, 1952, n°286.
- Podeir, Dictionnaire Historique de la Langue Française, Le Robert.

POESY R, Aspects procéduraux du droit français des pratiques anticoncurrentielles : Etude des rapports entre juge judiciaire et le Conseil de la concurrence, Thèse Nice, 2000.
Poesy. R, « Le Conseil de la concurrence, juge du contrat », LPA 20 octobre 2000.
Posesy R, « Le Conseil de la concurrence, juge du contrat », LPA 20 oct. 2000.
- Prieto. C, « Les enseignements de l'expérience américaine en matière de private enforcement », Concurrences 2008/ 04.

Projet marocain de lignes directrices sur les opérations de concentration économique disponible à l'adresse suivante : https://conseil-concurrence.ma/cc/wp-content/uploads/2023/09/Projet-lignes-directrices-25-09-2023-VFD-15-59.pdf
Quesnay. F, *Oeuvres*, A. ed. Oncken, Paris, 1988.
Rabiah. A, Régualtion et régulateurs : concepts et usages, In Etat, Régulation et Autorités indépendantes, Acte du Colloque précité.
Rajot. B, Pouvoir d'annulation et de réformation des décisions du Conseil de la concurrence par la Cour d'Appel de Paris. JCP. E, 2003.
Rapport de la CNUCED 2004 sur les questions relatives au droit et à la politique de la concurrence POLITIQUE MULTILATÉRALE DE CONCURRENCE ET DÉVELOPPEMENT ÉCONOMIQUE. Analyse des propositions de la Communauté européenne du point de vue des pays en développement.
Rapport du Conseil de la concurrence pour l'année 2003, études thématiques, Objet, effet, intention anticoncurrentielle.
Rapport du conseil de la concurrence pour l'année 2003, études thématiques, Objet, effet, intention anticoncurrentielle, spéc.
Rappr. C. Lucas. De Layssac et G. Parleani, L'atteinte à la concurrence, cause de nullité du contrat, Mélanges J. Ghestin, 1999.
Rappr. M. A. Frison Roche, « Remarques sur la distinction de la volonté de la volonté et du consentement en droit des contrats », RTD Civ. 1995.

Rappr. M.A. Frison Roche, « Remarques sur la distinction entre la volonté et le consentement en droit des contrats », RTD Civ. 1995.
Rappr. M-C. Boutard. Labarde, « Principe de proportionnalité et fixation des amendes en droit de la concurrence », LPA 30 sept 1998.
Rappr. P. Durand, « La contrainte légale dans la formation du rapport contractuel », RTD Civ, 1944.
Ratnakar Adhikari and Malathy Knight-John "What Type of Competition Policy and Law Should a Developing Country Have? *South Asia Economic Journal* 2004 5: 1. Disponible sur l'adresse : http://sae.sagepub.com/content/5/1/1
Raynard. J, « Le ministre, le juge et le contrat. Réflexions circonspectes à propos de l'article L. 442-6, III du code de commerce, JCP 2007.
Règlement (CE) n° 139/2004 du Conseil du 20 janvier 2004 relatif au contrôle des concentrations entre entreprises.
- Règlement (CE) n° 622/2008, modifiant le règlement CE n°773-2004 relatif à la procédure de transaction.
Règlement (CE) nº 2790/1999 de la Commission, du 22 décembre 1999, concernant l'application de l'article 81, paragraphe 3, du traité à des catégories d'accords verticaux et de pratiques concertées.
Règlement 1/ 2003 du 16 décembre 2002 relatif à la mise en œuvre des règles de concurrence prévues aux articles 81 et 82 du traité.
Règlement CE n°2658/2000 de la commission du 29 novembre 2000 concernant l'application de l'article 81, paragraphe 3, du traité à des catégories d'accords de spécialisation.
Règlement CE n°2659/2000 de la Commission du 29 novembre 2000 concernant l'application de l'article 81, paragraphe 3, du traité à des catégories d'accords de recherche et de développement.
Règlement CE n°358/2003 du 27 février 2003, concernant l'application de l'article 81, paragraphe 3, du traité à certaines catégories d'accords de décisions et de pratiques concertées dans le secteur des assurances, JOUE, n°L53 du 28 février 2003. Sur l'approche par seuils, v. article 7.
Règlement n°139/2004.
Règlement n°2658/2000 du 29 novembre 2000 concernant l'application de l'article 81, paragraphe 3, du traité à des catégories d'accords de spécialisation, JOCE, n°L304 du 5 décembre 2000. Ils sont définis par l'article 1er du règlement.
Report on the Robinson Patman Act: Département of justice 1977.
REUTER. P, « A propos des ententes industrielles et commerciales », Rev. Dr. Soc. 1953.
Richard Descoings, La nécessité d'une réflexion générale et croisée sur la régulation, Petites Affiches, 23 janvier 2003 n° 17.
RIEM. F, La transparence et le droit de la concurrence, L'Harmattan, 2002.
Ripert. G, Aspects juridiques du capitalisme moderne, n°2.
Ripert. G, La règle morale dans les obligations civiles, LGDJ, 4e éd., 1949, n° 46.
ROBIN. C, « L'exploitation abusive d'un état de dépendance économique », Petites affiches, 2 aout 1989, n°92.

- ROUBAULT. R, « Les positions dominantes et le droit positif français », Rev. Conc. consom. 1979, n° 8.
Roubault. R, Les positions dominantes et le droit positif français, Rev. Conc. et consom., 1979, n°973.
Rousset. M et Garagnon J, Droit administratif marocain, 6ème édtion, la porte 2003.
Russ. J, Les théories du pouvoir, Livre de Poche.
S. Carval, La responsabilité civile dans sa fonction de peine privée, LGDJ 1995, n°118e et s
Saint Esteben. R, « Une concentration d'entreprises dans la CEE », Clunet 1972. 249, 254 et s.
Saint-Esteben. R, « L'interdiction du refus de vente : mort ou résurrection ? », Gaz. Pal, du 12-13 février 1997.
Sélinsky, « La spécificité des accords verticaux au regard du droit de la concurrence », d. 1992, chron.
Selinsky, « dépénaliser les pratiques anticoncurrentielles ? », article disponible sur l'adresse électronique suivante : http://avocats.fr/space/veronique.selinsky/tag/ententes?searchText=%C3%A9viction+&orderBy=creation(consulté le 9/8/2014)
SERAA. Y, Le droit français de la concurrence, Dalloz, coll. « Connaissance du droit », 1993.
Serna. J. , « Le refus de vente dans l'ordonnance du 1er décembre 1986 », Dalloz, 1991.
Sibony A.L, Le juge et le raisonnement économique, Dalloz, 2009.
Sirey, Histoire des pensées économiques, les contemporains, 1988.
Starck. B, « La pluralité des causes de dommage et la responsabilité civile, JCP 1970, I, 2339.
- T.P.I. C.E. 27 fév. 1992, Sté d'hygiène pharmacologique Vichy, aff. T.19/91, Rec. II.417.
Terré. F et Lequette. Y, Les grands arrêts de la jurisprudence civile, Dalloz 1994, 10ème édition, n°97.
TERRE. F, SIMLER. Ph et LEQUETTE. Y, Droit civil, Les obligations, n°23.
Touchais M. Béhar., « L'amende civile est-elle un substitut satisfaisant de dommages intérêts punitifs ? », LPA 20 novembre 2002.
TOUJGANI N. E, Guide pratique de la concurrence, série guides N0 2, 1 ére Éd., 2006, Imprimerie Oumyma, Fès.
- Toujgani Nourddine, les procédures négociées en droit de la concurrence, revue marocaine de droit économique, n° 4, éditée par le centre de droit des obligations et des contrats, 2011.
Toujgani, N.E Les procédures négociées, Revue du droit économique, n°4, éd, 2011.
Toujgani. N E, Droit communautaire de la concurrence.
Toujgani. N. E Formes et institutions de régulation dans l'espace euro-méditerranéen.
Tournier. C, « La notion indéterminée d'abus de position dominante », RRJ 2002-04.
- TPICE, 06/ 06/ 02, Air tours/ First Choice, aff. T 342-99, n° 61.

TPICE, 13 janvier 2004, JCB Service c/ Commission aff. T-67/01, préc., point 85.
- TPICE, 13 janvier 2004, JCB Service c/ Commission, aff. T-67/01, Rec. II-49, point 131 ;
- TPICE, 1é décembre 1991, HILTI AG c/Commission, aff/ T-30/89, Rec.II-1439, point 93 ;
- TPICE, 1é décembre 1996, Groupement d'achat Edouard Leclecc/ Commission, aff. T-19/92 ;
- TPICE, 26 janvier 2005, Laurant Piau/Commission, aff. T-193/02, point 111.
- TPICE, 7 juillet 1994, Dunlop Slanzeger c/ Commission, aff. T-43/92, Rec. II-441, point 52.
- PICE, 8 juin, Langnese Iglo GmbH c/ Commission, aff. T-7/93, Rec. II-1533, point 98 TPICE, 15 juillet 1994, Matra Hachette SA c/ Commission, aff. T-17/93, Rec. II-595, point 85,

Tunc. A, « La fonction d'indemnisation de la responsabilité civile », Mélanges offerts à Dorhout Mess.
- V.K.P. Mailander, « L'exemption par catégorie des ententes économiques dans le traité CEE », Cah. Dr.eur. 1966, n° 2.

Viney. G, Traité de droit civil. Introduction à la responsabilité, LGDJ, 2e éd., 1995, n°36.
- Virassamy G. J « Les nouveaux régimes des pratiques restrictives entre professionnels », D, 1988, chron.
- VIRASSAMY G.J, « Les relations entre professionnels en droit français »,in La protection de la partie faible dans les rapports contractuels_ comparaison franco-belges, LGDJ. 1996, n°37.

VIRASSAMY. G. J, Les contrats de dépendance, Essai sur les activités professionnelles exercées dans une dépendance économique, Thèse Paris, LGDJ., 1986.
- Vogel. L « Droit de la concurrence et puissance d'achat : plaidoyer pour un changement », préc. V. par ex. Commission, 25 janvier 2000, Concentration Carrefour/ Promodès, JOCE n° 64 du 14 juin 2000, points 14 et s.
- Vogel. L, discrimination tarifaire : quelle marge de manœuvres pour les entreprises, Contrats, concurrence, consommation, revue mensuelle lexisnexis jurisclasseur, mai 2013.

Vogel. L, Droit de la concurrence et concentration économique, Economica, coll. « Droit des affaires et de l'entreprise », 1998, n° 106.

Vogel. L, Droit de la concurrence et concentration économique, Economica, 1988, n°105.

Wouter PJ Wils, Efficiency and justice in European Antitrust Enforcement, Hart. Publishing, 2008.

Y'a-t-il une mafia du beurre importé au Maroc, La vie éco du 30 avril 2010.

TABLE DES MATIERES

Structures éditoriales du groupe L'Harmattan

L'Harmattan Italie
Via degli Artisti, 15
10124 Torino
harmattan.italia@gmail.com

L'Harmattan Hongrie
Kossuth l. u. 14-16.
1053 Budapest
harmattan@harmattan.hu

L'Harmattan Sénégal
10 VDN en face Mermoz
BP 45034 Dakar-Fann
senharmattan@gmail.com

L'Harmattan Cameroun
TSINGA/FECAFOOT
BP 11486 Yaoundé
inkoukam@gmail.com

L'Harmattan Burkina Faso
Achille Somé – tengnule@hotmail.fr

L'Harmattan Guinée
Almamya, rue KA 028 OKB Agency
BP 3470 Conakry
harmattanguinee@yahoo.fr

L'Harmattan RDC
185, avenue Nyangwe
Commune de Lingwala – Kinshasa
matangilamusadila@yahoo.fr

L'Harmattan Congo
219, avenue Nelson Mandela
BP 2874 Brazzaville
harmattan.congo@yahoo.fr

L'Harmattan Mali
ACI 2000 - Immeuble Mgr Jean Marie Cisse
Bureau 10
BP 145 Bamako-Mali
mali@harmattan.fr

L'Harmattan Togo
Djidjole – Lomé
Maison Amela
face EPP BATOME
ddamela@aol.com

L'Harmattan Côte d'Ivoire
Résidence Karl – Cité des Arts
Abidjan-Cocody
03 BP 1588 Abidjan
espace_harmattan.ci@hotmail.fr

Nos librairies en France

Librairie internationale
16, rue des Écoles
75005 Paris
librairie.internationale@harmattan.fr
01 40 46 79 11
www.librairieharmattan.com

Librairie des savoirs
21, rue des Écoles
75005 Paris
librairie.sh@harmattan.fr
01 46 34 13 71
www.librairieharmattansh.com

Librairie Le Lucernaire
53, rue Notre-Dame-des-Champs
75006 Paris
librairie@lucernaire.fr
01 42 22 67 13

www.ingramcontent.com/pod-product-compliance
Lightning Source LLC
LaVergne TN
LVHW011134061026
849535LV00003B/483
* 9 7 8 2 3 3 6 4 6 6 9 6 5 *